U0960347

高等院校财经类应用型专业教材

内部控制

主　编　荣庆娇
副主编　赵慧丽　刘小梅

天津大学出版社
TIANJIN UNIVERSITY PRESS

图书在版编目(CIP)数据

内部控制 / 荣庆娇主编 ; 赵慧丽, 刘小梅副主编
. -- 天津 : 天津大学出版社, 2024.6
高等院校财经类应用型专业教材
ISBN 978-7-5618-7724-1

Ⅰ. ①内… Ⅱ. ①荣… ②赵… ③刘… Ⅲ. ①企业内
部管理－高等学校－教材 Ⅳ. ①F272.3

中国国家版本馆CIP数据核字(2024)第101497号

出版发行　天津大学出版社
地　　址　天津市卫津路92号天津大学内（邮编：300072）
电　　话　发行部：022-27403647
网　　址　www.tjupress.com.cn
印　　刷　天津泰宇印务有限公司
经　　销　全国各地新华书店
开　　本　787mm×1092mm　1/16
印　　张　19.25
字　　数　480千
版　　次　2024年6月第1版
印　　次　2024年6月第1次
定　　价　57.00元

前　言

本书获西京学院研究生教材建设项目（项目编号：2023YJC-05）及西京学院研究生“课程思政”2023年项目（项目编号:2023-YKCSZ-05）资助。

随着全球经济的快速发展和企业竞争的日益激烈,建立健全有效的内部控制体系已经成为企业持续发展和风险管理的关键。内部控制在企业的各个方面,从战略决策到日常运营,从资产管理到风险管理,都扮演着至关重要的角色。同时,数智化时代也对内部控制人才培养提出了更高的要求。会计、审计和财务管理人才的培养要适应经济与社会的发展,尤其要适应当下数智化时代的需要。本书是一本全面、深入的内部控制参考书籍,旨在帮助会计、审计和财务管理人才更好地理解和应用内部控制理论和实践,以符合数智化时代的要求。

“内部控制”属于现代管理学、会计学和审计学的交叉学科,是一门特色课程。本书通过对内部控制知识的讲解,帮助学生系统掌握内部控制的理论、方法与技能,培养学生运用所学知识对企业内部控制进行分析、设计与评价的能力。

本书注重特色案例的开发和分析,使学生获得感性认识,理解内部控制的基本理论,熟悉企业内部控制设计的基本原理和方法,能够对大中小企业、行政事业单位等不同组织的内部控制做出分析和评价。

本书适用于高等院校会计专业、财务管理专业、审计专业及工商管理专业的学生。对于本科生来说,建议授课内容是本书的第一至六章,第七章的一至四节及第十一章;对于硕士研究生来说,建议授课内容除了本科生的内容之外,还包括第七章的五至九节,第八至十章。非会计学、审计学、财务管理类专业的本科生和硕士研究生,也可以选择相应的章节进行学习。

本书的特点如下。

（1）本书的内容全面且系统。本书以财政部等五部委发布的《企业内部控制基本规范》《企业内部控制应用指引》《行政事业单位内部控制规范（试行）》

《小企业内部控制规范(试行)》为基准,进行了精心的编排。书中内容不仅覆盖了大中型企业的内部控制设计与评价,还包括了行政事业单位和小企业的内部控制相关内容。本书在第九章、第十章专门探讨了行政事业单位内部控制、小企业内部控制。

(2)本书以简洁易懂、图文并茂的方式呈现。我们通过“简洁的知识点+流程图+案例”的写作模式,确保了内容的易读性和易懂性。同时,我们合理地安排了章节的篇幅,通过图文结合的方式,使读者能够更轻松地学习和理解。本书深入浅出,并配有丰富的图表,文字和图表相互补充,提升了读者的阅读体验。

(3)本书融入了思政教育内容。价值引领、融入思政是我们编写本教材的重要原则。专业课教材既要体现专业知识的广度与深度,也要反映人文教育的力度与温度。为此,我们依据《高等学校课程思政建设指导纲要》《习近平新时代中国特色社会主义思想进课程教材指南》等文件的要求,结合高校价值塑造、知识传授、能力培养“三位一体”的人才培养目标,将每一章的学习目标划分为知识目标、技能目标和思政目标三部分,同时,还设置了“思政案例”,围绕内部控制主题,以法治意识、诚信意识、底线意识、创新意识、职业道德、反舞弊等为思政元素,实现了思政教育与专业知识的深度融合。特别需要说明的是,本书还通过讲话引用等形式深入宣传贯彻落实党的二十大精神。这将对新时代高校的人才培养产生积极的影响。

(4)本书具有鲜明的时代特色和前瞻性。特别是第十一章数智化时代的内部控制。当前,云计算、区块链、大数据和RPA(机器人流程自动化)等信息技术的快速发展正在深刻改变企业的管理模式和所面临的风险类型,该章基于数智化时代背景阐述了内部控制的优势、风险和防控,对数智化时代的内部控制相关资料进行了系统的汇编。

本书由西京学院多年从事“内部控制”课程教学与研究的一线教师荣庆娇担任主编,赵慧丽、刘小梅担任副主编。卢静、杨均华、王一鸣、吕文倩参编。荣庆娇设计内容和章节体系、撰写前言。各章执笔人分别如下:荣庆娇编写第一章、第九章、第十章、第十一章,赵慧丽编写第二章、第三章、第四章,刘小梅编写第七章、第八章,卢静、杨均华编写第五章、第六章,王一鸣、吕文倩负责本教材中案例及图表的编制。荣庆娇在各章作者撰写的基础上,对全书进行定稿、统稿。

本教材在编写过程中，得到了杜永红教授、王颖副教授的帮助，还参考引用了许多同行专家的同类教材、著作和期刊等重要文献，限于篇幅，恕不一一列出，在此谨致谢忱，感谢所有为我们提供宝贵知识的原作者们。尽管我们力求准确与完善，但由于时间紧迫和水平所限，教材中仍可能存在一些不足和遗漏之处。我们衷心希望各位学者、专家以及广大读者能够给予批评指正，您的宝贵意见将是我们不断修订、完善教材的动力源泉。

编　者

2024 年 5 月

目　录

第一章　内部控制概述

学习目标

知识目标：立足全球视野了解内部控制理论与实践的演进，熟悉每一阶段对内部控制做出的贡献；了解我国内部控制规范的建设过程及最新进展；理解内部控制的定义和目标。

技能目标：掌握中国企业内部控制规范体系构成，并能够用于指导企业内部控制制度的设计；理解并掌握内部控制的原则；理解并掌握内部控制的要素定义及作用；理解并掌握内部控制的局限性。

思政目标：学习合规管理典型案例，提升合规意识，重视合规管理；立足全球视野的内部控制发展历程，培养历史思维和辩证思维；对比美国和中国内部控制规范的发展历程，体会创新精神，坚定"四个自信"；通过员工舞弊、公司舞弊等案例的剖析，加强个人核心价值观培养，塑造反舞弊信念。

引例　国资委部署中央企业强化合规管理[①]（思政案例）

作为2021年宪法宣传周"宪法进企业"主题日的重要活动，12月3日，国务院国资委召开中央企业"合规管理强化年"工作部署会。国务院国资委副主任翁杰明强调，国资委明确提出打造法治央企目标，并把合规管理作为重要内容，2016年在中国石油、中国移动等5家企业启动试点，2018年专门印发《中央企业合规管理指引》，陆续出台3批11个系列指南，指导企业切实加强合规管理，取得积极进展和较好成效。

翁杰明指出，开展"合规管理强化年"工作是国资委进一步深化法治央企建设的一项重要举措。中央企业要把思想和行动统一到全面依法治国战略部署上来，将合规管理纳入全局工作统筹谋划、一体推进。

一、陆续出台3批11个系列指南

在宪法宣传周到来之际，国家电网湖南电力组织了一场全员制度考试。该公司主要负责人亲自部署、亲自监考，采取线上＋线下方式，组织全体员工参加规章制度考试7万余人次，实现人人过关，增强法律合规意识。

中石化则在"奋进石化"平台开展"依法合规，践信守诺"合规学习承诺活动，弘扬倡导"依法、合规、公平、诚信"的法治合规文化，推进"制度立基、契约立信、合规立身、诚信立企"，营造"人人主动合规、合规人人有责"的良好氛围。

推动国有企业加强合规管理，是国资委贯彻落实党中央、国务院决策部署，适应市场化、法治化、国际化发展需要采取的一项重要举措。

国资委党委明确提出打造治理完善、经营合规、管理规范、守法诚信的法治央企目标，把

---

① 侯建斌：《宪法宣传周国资委部署中央企业强化合规管理 有力保障央企改革发展任务在法治轨道稳步推进》，《法治日报》2021年12月6日。

强化合规管理作为重要内容，2018年专门印发《中央企业合规管理指引》,此后陆续出台3批11个系列指南,全面推进合规管理工作。

法治中国建设规划、法治社会建设实施纲要等中央文件明确要求企业树立合规意识,守法诚信、合法经营。翁杰明说,中央企业必须把强化合规管理放到贯彻习近平法治思想的高度来认识,放到落实全面依法治国战略的全局来部署,放到保障企业高质量发展的层面来推动。

二、全部企业成立合规委员会

制定《合规行为准则(试行)》,优化电力交易合规管理,发布《关于加强电力交易合规管理的指导意见》……国家电网于2019年启动合规管理工作,经过两年多实践,已形成以"十四五"合规管理规划纲要为统领,合规管理办法为基本制度,合规行为准则为基本规范,电网、反垄断、国际业务、产业、金融、数据、电力交易等重点领域专项合规管理制度在内的相对健全的合规管理制度体系。

事实上,国家电网的做法只是一个缩影。在翁杰明看来,中央企业合规管理从试点先行、立柱架梁到全面推进、厚积成势,有力保障了改革发展各项任务在法治轨道上稳步推进。

中央企业合规管理工作取得积极进展。翁杰明介绍说,比如组织领导持续加强,全部企业成立由主要负责同志牵头的合规委员会,将合规管理工作纳入"十四五"规划统筹推进。制度体系不断健全,普遍制定管理制度,88家企业出台重点领域专项指引,90%的企业及时按照合规要求优化制度体系。

与此同时,加快完善运行机制,逐步建立业务部门、牵头部门、监督部门组成的合规管理"三道防线",定期开展风险排查和预警,及时处置风险。工作基础逐步夯实,建立健全合规管理组织体系,明确合规管理负责人和牵头部门，70多家企业在业务部门和一线项目设立合规联络员,全系统专兼职合规管理人员超过3万人。

此外,合规文化初步形成,许多企业主要负责人带头签订合规承诺书,亲自参加合规宣誓,68家企业制定合规手册,开展全员培训,持续强化合规意识,努力培育合规文化。

三、推动合规管理走深走实

翁杰明透露,国资委党委决定在中央企业开展"合规管理强化年"专项工作,就是希望通过一年努力,推动企业加快突破难点、补齐短板,推动合规管理工作往深里走、实里走,真正发挥规范管理、防控风险、支撑保障的重要作用。

翁杰明强调,要强化领导合规意识,领导干部特别是主要负责同志要切实履行推进法治建设第一责任人职责。要带头落实管理制度,严格依法依规决策,将合法合规性审查作为必经前置程序,对违规行为"一票否决"。要将强化合规管理纳入明年全局工作统筹谋划、一体推进,对重点问题亲自研究、难点问题亲自推动,保障工作取得实效。

同时,要建立健全工作机制,着力打造合规管理"三道防线",积极探索深化法治框架下法律、合规、风控协同运作的有效路径。要着力抓好境外合规,推动境外重要子企业或区域设置合规管理机构,配备专业人员,强化风险防范,切实保障国际化经营。要严肃开展监督问责,加强对财务资金、招标投标等重点领域的监督,对违规行为坚决问责,健全"以案促管"长效机制。要加大资源投入力度,充实合规管理专业队伍,强化资金支持,建立合规管理在线监管系统,进一步提升工作效能。

第一节　内部控制历史发展

一、全球视野的内部控制演进

经过不断发展，内部控制经历了由低级到高级的进化过程，先后经历了内部牵制、内部控制制度、内部控制结构、内部控制整合框架和风险管理整合框架等阶段。目前，内部控制已初步呈现出与企业风险管理整合框架交融发展的趋势。这种趋势有助于企业更好地实现风险管理和内部控制的目标，提高企业的整体治理水平。

（一）内部牵制阶段

内部牵制阶段为18世纪末期至20世纪40年代。"内部牵制"这个概念最早由英国的劳伦斯·罗伯特·迪克西（L. R. Dicksee）于1905年提出，他认为内部牵制包含了三个要素，即职责分工、会计记录与人员轮换。他认为，一个人或一个部门犯无意识错误的可能性要高于两个或两个以上的人或部门犯同样错误的可能性；一个人或一个部门更易出现舞弊行为，但若是两个或两个以上的人或部门同时做，就不太可能出现合伙舞弊。这是内部牵制的基本原理。在实务发展过程中，内部牵制包括实物牵制、职责牵制、机械牵制、簿记牵制等形式。

实物牵制是指通过将不同部分或环节的资产或物品进行物理上的分离或隔离，以实现对资产的内部控制和保护。例如，可以将现金、存货或固定资产等重要资产分成若干部分，并安排不同人员分别保管，只有当所有部分都集中在一起时，资产才能被使用或转移。这种牵制方法通常用于防止资产被盗、丢失或滥用等情况。

职责牵制是为了防止错弊，每项业务或事项的处理都由两人或两人以上共同分工负责，任何人不得单独办理任何业务的全过程。职责牵制主要通过组织分工来实现，要求明确划分各部门和岗位的职责权限，规定相互配合与制约的方法。例如，构成亲属关系的人员不应在本单位财务部门担任不同财务权限的职务；将一项经济业务的审批、记录和执行等不同职责分配给不同人员或部门，以确保他们相互监督和牵制。

机械牵制是通过机械设备的程序化操作来实现相互监督和牵制的机制，只有按照正确的程序操作机械，才能完成一定过程的操作。例如，某些银行使用自动柜员机，用户只有按照正确的程序输入密码并执行正确的操作，才能完成取款或存款等操作。这种牵制方法可以防止非法操作或误操作的情况发生。

簿记牵制，也称会计系统牵制，是通过簿记内在的控制职能实现的牵制。它以原始凭证为基础，对所有的业务和事项进行序时和分类记录，形成严密的钩稽核对关系，从而有效控制业务事项、财产物资等。例如，定期将账簿记录与库存实物、货币资金、有价证券债权人或债务人记录等进行核对。

（二）内部控制制度阶段

1949年，美国注册会计师协会（AICPA）下属的审计程序委员会发布了题名为《内部控制：系统协调的要素及其对管理部门和独立公共会计师的重要性》的专题报告，该报告内部控制的表述为：经济组织为保护其资产完整性、保证会计资料的准确性与可靠性，推动管理部门制定的各项管理政策得以贯彻执行而采用的所有方法与措施。这一概念不仅涉及会计领域有关的控制,还涉及企业经营管理效率与效果领域,大大拓展了内部控制的范围。

1958 年, AICPA 发布了《独立审计人员评价内部控制的范围》,将内部控制划分为内部会计控制和内部管理控制两类。1972 年, AICPA 发布了《审计准则公告第 1 号》,该文件重新并且更加明确地阐述了管理控制和会计控制的定义和内容。由此内部控制进入“制度二分法”或“二要素”阶段。

(三)内部控制结构阶段

20 世纪 70 年代以来一连串的公司倒闭、财务欺诈与舞弊事件,引爆了对审计失败的诉讼,迫使人们反思“会计控制”与“管理控制”分合的问题。1988 年, AICPA 发布的《审计准则公告第 55 号》规定从 1990 年 1 月起取代 1972 年发布的《审计准则公告第 1 号》。这个公告首次以“内部控制结构”的概念代替“内部控制制度”,明确“企业内部控制结构包括为提供取得企业特定目标的合理保证而建立的各种政策和程序”。在这一公告中,明确指出了内部控制包括三个要素:控制环境、会计制度与控制程序。

(四)内部控制整合框架阶段

为了探求公司舞弊的原因、后果和特征,并寻求解决之道,美国反欺诈财务报告全国委员会经过数年研究发现,近 50% 的财务报告舞弊由于或部分由于内部控制失败,内部控制设计与执行不力是导致财务舞弊与欺诈的重要原因。故在 1987 年,该委员会成立了发起组织委员会,即 COSO(The Committee of Sponsoring Organizations of the Treadway Commission),该机构专门研究内部控制问题。1987 年,美国反欺诈财务报告全国委员会发布了一份报告,建议与发起组织委员会沟通协作,整合各种内部控制的概念和定义。在广泛吸收与整合各界对内部控制的关键需求与期望后, COSO 在 1992 年 9 月发布了划时代意义的纲领性文件《内部控制——整合框架》(*Internal Control-Integrated Framework*),即《COSO 报告》。《COSO 报告》得到了各界的热烈响应与追捧, 1994 年《COSO 报告》经过修订确立了世界内部控制领域的权威框架(见图 1-1)。

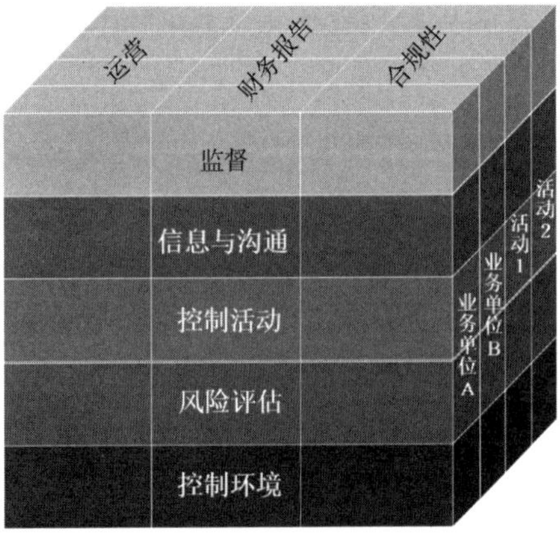

图 1-1 内部控制整合框架

该报告是内部控制发展历程中的一座里程碑,该报告的贡献在于为内部控制下了一个迄今为止最为权威的定义，明确了内部控制的三项目标，构建了内部控制五要素。内容具体如下。

一个定义：内部控制是由企业董事会、经理层和其他员工实施的，为运营的效率和效果、财务报告的可靠性、相关法律法规的遵循等目标的实现提供合理保证的过程。

三项目标：运营目标、财务报告目标和合规目标。三项目标表明了财务报告的可靠性并不再是内部控制唯一的目标，也就是说，内部控制不等于会计控制。

五个要素：控制环境、风险评估、控制活动、信息与沟通、监控。该报告将内部控制的组成部分分为相互独立而又相互联系的五个要素。

五个要素的内涵及其在内部控制整体框架中的作用如下。

（1）控制环境。

控制环境主要指企业内部的文化、价值观、组织结构、管理理念和风格等。这些因素是企业内部控制的基础，将对企业内部控制的运行及效果产生广泛而深远的影响。具体来说，控制环境包括员工的诚信和道德价值观、胜任能力、管理层的理念和经营风格、董事会及审计委员会、组织机构、权责划分、人力资源政策与实务等。

（2）风险评估。

风险评估是指识别和分析与实现目标相关的风险，并采取相应的措施加以控制。这一过程由风险识别和风险分析两个部分组成。其中，风险识别包括对外部因素（如经济形势、技术进步）和内部因素（如员工的职业操守、财务状况、信息系统处理的特点）进行梳理和辨识。风险分析则涉及估计风险的重大程度、风险发生的可能性、确定风险应对策略等。

（3）控制活动。

控制活动是指企业对所确认的风险采取必要的措施，以保证其目标得以实现的政策和程序。一般来说，控制活动包括职务分离、实物控制、信息处理控制、业绩评价等。

（4）信息与沟通。

信息与沟通是指组织成员之间、组织成员与外部公众和社会组织之间，旨在完成组织目标而进行的信息发送、接收与反馈的过程。这个要素涵盖了管理层与员工、管理层与管理层、员工与员工之间的沟通，以确保部分工作与整体要求相互配合，协同工作，达成组织目标。此外，企业还需要将内部控制相关信息在企业内部各管理层级、责任单位、业务环节之间，以及企业与外部投资者、债权人、客户、供应商、中介机构和监管部门等有关方面之间进行沟通和反馈。

（5）监控。

监控是指评价内部控制的设计与执行情况，包括日常的监督活动和专项评价等。管理者通过定期或不定期对内部控制的设计与执行情况进行检查和评估，与有关人员就内部控制成效进行交流，并提出整改意见，以保证内部控制随着环境的变化而不断改进。

由于《COSO 报告》集内部控制理论、体系和实践发展之大成，因此其备受推崇，已经成为世界通行的内部控制权威标准，被各国审计准则制定机构、银行监管机构和其他方面的机构所采纳。

IT 系统和技术的发展，以及企业对风险管理、公司治理和商业全球化的日益强调，都是急需更新 COSO 内部控制框架的重要例证，2013 年 5 月，COSO 发布了修订版的《内部控制——整合框架》(简称《框架》),并提议于2014年12月15日以后用该《框架》代替1992年发布的《框架》。与1992年的《框架》相比，2013年的《框架》保持不变的主要方面包括：内部控制的核心定义；内部控制仍然包括三个目标和五个要素；有效的内部控制必须具备五个要素；在设计、执行内部控制和评价其有效性的过程中，判断仍然具有重要作用。2013年的《框架》发生重大变化的主要方面则包括：关注的商业和运营环境发生了变化；扩充了运营和报告目标；将支撑五个要素的基本概念提炼成原则；针对运营、合规和新增加的非财务报告目标提供了补充的方法和实例。

(五)内部控制风险管理整合框架阶段

自1992年COSO发布《内部控制——整合框架》以来，《框架》被全球众多企业广泛采用，然而，随着内部控制建设的不断推进，理论界和实务界纷纷针对《COSO框架》提出改进建议，认为其对风险强调不够，使得内部控制无法与企业风险管理相结合。为回应这些建议，2001年，COSO启动了一项重要项目，委托普华永道开发一个有利于帮助管理层评价和改进所在组织的企业风险管理的框架。

案例1-1 安然事件(思政案例)

安然公司，曾是美国乃至全球能源行业的佼佼者，以其强大的实力和卓越的业绩吸引了无数投资者的目光。在2001年宣告破产之前，安然拥有约21 000名雇员，是世界上最大的电力、天然气以及电信公司之一，名列《财富》杂志“美国500强”的第七名。公司连续六年被《财富》杂志评选为“美国最具创新精神公司”。然而，在2001年12月，一场突如其来的财务丑闻彻底颠覆了安然的形象，也让整个资本市场受到了重创。2001年12月2日安然公司突然向纽约破产法院申请破产保护，该案成为美国历史上企业第二大破产案。

事件的起因是因为2001年年初，有投资者公开质疑安然的盈利模式：虽然安然的业务看起来蒸蒸日上，但实际上赚不到什么钱，也没有人能够说清安然是怎么赚钱的。更令人担忧的是，安然的CEO一边不断宣称安然的股票会从当时的约70美元升至126美元，一边却不断在抛售手中的安然股票。按照美国法律规定，公司董事会成员如果没有离开董事会，就不能抛售手中的公司股票。也许正是这一点引发了人们对安然的怀疑，并开始真正追究安然的盈利情况和现金流向。到了2001年8月中旬，人们对于安然的疑问越来越多，最终安然持续多年精心策划、制度化、系统化的财务造假丑闻曝光，其股票一文不值，拥有上千亿资产的安然公司宣告破产。安然事件给美国乃至全世界的资本市场造成了深远的影响，曾经享负盛名的安达信会计师事务所也因牵涉其中而被迫解体倒闭。“安然事件”从此成为上市公司财务舞弊和企业欺诈的代名词。

安然事件引发了公众对资本主义市场经济的反思。在市场经济中，企业追求利润最大化的行为与道德伦理、法治秩序冲突不断。安然事件使得人们开始思考：企业是否应该承担更多的社会责任？监管机构是否应该更加严格地监管企业行为？安然公司的破产给投资者和债权人造成了巨大的损失，也破坏了市场秩序和信誉。这一事件使得人们更加关注企业的财务透明度和诚信度，促使监管机构加强对企业财务报告的监管和审计。

在该项目开发期间，连续发生安然、施乐、世通等大公司的财务丑闻与舞弊事件，这些事件备受全球瞩目。投资者和监管层强烈呼吁增加新的准则来对公司内部控制予以更严格的监管，出台一个更为清晰明朗的内部控制框架，来识别、控制与评估公司面临的内外部风险。美国于 2002 年颁布了《萨班斯 - 奥克斯利法案》，其中，强调了公司内部控制的重要性，从管理层、内部审计及外部审计等几个层面对公司内部控制做了具体规定，并设置了问责机制和相应的惩罚措施。该法案号称美国资本市场监管史上最严法案，标志着美国内部控制根本思想向实质性管制的转变。此后，2004 年 9 月，COSO 在借鉴以往有关内部控制研究报告的基础上，结合《萨班斯 - 奥克斯利法案》在财务报告的具体要求，发布了《企业风险管理——整合框架》（*Enterprise Risk Management Framework*，简称《ERM 框架》），《ERM 框架》将内部控制由整合框架扩展为风险管理框架（图 1-2）。

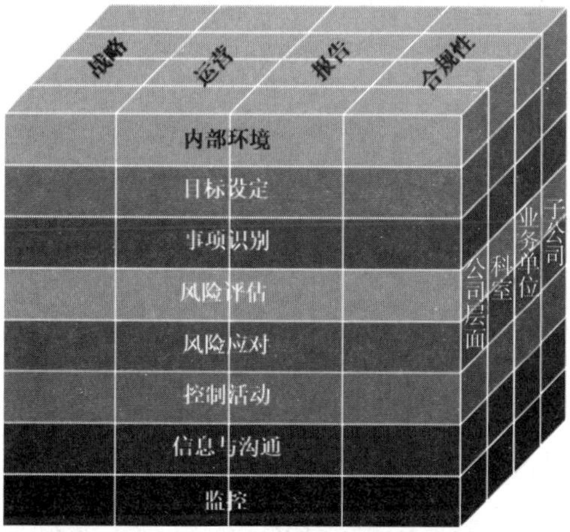

图 1-2　风险管理框架

《ERM 框架》指出，风险管理是一个过程，受企业董事会、经理层和其他员工的影响，包括内部控制及其在战略管理和整个企业活动中的应用，旨在为实现经营的效率和效果、财务报告的可靠性及法规的遵循提供合理保证。由此，内部控制进入一个新的发展阶段，即内部控制风险管理阶段。这一阶段的显著变化是将内部控制上升至全面风险管理的高度来认识。

《ERM 框架》目标层面包括战略目标、经营目标、报告目标和合规目标四类目标，要素层面包括八个相互关联的构成要素：内部环境、目标设定、事项识别、风险评估、风险应对、控制活动、信息与沟通、监控。在《ERM 框架》中，内部控制的目标、要素与组织层级之间形成了一个相互作用、紧密相连的有机统一体系。同时，《ERM 框架》对内部控制要素的进一步细分和充实，使内部控制与风险管理日益融合，拓展了内部控制的范畴。

相对于《内部控制——整合框架》，《ERM 框架》的创新在于以下四点。

第一，从目标上看，《ERM 框架》增加了战略目标，同时还扩大了报告的范畴。在目标层面，《ERM 框架》认为风险管理的最高目标是帮助企业实现发展战略，促进企业的可持续发展。另外，在报告目标方面，《ERM 框架》还拓展了范围，由财务报告目标扩大到促进公司整体报告可靠性的提高，《ERM 框架》中的财务报告覆盖了企业编制的所有报告。

第二，从要素上看，《ERM 框架》增加了目标设定、事项识别和风险应对三个风险管理要素。在要素层面，《ERM 框架》突出了风险评估和风险应对的重要性，从目标设定、事项识别、风险评估和风险应对四个方面完善了风险管理流程。此外,《ERM 框架》对原有要素也进行了深化和拓展,将原有的“控制环境”改为“内部环境”。

第三,从概念上看,《ERM 框架》定义了风险偏好和风险容忍度两个新概念。风险偏好是指企业在实现其目标的过程中喜欢收益的波动性胜于喜欢收益的稳定性的态度。企业的风险偏好与企业的战略目标直接相关,企业在制定战略时,应考虑将该战略的既定收益与企业管理者的风险偏好结合起来。风险容忍度是指在目标实现过程中企业对差异的可接受程度,是企业在风险偏好的基础上设定的。

第四,从观念上看,《ERM 框架》提出了“风险组合观”。企业风险管理要求企业管理者以风险组合的观念看待风险,对相关的风险进行识别并采取措施,使企业所承担的风险在风险容忍度的范围内。对企业中的每个单位而言,其风险可能在该单位的风险容忍度范围内,但从企业总体来看,总风险可能会超过企业总体的风险容忍度范围。因此,企业管理者应从企业整体的角度评估风险。

需要说明的是,《ERM 框架》的出现虽然晚于《内部控制——整合框架》,但是它并不是要完全替代内部控制框架。在企业管理实践中,内部控制是基础,风险管理只是建立在内部控制的基础之上、具有更高层次和综合意义的控制活动。如果没有良好的内部控制系统,所谓的风险管理只能是一句空话。

在《ERM 框架》发布后,风险的种类和复杂性发生了重大变化。新环境和新技术的演变带来了新的风险。基于风险导向的管理理念逐渐兴起,并渗透到企业管理的各个方面。为适应这些变化,COSO 于 2014 年启动了《ERM 框架》的修订工作,并委托普华永道实施。此计划旨在在日益复杂的商业环境中提高 ERM 的相关性,反映风险管理理论和实践的新发展,以便组织从风险管理中获得价值的提升。2017 年 9 月,COSO 正式发布了《企业风险管理——与战略和业绩的整合》(*Enterprise Risk Management—Integrating with Strategy and Performance*,简称《新 ERM 框架》)。

与《ERM 框架》相比,《新 ERM 框架》主要有以下变化:①《新 ERM 框架》采用了“要素 + 原则”式的结构;②简化了企业风险管理的含义;③强调了风险和价值之间的关系;④重新定位了企业风险管理的侧重点;⑤增强企业风险管理和绩效的协同性;⑥明确将企业风险管理纳入决策流程;⑦说明了风险管理和内部控制的关系;⑧优化了风险偏好和容忍度的概念。

二、中国内部控制发展历史沿革

(一)中国内部控制法规的发展

我国对内部控制规定的起步始于 1985 年 1 月,全国人民代表大会常务委员会颁布的《中华人民共和国会计法》要求各单位应建立、健全本单位的内部会计监督制度。1996 年,财政部发布的《会计基础工作规范》提出内部会计控制的要求。1996 年,中国注册会计师协会发布的《独立审计具体准则第 9 号——内部控制与审计风险》要求从审计的角度对企业内部控制做出评价。从 20 世纪 90 年代开始,我国政府针对内部控制建设出台了一系列相关文件,内部控制相关法规逐步完善。中国不同部门发布的内部控制部分法规见表 1-1。

表 1-1　中国不同部门发布的内部控制部分法规列表

序号	年份	发布部门	相关法规
1	1997 年	中国人民银行	《加强金融机构内部控制的指导原则》
2	1997 年	中国人民银行	《关于进一步完善和加强金融机构内部控制建设的若干意见》
3	1999 年	全国人民代表大会常务委员会	《中华人民共和国会计法》
4	2000 年	证监会	《关于加强期货经纪公司内部控制的指导原则》
5	2001 年	证监会	《证券公司内部控制指引》
6	2001 年	财政部	《内部会计控制规范——基本规范（试行）》 《内部会计控制规范——货币资金（试行）》
7	2002 年	中国注册会计师协会	《内部控制审核指导意见》
8	2002 年	中国人民银行	《商业银行内部控制指引》
9	2003 年	证监会	《关于加强证券公司营业部内部控制若干措施的意见》
10	2004 年	银监会	《商业银行内部控制评价试行办法》
11	2005 年	证监会	《关于提高上市公司质量的意见》
12	2006 年	国务院国资委	《中央企业全面风险管理指引》
13	2007 年	银监会	《商业银行内部控制指引》
14	2007 年	保监会	《保险公司风险管理指引》
15	2008 年	财政部等五部委	《企业内部控制基本规范》
16	2010 年	保监会	《人身保险公司全面风险管理实施指引》
17	2010 年	财政部等五部委	《企业内部控制应用指引第 1 号——组织架构》等 18 项应用指引、《企业内部控制评价指引》和《企业内部控制审计指引》
18	2011 年	中国注册会计师协会	《企业内部控制审计指引实施意见》
19	2011 年	中国注册会计师协会	《企业内部控制审计工作底稿编制指南》
20	2012 年	财政部等	《企业内部控制规范体系实施中相关问题解释第 1 号》
21	2012 年	财政部等	《企业内部控制规范体系实施中相关问题解释第 2 号》
22	2012 年	国资委、财政部	《关于加快构建中央企业内部控制体系有关事项的通知》
23	2012 年	财政部	《行政事业单位内部控制规范（试行）》
24	2014 年	银监会	《商业银行内部控制指引》（2014 年修订）
25	2016 年	银监会	《银行业金融机构全面风险管理指引》
26	2017 年	财政部	《小企业内部控制规范（试行）》
27	2017 年	国资委	《中央企业境外投资监督管理办法》
28	2018 年	国资委	《中央企业合规管理指引（试行）》
29	2018 年	国资委	《中央企业违规经营投资责任追究实施办法（试行）》
30	2018 年	银保监会	《商业银行流动性风险管理办法》
31	2018 年	审计署	《审计署关于内部审计工作的规定》
32	2019 年	国资委	《关于加强中央企业内部控制体系建设与监督工作的实施意见》
33	2020 年	国务院	《国务院关于进一步提高上市公司质量的意见》

续表

序号	年份	发布部门	相关法规
34	2020 年	国资委	《关于深化中央企业内部审计监督工作的实施意见》
35	2021 年	国资委	《关于加强中央企业资金内部控制管理有关事项的通知》
36	2021 年	国资委	《关于加强地方国有企业债务风险管控工作的指导意见》
37	2021 年	财政部、证监会	《关于深交所主板与中小板合并后原中小板上市公司实施企业内部控制规范体系的通知》
38	2022 年	财政部、证监会	《财政部 证监会关于进一步提升上市公司财务报告内部控制有效性的通知》

(二)中国企业内部控制规范体系

2008 年 5 月 22 日,财政部会同证监会、审计署、银监会、保监会等五部委联合发布了《企业内部控制基本规范》(以下简称《基本规范》),要求 2009 年 7 月 1 日起在上市公司范围内施行,并且鼓励非上市的大中型企业也执行基本规范。《基本规范》融合了国外内部控制制度的经验,同时结合了中国实际情况,展现了中国自身的特色,这标志着中国内部控制制度的建设迈上了新台阶。《基本规范》共 7 章 50 条,分为总则、内部环境、风险评估、控制活动、信息与沟通、内部监督和附则。

2010 年 4 月 15 日,财政部等五部委又发布了《企业内部控制应用指引第 1 号——组织架构》等 18 项应用指引、《企业内部控制评价指引》和《企业内部控制审计指引》(以下简称《配套指引》)。要求 2011 年 1 月 1 日起在境内外同时上市的公司实行, 2012 年 1 月 1 日起,在上海证券交易所、深圳证券交易所主板上市的公司施行,并择机在中小板和创业板上市的公司中施行,同时也鼓励非上市大中型企业提前执行。

2012 年 2 月,财政部会同相关部门发布了《企业内部控制规范体系实施中相关问题解释第 1 号》; 2012 年 9 月,又发布了《企业内部控制规范体系实施中相关问题解释第 2 号》; 2013 年 12 月,财政部发布了《石油石化行业内部控制操作指南》; 2014 年 12 月,财政部发布了《电力行业内部控制操作指南》。自此,中国形成了较为完整的企业内部控制规范体系。中国企业内部控制规范体系如图 1-3 所示。

图 1-3 中的 18 个应用指引由三大类组成,即内部环境类应用指引、控制业务类应用指引、控制手段类应用指引。这三类应用指引基本涵盖了企业资金流、实物流、人力流和信息流等各项业务和事项。①内部环境类应用指引包括组织架构、发展战略、人力资源、社会责任和企业文化等指引;②控制业务类应用指引是对各项具体业务活动实施的控制,此类指引包括资金活动、采购业务、资产管理、销售业务、研究与开发、工程项目、担保业务、业务外包、财务报告等指引;③控制手段类应用指引偏重于“工具”性质,往往涉及企业整体业务或管理,包括全面预算、合同管理、内部信息传递和信息系统等四项指引。

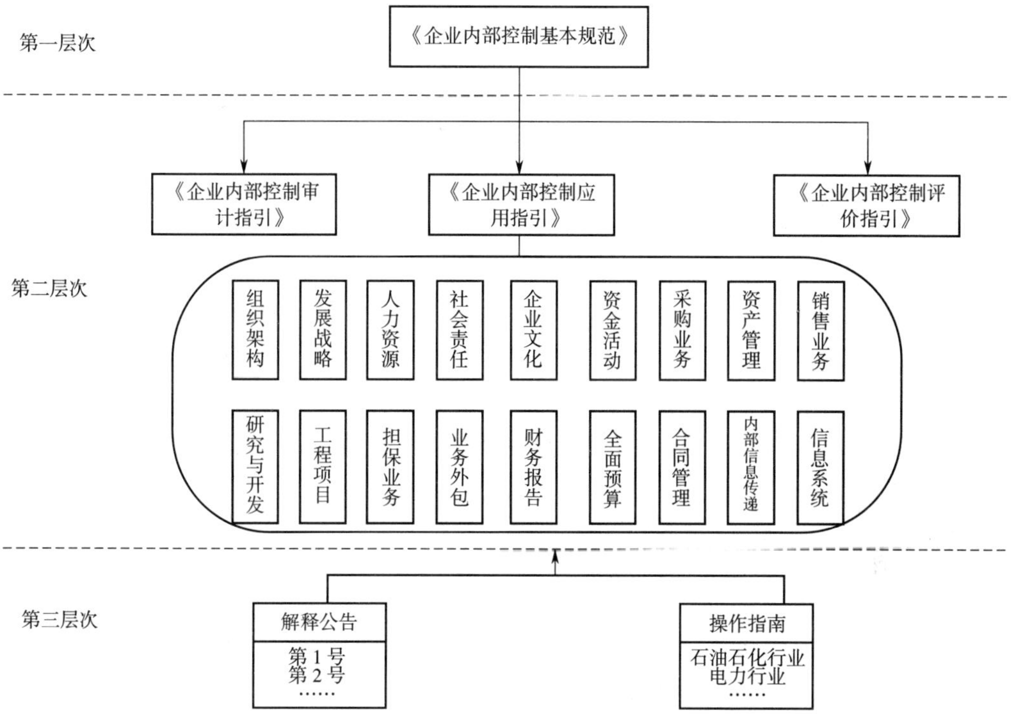

图 1-3　中国企业内部控制规范体系

第二节　内部控制的概念和目标

一、内部控制的概念

（一）内部控制的定义

1992 年以前，内部控制存在多种解释，为了整合多种内部控制的定义和解释，1992 年，COSO 发布《内部控制——整合框架》，该报告对内部控制下了一个最为权威的定义：内部控制是由董事会、经理层和其他员工实施的为运营的效率效果、财务报告的可靠性、相关法律法规的遵循性等目标的实现，提供合理保证的过程。2004 年《企业风险管理——整合框架》认为企业风险管理是一个过程，受企业董事会、经理层和其他员工的影响，包括内部控制及其在战略管理和整个公司活动中的应用，旨在为实现经营的效率和效果、财务报告的可靠性以及法规的遵循提供合理保证。2013 年 COSO 修订的《内部控制——整合框架》将内部控制定义为：由一个主体的董事会、经理层和其他员工实施的，旨在为实现运营、报告和合规目标提供合理保证的过程。

2008 年，我国《基本规范》将内部控制定义为：由企业董事会、监事会、经理层和全体员工实施的、旨在实现控制目标的过程。内部控制的目标是合理保证企业经营管理合法合规、资产安全、财务报告及相关信息真实完整，提高经营效率和效果，促进企业实现发展战略目标。

（二）内部控制的特征

根据上述内部控制的定义，可以总结出以下特征。

1. 内部控制是一个动态的过程

内部控制不是一成不变的，而是随着企业内外部环境的变化而不断调整和优化的。首先，内部控制是企业管理的重要手段，它随着企业战略目标和运营模式的变化而不断调整。当企业战略目标发生变化时，内部控制也需要相应地进行调整和优化，以确保其有效性。其次，内部控制受到企业内外部环境的影响和制约。外部环境包括市场环境、政策法规、技术进步等因素，这些因素的变化也会对内部控制产生影响。例如，随着新技术的不断涌现，传统的内部控制手段可能已经无法适应新的业务需求，需要不断地更新和优化。此外，企业内部的组织结构、流程和人员也会发生变化。例如，企业在合并、重组或扩张时，需要对原有的内部控制进行重新设计和调整。同时，随着企业的发展和壮大，企业也需要不断地完善和加强内部控制体系。

因此，内部控制是一个动态的过程，需要不断地进行更新和优化。企业管理层应当密切关注企业内外部环境的变化，及时调整和完善内部控制体系，以适应新的业务需求和发展需要。同时，企业还应当建立完善的内部控制监督机制，及时发现和解决内部控制的问题和缺陷，确保其有效性和合规性。

2. 内部控制是全面的风险管理活动

内部控制是由目标、要素及原则等构成的完整框架，是一项全面的风险管理活动，涉及全员、全方位和全过程，覆盖企业整体、业务活动、子公司及分支机构等各个层面。这体现在以下几个方面。①内部控制涵盖了企业的各个层面和所有员工。无论是董事会、监事会、经理层还是普通员工，都应当承担各自的责任，共同参与内部控制过程。②内部控制贯穿于企业的各个业务领域和流程。它不仅涉及财务报告的可靠性、经营的效果和效率、合规性等各个方面，还应当关注企业的战略目标、运营模式、组织结构、流程优化等方面的问题。③内部控制不仅应当关注企业当前的风险，还要考虑未来可能出现的风险。它不仅要应对已知的风险，还要考虑可能出现的新的风险和不确定性。

3. 内部控制是全员控制

企业内部的每一个员工都是内部控制的参与者和实施者，他们在内部控制中都扮演着不同的角色，承担着相应的责任。董事会是内部控制的最高决策机构，负责制定内部控制的策略和政策，并监督其实施情况。董事会应当确保企业具备稳健的内部控制体系，并推动内部控制的有效实施。董事会对内部控制的建立健全和有效性承担最终责任。监事会负责对董事会在建立和实施内部控制方面进行监督，确保董事会的决策和行为符合法律法规和企业内部规章制度的要求。经理层是内部控制日常运行的负责人，他们应当组织领导企业内部控制的日常运行，确保各项内部控制措施的有效执行。经理层还应当在内部控制中发挥重要作用，承担相应的责任。此外，企业中的每一个员工都应当积极参与内部控制的实施过程。无论是管理层还是普通员工，都应当树立现代管理理念，强化风险意识，以主人翁的姿态积极参与内部控制的建立与实施。员工应当了解内部控制的相关规定和要求，并按照要求履行自己的职责。同时，员工还应当对内部控制的实施情况进行监督和反馈，及时发现和纠正存在的问题。

因此，内部控制不是仅由董事会、监事会和经理层等少数人员负责实施的控制活动，而是由全体员工共同参与、共同承担责任的全员控制。只有全体员工都积极参与内部控制的实施过程，才能实现内部控制的目标，保障企业的稳健发展。

4. 内部控制的目标是一个多目标管控体系

内部控制的目标不仅是预防差错和舞弊，而是由合规目标、报告目标、资产目标、经营目标及战略目标等构成的多目标管控体系。内部控制的根本目标是控制风险以创造价值，促进人、财、物、时间、技术等资源的优化配置，以更优的效率和效果实现企业经营目标，从而促进企业战略目标的实现。内部控制的五个目标不是彼此孤立的，而是相互联系的，共同构成了一个完整的内部控制目标体系。战略目标是内部控制最高层次的目标；经营目标是内部控制的核心目标；合规目标、资产目标及报告目标是内部控制的基础性目标。

5. 内部控制提供的是合理保证

内部控制提供的保证是合理保证，而非绝对保证或有限保证。合理保证意味着内部控制可以在一定程度上提高企业目标实现的可能性，但并不能完全消除风险和不确定性。这是因为内部控制受到各种因素的限制，包括人为判断的限制、成本效益的考虑、管理者的越权、员工的串谋等。这些因素的存在使得内部控制在实际执行过程中总会存在着一些固有局限性，无法绝对完美地实现预定的控制目标。此外，外部环境的影响也是不可忽视的因素，内部控制无法控制外部环境对企业目标的影响。

因此，在理解内部控制的作用时，企业应当充分认识到其局限性以及各种因素对内部控制有效性的影响。企业应当不断完善内部控制体系，以更好地实现企业目标。同时，企业管理层和董事会也应当密切关注并及时了解组织目标的实现情况，以便在必要时采取措施来保证目标的实现。

6. 内部控制的对象是风险

内部控制的对象是风险，而不是基层岗位和普通员工。内部控制的核心目标是识别、评估和管理影响企业目标实现的各种风险。风险是指可能对目标的实现产生负面影响的不确定性。企业在日常运营中，会遇到各种各样的风险，如市场风险、信用风险、操作风险等。这些风险可能会对企业的经营成果、财务状况和声誉产生重大影响。内部控制作为企业管理的重要手段，通过对企业内部各个层面和环节的有效控制来发现和降低各种风险，确保企业战略目标的实现。具体而言，内部控制通过建立和完善风险评估机制，对企业面临的各种风险进行识别、评估和管理；通过对风险的把控和应对，降低风险对企业的影响，确保企业的稳健运营。

案例 1-2　构建“五位一体”大风控体系 引领保障中国纸业高质量发展①

新形势下，进一步推进企业法治建设，是深入学习贯彻习近平法治思想、认真落实全面依法治国战略部署的重要内容，是推动企业战略升级、改革发展的重要保障。法者，治之端也。自党的十八大以来，中国纸业投资有限公司（以下简称中国纸业）始终坚持以习近平法

① 王义福：《构建“五位一体”大风控体系 引领保障中国纸业高质量发展》，人民政协网，https://www.rmzxb.com.cn/c/2022-05-20/3120864.shtml. 访问日期：2022 年 5 月 20 日。

治思想为指导，不断提高运用法治思维和法治方式深化改革、推动发展、化解矛盾、维护稳定、应对风险的能力，切实把学习成效转化为推进全面依法治企、建设法治纸业的生动实践，不断推进法治建设的体系化、制度化、规范化，逐步构建起中国纸业特色法务、合规、风险、内控、审计“五位一体”的“大风控”体系，为企业的高质量、可持续发展保驾护航。

一、中国纸业特色的“五位一体”大风控体系的构建

（一）什么是“五位一体”体系

“五位一体”指法务、合规、内控、风险和审计通过科学协作、密切配合实现企业风险闭环管理。中国纸业“五位一体”的特色在于法务侧重于“用”，通过交易设计、法律运用、纠纷解决等实现对各项业务的支持，服务引领公司实现经营目标；合规侧重于“守”，通过事前布局、主动要求，让各经营单位、部门、员工接受法律法规、监管规定、内部规章制度的约束；内控侧重于“建”，通过对制度、流程的设置，让公司的运转既合规又高效；通过对机构、岗位的设置，形成有效制约，从而规避潜在风险；风险侧重于“防”，通过结合企业战略和内外部环境，识别和评估风险，选择应对策略，实现风险预防、避免、转移和化解等；审计侧重于“改”，通过独立、客观的立场对企业的内部控制和风险管理进行检查和评价，通过结果反馈实现整个风控体系调优。

（二）为何搭建“大风控”体系

随着改革深入，经济全球化对国内经济发展的冲击加剧，夯实法治建设，是企业防范化解风险、保障稳健发展的必由之径。2015 年，国资委在《关于全面推进法治央企建设的意见》中提出探索建立法律、合规、风险、内控一体化管理平台。2021 年，18 家央企已启动推进“X”位一体大风控体系建设。中国纸业持续对标先进、促进改革发展，紧密结合发展实际，努力提升风险识别的前瞻性、风险把控的全面性、风险处置的科学性，逐步构建促进企业依法合规治理的“大风控”体系。

（三）如何搭建“大风控”体系

谈到搭建“大风控”体系，必须先提及企业风险管理的“三道防线”，即企业的业务部门作为前端部门是第一道防线；风险管理职能机构是第二道防线；内部审计职能机构是第三道防线。中国纸业的“大风控”体系，基于风险合规部集法务、合规、风险、内控、审计于一体的管控实际，在“四位一体”的基础上，纳入审计强化监督管理。相较“四位一体”集中在风险防控的第二道防线，将法务的效率和内控、合规、风险的防控特点结合在一起，达到效率与风险防控的统一。中国纸业的“五位一体”强调第二道防线对第一道防线的支撑和预警，第三道防线对第一、二道防线的反馈和改进，最终达到三道防线加固，提升系统化风险防范的目的。

中国纸业的“大风控”体系，是“五位一体”贯穿“三道防线”的风险管控体系。第一道防线由公司业务部门（采购、销售等）及相关岗位人员组成，对业务所发生的风险负主体责任，负责执行各项具体的风险合规管理制度，完善各业务条线操作流程，在业务前端识别、评估、应对、监控和报告各自职责范围内的各类风险。但同时，将法务、风险前置到第一道防线，以法律意见书和风险评估报告为抓手，提供给经营管理及战略发展相关意见，提前预判风险。第二道防线由风险管理委员会、合规管理委员会、风险合规部门组成，是风险合规管理的监督与组织协调者，负责统筹协调相关职能部门、分支机构管理合规风险事宜，制定各

类管理制度、标准等。此时,法务、合规、风险、内控、审计均置于第二道防线,以委员会运行、合同审查、风险提示函、投资后评价、任中审计为抓手,协助一线核心业务部门进行风险管控。第三道防线由审计委员会和审计部门组成,负责对企业合规管理体系运行情况和运行效果、合规管理政策的执行情况进行检查、评估。同时,法务也被置于第三道防线,以诉讼案件管理为抓手,与以各类审计(离任、专项、内控评价等)及违规经营追责为抓手的审计一同,对风险合规管理进行监督检查,并跟进事项整改,形成闭环管控。

二、"五位一体"大风控体系的落实

(一)认清"我们在哪里"

通过对标中国诚通控股集团有限公司的风险体系模型和合规体系模型,中国纸业的风险和合规体系均处于接近五级体系中的第三级的位置,风险防控接近"规范型",合规管理接近"初步规范级"。结合实际分析,存在不足的原因主要有:一是风险管理策略不明确;二是风险预警监控手段单一;三是系统人员力量有待提升;四是制度体系还需完善;五是文化宣贯还不到位;六是风险管理信息系统尚未建立。

(二)明确"将要去哪里"

为打造"五位一体"前置高效协同的中国纸业系统大风控体系,全面提升合规管理和风险防控能力,为企业的高质量、可持续发展保驾护航。中国纸业坚持以习近平新时代中国特色社会主义思想为指导,认真落实习近平法治思想,深入贯彻党的十九大和十九届历次全会精神,紧紧围绕国企改革三年行动和中央企业"十四五"发展规划,制定了第一个三年目标(2021年至2023年)。

在战略层面,根据企业发展的不同阶段,制定与公司战略相适应的风险管理战略;围绕企业发展战略,建立统一风险管理框架,确定风险偏好、风险承受度等;法治建设作为公司改革发展重点任务纳入公司发展规划和年度工作计划。在管理层面,建立完善的法律合规和风险内控制度;合规流程嵌入业务,持续优化合理规则制定、合规执行和合规稽查的各个环节;根据风险管理策略,针对各类风险或每一项重大风险制定风险管理解决方案;建立关键风险指标(KRI)预警机制,对潜在风险进行智能识别。在支撑保障层面,搭建风险合规管理信息系统和风险事件库,对内实现重大风险跟踪管理,对外预测风险有效预警;强化人才梯队建设与培训,建立风险合规人才培养体系,储备"五位一体"专业领域的专业人才,实现风险合规培训机制运行成熟,文化宣贯到位,业务人员素养显著提升。

(三)确定"要怎么去"

为实现法治建设下的第一个三年目标,中国纸业制定了"三步走"战略。第一步:2021年,完善配置,落实责任。建立健全全面风险管理体系的各项组织体系、制度体系,解决现存的风险合规主要问题。第二步:2022年,协同管理。统筹规划风险、合规、内控、法务、审计的业务定位、战略目标以及全年工作任务,探索风险合规管理考核机制和信息系统建设。第三步:2023年,系统融合。落地风险合规管理信息系统,根据实际业务情况建立和调优风险监控预警指标体系和风险计量技术,落实全面风险管理与战略管理、绩效管理的融合。

三、"五位一体"大风控体系的成效

自搭建与落实"五位一体"大风控体系以来,中国纸业将法治央企建设要求深度融入企业风险管理,在各方面均取得了积极成效。以法务、合规为例:在第一道防线,通过规章制度

“废改立”，强化制度全生命周期管理；通过狠抓三项审核率，促进业务依法合规开展；通过全员知识竞赛，打通普法“最后一公里”。在第二道防线，通过落实第一责任人职责，引领法治建设深入；通过建立总法律顾问制度，促进法治合规工作贯彻；通过年度法治工作会，统筹阶段性重点法治工作任务；通过专职法律机构设置，提供服务人员保障；通过主要领导学法，打造法治宣贯“传送带”。在第三道防线，通过“一案一策，一案一总结”，对案件事发成因、处理策略、经验教训通过台账管理进行“全过程”跟踪，并通过开展案件总结分析及专题研讨，反向对机制管理查问题、找不足、提建议，实现案件闭环管理。

二、内部控制的目标

目标引领行动，任何组织都应有自己的目标。内部控制主要对影响目标实现的风险进行评估和管控。企业只有明确了内部控制目标，才能确定内部控制建设与实施的方向。

我国《基本规范》第三条第二款规定，内部控制的目标是合理保证企业经营管理合法合规、资产安全、财务报告及相关信息真实完整，提高经营效率和效果，促进企业实现发展战略。上述目标是一个完整的内部控制目标体系，各个目标的内涵及其在整个目标体系中的地位和作用解释如下。

（一）合规目标

合规目标与企业活动的合法性有关。企业经营合法合规强调的是企业要在法律允许的经营范围内开展经营活动，严禁违法经营、非法获利。企业必须遵守社会的基本规范（包括法律规范和道德规范），必须在社会允许的范围内开展经营活动。一个违反相关法律法规、丧失道德底线的企业，必然将自身置于高风险的环境中，从而对自身的生存和发展造成巨大威胁，最终必将遭到淘汰。因此，合法合规是企业生存和发展的客观前提，是内部控制的基础性目标，是实现其他内控目标的保证。

（二）资产安全目标

资产安全主要是防止资产流失。要确保企业各项存款等货币资金的安全，防止其被挪用、转移、侵占、盗窃。同时还要保护实物资产，防止低价出售，要充分发挥资产效能，提高资产管理水平。需要注意的是，保护资产一直是内部会计控制的一个主要目标，COSO 框架没有将保护资产作为主要目标，而将其作为控制程序组成要素的一个子集。我国的《基本规范》将其作为内部控制目标的一部分是有特殊用意的。我国是一个产权多元化的国家，国有资产流失现象严重，保护资产安全与完整，对资产所有者来说，具有特别紧迫的现实意义。资产安全目标是实现其他目标的物质前提。

资产安全目标有两个层次：一是资产使用价值的完整性，主要是指防止货币资金和实物资产被挪用、转移、侵占、盗窃，防止无形资产被侵权、侵占等；二是资产价值量的完整性，主要是防止资产被低价出售，损害企业利益，同时要充分提高资产使用率，提升资产管理水平，防止资产价值出现减损。为了保障内部控制实现资产安全目标，企业必须建立资产的记录、保管和盘点制度，确保记录、保管与盘点岗位的相互分离，并明确职责和权限范围。为了实现合理保证资产安全的控制目标，企业需要广泛运用职责分离、分权牵制等体现制衡要求的控制措施。

（三）报告目标

报告目标即内部控制要合理保证企业提供真实可靠的财务信息及其他信息。报告目标也是内部控制的基本目标，能够有效地支撑其他目标的实现。财务报告及相关信息反映了企业的经营业绩，以及企业的价值增值过程，揭示了企业的过去和现状，并可预测企业的未来发展。它既是投资者进行投资决策、债权人进行信贷决策、管理者进行管理决策、相关经济主管部门制定政策和履行监管职责的重要依据，又是满足合规性要求的重要内容。进行财务报告舞弊的企业一般都无法实现其经营目标，最后铤而走险，走上违规之路。

2022 年 3 月，《财政部 证监会关于进一步提升上市公司财务报告内部控制有效性的通知》指出："内部控制特别是财务报告内部控制，是加强财会监督、遏制财务造假、提高上市公司会计信息质量的重要基础。有关地方和单位要高度重视，切实提升上市公司财务报告内部控制的有效性，充分发挥内部控制在上市公司财务报告中的控制关口前移、提升披露透明度、保护投资者权益等重要作用。"

（四）经营目标

提高经营的效率和效果是内部控制的核心目标。企业存在的根本目的在于获利，而企业获利往往直接取决于经营的效率和效果。一般来说，企业的主要功能是创造价值，实现企业价值最大化。内部控制作为企业管理系统的重要内容，应服务于企业的价值创造，与企业经营目标保持一致，识别、分析和应对企业价值创造过程中的风险因素，以减少损失、提高收益，促使生产经营活动达到预期目标。

企业的经营目标需要充分考虑自身特点以及所处的特定经济环境，全面权衡产品质量的竞争压力、产品的生产周期以及与技术变化有关的其他因素。管理层必须确保经营目标能够反映出现实情况并满足市场的要求，同时配备明确的绩效衡量指标。明确与子目标良好衔接的经营目标是企业成功运营的基本前提，它能够引导企业的资源合理流动，优化资源配置。如果经营目标不明确或不成熟，就可能导致企业资源的浪费。通常来说，健全的内部控制体系可以提高企业的经营效率和效果，提升单位时间内的产量，并优化产品质量。

（五）战略目标

内部控制的最高目标是促进企业实现发展战略。战略目标具有宏观性、全局性、长期性、可分解性、可接受性、可检验性和相对稳定性等特点。如果说提高经营的效率和效果是从短期利益的角度定位的内部控制目标，那么促进企业实现发展战略则是从长远利益出发的内部控制目标。将战略目标设定为内部控制的最高目标，有助于企业在生产经营和管理活动中做出符合战略要求的选择和判断，从而克服片面追求当前利益和局部利益的短期行为，同时也有利于社会资源的合理配置。企业可以在长期和短期之间取得平衡，将当前利益与长远利益、局部利益与全局利益相结合。这有助于提升企业的可持续发展能力和创造长久价值的能力，从而为企业和社会带来长期利益。

为了实现战略目标，企业应由董事会或总经理办公会议制定总体战略目标，并通过股东代表大会表决通过。在制定战略目标时，应充分考虑外部环境和内部条件的变化，根据相应的变化进行适时的调整，确保战略目标在风险容忍度之内。

（六）内部控制目标之间的关系

内部控制的五个目标不是彼此孤立的，而是相互联系的，它们共同构成了一个完整的内部控制目标体系。各目标之间的逻辑关系如图 1-4 所示。内部控制的根本目标是控制风险以创造价值，促进人、财、物、时间、技术等资源的优化配置，以更优的效率和效果实现企业经营目标，从而促进企业战略目标的实现。这些目标的实现必须以合规目标、资产目标和报告目标为基础。

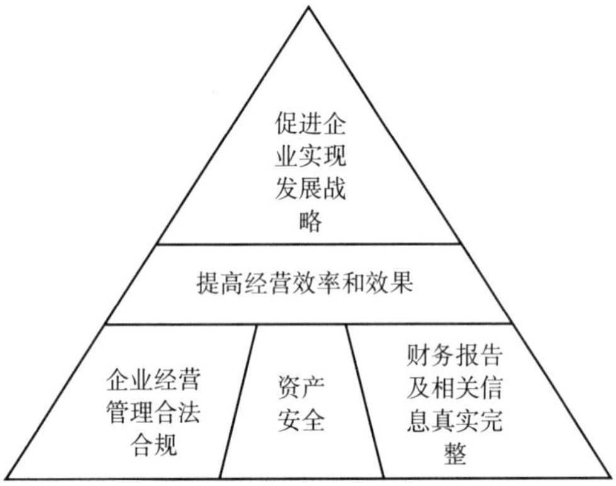

图 1-4　内部控制目标之间的关系图

战略目标是内部控制的最高目标，是与企业使命和愿景相联系的终极目标。企业在设定内部控制目标时，应将内部控制目标与战略目标结合起来，通过内部控制的实施，促进企业战略目标的实现。

经营目标是战略目标的细化、分解与落实，是内部控制的核心目标。它是根据战略目标以及内部和外部环境的变化而制定的，以确保企业的日常经营符合战略方向并能够应对潜在的风险。

资产目标是实现经营目标的物质前提。它旨在确保企业资产的安全、完整和有效利用，通过维护资产的安全和有效使用，支持企业的经营目标和战略目标的实现。

报告目标是经营目标的成果体现与反映。它要求企业编制和披露真实、准确、完整、及时和可理解的财务报表和其他信息，以支持经营决策和管理目标的实现。

合规目标是实现经营目标的有效保证。它要求企业遵守适用的法律法规、规章制度和行业标准，通过合规经营来降低风险并增强企业的稳健性。

综上所述，内部控制的五个目标形成一个有机的整体，共同推动企业实现价值创造和可持续发展。在设定和实施内部控制时，企业应全面考虑各目标之间的相互关系及其对企业运营的影响，以确保内部控制的有效性和实施效果。

第三节　内部控制的原则

内部控制的原则是企业建立与实施内部控制应当遵循的基本准则。《基本规范》第四条规定企业建立与实施内部控制应当遵循五项原则，即全面性、重要性、制衡性、适应性和成本效益原则。

一、全面性原则

企业内部控制应当贯穿决策、执行和监督全过程，涉及事前控制、事中控制和事后控制，覆盖企业及其所属单位的各种业务和事项，包括企业整体层面的控制、业务层面的控制、对子公司的控制和对分支机构的控制。全面性原则有两层含义。一是全过程控制。全过程控制要求内部控制不留空白和漏洞，即对企业整个经营管理活动过程进行全面的控制。企业应针对人、财、物、信息等要素及各个业务活动领域制定全面的控制制度。二是全员控制。董事会、中间各层级的管理者以及普通员工，都是内部控制实施的主体。贯彻全面性原则可以保证企业生产经营活动的有序进行。全面性原则是建立内部控制的重要基本原则之一，因为在实际工作中一个细节的疏忽就可能导致企业整个经营活动的失败。

二、重要性原则

重要性原则是指内部控制应在全面控制的基础上，关注重要业务和事项及高风险领域和环节，针对重要业务和事项、高风险领域和环节采取更为严格的控制措施，确保不存在重大缺陷。基于组织资源有限的客观事实，企业在设计内部控制时不应平均分配资源，而应关注容易出漏洞、造成重大损失的关键控制点和容易出现舞弊行为的关键岗位。对于关键控制点和关键岗位，企业应花费更大的成本，采取更严格的控制措施，将企业的内部控制风险降到最低。企业要健全重大风险防控机制，在重大经营事项决策前必须开展专项风险评估。重要性原则的应用要求一定的职业判断，企业应根据所处行业环境和经营特点，从业务和事项的性质与涉及金额两方面去考量是否及如何实行重点控制。

《企业内部控制应用指引第1号——组织架构》第五条对“三重一大”即“重大决策、重大事项、重要人事任免及大额资金支付业务”做出了规定。在实务中，不少重大经济案件都涉及“三重一大”问题，为此，中央也在国企中推行“三重一大”制度。

“三重一大”事项应当按照规定的权限和程序实行集体决策审批或者联签制度。任何个人不得单独进行决策或者擅自改变集体决策意见。按照规定权限和程序实行集体决策审批或者联签制度。企业应当健全议事规则，明确“三重一大”事项的决策规则和程序，完善群众参与、专家咨询和集体决策相结合的决策机制。此项要求是我国部分企业优秀管理经验的总结，可以有效避免“一言堂”“一支笔”的现象。对“三重一大”事项实行集体决策审批或联签制度有利于国有企业完善治理结构和健全现代企业制度。

三、制衡性原则

所谓制衡，就是创造相互制约的两极或多极，使任何一极都无法单独决定事物发展的全过程和结果。内部控制应在治理结构、机构设置及权责分配、业务流程等方面形成相互制约、相互监督，同时兼顾运营效率的机制。相互制衡是建立和实施企业内部控制的核心理念，更多体现为不相容机构、岗位或人员的相互分离和制约。此外，任何人不得拥有凌驾于内部控制之上的特权，高管人员应以身作则，做好表率。

四、适应性原则

内部控制应与企业经营规模、业务范围、竞争状况和风险水平等相适应，并随着企业外部环境的变化、经营业务的调整、管理要求的提高等不断改进和完善。比如，当企业的外部环境发生变化、经营业务范围重新调整、管理水平需要提高时，必须对内部控制进行相应调整。

在市场经济中，每个企业的外部环境都在不断变化。环境的变化不以企业的意志为转移，因此，为了生存和发展，企业必须积极适应这些外部环境的变化。否则，无法适应变化的企业将面临失败的风险。适应能力是一个企业生存和发展的重要条件。内部控制的建立和实施应该具有前瞻性，同时，内部控制必须随着国家法律法规、政策等外部环境的改变，以及企业业务职能的调整、管理要求的提高、企业经营战略和经营方针等内部环境的变化，不断地、及时地进行调整和完善。只有这样，内部控制才能真正发挥出其积极作用，助力企业在不断变化的外部环境中稳健发展。

案例 1-3　疫苗龙头康泰生物对财务风险的应对

深圳康泰生物制品股份有限公司成立于 1988 年 8 月，是深圳市高新技术企业之一，主要从事生物制品的研发、生产和销售，2017 年在深交所创业板上市交易，股票简称为“康泰生物”，股票代码为“300601”。康泰生物是国内乙肝疫苗生产的龙头企业，2017 年上半年乙肝疫苗批签发数量占比超过 60%。然而，受“山东疫苗事件”影响，国家修订了《疫苗流通和预防接种管理条例》，疫苗生产企业面临新的不确定性，给这家公司带来一系列的财务风险。那么，泰康生物是如何应对的呢?

（1）康泰生物的销售模式从“直销为主，经销为辅”转变为“全部直销”。虽然这样做表面看上去有增大公司坏账计提的风险，但采取全部直销的销售模式后，原来面对的是经销商，现在直接面对的是县防疫站。县防疫站都是国有和事业单位，虽然收款的时间略长，但是呆账坏账的风险会大幅降低。并且，康泰生物转变销售模式后，中间环节减少，成本降低，整体而言利润仍会增加。

（2）康泰生物加强对疫苗销售渠道、冷链储运等环节的监管。康泰生物在销售过程中通过建立详细的药品数据库记录每一份药品的去向，全程追踪避免出现意外事件。在冷链储运环节，疫苗必须在存储与运输期间处于合适的温度，并对温度进行定期测量和记录。同时，政府也会加强力量保障接种安全，加大处罚力度，以降低风险。

2017 年 2 月 15 日，康泰生物发布业绩快报，公司 2016 年实现营业收入 5.17 亿元，同比增长 14.1%；归属于上市公司股东的净利润 8 580.16 万元，同比增长 36.58%。康泰生物快速调整了销售模式，出色地应对了财务风险，保证了公司销售业绩稳定增长。

五、成本效益原则

成本效益原则是指内部控制应当权衡实施成本与预期效益，以适当的成本实现有效控制。值得说明的是，企业内部控制的建立和实施要符合成本效益原则，也是内部控制对目标的保证程度不是绝对保证而是合理保证的重要原因之一。

内部控制成本通常包括企业内部控制的设计成本、执行成本及鉴证成本。例如，增加控制流程需要增加设计和执行成本,聘请注册会计师实施内部控制审计会产生鉴证费用。内部控制效益是某项控制实施执行后产生的效益和好处。例如,内部控制可以增强董事会和经理层实现目标的信心、满足进入资本市场的特定要求等。企业进行内部控制建设必须统筹考虑投入成本和产出效益之比,在合理保证有效性的前提下,权衡实施成本与预期效益的关系,争取以合理的成本实现更为有效的控制。

企业在根据成本效益原则建立内部控制时,必须考虑重要性原则,运用科学的、合理的方法选择适宜数量的控制点。企业要有目的、有重点地选择控制点。企业要努力降低内部控制的成本,即在保证内部控制有效性的前提下,尽量精简机构和人员,改进控制方法和手段,减少不必要的程序和手续,避免重复劳动,提高工作效率,节约费用。同时,合理确定企业内部控制带来的经济利益,为了做大做强企业,企业一定要杜绝"短视行",立足长远,充分考虑内部控制带来的未来收益。

企业要注意各原则之间的关系,既要体现全面控制,又要注意突出重点,处理好全面性原则与重要性原则的关系;既要相互制约,又要相互适应,不断改进;既要处理好制衡性原则与适用性原则的关系,又要注重成本效益。

第四节　内部控制的要素

内部控制要素在内部控制框架中居于核心地位,直接影响内部控制的设计、实施和评价等环节。《基本规范》第五条要求,企业建立与实施有效的内部控制,应当包括内部环境、风险评估、控制活动、信息与沟通、内部监督等五大要素。

一、内部环境

我国《基本规范》规定:"内部环境是企业实施内部控制的基础,一般包括治理结构、机构设置及权责分配、内部审计、人力资源政策、企业文化等。"任何经济组织的内部控制都是在特定环境下建立并实施的,内部环境是影响制约内部控制建立与执行的各种因素的总称。内部环境形成企业的基本氛围,是内部控制赖以生存的土壤,是其他内部控制要素的基础,主导或左右着员工的理念和行为。内部环境直接决定其他四个构成要素作用的发挥,直接或间接地影响内部控制的效率和效果,对整个内部控制体系具有深远的影响。

我国企业内部控制规范体系通过《企业内部控制应用指引第 1 号——组织架构》《企业内部控制应用指引第 2 号——发展战略》《企业内部控制应用指引第 3 号——人力资源》《企业内部控制应用指引第 4 号——社会责任》和《企业内部控制应用指引第 5 号——企业文化》五项内部环境类应用指引来规范企业的内部环境。应用指引中内部环境类指引与基本规范中内部环境构成因素相互对应,共同形成我国内部环境构成因素体系。

二、风险评估

风险是对实现目标可能产生影响的不确定性因素,是经济活动在实际结果出现之前可能出现的各种结果及其概率分布的组合。风险评估是实施内部控制的重要环节。风险评估是企业及时识别、系统分析经营活动中与实现内部控制目标相关的风险,合理确定风险应对策略。

风险评估主要包括目标设定、风险识别、风险分析和风险应对等环节。风险评估的先决条件是设立了各种目标,并联结到企业内部层级。然后,企业建立风险管理机制,以了解企业所面临的来自内部和外部的各种不同风险。在充分识别各种潜在风险因素后,企业要对风险进行评估。企业管理层在评估了相关风险发生的可能性和后果及成本效益之后,要选择一系列策略、采取相应的措施使剩余风险处于可承受度以内。关于风险评估的具体内容将在第三章详细讲解。

三、控制活动

具体而言,控制活动是指企业应当结合风险评估结果,通过手工控制与自动控制、预防性控制与发现性控制相结合的方法,运用相应的控制措施将风险控制在可承受度之内。控制活动是企业内部控制的重要构成要素,是企业内部控制落实实施的具体手段。

根据《基本规范》第二十八条规定,控制措施一般包括:不相容职务分离控制、授权审批控制、会计系统控制、财产保护控制、预算控制、运营分析控制、绩效考评控制等。《企业内部控制应用指引第 15 号——全面预算》《企业内部控制应用指引第 16 号——合同管理》和控制活动要素相关,本书第四章将详细讲解不相容职务分离控制、授权审批控制、会计系统控制、财产保护控制、合同控制等控制方法的基本原理及其应用。

案例 1-4 从獐子岛事件看控制方法问题[①]

獐子岛集团股份有限公司(以下简称“獐子岛”)被媒体称作中国资本市场中最擅长“演戏”的上市公司,2014—2019 年,獐子岛连续上演了 4 次“扇贝去哪儿了”的大型“电视连续剧”,公司的扇贝变着花样地消失了 4 次,而且原因各异,不仅有受灾的,还有冻死的和饿死的。

按照獐子岛的说法,2014 年 10 月,底播虾夷扇贝因冷水团异动而近乎绝收;2018 年 1 月,“降水减少导致饵料生物数量下降”导致扇贝被“饿死”;2019 年第一季度,“底播虾夷扇贝受灾”;2019 年 11 月,“底播扇贝出现大比例死亡”。其实这些事件背后暴露了獐子岛在内部控制方面存在重大缺陷,其中在控制方法方面有以下表现。

1. 不相容职务未分离

扇贝作为獐子岛核心的生物资产之一,其采购、领用、播种理应贯彻严格的不相容职务分离控制。但从公开披露的信息看,虾夷扇贝的播种都由公司员工自主进行,既没有在播苗过程中使用录像等监控手段,也没有第三方机构在场。不相容职务分离控制的缺失,导致了扇贝苗在取得和验收时出现员工舞弊行为,从而导致幼苗质量不高、数量不够的情况,大大降低了扇贝的存活率。当然,更为严重的是公司控制权集于董事长吴厚刚一人,他既担任上市公司董事长,又担任獐子岛镇党委书记,同时还是集团公司总裁,一言堂现象明显,造成“三重一大”事项集体决策审批控制形同虚设。

2. 会计系统控制失效

根据 2020 年 6 月 15 日中国证监会对獐子岛下达的行政处罚决定书,獐子岛 2016 年、

① 陈汉文、池国华:《CEO 内部控制:基业长青的奠基石(第二版)》,北京大学出版社,2022,第 98-99 页。

2017 年年报存在虚假记载，主要集中在虚增营业成本方面。公司每月结转底播虾夷扇贝成本时，以当月虾夷扇贝捕捞区域（采捕坐标）作为成本结转的依据，捕捞区域由人工填报且缺乏船只航海日志予以佐证。经比对底播虾夷扇贝捕捞船只的北斗导航定位信息，獐子岛公司结转成本所记载的捕捞区域与捕捞船只实际作业区域存在明显出入。以虾夷扇贝捕捞船只的北斗导航定位信息为基础，经第三方专业机构测算，獐子岛 2016 年度账面结转捕捞面积较实际捕捞面积少 13.93 万亩（1 亩 =666.67 平方米），由此獐子岛 2016 年度虚减营业成本 6 002.99 万元；2017 年度账面结转捕捞面积较实际捕捞区域面积多 5.79 万亩，由此獐子岛公司 2017 年度虚增营业成本 6 159.03 万元。

3. 财产保护控制不到位

獐子岛作为一个“靠天吃饭”的海产品养殖公司，公司大量的存货养殖于海洋深处，受自然环境影响较大且不易审核监测，但公司并没有采用有力的控制措施，直到 2015 年才编制《底播虾夷扇贝存货管理规定》，并且一年只有一次年终盘点和春夏两次抽测。这样的存货抽测频率与其拥有的巨额存货不匹配，并且存货盘查时抽样面积相对于庞大的养殖面积显得微不足道。以 2016 年对播苗海域抽样情况为例。2016 年播苗的 52 000 亩海域中，獐子岛仅对 9.08 亩海域进行抽样检测，并根据历史经验和抽测情况做出存货计提跌价准备的决定。这种做法让人不禁质疑其数据的真实客观性。另外，獐子岛存货盘点的实际结果既没有被真实记录，也没有接受专人或者第三方的复核。根据 2020 年 6 月 15 日中国证监会对獐子岛下达的行政处罚决定书，经与抽测船只秋测期间的航行定位信息对比，獐子岛记录完成 2017 年秋测计划的 120 个调查点位中，有 60 个点位抽测船只航行路线并未经过，即獐子岛并未在上述计划点位完成抽测工作，占披露完成抽测调查点位总数的 50%。显然，獐子岛盘点报告存在虚假记载。

四、信息与沟通

信息与沟通是指企业及时、准确地收集、传递与内部控制相关的信息，确保企业内部、企业与外部进行有效沟通。信息与沟通是企业应对情况变化、保证控制有效的“神经系统”，贯穿内部控制的全过程。企业应建立信息与沟通机制，明确相关信息的收集、处理和传递程序确保信息真实、沟通及时。信息与沟通是实施内部控制的重要条件，为内部控制的其他要素有效发挥以及整个风险控制体系的有效运行提供信息支撑。

根据《基本规范》的规定，企业应当利用信息技术促进信息的集成与共享，充分发挥信息技术在信息与沟通中的作用，同时应当建立反舞弊机制，包括举报投诉制度和举报人保护制度。《企业内部控制应用指引第 17 号——内部信息传递》和《企业内部控制应用指引第 18 号——信息系统》与信息与沟通要素息息相关。本书第五章将详细讲解内部信息传递和信息系统。

五、内部监督

内部监督是指企业对内部控制建立与实施情况进行监督检查，评价内部控制的有效性，对于发现的内部控制缺陷应当及时加以改进，是实施内部控制的重要保证。理解内部监督的定义应注意以下三点。①强调内部监督是企业内部对本企业内部控制建立与实施情况的检查,这有别于由外部机构实施的内部控制审计或检查。这意味着内部监督更侧重于企业内部对自身内部控制体系的建立和实施情况的自查,旨在发现问题并进行改进。②强调评价内部控制的有效性。企业通过对内部控制的执行情况进行检查,着眼于寻找内部控制的缺陷,以确定内部控制的有效性。这种评价不仅有助于识别和解决潜在问题,还可以为企业的决策提供参考。③强调内部控制的持续改进。发现内部控制缺陷并不是最终目的,重要的是采取措施进行整改和改进。企业通过持续监控和评估内部控制的有效性,可以不断修正和完善其内部控制系统,以适应变化的环境和需求。所以,内部监督的重点是及时发现和识别内部控制设计或执行的缺陷,并及时沟通、报告和改进。

因此,内部监督是企业对内部控制的建立与实施情况进行监督检查的保障机制。内部监督是各类控制措施得到有效执行、持续改进的重要保障,是企业内控体系的重要组成部分。内部监督缺失,是企业内部控制无法落地、流于形式甚至出现重大舞弊的首要原因。企业应利用信息与沟通所获知的情况,提高内部监督工作的针对性和时效性。内部监督包括日常监督和专项监督。

内部控制的构成要素并不是简单相加的,而是相互联系、相互制约、相辅相成的,内部环境、风险评估、控制活动、信息与沟通和内部监督这五个要素共同组成一个完整的框架,在帮助企业管理者实现五大目标的过程中各自发挥着重要的作用。五个要素的关系如图 1-5 所示。

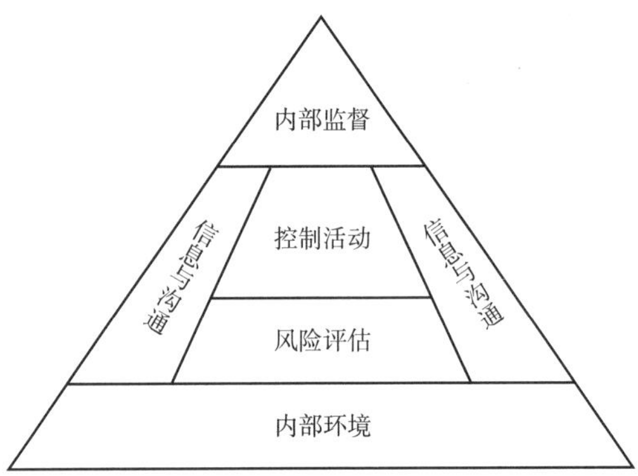

图 1-5 内部控制的五要素构成图

内部环境在最底部,这说明内部环境是内部控制存在的基础,提供了实施控制活动和履行控制职责的氛围,支撑着整个内部控制框架。内部环境的好坏决定着内部控制其他要素能否有效运行。风险评估是实施内部控制的依据,实施风险评估进而管理风险是建立控制活动的重点。控制活动是实现控制目标的手段,是内部控制的主要组成部分,企业评估影响目标实现的风险,确定合理的风险管理策略,通过控制活动确保降低风险的措施得以顺利实施。信息与沟通在这五个要素中处于承上启下、沟通内外的关键地位。信息与沟通可以确保相关信息被获取并在组织内部和外部进行有效的传递,它贯穿于内部控制的全过程,将整个内部控制结构凝聚在一起。缺少了信息传递与内外部沟通,内部控制的其他要素可能就无法保持紧密的联系,整体框架也就不再是一个有机的整体。内部监督在最顶部,是内部控制系统的特殊构成要素,它独立于各项生产经营活动之外,是自上而下的单向检查,是对其他内部控制的一种再控制,是对内部控制的质量进行评价的过程。

第五节　内部控制的局限性

一、越权操作

越权操作是内部控制的局限性之一。在企业的运营过程中，内部控制制度的重要实施手段之一是授权批准控制，使处于不同组织层级的人员和部门拥有相应的业务处理和决定权限。然而，当内部人控制的威力超过内部控制制度本身的力量时，越权操作就成为可能。一旦发生越权操作，内部控制分工制衡的基本思想便不能发挥作用。

越权操作可能带来许多负面影响。例如，它可能导致企业资源的滥用，违反法律法规，以及破坏企业的声誉和客户信任。如果越权操作成为普遍现象，企业的运营效率和效果可能会受到严重影响。企业可通过健全公司治理、完善约束机制、制定“三重一大”决策机制和议事规则，增加透明度，缓解信息不对称等措施抑制越权操作。

尽管内部控制制度无法完全消除越权操作的可能性，但通过采取有效的措施，可以大大降低这种风险，并确保企业的运营更加稳健和有效。

二、合谋串通

内部控制的核心思想就是通过将不相容职责进行分离，设置多个相互制衡的环节和人员，防止、发现和纠正可能发生的错误和舞弊。这种思想在很大程度上减少了企业运营中的风险。合谋串通行为则完全破坏了这种内部牵制设想，削弱了内部控制的约束力，可能导致内部控制无效。两个或更多的人员串通起来，可以利用各自的职权或信息优势，共同实施欺诈行为，从而逃避内部控制的制约。

合谋串通的原因可能包括员工之间的利益冲突、管理层对权力的滥用以及监督机制的缺陷等。当企业内部存在利益冲突时，员工或管理层可能会为了自身利益而串通起来，共同实施欺诈行为。此外，当企业的监督机制存在缺陷时，员工或管理层可能会利用职权谋取私利，并串通其他人员共同实施欺诈行为。

案例 1–5　物资采购、验收、使用等关键环节是“靠钢吃钢”易发多发区 ①

2020 年 12 月 18 日，鞍钢集团有限公司原总工程师张大德涉嫌严重违纪违法，接受审查调查。此前，攀钢集团攀枝花钢钒有限公司董事长、总经理，西昌钢钒有限公司董事长赵永平，海绵钛分公司原经理秦兴华等 6 人“靠钢吃钢”被查处。

2019 年以来，鞍钢集团开展“靠钢吃钢”问题专项治理，从案件查办情况看，“靠钢吃钢”案件占总数的 39%，“靠岗位吃岗位”思想仍未完全根除。

“靠企吃企”是国有企业腐败的典型问题。企业“蛀虫”背靠企业资源，利用手中职权大搞权钱交易，损公肥私、中饱私囊。国有企业中，钢铁属于重资产行业，投资体量大，产值高，建设项目、改造项目多，一些关键环节流转着大笔资金，吸引了一些内部人员和供应商、经销

① 张琰：《深度关注｜清除钢铁蛀虫》，中央纪委国家监委网站，https://www.ccdi.gov.cn/toutiao/202104/t20210424_240782.html，访问日期：2021 年 4 月 24 日。

商等内外勾结牟利。

2020 年 10 月被开除党籍的包头钢铁(集团)有限责任公司原党委副书记孟志泉,“将手中掌握的国有资源当成‘摇钱树’,大肆经商办企业;利用职务便利在工程承揽、产品购销、货款结算等方面为他人谋利,并非法收受巨额财物”。

物资采购、验收、使用等关键环节是“靠钢吃钢”易发多发区,拥有决策权、采购权、销售权的各级管理人员是腐蚀“围猎”的重点对象。

4 月 14 日云南省纪委监委通报接受审查调查的 19 人中,层级跨度很大:有杜陆军、李平、和智君等昆钢现任领导人员;有来自昆钢旗下全资公司、控股公司和参股公司的高管,如昆明钢铁股份有限公司原总经济师、副总经理白保安等;有中层管理人员,如昆明钢铁控股有限公司营销中心副总经理王涛等;有普通职工,如昆明钢铁控股有限公司运营改善部采购管理室职工张德富等。

鞍钢集团党委常委、纪委书记孟庆旸认为,“靠钢吃钢”问题表现多样,呈现出典型的岗位层级特点。

高层领导人员“靠钢吃钢”,有的与供应商勾肩搭背,利用职务影响力进行长期隐蔽的权力变现,如赵永平与多名供应商长期密切往来,收受供应商的车辆、房屋、名表、现金等;有的违规从事营利活动,如严泽生在担任天津钢管集团股份有限公司和渤海钢铁集团有限公司总经理期间,与下属公司员工相互勾结,垄断供货业务从中获取非法利益;有的领导人员亲属借其职务影响力违规经商办企业,如中国宝武钢铁集团某二级单位工会主席夏某的妻妹、妻妹夫所办企业,违规与夏某所在单位发生业务往来。

中基层干部“靠钢吃钢”,更多是“一事一结”的权钱交易。如干私活谋利、串标、在具体经营事项上损公肥私。2020 年 4 月,鞍钢集团纪委通报 5 起“靠钢吃钢”典型案件,其中时任鞍钢联众公司设备保障部检修机械作业二区作业长的邓耿胜,私自承接某相关方请托的工作任务,组织 5 名下属人员在工作时间为该相关方干私活,收取好处费共计 25 764 元。邓耿胜还存在谎报定修人员、多申领定修餐问题。

三、成本约束

成本约束是内部控制需要考虑的重要因素之一。在设计和实施内部控制时,企业需要充分考虑成本效益原则,以实现有效的内部控制。成本效益原则的存在意味着内部控制不可能做到尽善尽美。这是因为,如果一项控制的实施成本超过了它能带来的收益,那么企业就没有动力去实施这项控制。因此,即使企业知道某些行为存在风险,但如果实施相应的控制需要花费的成本超过了这些风险可能带来的损失,那么企业就可能会选择不实施这些控制。

同时,企业也要认识到成本约束可能带来的局限性,并采取相应的措施来弥补这些局限性。例如,如果控制成本过高,企业需要评估是否值得实施该项控制,或者是否有其他更高效、更经济的替代方案。

四、环境变化

环境变化可能导致内部控制失效。随着时间的推移,企业的经营环境、业务性质、组织结构等都可能发生变化，这些变化可能对内部控制的有效性和适用性产生影响。例如，随着技术的快速发展和市场竞争的加剧，企业的业务模式和经营环境发生了巨大的变化，如果企业的内部控制没有及时更新，可能无法适应新的业务模式和经营环境，从而导致内部控制失效。

为了应对环境变化带来的挑战，企业需要不断地对内部控制进行评估和更新，以适应新的环境。此外，企业还需要建立有效的风险评估机制，及时发现和应对环境变化带来的风险。

思考题

1. 内部控制的产生与发展经历了哪几个阶段？
2. 我国企业内部控制规范体系是怎样构成的？
3. 如何恰当地理解内部控制的定义和特征？
4. 内部控制的目标有哪些？
5. 内部控制建设应遵循哪些基本原则？
6. 内部控制的构成要素有哪些？如何理解它们之间的关系？
7. 内部控制有哪些固有局限性？

第二章　内部环境

学习目标

知识目标：了解组织架构、发展战略、人力资源、社会责任和企业文化的内涵，理解其对企业发展的重要意义和价值。

技能目标：熟悉组织架构、发展战略、人力资源、社会责任和企业文化的主要风险，掌握组织架构、发展战略、人力资源、社会责任和企业文化的控制措施。

思政目标：学习党的二十大报告关于“人才是第一资源”“人才强国战略”等的政策方针，塑造发展观、大局观；结合优秀企业文化建设典型案例，坚定文化自信，弘扬积极向上、诚实守信、清廉反腐的企业文化。

引例　美的集团的成功离不开卓越的内部环境[①]

美的集团成立于 1968 年，迄今已经发展成为一家融智能家居、楼宇科技、工业技术、机器人与自动化和数字化创新五大业务板块为一体的全球化科技集团。2021 年，美的收入首次突破 3 000 亿元，并连续 6 年进入世界财富 500 强，入选福布斯中国 2021 年度中国十大工业数字化转型企业，4 家工厂获得世界经济论坛“灯塔工厂”荣誉。2023 年 1 月，位列《2022 年·胡润中国 500 强》第 16 位。美的集团的成功离不开其不断完善、日趋卓越的内部环境。

一是高效的组织架构。美的坚持建设公开透明、高效运转的公司治理体系，建立了由股东大会、董事会、监事会和经营管理层组成的公司治理架构，并制定了相应的议事规则及工作管理制度。同时，美的注重公司治理架构的搭建和集权 - 分权体系的建设，已形成成熟的职业经理人管理体制。公司通过事业部制为职业经理人提供锻炼和成长的平台，并建立了以目标责任制为基础的考评体系，确保公司治理的井然有序。

二是明晰的发展战略。美的集团之所以能够“基业长青”，得益于其在坚守主业的同时又能够随着环境的变化而进行战略调整。从 1980 年进入家电行业至今，美的集团始终坚守主业，并不断拓展，目前已经形成覆盖智能家居、楼宇科技、工业技术、机器人与自动化和数字化创新五大业务板块的战略格局。

三是科学的人力资源管理。美的集团创始人何享健曾经说过，“宁可放弃一百万的利润，也不放弃一个对企业有用的人才”，美的集团在人才选用方面坚持唯才是举、任人唯贤的用人选人原则，将职业道德修养和专业胜任能力作为选拔和聘用员工的重要标准；公司高度重视对员工的培训，实现员工与企业共同成长，截至 2022 年，公司已推出九期股票期权激励计划、六期限制性股票激励计划、八期全球合伙人持股计划及五期事业合伙人持股计划，不仅搭建了经营管理层、核心骨干与全体股东利益一致的股权架构，还建立了长、短期激励

---

① 池国华、庞艳红主编《内部控制学（第二版）》，高等教育出版社，2023，第 55-56 页。

与约束相统一的激励机制。

四是强烈的社会责任感。美的集团秉持“用科技创造美好生活”的经营理念，在经营过程中，美的将责任意识融入企业文化，积极承担环境、社会、治理三方面的企业社会责任，致力于用独具创新性的产品和服务贡献社会，协同供应商一起为广大消费者创造美好生活和未来。根据美的集团《2021 年社会责任报告》，美的集团 2021 年发布了“绿色战略”，废弃物产生量较 2020 年减少 4 350 532 吨；累计参与制定或修订国家标准 514 项，帮扶资金累计投入近 3 000 万元；保护股东权益，累计派现金额已达 695 亿元，对供应商社会责任划定六条红线。

五是优秀的企业文化。按照“科技尽善，生活尽美”愿景，美的集团始终坚持通过技术创新提升产品品质和服务，并以此贡献人类，提高人类生活质量，让人类生活更舒适、更轻松、更美好。美的集团经过长期不懈的努力，营造了一种开放、公正、公平的工作环境，提供平台和资源，激励员工创造价值、成就自我、与企业共同发展，从而形成了“敢知未来、志存高远、务实奋进、包容共协、变革创新”的价值观。

从美的集团的成功可以发现，良好的内部环境是建立和实施内部控制的基础。内部环境影响着企业内部控制的各个方面，是其他四个构成要素的基础，在企业内部控制建立和实施过程中发挥着基础性作用。本章重点从组织架构、发展战略、人力资源、社会责任和企业文化五个方面阐释内部环境的具体内容、企业在内部环境方面需关注的关键风险以及应采取的主要控制措施。

第一节　组织架构

一、组织架构的概念

根据《企业内部控制应用指引第 1 号——组织架构》的定义，组织架构是指企业按照国家有关法律法规、股东（大）会决议和企业章程，结合本企业实际，明确股东（大）会、董事会、监事会、经理层和企业内部各层级机构设置、职责权限、人员编制、工作程序和相关要求的制度安排。组织架构是企业内部环境的有机组成部分，也是企业开展风险评估、实施控制活动、促进信息沟通、强化内部监督的平台载体。组织架构的核心是完善公司治理结构、管理体制和运行机制。

企业组织架构主要包括治理结构和内部机构。

1. 治理结构

治理结构即企业治理层面的组织架构，是与外部主体发生各项经济关系的法人所必备的组织基础。狭义的企业治理结构是指公司的所有者、经营者和员工之间建立的权力与责任的分配与制衡的关系及规制决策的体系，解决所有者对经营者的监督与制衡问题。广义的公司治理结构是指公司与其外部各权益主体之间权益制衡关系的体系，用来协调公司所有的权益主体之间的制衡问题。这些权益主体包括债权人、供应商、员工、顾客、监管机构，甚至社会公众的合法利益。

2. 内部机构

内部机构则是企业内部分别设置的不同层次的管理人员及由各专业人员组成的管理团队，针对各项业务功能行使决策、计划、执行、监督、评价的权利并承担相应的义务，是保证业务顺利开展的支撑平台。

内部机构设置的关键在于权责分配，它是依据运营目标、职能划分和管理要求，结合业务特点而进行的权责分配。在内部控制建设的过程中，内部机构设置在明确各职能部门和分支机构及基层作业单位的职责权限、将权力与责任落实到各责任单位的同时，也应特别注意内部控制要求在上述过程中的体现和落实。只有将内部控制要求所对应的权力和责任落实到具体的责任单位与岗位，才能为内部控制的设计和运行奠定良好的基础。

二、组织架构主要风险

风险会影响目标的实现，为了实现组织发展战略和运营目标，企业至少应关注组织架构设计与运行中的下列风险。

（一）治理结构层面

治理结构设计与运行的主要风险在于治理结构形同虚设，缺乏科学决策、良性运行机制和执行力，可能导致企业经营失败，难以实现发展战略。具体表现如下。

（1）股东（大）会的规范性和有效性，以及股东能否通过股东（大）会行使自己的权力。

（2）企业与控股股东之间的资产、财务和人员方面是否实现了相互独立，以及关联交易是否遵循平等、公开、自愿的原则。

（3）对与控股股东相关的信息能否及时、完整地按规定披露。

（4）企业是否采取必要的措施保护中小股东的权益，确保他们能在与大股东同等条件下参加股东（大）会，获得一致的信息并行使相应的权力。

（5）董事会是否独立于经理层和大股东，是否有适量的独立董事，能否有效发挥作用。

（6）董事是否对自身的权力和责任有明确的认知，拥有足够的知识、经验和时间来勤勉、诚信、尽责地履行职责。

（7）董事会能否确保企业建立并执行有效的内部控制，能否审批发展战略和重大决策，能否定期检查和评估执行情况，能否明确企业可接受的风险承受度，能否监督和评价经理层对内部控制的有效性。

（8）监事会的构成是否能保证独立性，监事的能力是否与相关领域相匹配。

（9）监事会是否规范而有效地运行，监督董事会和经理层履行职责并纠正损害企业利益的行为。

（10）是否存在对经理层的权力的必要监督和约束机制。

（二）内部机构层面

内部机构设计不科学，权责分配不合理，可能导致机构重叠、职能交叉或缺失、推诿扯皮，运行效率低下。具体表现如下。

（1）企业内部组织机构设计是否考虑经营业务的性质，并按适当的方式进行集中或分散管理。

（2）企业是否有明确的书面说明和规定，包括内部组织机构设置、各职能部门的职责权限和组织的运行流程，是否存在关键职能缺位或职能交叉的情况。

（3）企业内部组织机构是否支持发展战略的实施，并能根据环境变化及时调整。

（4）企业内部组织机构的设计与运行是否适应信息沟通的要求，能够有效上传、下达，为员工提供履行职权所需的信息。

（5）关键岗位员工是否对自身的权责有明确的认识，是否具备足够的胜任能力，企业是否建立了岗位轮换制度和强制休假制度。

（6）企业是否对董事、监事、高级管理人员及全体员工的权限有明确的制度规定，企业制度规定是否有正式的记录。

（7）企业是否对岗位职责进行了恰当的描述和说明，能否避免不相容职务未分离的情况。

（8）企业是否对权限的设置和履行情况进行审核与监督，对于越权或权限缺位的行为是否及时予以纠正和处理。

三、组织架构设计

企业在设计组织架构时，必须考虑内部控制的要求，合理确定治理层及内部各部门之间的权力和责任并建立恰当的报告关系。既要能够保证企业高效运营，又要能适应内部控制环境的需要进行相应的调整和变革。具体而言，至少应当遵循以下原则：一要依据法律法规；二要有助于实现发展战略；三要符合管理控制要求；四要能够适应内外环境变化。

（一）企业治理结构层面

1. 治理结构设计的一般要求

健全的治理结构一般要求设计股东（大）会、董事会、监事会和经理层。企业应根据国家有关法律法规的规定，按决策机构、执行机构和监督机构相互独立、权责明确、相互制衡的原则，明确董事会、监事会和经理层的职责权限、任职条件、议事规则与工作程序等。

2. 上市公司治理结构设计的特殊要求

上市公司吸纳了一定比例社会公众的投资，具有公众性，上市公司治理结构的设计具有特殊要求，主要表现如下。

1）设置独立董事

上市公司应当设立独立董事，独立董事是指不在上市公司担任除董事外的其他职务，并与其所受聘的上市公司及其主要股东、实际控制人不存在直接或者间接利害关系，或者其他可能影响其进行独立客观判断关系的董事。独立董事对上市公司及全体股东负有诚信与勤勉等义务。独立董事应按有关法律法规和公司章程的规定，认真履行职责，维护企业的整体利益，尤其要关注中小股东的合法权益不受损害。

2）设置董事会专业委员会

上市公司董事会应当设立审计委员会，并可以根据需要设立战略、提名、薪酬与考核等相关专门委员会，专门委员会对董事会负责，依照公司章程和董事会授权履行职责，专门委员会的提案应当提交董事会审议决定。战略委员会的主要职责是对公司长期发展战略和重大投资决策进行研究并提出建议。审计委员会的主要职责有：提议聘请或更换外部设计机构、监督公司内部审计制度的制定及实施、负责内部审计与外部审计之间的沟通、审核公司的财务信息即披露制度，审查公司的内部控制制度等，审计委员会成员应当具备独立性、专业性、道德性。提名委员会的主要职责有：研究董事、经理人员的选择标准和程序，对董事候选人和经理人选进行审查并提出建议等。薪酬与考核委员会的主要职责有：研究董事与经理人员考核的标准，研究和审查董事、高级管理人员的薪酬政策与方案等。专门委员会成员全部由董事组成，其中审计委员会、提名委员会、薪酬与考核委员会中独立董事应当占多数并担任负责人，而审计委员会至少应有一名独立董事是会计专业人士。

3）设立董事会秘书

董事会秘书作为上市公司高级管理人员，由董事长提名并对董事会负责。董事会秘书在上市公司中扮演着重要角色，负责筹备股东（大）会和董事会会议、文件保管、股权投资、股东资料管理以及信息披露等。

3. 国有独资企业治理结构设计

国有独资企业是比较独特的企业群体，也是我国国民经济的骨干力量，其治理结构设计应充分反映其特色。国有独资企业治理结构设计应反映以下特点。

（1）国有独资企业的治理结构具有特殊性，不设立股东（大）会，由国有资产监督管理机构代行股东（大）会职权。董事会可以在授权范围内行使部分股东（大）会的职权，决定公司的重大事项。然而，涉及企业的合并、分立、解散、增加或减少注册资本以及发行公司债券等事项必须由国有资产监督管理机构做出决定。

（2）国有独资企业的董事会成员应当包括企业职工代表，由国有资产监督管理机构委派。但是，其中的职工代表必须由企业职工代表大会选举产生。同时，国有独资企业的董事长、副董事长由国有资产监督管理机构从董事会成员中指定产生。

（3）国有独资企业的监事会成员是由国有资产监督管理机构委派的，但其中的职工代表必须由企业职工代表大会选举产生。同时，监事会主席也由国有资产监督管理机构从监事会成员中指定产生。

（二）企业内部机构层面

1. 内部机构设计要求

内部机构的设计是组织架构设计的关键环节，只有切合企业经营业务特点和内部控制要求的内部机构，才能为实现企业发展目标发挥积极作用。

（1）企业在设置内部职能机构时，应遵循科学、精简、高效、透明、制衡的原则，综合考虑企业性质、发展战略、文化理念和管理要求等因素。明确各机构的职责权限，避免职能交叉、缺失或权责过于集中，形成各司其职、各负其责、相互制约、相互协调的工作机制。

（2）企业应当对各机构的职能进行科学合理的分解，确定具体岗位的名称、职责和工作要求等，明确各个岗位的权限和相互关系。在内部机构设计过程中，应当体现不相容岗位相分离原则，努力识别出不相容职务，并根据相关的风险评估结果设立内部牵制机制，特别是在设计重大或高风险业务处理程序时，必须考虑建立各层级、各部门、各岗位之间的分离和牵制，若机构人员较少且业务简单而无法分离处理某些不相容职务，企业应当制定切实可行的替代控制措施。

(3)企业须建立内部管理制度,制定组织结构图、业务流程图、岗(职)位说明书和权限指引等内部管理制度或相关文件,使员工了解和掌握组织架构设计及权责分配情况,正确履行职责。员工必须获得授权才能执行决策或业务操作,严禁越权授权。按授权对象和形式的不同,授权分为常规授权和特别授权。常规授权适用于日常经营管理,可以在企业正式颁布的岗(职)位说明书中予以明确,或者制定专门的权限指引予以明确。特别授权由董事会或经理层给内部机构及其员工授予处理某一突发事件(如法律纠纷)、做出某项重大决策、代替上级处理日常工作的临时性权力。

2. 内部机构的类型

现代企业的组织结构一般包括四种基本形式,即U形结构、M形结构、H形结构和矩阵形结构。

1)U形结构(职能制)

U形结构是一种中央集权式的组织结构,它同时设置纵向的领导指挥机构和横向的参谋咨询机构。这种结构的优点在于领导集中、职责清晰、秩序井然、工作效率较高,整个组织具有较高的稳定性。然而,U形结构也存在一些缺点,包括限制了上下级部门的主动性和积极性发挥;部门之间难以集思广益地做出决策;职能参谋部门和直线部门之间目标不一致,容易产生矛盾,增加了上层主管的协调工作量;整个组织系统的适应性较差,因循守旧,对新情况不能及时做出反应。职能制组织结构是组织结构的典型模式,表明结构向规范化和专门化又迈进了一步。

在中小型企业中,只生产少数产品时,直线职能制组织结构是最佳选择。但对于规模较大、决策复杂的组织来说,直线职能制结构则不太适合。

2)M形结构(事业部制)

M形结构称为事业部制,也称分权制结构,是一种在直线职能制基础上演变而来的现代企业组织结构形式。它是一种分权与集权相结合的组织结构,实行集中决策指导下的分散经营,企业按照产品、客户、地区等划分事业部,每个事业部都是一个相对独立的利润中心,拥有较大的自主权,实行独立核算、自负盈亏,并可根据经营需要设置相应的职能部门。在纵向关系上,高层领导与事业部之间采用“集中决策,分散经营”的原则来处理关系,通过实行事业部制,高层领导可以专注于制定企业发展战略和方针,掌握投资、重要人员任免、价格幅度和经营监督等方面的大权,将管理权限下放到各事业部,使其能够根据企业政策和制度自主经营,发挥积极性和主动性。在横向关系方面,各事业部作为利润中心,彼此之间进行等价交换,建立商品货币关系。

3)H形结构(控股公司制)

H形结构是一种控股公司制组织结构,指公司总部下设若干子公司,总部作为母公司对子公司进行控股,承担有限责任。母公司和子公司不是行政上的隶属关系,而是资产上的联结关系。母公司对子公司的控制,主要是凭借股权,在股东会和董事会的决策中发挥作用,并通过任免董事长和总经理来贯彻实施集团公司的战略意图。但结构过于松散,使得控股公司总部难以有效控制各子公司,导致过度分权、管理效率下降和管理成本上升。此外,子公司也难以充分利用控股公司总部的参谋人员,投资协调也比较困难。因此,H形结构在实践中存在一些挑战和局限性。

4)矩阵形结构

矩阵形结构是按职能划分部门和按任务特点(产品和项目)划分小组相结合所产生的组织结构形式。这种组织结构实现了各个部门之间的协作以及各项技能和专门技术的相互交融。与传统的职能制结构注重纵向信息沟通和事业部制结构注重横向信息流动不同,矩阵形结构在企业内部同时实现了这两种信息流动,但较多情况下,这种结构会出现权力划分不清晰,并在职能工作和项目工作之间产生冲突。也正因此,矩阵形结构不是一种常设型组织结构模式,这种组织结构适合在需要对环境变化做出迅速而一致反应的企业中使用。

U形、M形、H形和矩阵形结构其实是组织结构的一种演变过程,无论是从出现的时间,还是结构自身特点,均符合组织结构演变规律。在知识经济和信息革命的背景下,各种新型的企业组织创新层出不穷,主要反映在以下几个方面:企业组织结构趋向扁平化、网络化、无边界化、分立化和柔性化等。

(三)治理结构与内部机构的关系

治理结构和内部机构之间存在联系,同时也有区别。它们相互协调、配合,共同为实现企业内部控制目标提供服务。董事、监事、高级管理人员的失职或舞弊会使完善的内部控制系统和科学的内部机构设置失去效能,因此科学的内部机构为公司治理层的决策和计划执行提供了操作平台。然而,治理结构和内部机构在实现内部控制目标方面有侧重点的区别。治理结构主要服务于推进企业发展战略,确保经营合法合规;而内部机构主要服务于保障企业资产安全、确保财务报告及相关信息的真实完整性,并提高经营效率和效果。

四、组织架构运行

组织架构运行涉及新企业治理结构和内部机构的运行,也涉及对存续企业组织架构的全面梳理。为此,组织架构指引明确提出,企业应当根据组织架构的设计规范,对现有治理结构和内部机构设置进行全面梳理,确保本企业治理结构、内部机构设置和运行机制等符合现代企业制度要求。通过全面梳理,企业能够优化管理层级、明确职责权限、提高工作效率,并确保组织结构与企业战略目标的一致性。

(一)治理结构梳理

从治理结构层面看,企业应着力从两个方面入手。

(1)关注董事、监事、经理及其他高级管理人员的任职资格和履职情况。就任职资格而言,重点关注行为能力、道德诚信、经营管理素质、任职程序等方面;就履职情况而言,着重关注合规、业绩以及履行忠实、勤勉义务等方面。

(2)关注董事会、监事会和经理层的运行效果。主要关注:①董事会是否按时定期或不定期召集股东大会并向股东大会报告,是否严格认真地执行了股东大会的所有决议,是否合理地聘任或解聘经理及其他高级人员等;②监事会是否按照规定对董事、高级管理人员行为进行监督,在发现违反相关法律法规或损害公司利益时,是否能够对其提出罢免建议或制止纠正其行为等;③经理层是否认真有效地组织实施董事会决议,是否认真有效地组织实施董事会制定的年度生产经营计划和投资方案,是否能够完成董事会确定的生产经营计划和绩效目标等。

（二）内部机构梳理

企业梳理内部机构设置，应着力关注内部机构设置的合理性和运行的高效性。

（1）从合理性角度梳理，企业应重点关注如下几点。内部机构设置是否适应内外部环境的变化；是否以发展目标为导向；是否满足专业化的分工和协作，是否有助于企业提高劳动生产率；是否明确界定各机构和岗位的权力和责任，是否存在权责交叉重叠，是否存在只有权力（利）而没有相对应的责任和义务的情况等。

（2）从运行的高效性角度梳理，企业应重点关注如下几点。内部各机构的职责分工是否针对市场环境的变化及时调整。特别是当企业面临重要事件或重大危机时，各机构间表现出的职责分工协调性，可以较好地检验内部机构运行的效率。此外，企业还应关注权力制衡的效率评估，包括机构权力是否过大并存在监督漏洞；机构权力是否被架空；机构内部或各机构之间是否存在权力失衡等。梳理内部机构的高效性，还应关注内部机构运行是否有利于保证信息的及时顺畅流通，在各机构间达到快捷沟通的目的。评估内部机构运行中的信息沟通效率，一般包括信息在内部机构间的流通是否通畅，是否存在信息阻塞；信息在现有组织架构下流通是否及时，是否存在信息滞后；信息在组织架构中的流通是否有助于提高效率，是否存在沟通舍近求远。

（三）对子公司的管控

企业应建立科学的投资管控制度，重点关注子公司的发展战略、年度财务预决算、重大投融资、重大担保、大额资金使用、主要资产处置、重要人事任免和内部控制体系建设等重要事项。同时，企业应定期评价组织架构设计和运行效率与效果，发现缺陷应及时进行优化调整。企业组织架构调整应充分听取董事、监事、高级管理人员和其他员工的意见，按规定的权限和程序进行决策审批，通过后予以调整并及时将调整结果以适当的形式通知企业的全体员工。

企业在对治理结构和内部机构进行全面梳理的基础上，还应当定期对组织架构设计和运行的效率与效果进行综合评价，其目的在于发现潜在的缺陷，及时优化调整，使公司的组织架构始终处于高效运行状态。

总之，只有不断健全公司法人治理结构，持续优化内部机构设置，才能为风险管理奠定扎实基础，才能提升经营管理效能，才能在当今激烈的国内外市场经济竞争中保持健康可持续发展。

案例 2-1　京瓷成功秘诀：稻盛和夫的“阿米巴经营模式”[①]

稻盛和夫先生是一位令人肃然起敬的日本企业家。他 27 岁创业，40 多年间先后创建了京瓷和 KDDI 两家世界 500 强企业，2010 年受日本首相邀请，以 78 岁高龄出山拯救日航，仅一年就使这家重病缠身的大企业扭亏为盈，业绩堪称无出其右。其中，稻盛和夫起家时一手创办的京瓷公司，从一家街道小作坊起步，历经 20 世纪 70 年代“石油危机”、90 年代日本“泡沫经济破灭”及以后长期化的“平成萧条”一路成长为世界级大企业，并保持了近

① 金涛：《稻盛和夫“阿米巴经营”的特点、经验及启示》，《工商管理》2013 年第 3 期。

50年从未亏损、利润率从不低于10%的骄人纪录。京瓷战胜困境取得成功的法宝,稻盛和夫本人认为就是“基于精细化独立核算的阿米巴经营”。

稻盛和夫将“阿米巴经营”定义为:以各个阿米巴的领导为核心,让其自行制定各自的计划,并依靠全体成员的智慧和努力来完成目标。这种做法,让第一线的每一位员工都能成为主角,主动参与经营,进而实现全员参与经营。京瓷公司内部虽然也存在部、课、系、班等自上而下的组织结构,但其真正的最小基层组织却是“阿米巴”。每个阿米巴小组平均由十二三人组成,京瓷的员工几乎都要参加自己的阿米巴小组,整个公司就是由数千个“阿米巴”组成的“超大型阿米巴”。每个阿米巴集生产、会计、经营于一体,就像一个小企业那样活动,各个阿米巴小组之间能够随意分拆与组合,从而使公司能够像阿米巴变形虫那样,对市场变化做出柔软而迅疾的反应。

制造部门的“阿米巴”作为利润中心被高度重视,面向制造现场的核算制度又推动制造部门及时应对市场变化,自觉控制成本。销售部门也在核算驱动下,主动及时地将市场价格信号传递到制造现场,两个部门会自觉地保持沟通,不需要一个特殊的官僚机构来从中协调。这就有效地防止了管理机构的臃肿化、官僚化和僵硬化。“公司的利润是制造部门产生的”,销售部门能够参与制造过程获得佣金而产生附加价值,管理机构于是就成了“非营利部门”,管理人员、辅助人员只能在工作中以最低的成本向一线提供最完善周到的服务。从而进一步降低了管理成本,开源节流。在利润中心下沉到制造一线的情况下,公司的中高级管理者就必须深入现场,掌握各个“阿米巴”的实情才能做好工作。不了解制造现场、只会高高在上发号施令的人是根本生存不下去的。这就会促使管理者自觉摆脱各种无关的应酬,全身心地投入实际工作。正是如此,京瓷作为世界级大企业,却能保持中小企业的灵活性与应变能力,没有生“大企业病”。

第二节 发展战略

一、发展战略概述

根据《企业内部控制应用指引第2号——发展战略》,发展战略是企业在对现实状况和未来趋势进行综合分析和科学预测的基础上,制定并实施的中长期发展目标与战略规划。

发展战略的意义如下。

第一,发展战略可以为企业找准市场定位。市场定位就是要在激烈的市场竞争环境中找准位置,定位准了,才能赢得市场,才能获得竞争优势,才能不断发展壮大。定位所要解决的问题很多,包括为社会提供什么样的产品或服务,以什么样的方式满足客户和市场需求,如何充分利用内外部资源以保持持续竞争力,如何才能更好更快地迈进行业前列等。发展战略要着力解决的正是企业发展过程中所面临的这些全局性、长期性的问题。从这个角度讲,制定发展战略,就是为企业进行市场定位。

第二,发展战略是企业执行层行动的指南。发展战略指明了企业的发展方向、目标与实施路径,描绘了企业发展的蓝图,关系着企业的长远生存与发展。只有制定科学合理的发展战略,企业才有行动的目标,其在日常经营管理和决策时才不会迷失方向,才能知晓哪些是应着力做的“正确的事”;否则,要么盲目决策,要么无所作为,既浪费企业宝贵的资源,难以形成竞争优势,又可能失去发展机会,导致企业走向衰落甚至消亡。

第三,发展战略为内部控制设定了最高目标。《企业内部控制基本规范》明确指出:“内部控制的目标是合理保证企业经营管理合法合规、资产安全、财务报告及相关信息真实完整,提高经营效率和效果,促进企业实现发展战略。”由此可以看出,企业内部控制的系列目标中,促进发展战略实现是内部控制最高层次的目标。它一方面表明,企业内部控制最终所追求的是如何通过强化风险管控促进企业实现发展战略;另一方面也说明,实现发展战略必须依靠建立和健全内部控制体系。发展战略为企业内部控制指明了方向,内部控制为企业实现发展战略提供了坚实保障。

二、发展战略的主要风险

(1)缺乏明确的发展战略或发展战略实施不到位,可能导致企业盲目发展,难以形成竞争优势,丧失发展机遇和动力。

(2)发展战略过于激进,脱离企业实际能力或偏离主业,可能导致企业过度扩张,甚至经营失败。

(3)频繁变动的发展战略因主观原因可能导致资源浪费,甚至危及企业的生存和持续发展。

三、发展战略制定

(一)建立健全发展战略

战略委员会对董事会负责,委员包括董事长和其他董事。战略委员会委员应当具有较强的综合素质和实践经验。战略委员会主席应当由董事长担任;委员中应当有一定数量的独立董事,以保证委员会更具独立性和专业性。必要时,战略委员会还可聘请社会专业人士担任顾问,向其咨询专业意见。

战略委员会的主要职责是对公司长期发展战略和重大投资决策进行研究并提出建议,具体包括:对公司的长期发展规划、经营目标、发展方针进行研究并提出建议,对公司涉及产品战略、市场战略、营销战略、研发战略、人才战略等经营战略进行研究并提出建议,对公司重大战略性投资、融资方案进行研究并提出建议,对公司重大资本运作、资产经营项目进行研究并提出建议等。为确保战略委员会议事过程透明、决策程序科学民主,企业应当明确相关议事规则,对战略委员会会议的召开程序、表决方式、提案审议、保密要求和会议记录等做出明确约定。

(二)分析评价影响发展战略的因素

企业外部环境、内部资源等因素,是影响发展战略制定的关键因素。只有对企业所处的外部环境和拥有的内部资源展开深度分析,才能制定出科学合理的发展战略。在此过程中,企业应当综合考虑宏观经济政策、国内外市场需求变化、技术发展趋势、行业及竞争对手状况、可利用的资源水平和自身优势与劣势等影响因素。

1. 外部环境分析

外部环境是影响发展战略实现的重要因素,包括宏观环境、行业环境及竞争对手、经营环境等。在分析外部环境时,企业应重点关注环境变化和发展趋势对企业发展战略的影响,识别企业可抓住的机遇和可能面临的威胁。

第一,外部宏观环境分析。企业经营管理受宏观环境控制和影响,需要充分研究宏观环境的现状和未来趋势,抓住有利机会,避开威胁。宏观环境分析包括对政治、法律、经济、社会、文化、技术等因素的研究,以了解企业所面临的状况,具体如图 2-1 所示。

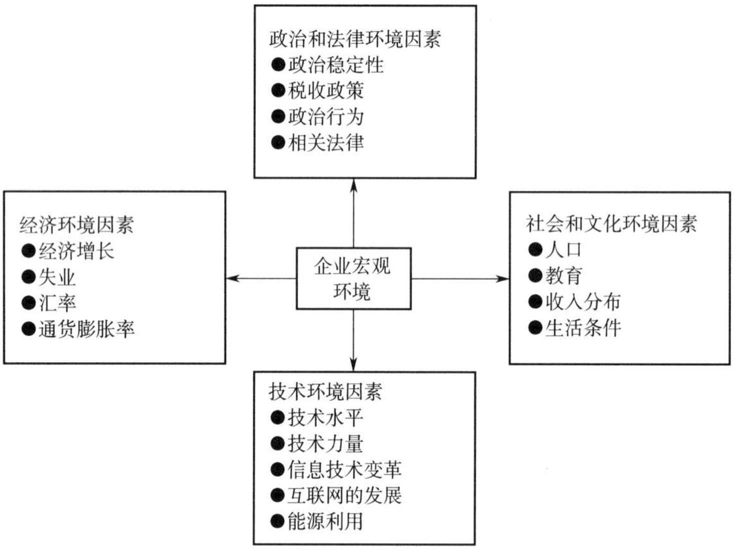

图 2-1 宏观环境分析

第二,行业环境及竞争对手分析。企业应当加强对所处行业的调研、分析,发现影响该行业盈亏的决定性因素、当前及预期的营利性以及这些因素的变动情况。通过行业分析,企业确保与同行业竞争对手在所提供产品或服务的类型、方式、地点以及希望实现的产业规模等方面建立和巩固自身市场优势,制定差异化竞争战略。企业在进行行业环境及竞争对手分析时可以采用波特五力模型,具体如图 2-2 所示。

第三,经营环境分析。经营环境分析侧重于对市场及竞争地位,消费者消费状况,融资者、劳动力市场状况等因素的分析。相比宏观环境和行业环境,经营环境更容易为企业所影响和控制,也更有利于企业主动应对其带来的机会和威胁。

2. 内部环境分析

内部资源是企业发展战略的重要制约条件,包括企业资源、企业能力、核心竞争力等各种有形和无形资源。分析企业拥有的内部资源和能力,应当着重分析这些资源和能力使企业在同行业中处于何种地位,与竞争对手相比,企业有哪些优势和劣势。

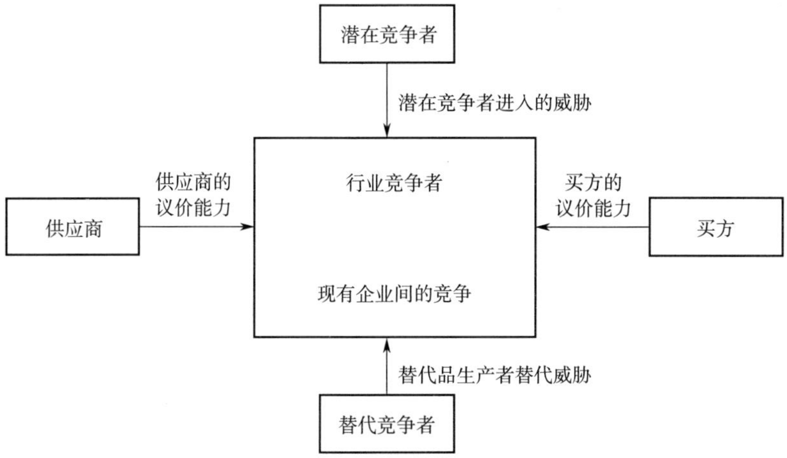

图 2-2　波特五力模型

第一，企业资源分析。企业资源分析应着重对企业现有资源的数量和利用效率，以及资源的应变能力等方面进行分析。通过企业资源分析，确定企业资源的状态，找出企业资源优势和劣势；通过与主要竞争对手资源情况的比较，明确形成企业核心能力和竞争优势的战略性资源。

第二，企业能力分析。企业能力是企业有形资源、无形资源和组织资源等各种资源有机组合的结果，主要包括：研发能力分析、生产能力分析、营销能力分析、财务能力分析、组织管理能力分析等。企业通过分析和挖掘企业能力，了解发展战略能否应对各种机遇和挑战，同时还可能发现让竞争对手无法企及的新机会和新领域。

第三，核心竞争力分析。核心竞争力是指能为企业带来相对于竞争对手存在竞争优势的资源和能力。能够有助于企业构建核心竞争力的资源主要包括：稀缺资源、不可模仿的资源、不可替代的资源、持久的资源等。企业在进行战略分析时，应当将注意力集中在那些能够帮助企业建立核心竞争力的资源上。

（三）科学制定发展战略

发展战略可以分为发展目标和战略规划两个层次。其中，发展目标是企业发展战略的核心和基本内容，是在最重要的经营领域对企业使命的具体化，表明企业在未来一段时期内所要努力的方向和所要达到的水平。战略规划是为了实现发展目标而制定的具体规划，表明企业在每个发展阶段的具体目标、工作任务和实施路径。

1）制定发展目标

企业发展目标作为指导企业生产经营活动的准绳，通常涉及盈利能力、生产效率、市场竞争地位、技术领先程度、生产规模、组织结构、人力资源、用户服务、社会责任等。

第一，发展目标应当突出主业。在编制发展目标时突出主业，将其做精做强，做成行业“独一份”，不断增强核心竞争力。企业在发展过程中，只有集中精力做强主业，才能增强企业核心竞争力，才能在行业发展、产业发展中发挥引领和带头作用。

第二，发展目标不能过于激进，不能盲目追逐市场热点，不能脱离企业实际，否则可能导致企业过度扩张或经营失败。为追求“超常规”“跨越式”发展，有些企业转而制定激进的发展目标，试图在短期内成为巨型企业，然而这种跨越式发展往往导致内部管理能力跟不上，风险管理水平不匹配，外部环境一旦变化，企业便会迅速走向衰败。

第三，发展目标不能过于保守，否则企业会失去发展机遇和动力。过于保守的战略导致企业满足于容易实现的目标，在激烈的市场竞争中往往不能及时抓住市场机会，导致发展滞后，最终难以逃脱被淘汰的命运。

案例 2-2 一代鞋王富贵鸟如何走向破产退市？停牌 3 年负债近 30 亿元

2019 年 8 月 26 日，经历 3 年停牌之后，富贵鸟股份有限公司公告称，公司 8 月 24 日收到泉州中院公告及民事裁定书，裁定驳回富贵鸟股份有限公司管理人关于批准重整计划草案的申请，并终止富贵鸟股份有限公司重整程序，宣告富贵鸟股份有限公司破产。

富贵鸟是中国最早生产男鞋的企业之一，曾获“首届中国鞋王”“中国真皮鞋王”“中国驰名商标”等众多奖项。2013 年在香港上市，当年营业额近 30 亿元，净利润达 5.19 亿元，而同期奥康净利润仅 2.74 亿元。现如今，富贵鸟以负债 30 亿元跌下神坛，退出市场，其中原因究竟是什么？

一、认识不清，转型失败

在谈及企业衰败时，富贵鸟股份有限公司常务副总经理吴海民表示，在 2014 年企业销售只是微增之时，企业并没有意识到市场的变化，反而放缓了研发的进度。自此，富贵鸟经营业绩逐步下滑。2014 年，在铸就企业盈利峰值的同时，也成为营收增幅的拐点。据 GPLP 犀牛财经了解，富贵鸟收入增幅从 2013 年的 19% 降至 1%，且在 2015 年上半年出现负增长。

另一方面，富贵鸟的利润也开始下滑，2015 年毛利率最高达 41%，到 2017 年上半年仅为 36%，净利润同比下降 107.7%。在增量市场，用户需求从无到有，企业只需加大马力尽情生产，就能赚得盆满钵满。2014 年正是从有到优的过渡阶段，消费即将升级要求企业在垂直领域做好深耕准备，而富贵鸟恰巧错过了这一重要时期。电商的迅速发展，也对他们相对传统的营销模式造成了冲击。对主业缺乏聚焦关注，在行业迅速转型时期，没有快速转变。

二、热衷互联网金融，经营偏离主体

2016 年，富贵鸟不仅股市停牌，零售门店的数量也大幅削减了 976 家。然而，真正使富贵鸟“折翅”的，除了产品研发和销售疲软外，还有企业不断跨行业投资带来的巨额负债，也就是说，富贵鸟陷入了多元化经营的泥潭。

为觅生路，富贵鸟将眼光投向了比较能来钱的金融领域。相比利润低、投资回报期较长的鞋业，金融领域看上去“来钱快”，很有诱惑力。殊不知，方向一旦错了，公司就会越走越偏。

公开资料显示，从 2015 年到 2017 年，富贵鸟旗下迅速滋生出 10 家投资类企业，其中包括矿业公司、小额贷款公司等。然而，一头钻进金融投资领域，对于传统企业来说，极易走向失控。

三、债务危机成为压垮企业的最后一根稻草

2015 年 5 月和 10 月，富贵鸟分别投资共赢社和叮咚钱包，由于根本没有理财经验、投资数额又很大，最终资金链断裂。为解燃眉之急，富贵鸟决定借钱赌一赌，开始对外发债，而发债又无异于饮鸩止渴，再次把富贵鸟抛进深渊。

2015 年至 2016 年，富贵鸟先后发行了 3 只债券，总计约 25 亿元。截至 2019 年，有两只都已实质违约，涉及本金高达 21 亿元。同时，富贵鸟还欠银行 5 亿元贷款，其他经营性负债约 3 亿元。富贵鸟的债务总额累计已超过 30 亿元。

两年半以来，由于大力开发 P2P（个人对个人）业务，富贵鸟主要创始人林国强，因金融借款合同担保，也曾身陷 2.9 亿元债务纠纷。

从公司到法人，债务危机紧紧缠绕，又怎能抽身经营好业务？从神坛到“折翼”，富贵鸟仅用了 6 年时间，留给后来者的教训着实沉痛。

2）制定战略规划

确定发展目标后，企业需要考虑使用何种手段、采取何种措施、运用何种方法来达到目标，即编制战略规划。战略规划应当明确企业发展的阶段性和发展程度，制定每个发展阶段的具体目标和工作任务，以及达到发展目标必经的实施路径，以确保目标的实现。这样可以确保企业在发展过程中有清晰的方向和计划，提高成功的机会。

3）严格审议和批准发展战略

发展战略拟订后，应当按照规定的权限和程序对发展战略方案进行审议和批准。

审议战略委员会提交的发展战略建议方案，是董事会的重要职责。在审议过程中，董事会应着力关注发展战略的全局性、长期性和可行性，具体包括：第一，发展战略是否符合国家行业发展规划和产业政策；第二，发展战略是否符合国家经济结构战略性调整方向；第三，发展战略是否突出主业，有助于提升企业核心竞争力；第四，发展战略是否具有可操作性；第五，发展战略是否客观全面地对未来商业机会和风险进行分析预测；第六，发展战略是否有相应的人力、财务、信息等资源保障等。董事会在审议中如果发现发展战略方案存在重大缺陷问题，应当责成战略委员会对建议方案进行调整。

企业发展战略方案经董事会审议通过后，应当报经股东（大）会批准实施。

四、发展战略的实施

（一）着力加强对发展战略实施的领导

要确保发展战略有效实施，加强组织领导是关键。企业经理层作为发展战略制定的直接参与者，往往比一般员工掌握更多的战略信息，对企业发展目标、战略规划和战略实施路径的理解和体会也更加全面深刻，应当担当发展战略实施的领导者。要本着“统一领导、统一指挥”的原则，围绕发展战略的有效实施，卓有成效地发挥企业经理层在资源分配、内部机构优化、企业文化培育、信息沟通、考核激励相关制度建设等方面的协调、平衡和决策作用，确保发展战略的有效实施。

（二）着力将发展战略分解落实

发展战略制定后，企业经理层应着手将发展战略逐步细化，确保“文件上”的发展战略落地。第一，要根据战略规划，制定年度工作计划。第二，要按照上下结合、分级编制、逐级汇总的原则编制全面预算，将发展目标分解并落实到产销水平、资产负债规模、收入及利润增长幅度、投资回报、风险管控、技术创新、品牌建设、人力资源建设、制度建设、企业文化、社会责任等可操作层面，确保发展战略能够真正有效地指导企业各项生产经营管理活动。第三，要进一步将年度预算细分为季度、月度预算，通过实施分期预算控制，促进年度预算目标的实现。第四，要通过建立发展战略实施的激励约束机制，将各责任单位年度预算目标完成情况纳入绩效考评体系，切实做到有奖有惩、奖惩分明，以促进发展战略的有效实施。

（三）着力保障发展战略有效实施

战略实施是一个有机的整体，需要研发、生产、营销、财务、人力资源等职能部门的密切配合。目前复杂动态的市场环境和激烈的市场竞争，对企业内部不同部门之间的这种协同运作提出了越来越高的要求。为此，企业应当采取切实有效的保障措施，确保发展战略的顺利贯彻实施。

1. 要培育与发展战略相匹配的企业文化

企业文化是发展战略有效实施的重要支持。发展战略制定后，要充分利用企业文化所具有的导向、约束、凝聚、激励等作用，统一全体员工的观念行为，共同为发展战略的有效实施而努力奋斗。

2. 要优化调整组织结构

发展战略决定着企业组织结构模式的设计与选择；反过来，发展战略的实施过程及效果又受到所采取的组织结构模式的制约。要解决好发展战略前导性和组织结构滞后性之间的矛盾，企业必须在发展战略制定后，尽快调整企业组织结构、业务流程、权责关系等，以适应发展战略的要求。

3. 要整合内外部资源

企业能够利用的资源是有限的，如何调动和分配企业不同领域的人力、财力、物力和信息等资源来适应发展战略，是保障企业发展战略顺利实施的关键所在。企业在战略实施过程中，只有对拥有的资源进行优化配置，达到战略与资源的匹配，才能充分保证战略目标的实现。

4. 要相应调整管理方式

企业在战略实施过程中，往往需要克服各种阻力，改变企业日常惯例，在管理体制、机制及管理模式等方面实施变革，由粗放、层级制管理向集约、扁平化管理转变，为发展战略的有效实施提供强有力的支持。

（四）着力做好发展战略宣传培训工作

企业应当重视发展战略的宣传培训工作，为推进发展战略实施提供强有力的思想支撑和行为导向。一是，在企业董事、监事和高级管理人员中树立战略意识和战略思维，充分发挥其在战略制定与实施过程中的模范带头作用；二是，通过采取内部会议、培训、讲座、知识竞赛等多种行之有效的方式，把发展战略及其分解落实情况传递到内部各管理层级和全体员工，营造战略宣传的强大舆论氛围；三是，企业高管层要加强与广大员工的沟通，使全体员工充分认清企业的发展思路、战略目标和具体举措，自觉将发展战略与自己的具体工作结合起来，促进发展战略的有效实施。

（五）发展战略的优化调整和转型

企业应建立发展战略评估制度，加强对战略制定与实施的事前、事中和事后评估。发展战略明确了企业长期发展目标，在一定时期内应当保持相对稳定。但是，企业在开展战略监控和评估过程中，发现下列情况之一的，应当调整、优化发展战略，以促进企业内部资源能力和外部环境条件保持动态平衡：一是，经济形势、产业政策、技术进步、行业竞争态势以及不可抗力等因素发生较大变化，对企业发展战略实现有较大影响；二是，企业内部经营管理发生较大变化，确有必要对发展战略做出调整。

当企业外部环境尤其是所处行业的竞争状况发生重大变化时，或者当企业步入新的成长阶段需要对生产经营与管理模式进行战略调整时，企业必须选择新的生存与发展模式，即战略转型。

第三节　人力资源

一、人力资源的定义和内容

（一）人力资源的定义

根据《企业内部控制应用指引第 3 号——人力资源》的定义，人力资源是指企业组织生产经营活动而录（任）用的各种人员，包括董事、监事、高级管理人员和一般员工，其本质是企业组织中各种人员所具有的脑力和体力的总和。

（二）人力资源的内容

企业应重视人力资源建设，根据发展战略，结合人力资源现状和未来需求预测，建立人力资源发展目标，制定人力资源发展目标和总体规划，明确人力资源的引进、开发、使用、培养、考核、激励等管理要求，以实现人力资源的合理配置和提升企业核心竞争力。

案例 2-3　塑造新时代人才强国体系化竞争力[①]（思政案例）

党的二十大描绘了我国发展的宏伟蓝图，明确提出以中国式现代化全面推进中华民族伟大复兴的中心任务，强调深入实施人才强国战略，强化现代化建设的人才支撑。党的十八大以来，习近平总书记提出关于新时代人才工作的新理念新战略新举措，代表着党对强国建设规律和人才成长规律认识的新高度，为全面认识党和国家工作大局、精准做好人才工作提供了根本遵循。我们要深刻理解蕴含其中的战略考量、科学内涵、实践要求，切实增强深入贯彻新时代人才强国战略的思想自觉、政治自觉、行动自觉。

统观大局、识变应变，把握全球人才发展与竞争新态势

人才集聚是国家繁荣兴盛的重要标志。人类历史上，人才聚散系于国运兴衰，人才总是聚向发展势头好、文明程度高、创新最活跃的国家和地区。16 世纪以来，意大利、英国、法国、德国、美国等国先后成为全球科学中心，同时也是人才中心。二战以后，美国以更大力度吸引全球人才，迅速从中获取巨大收益。当今世界进入新的动荡变革期，人类文明的未来充满复杂性、不稳定性、不确定性、不安全性。全球创新空前密集活跃，新一轮科技革命和产业变革加速演进，重塑全球科技结构、产业结构、经济结构，布局大科学、构筑大平台、凝聚大团队、催生大成果成为各国战略选择。全球人才事业与人类文明发展在变乱交织中相互激荡，

---

① 吴善超：《塑造新时代人才强国体系化竞争力》，旗帜网，http: //www.gongwei.org.cn/n1/2023/1127/c457283-40 126513.html，访问日期：2023 年 11 月 27 日。

大国博弈更加激烈复杂,各方面人才资源争夺日趋白热化,更加彰显了人才作为引领发展"第一资源"的战略价值。

全球竞争根本是人才之争。随着逆全球化思潮抬头,单边主义、保护主义暗流涌动,国际人才竞争对抗更加激烈。从贸易战到科技战再到人才战,美西方对我全面遏制打压势头不减、手法花样翻新、手段无所不用其极,如限制我国科学家和留学生赴美签证、恶意攻击人才招聘计划等。近年来美国推行的"小院高墙"既是技术封锁,更是人才阻隔。我国已成为全球规模最宏大、门类最齐全的人才资源大国,但在国际人才竞争中仍处于被动。据统计,全球 7 800 余家活跃的国际科技组织中,总部设在美国的超过 10%,达 908 家。比利时、英国、德国、法国均超过 400 家,我国仅有 10 余家。美西方在一些国际科技组织相关领域,频频以人权、气候变化和环境污染等政治化议题挑起事端。高层次复合型国际治理人才不足,对我国深度参与全球治理构成基础瓶颈。

党中央明确提出到 2035 年建成教育强国、科技强国、人才强国、文化强国、体育强国、健康中国,其中,人才强国是基础、是根本、是依托。我国进入新发展阶段,构建新发展格局,人才工作事关国家和民族长远发展大计,能否把各方面优秀人才有效集聚到党和人民事业中来,考验国家人才体系化战略能力。面对人才发展战略环境新变化,要充分估量新一轮科技产业革命与我国高质量发展历史交汇的重大影响;充分估量中美战略博弈、俄乌冲突等对国际人才开放信任合作的深刻影响;充分估量数字化、智能化、绿色化对人才现代化的深远影响,始终把国家人才发展放在自主培养的基点之上,造就大批德才兼备的高素质人才,在中国式现代化的康庄大道上谱写人才强国新篇章。

企业的人力资源政策应包括下列内容。

(1)员工的聘用、培训、辞退与辞职。

(2)员工的薪酬、考核、晋升与奖惩。

(3)关键岗位员工的强制休假制度和定期岗位轮换制度。

(4)掌握国家秘密或重要商业秘密的员工离岗的限制性规定。

(5)有关人力资源管理的其他政策。

二、人力资源管理的主要风险

人力资源风险是企业人力资源政策及实践中可能影响企业目标实现的不确定因素,包括机会和损失两方面的不确定性。不当的人力资源管理可能会带来隐患。企业在人力资源管理的过程中,至少应该关注以下风险。

(1)人力资源缺乏或过剩、结构不合理、开发机制不健全等问题可能导致企业发展战略难以实现,特别是对决策层和执行层的高级管理人员。在评估和考核高管团队时,应及早发现并解决不胜任岗位工作的情况。

(2)不合理的人力资源激励约束制度和关键岗位人员管理不完善可能导致人才流失、经营效率低下,甚至关键技术、商业秘密和国家机密泄露。这一风险主要影响专业技术人员,特别是掌握企业核心技术的人员。这些人才是企业的关键资产,在竞争中起着至关重要的作用。企业应建立有效的人才激励约束机制,结合事业发展、薪酬福利和情感认同来留住人才,并加强对涉及关键技术、知识产权、商业秘密或国家机密的岗位员工的管理,预防信息泄露。

（3）不当的人力资源退出机制可能导致法律诉讼和企业声誉受损，尤其是与员工解雇和劳动纠纷相关的情况。为了降低这类风险，企业应根据发展战略，在遵守相关法律法规的前提下，建立健全的人力资源退出机制，并逐步执行退出计划。

三、人力资源管理设计

（一）人力资源的引进

（1）高级管理人员的引进，要求具有在其他企业担任同一职位或相似职位的经验和较好的工作业绩，并具备谋划重大事项、解决复杂问题、综合分析的能力和敏锐洞察力等素质。

（2）专业技术人员的引进，可通过发布广告、上门招聘、借助中介、熟人推荐和网络招聘等方式实现。

（3）一般员工的引进，这类员工通常关注短期物质利益，具有高流动性和群体效应，主要招聘方式为发布广告、借助中介和网络招聘。

（二）人力资源的开发

人力资源开发的方式包括岗前、在岗和轮岗培训，以及员工的自主学习。针对高级管理人员，重点培训企业家精神、公司战略、领导能力、公共关系和创新思维等方面；对技术人员，注重专业知识更新、研发培训和继续教育，内容涉及新技术、新工艺和新产品等；对一般员工，培训内容包括岗位职责、生产安全和人际沟通等方面。

（三）人力资源的使用

1. 建立完善的绩效考核指标体系

（1）评级量表法，从德、能、勤、绩、廉五个角度建立量表或者从基本能力、业务能力、工作态度等三个角度建立量表。优点是考核指标全面，易于完成。缺点是可能出现打分极端化，导致结果不够客观的情况。

（2）关键事件法，考评员工的标志性事件，如特别成功或者特别失败的事件。优点是事件是真实可靠的，不易受主观因素影响。缺点是可能遗漏平均绩效水平。

（3）述职鉴定法，被考核人员做述职报告，详细陈述工作完成情况和通过自我学习获得的知识和技能。优点是内容详细，有事实依据。缺点是具有主观性。

（4）目标管理法，给被考核者设置可以量化的指标，根据目标完成情况确定考核结果。优点是相对客观。缺点是有些目标难以量化，过高的目标不利于客观考核。

2. 建立科学合理的薪酬体系

（1）以业绩为主的考核体系将薪酬与个人业绩挂钩，不再仅仅根据职位确定薪酬水平。这可能导致普通员工的收入高于经理级别的员工。

（2）弹性化的福利制度包括除了法定福利外的一些额外福利，如健康保险、健身活动、免费工作餐、旅游机会、服装津贴、特殊津贴、商品房团购等。良好的弹性化福利制度可以消除员工的后顾之忧，增加员工的忠诚度，并且公司有可能获得“最佳雇主”等荣誉称号。

（3）注重荣誉激励，不仅要给予物质激励，还要注重精神激励。例如评选优秀技术人员和员工，并将其作为提升和培养的依据。

3. 科学地设置岗位，合理地配置人力资源

企业要做到人尽其才、量才使用，使员工感觉有一定的工作压力，但又不至于无法完成工作任务。企业应当给员工提供必需的工作条件、技术和经验指导，使其快速成长，保持奋发向上的进取精神。

（四）人力资源的退出

（1）终止劳动关系包括员工自愿离职和非自愿离职。

（2）符合工龄要求、因疾病丧失劳动能力或做出过贡献的员工可以享受退休待遇。

（3）员工如果表现不佳，可能会接受离岗培训或转到其他岗位，这些措施都是为了使员工更适合自己的工作。

第四节　社会责任

一、社会责任制度概述

《企业内部控制应用指引第 4 号——社会责任》中指出，社会责任是指企业在经营发展过程中应当履行的社会职责和义务，主要包括安全生产、产品质量（含服务）、环境保护、资源节约、促进就业、员工权益保护等。一般认为，企业就是创造利润的，利润最大化或股东财富最大化是企业发展的唯一目标，社会责任是政府的事情，与己无关。这种观点和定位失之偏颇。企业创造利润或实现股东财富最大化固然重要，但在经济社会高速发展的当今时代，尤其是我国作为发展中国家，企业作为重要的市场主体，如果不顾一切地追逐利润而不履行社会责任，显然不符合科学发展观与建设和谐社会的要求。履行社会责任是企业应尽的义务，也是企业的光荣使命。

企业履行社会责任的意义如下。

（1）企业创造利润或财富与履行社会责任是有机整体。企业应依法纳税、向股东分红、支付年薪和工资，这将为国家、股东和员工做出贡献，同时促进客户发展。在此过程中，安全生产、提升产品质量、环境保护和资源节约、促进就业和维护员工权益也属于企业的社会责任。正确处理创造利润和履行社会责任的关系，实现两者的有机统一，企业才能步入良性发展轨道。

（2）企业履行社会责任是提升发展质量、实现可持续长远发展的根本所在。随着我国经济的高速发展和经济增长方式的转变，提升发展质量越来越引起重视。履行社会责任是企业提升发展质量的重要标志。只有重视和履行社会责任，企业才能从根本上转变发展方式，提升发展质量，实现持续长远发展。

（3）企业履行社会责任是提升发展质量、实现可持续长远发展的根本所在。随着我国经济的高速发展和经济增长方式的转变，企业履行社会责任越发成为打造和提升企业形象的重要举措。通过安全生产、优质产品、环境保护和资源可持续利用等方式，企业能够在国内外获得认同。将履行社会责任作为发展战略的重要组成部分，并在实现发展目标的同时认真履行社会责任，有助于从根本上改变和不断提升企业形象，并得到广泛认可。

二、企业履行社会责任应关注的主要风险

企业在履行社会责任方面至少应当关注下列风险。

（1）安全生产措施不到位，责任不落实，可能导致企业发生安全事故。

（2）产品质量低劣，侵害消费者利益，可能导致企业面临巨额赔偿、形象受损，甚至破产。

（3）环境保护投入不足，资源耗费大，造成环境污染或资源枯竭，可能导致企业面临巨额赔偿、缺乏发展后劲，甚至停业。

（4）促进就业和员工权益保护的力度不够，可能导致员工积极性受挫，影响企业发展和社会稳定。

案例 2-4　伊利金典发起“中国有机种草节”①

为更好地保护草原生态环境，2023 年 3 月 10 日，伊利金典联合世界自然基金会（WWF）、中国绿化基金会和腾讯 QQ 在京共同发起“中国有机种草节”，倡议将每年的 3 月 10 日设立为“中国有机种草节”，唤起全社会对草原生态保护的关注和参与。伊利金典同时宣布向中国绿化基金会助捐 10 万元用于内蒙古地区草原生态保护。

作为成长于内蒙古草原的中国有机奶品牌，伊利金典以实际行动全力支持国家的草原生态保护修复政策。在此次“中国有机种草节”启动仪式上，伊利金典宣布 2022 年刚刚上市的呼伦贝尔限定版有机奶换新包装，采用甘蔗植物基瓶盖，以减少石油基塑料的使用。这种植物基瓶盖有着与普通瓶盖几乎相同的外观与密封性，但其碳足迹却大大降低，其可再生、可回收利用的特性，能够有效促进环境可持续发展。在 2021 年世界环境日上，伊利金典曾推出国内首款使用甘蔗植物基盖的产品。

从植物基盖到草原有机甘蔗大棚，从带动农民增收到草原生态保护，伊利金典开启的“种草”循环有望成为生态可持续发展模式的又一创新典范。

事实上，包括采用植物基瓶盖在内，伊利金典在全产业链减碳方面均做出了探索。为恢复草原生态，伊利金典持续推进“种养一体化”的循环发展模式，推动牧场源头减碳工作。

在生产制造环节，伊利金典采用绿色制造，打造了金典有机 A2 纯牛奶与金典娟姗有机纯牛奶两款实现温室气体相对“零排放”的碳中和产品，并且推出由 FSC 认证的纸板和植物基盖组成的可回收包装。

在终端消费环节，通过举办环保活动，伊利金典向消费者传递并分享了绿色消费理念，“金典有机回收计划”引导消费者使用外包装在金典小程序兑换环保周边产品，鼓励每一位消费者亲身践行低碳环保实践。

此外，伊利集团长期坚守生物多样性保护事业，开展的“伊利家园行动”公益项目涵盖了智慧草原、东北湿地保护、亚洲象栖息地保护等行动。

① 节选自《从植物基盖开启“种草”循环，伊利金典发起“中国有机种草节”》，伊利官网，https: //www.yili.com/news/responsibility/1961，访问日期：2023 年 3 月 20 日。

三、社会责任内部控制制度设计

（一）企业高管人员应给予充分重视

企业高管人员的支持和承诺是企业社会责任管理体系的关键。他们应该重视履行社会责任，实现经济效益与社会效益、短期利益与长远利益、自身发展与社会发展的协调，实现企业与员工、企业与社会、企业与环境的健康和谐发展。企业应积极解决负责人无视社会责任的问题，通过严格遴选和任命程序以及民主监督和法律制裁机制，将这些问题消灭在萌芽阶段。

（二）建立或完善履行社会责任的体制和运行机制

企业应将履行社会责任融入企业发展战略，落实到生产经营的各个环节，明确归口管理部门，建立健全预算安排，逐步建立和完善企业社会责任指标统计和考核体系，为企业履行社会责任提供坚实的基础与保障。

（三）应建立责任危机处理机制

企业面对危机的关键在于建立合理的责任危机处理机制。首先，企业应建立危机处理责任制度，及时应对影响企业形象和发展的突发事件，将损失降到最低。对于可能对公众信心和消费者选择产生重大影响的事件，单位负责人应在媒体上说明并致歉。同时，企业内部应保持畅通的沟通渠道，及时解决小问题，避免小问题演变成大问题。

（四）应建立良好的企业社会责任报告制度

企业应建立社会责任信息报告制度，定期发布社会责任报告，如实披露公司履行社会责任情况。企业社会责任信息披露可以增强企业的战略管理能力，使企业由外而内地深入审视与社会的互动关系，全面提高企业的服务能力和水平，提高企业的品牌形象和价值。

（五）应着力防范安全生产风险

安全生产要求最大限度地减少劳动者由工伤和职业病所带来的风险，保障劳动者在生产过程中的生命安全和身体健康。企业可以采取以下措施来防范安全生产风险，包括设立安全管理部门和安全监督机构、建立严格的安全生产管理体系、操作规范和应急预案、强化安全生产责任追究制度等。另外，企业应当贯彻预防为主的原则，采用多种形式增强员工安全意识，重视岗位培训，对于特殊岗位实行资格认证制度，切实做到安全生产，最大限度地减少劳动者由工伤和职业病所带来的风险，保障劳动者在生产过程中的生命安全和身体健康。

案例 2-5　中国华能集团：筑牢安全防线[①]

2023 年 1 月 3 日，中国华能集团有限公司召开安全生产委员会 2023 年第一次会议，认真贯彻落实党的二十大和中央经济工作会议精神，全面总结公司 2022 年安全生产工作，深入分析安全形势，部署 2023 年安全生产重点任务。

会议强调要树牢以人民为中心的发展思想，高效统筹好发展和安全两件大事，坚守发展决不能以牺牲安全为代价这条红线，切实做到“六个突出抓”：一是突出抓好责任落实，始终

① 节选自《华能部署 2023 年安全生产工作》，中国华能集团有限公司，https://www.chng.com.cn/detail_hnxd/-/article/Qy-SwM93u1Xn5/v/1123458.html，访问日期：2023 年 1 月 5 日。

做到权责分明,筑牢安全生产第一道“防火墙”;二是突出抓好源头管控,做好风险分级管控、隐患排查治理和应急体系建设,牢牢掌握安全工作主动权;三是突出抓好重点领域,持续深化电力生产安全管控、煤炭领域安全管控、外包队伍管理等,坚决守牢“华能阵地”;四是突出抓好依法治安,推动制度体系建设,开展反违章活动,推进安全生产标准化;五是突出抓好科技兴安,持续加大安全科技攻关,加快创新成果转化应用,以科技兴安赋能安全水平持续提升;六是突出抓好文化育安,扎实开展“生产安全事故防范年”活动,巩固“双提升”工作成果,加强安监队伍建设,不断提升干部职工安全文化素养。

最后会议强调,公司上下要抓好会议精神学习传达,全面防范化解重大风险,全面消除事故隐患,坚决遏制人身伤亡事故。要筑牢安全防线,把推进公司安全治理体系和治理能力现代化作为创建世界一流企业的基础性、关键性工程。

(六)应有效控制产品质量风险

真正尊重和维护消费者的权益,是企业的基本道德准则和重要社会责任。成功的企业十分重视产品和服务的质量。为保障产品质量,企业可以采取以下措施来控制产品质量风险,包括建立健全产品质量标准体系、规范生产流程、严格质量控制和检验制度、加强产品售后服务等。此外,企业还应当妥善处理消费者提出的投诉和建议,切实保护消费者权益。通过建立健全产品质量管理措施,企业能够忠实地履行对产品质量的承诺,真正守住企业的基本道德准则,保证企业的长远可持续发展。

(七)应切实降低环境保护与资源节约风险

在降低环境保护和资源节约风险方面,企业应按国家有关环境保护与资源节约的规定,结合本企业的实际情况采取以下控制措施,包括建立环境保护与资源节约制度、转变发展方式、实现清洁生产和循环经济、着力开发利用可再生资源、建立环境保护和资源节约的监控制度等。通过这些措施,企业能够减少环境法律法规和行业政策的限制风险,应对绿色消费的推崇和贸易壁垒设置的风险,以及减少由行业特点和生产技术、管理水平限制引起的风险。

(八)应切实规避促进就业与员工权益保护风险

企业在促进就业方面的风险主要包括:法律风险、招聘失败风险、人才过剩风险等。降低企业促进就业方面风险的控制措施主要包括:提供公平就业机会和加强对应聘人员的审查。

企业应当依法保护员工的合法权益,贯彻人力资源政策,保护员工依法享有劳动权利和履行劳动义务,保持工作岗位相对稳定,积极促进充分就业,切实履行社会责任。在促进就业与保护员工合法权益方面,企业可以采取以下措施进行风险防范:①提供公平的就业机会;②加强对应聘人员的审查;③建立完善科学的员工培训和晋升机制;④建立科学合理的员工薪酬增长机制;⑤维护员工的身心健康。

(九)应重点管理产学研用结合风险

《企业内部控制应用指引第 4 号——社会责任》第二十条规定:“企业应当按照产学研用相结合的社会需求,积极创建实习基地,大力支持社会有关方面培养、锻炼社会需要的应用型人才。”企业在产学研用结合方面的风险可能有：研发风险、市场风险和利益分配风险等；企业可以采取以下措施防范产学研用结合风险，包括企业应当重视产学研用结合、确定不同产学研用合作方式下的利益分配模式等。

（十）应格外关注慈善事业风险

《企业内部控制应用指引第 4 号——社会责任》第二十一条规定：“企业应当积极履行社会公益方面的责任和义务，关心帮助社会弱势群体，支持慈善事业。”大力推动企业支持社会慈善爱心活动，对于企业调动社会资源、调节贫富差距、缓解社会矛盾、促进社会公平、构建和谐社会具有重要而深远的意义。慈善事业风险的影响主要在于对企业形象产生负面影响的风险和捐款过度给企业带来的现金短缺风险。

案例 2-6　顺丰控股的社会责任

1993 年，顺丰诞生于广东顺德。经过多年发展，顺丰已成为国内领先的快递物流综合服务商、全球第四大快递公司。顺丰秉承“以用户为中心，以需求为导向，以体验为根本”的产品设计思维，聚焦行业特性，从客户应用场景出发，深挖不同场景下客户端到端全流程接触点需求及其他个性化需求，设计适合客户的产品服务及解决方案，持续优化产品体系与服务质量。

2022 年，面对诸多外部挑战，顺丰始终坚持可持续健康发展的经营基调，采取了一系列精益经营及管理举措，收入端调优结构提升质量，成本端精细管控降本增效，使得 2022 年度业绩仍实现较好增长，稳步达成健康经营目标。顺丰控股履行的社会责任主要体现在以下方面。

（一）企业管理层

公司明确决策、执行、监督等职责权限，建立了由股东大会、董事会、监事会组成的公司治理架构，形成权责明确、运作规范的分工与约束机制。董事会下设战略、薪酬与考核、风险管理、提名、审计 5 个专业委员会。2022 年度，顺丰各专业委员会共召开 12 次会议，各董事以认真负责的态度履行职责，勤勉尽责。独立董事独立履行职责，维护公司整体利益，对重要及重大事项发表独立意见。

（二）员工

顺丰致力于营造公平、公正、公开的人才环境，建设“自我造血”的人才机制和精英化的人才队伍。顺丰重视员工多元化雇佣与权益保障，加强退伍军人、障碍人士、本地员工等群体的多元化雇佣，并建立“顺丰工会代表制度”，设立工会负责监督员工权益保障情况。公司积极培育人才，构建科学、全面的人才管理体系，制定清晰的人才发展路径，同时不断提升员工的职业素养和能力，为员工提供良好的成长环境和广阔的发展平台。另外顺丰以员工的健康安全为运营基石，建立了“四位一体”的安全管理机制，实现人员安全、消防安全、快件安全与设备安全的全方位管理体系。公司除法定福利和社会保障外，还提供雇主责任附加意外保障、重大疾病险等。“丰享”福利平台结合“医食住教”福利项目，实现线上、线下双通道，全方位的多元福利体系。

（三）消费者

顺丰坚持以客户为中心，致力于提供高品质的产品与服务，持续优化服务流程与标准，提升客户体验。公司积极完善产品矩阵,通过直营、加盟、外部合作等多种模式,在每个业务板块的细分市场,均推出对标中高端市场要求的高品质服务,以及对标下沉市场需求的高性价比服务。顺丰通过完善的产品分层及不同产品之间的有机组合,能够满足客户多元化需求,形成完整端到端一站式的综合物流解决方案。同时,顺丰积极拥抱行业新业态、新趋势,助力客户创新商业模式,提升消费者感知体验,践行美好生活的传递者、守护者。

(四)环境

面对全球气候变化带来的影响,顺丰坚持以科技创新持续提升自身资源能源利用效率,减少各业务环节的碳排放。同时,顺丰致力于通过科技赋能合作伙伴,推动行业绿色转型升级,共同响应国家"双碳"目标。作为助力碳中和的先行者和推进者,顺丰通过在人工智能、大数据、机器人、物联网、物流地图、智慧包装等前沿科技领域进行前瞻性布局,结合新能源应用,将科技力量注入每个快件的全生命周期,助力"收转运派"全流程的提质增效和低碳减排。

第五节　企业文化

一、企业文化概述

(一)企业文化的定义

《企业内部控制应用指引第 5 号——企业文化》指出,企业文化是指企业在生产经营实践过程中逐步形成的、为整体团队所认同并遵守的价值观、经营理念和企业精神以及在此基础上形成的行为规范的总称。

价值观回答的是"企业应该怎样做"的问题,是全体员工必须共同信奉和始终坚守的价值标准和基本信念。经营理念回答的是"企业遵循何种法则"的问题,是指导企业经营管理活动的总体原则,是企业必须遵循的经营哲学。企业精神回答的是"企业应具有什么样的内心态度和行为风格"的问题。

(二)企业文化的意义

(1)企业文化中价值观、企业精神使得一起工作的员工对于本企业产品与其他企业产品的区别及本企业员工与顾客、利益相关者之间相互作用的方式有明确而一致的认识,降低了工作中的不确定性,并提高了工作效率。

(2)企业文化补充了正式控制。企业的价值观、经营理念和企业精神对员工的个人目标和行为产生影响,使其与企业的目标和行为相一致。员工通过自我控制和非正式监督,更容易服从企业的正式控制。

(3)企业文化促进了合作并降低了讨价还价的可能性。企业文化虽然不能通过契约明确规定,但它对管理者和员工产生制约和规范作用。由于各部门之间的讨价还价和权力斗争,个体理性与集体理性之间可能产生矛盾。企业文化中强调的共同经营理念、企业精神和价值观,有助于减少利己行为,促进合作行为。

二、企业文化建设中的风险

（1）缺乏积极向上的企业文化，导致员工丧失对企业的信心和认同感，企业缺乏凝聚力和竞争力。

（2）缺乏诚实守信的经营理念，可能导致舞弊事件发生，造成企业损失，影响企业声誉。

（3）忽视不同企业之间、国内与国外的文化差异和价值观冲突，可能导致跨国经营或者并购重组失败。

（4）缺乏约束机制、团队协作和风险意识，可能导致企业发展目标难以实现。

三、企业文化建设的设计

（一）注重塑造企业核心价值观

核心价值观是企业不懈坚持的信条，体现了企业团队的精神，并由企业家身体力行。企业应当培育体现企业特色的发展愿景、积极向上的价值观、诚实守信的经营理念、履行社会责任和开拓创新的企业精神，以及团队协作和风险防范意识。

（二）重点打造以主业为核心的品牌

品牌通常是指能够给企业带来溢价、产生增值的一种无形的资产，其载体是用以和其他竞争者的产品或劳务相区分的名称、术语、象征、记号或者设计及其组合。企业应当采取切实有效的措施，积极培育具有自身特色的企业文化，引导和规范员工行为，打造以主业为核心的企业品牌，形成整体团队的向心力，促进企业长远发展。

（三）充分体现以人为本的理念

“以人为本”是企业文化建设的重要原则。企业应坚持尊重劳动、知识、人才和创造力，激励人心、凝聚人心、激发人才，为员工提供发展机会和平台，将“以人为本”的文化建设融入生产经营全过程，切实做到文化建设与发展战略的有机结合，增强员工的责任感和使命感，规范员工行为方式，使员工自身价值在企业发展中得到充分体现。同时，企业要尊重员工的首创精神，鼓励员工积极参与企业文化建设，营造上下一心、共同发展的氛围。

（四）强化企业文化建设中的领导责任

董事、监事、经理和其他高级管理人员应当在企业文化建设中发挥主导和垂范作用，以自身的优秀品格和脚踏实地的工作作风，带动影响整个团队，共同营造积极向上的企业文化环境。

企业文化建设的领导体制要与现代企业制度和法人治理结构相适应，明确企业文化建设的主管部门，安排专（兼）职人员负责工作并形成工作体系，同时深入调研、制定规划、梳理整合各项任务，将核心价值观转化为企业文化规范。企业通过完善相关管理制度，规范员工行为，增强员工主人翁意识，实现“人企合一”，发挥核心价值观对企业发展的强大推动作用。

思考题

1. 什么是内部环境？它为什么重要？
2. 如何平衡股东、董事会和高管之间的利益关系？
3. 如何在发展战略中平衡短期和长期目标？
4. 如何建立公正、透明的薪酬和绩效评估体系以激励员工？
5. 如何吸引、培养和留住优秀人才以支持公司的发展？
6. 如何平衡经济效益和社会责任之间的关系？
7. 如何识别和塑造积极的企业文化？

第三章　风险评估

学习目标

知识目标:熟悉风险识别的过程和内容,理解风险分析的内容,掌握风险识别、风险分析的方法;理解各种风险应对策略的原理,了解各种风险应对策略的优势与不足。

能力目标:理解风险评估流程,能够熟练运用风险识别技术识别企业风险的来源和类型,运用风险分析技术分析风险大小,并能够选择恰当的风险应对策略。

思政目标:把握习近平总书记在二十届中央国家安全委员会第一次会议的会议精神,塑造底线思维、极限思维、风险意识,培养大局观;通过中国华能(甘肃公司)"双重"预防保安全案例,领会习近平总书记关于安全管理的基本要求,重视安全风险管控和人本管理;塑造风险应对的战略思维和系统思维,注重风险应对策略的整体性与协同性。

引例　中国航油(新加坡)巨亏背后的风险评估缺失[①]

中国航油(新加坡)股份有限公司(下称"中航油新加坡公司")成立于1993年,是中央直属大型国企中国航空油料控股公司(下称"集团公司")的海外子公司,2001年在新加坡交易所主板上市,成为中国首家利用海外自有资产在国外上市的中资企业。在总裁陈久霖的带领下,中航油新加坡公司从一个濒临破产的贸易型企业发展成工贸结合的实体企业,业务从单一进口航油采购扩展到国际石油贸易,净资产从1997年起步时的21.9万美元增长为2003年的1亿多美元,总资产近30亿元,可谓"买来个石油帝国",一时成为资本市场的明星。中航油新加坡公司的故事被新加坡国立大学选为MBA的教学案例,陈久霖被"世界经济论坛"评选为"亚洲经济新领袖",并入选"北大杰出校友"名录。但2004年以来风云突变,中航油新加坡公司在高风险的石油衍生品期权交易中蒙受巨额亏损而破产,成为继巴林银行破产以来最大的投机丑闻。

中航油经政府主管部门批准于2003年开始从事油品套期保值业务。2004年一季度油价攀升,公司潜亏580万美元,陈久霖期望油价能回落,决定延期交割合同,交易量也随之增加。二季度随着油价持续升高,公司账面亏损额增加到3 000万美元左右,陈久霖决定再延后到2005年和2006年交割,交易量再次增加。10月份油价再创新高,而公司的交易盘口已达5 200万桶。为了补加交易商追加的保证金,公司耗尽2 600万美元的营运资本、1.2亿美元的银团贷款和6 800万美元的应收账款资金,账面亏损高达1.8亿美元,另需支付8 000万美元的额外保证金,资金周转出现严重问题。10月10日,向集团公司首次呈报交易和账面亏损。10月20日,获得集团公司提前配售15%的股票所得的1.08亿美元资金贷款。10月26日和28日,因无法补加合同保证金而遭逼仓,公司蒙受1.32亿美元的实际亏损。11月8日至25日,公司的衍生商品合同继续遭逼仓,实际亏损达3.81亿美元。12

① 编者根据已有资料整理而成。

月1日,亏损达5.5亿美元,为此公司向新加坡证券交易所申请停牌,并向当地法院申请破产保护。

中航油新加坡公司的失败除内部环境原因之外,在风险评估方面也存在诸多不足。

首先,目标设定具有随意性。内部控制体系要求管理人员要设立适当的目标,并且使设立的目标能支持、连接企业的使命,并与其风险偏好相一致。企业整体目标的设立形成了一个组织风险偏好,即从高处展望董事会和管理层将接受多大的风险。然而,中航油新加坡公司总裁陈久霖在董事会不知情的情况下,擅自将企业战略目标移位于不合规的风险极大的投机性期货交易。这种目标设定的随意性,最终导致了中航油新加坡公司的毁灭性灾难。

其次,风险评估不到位。中航油新加坡公司从事的场外石油衍生品交易,具有高杠杆效应、风险大、复杂性强等特点,但由于内部没有合理定价衍生产品,大大低估了所面临的风险,再加上中航油新加坡公司选择的是一对一的私下场外交易,整个交易过程密不透风,因此,中航油新加坡公司承担的风险要比场内交易大得多。具有讽刺意味的是中航油公司却拥有一个由专职风险管理主任和风险控制专家组成的风险控制队伍。当投机操作出现亏损后,中航油新加坡公司并未及时作止损处理,而是孤注一掷,将全部资产赌在原油价格回落上,造成一错再错。

最后,风险控制制度还体现在及时有效地对风险事故进行评估和报告方面。此次中航油新加坡公司期货投机巨亏出现在2004年10月甚至更早,而一直到了12月份总公司尚未拿出补救措施,更未对事故责任做出明确说明。最终使这一名噪一时的“企业帝国”崩塌于旦夕之间。

综上所述,中航油新加坡公司的失败是在风险评估方面存在目标设定随意、风险评估不到位以及未及时有效评估和报告风险事故等问题所导致的。这些问题的存在暴露了公司内部控制体系的不足和管理层风险管理意识的淡薄。其他企业应从中吸取教训,重视内部控制和风险管理的重要性,加强风险管理和监督机制的建设,以确保企业的稳健发展。

那么什么是风险评估?企业该如何开展风险评估进行风险防范呢?风险评估是及时识别、科学分析影响企业内部控制目标实现的各种不确定因素,同时采取应对策略的过程。企业要识别风险并进行分析,以便形成对风险进行管理的依据。

第一节　目标设定

一、目标设定的含义

《企业内部控制基本规范》第三章第二十条规定:“企业应当根据设定的控制目标,全面系统持续地收集相关信息,结合实际情况,及时进行风险评估。”可见,目标设定是风险评估的起点,是风险识别、风险分析和风险应对的前提。

企业开展风险评估,应当准确识别与实现控制目标相关的内部风险和外部风险,确定相应的风险承受度。设定目标是风险管理的前提,企业应根据战略目标制定经营、财务、合规和资产安全目标,并确定整体风险承受能力和业务层次上可接受的风险水平。

企业内部控制目标包括战略、经营、报告、合规和资产目标。战略目标是最高层次的目标,是其他目标的基础和导向。在企业内部控制目标设定的过程中,企业要根据自己的风险偏好和风险承受能力首先制定企业层面的战略目标,然后再制定具体业务层面的其他四个目标。对已经制定的目标要进行评估,以保证这些目标与企业的风险偏好、风险承受能力相一致。具体如图 3-1 所示。

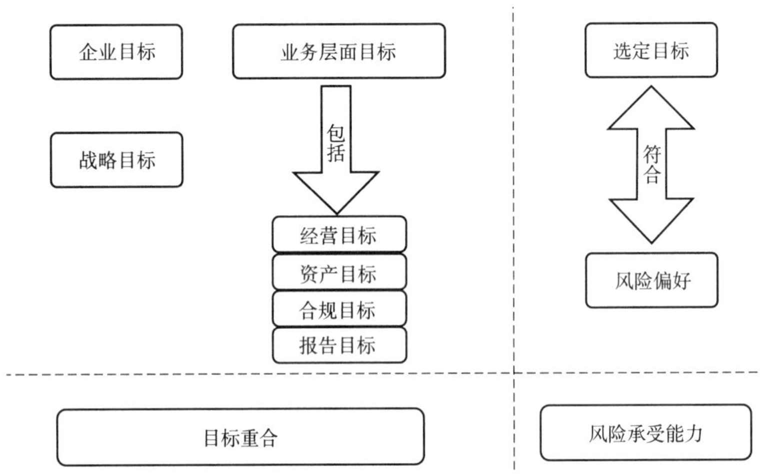

图 3-1 目标设定

二、战略目标

(一)战略目标的概念

战略目标是对企业战略经营活动预期取得的主要成果的期望值,它着眼于企业整体,是对企业未来发展的一种整体设想,是企业宗旨的展开和具体化,是企业宗旨中确认的企业经营目的、社会使命的进一步阐明和界定。所以一般企业的战略目标总是高度概括的。

要实现企业的战略目标,首先需要在分析内外部环境的基础上制定明确的战略目标,识别、评估风险并采取相应的风险应对措施。在战略目标管理上,时间上要将长期战略目标分解为整个企业的短期执行性战术目标,形成年度运营目标;空间上要将战略目标分解到不同业务单位、事业部门或经营单位,使每个业务单位及其职能部门都有自己的长期目标和短期目标,以保证战略目标的落实。值得注意的是:战略目标是企业的中长期目标,一般是稳定的,但在企业战略的实施过程中,内外环境处于不断变化之中,当需要调整战略目标时,企业就应按规定的权限和程序,调整战略目标或实施战略转型。

(二)战略目标的内容

企业战略目标是指企业在实现其使命过程中所追求的长期结果,是在一些最重要的领域对企业使命的进一步具体化。企业的战略目标是多元化的,是企业各种战略的总称,包括竞争战略、营销战略、发展战略、品牌战略、融资战略、技术开发战略、人才开发战略、资源开发战略等。尽管不同企业的战略目标不同,但各个企业需要制定目标的领域却是相同的,所有企业的生存都取决于同样的一些因素。德鲁克在管理的实践中提出了八个关键领域的目标。

（1）市场方面的目标：应表明公司希望达到的市场占有率或在竞争中达到的地位。

（2）技术改进和发展方面的目标：对改进和发展新产品，提供新型服务内容的认知及措施。

（3）提高生产力方面的目标：有效地衡量原材料的利用率，最大限度地提高产品的数量和质量。

（4）物资和金融资源方面的目标：获得物资和金融资源的渠道及其有效的利用。

（5）利润方面的目标：用一个或几个经济目标表明希望达到的利润率。

（6）人力资源方面的目标：人力资源的获得、培训和发展，管理人员的培养及其个人才能的发挥。

（7）职工积极性发挥方面的目标：对职工激励、报酬等措施。

（8）社会责任方面的目标：注意公司对社会产生的影响。

（三）战略目标的制定原则

在制定战略目标时，企业需要遵循一些原则，以确保目标的合理性和可行性。SMART原则作为目标管理中的重要原则，可以帮助企业有效、科学地制定战略。具体包括 Specific（明确性）、Measurable（可度量性）、Attainable（可实现性）、Relevant（相关性）、Time-bound（时限性）。

1. 明确性

目标要清晰、具体，战略目标应该具体明确，而不是模棱两可或笼统的。明确的目标几乎是所有成功企业的共同特点。很多企业失败的原因之一就是目标不清晰，或目标无法有效传达给相关成员。

2. 可度量性

可度量性指战略目标是可以数量化或行为化的，即可以用数据指标或明确的方法进行衡量，可以明确验证目标完成的效果，并且验证这些目标的数据或信息是可获得的。如果目标无法衡量，就无法判断它是否能够实现。

3. 可实现性

可实现性指战略目标在付出努力的情况下可以实现，具有可行性，企业应避免设立过高或过低的目标。目标应该是执行人所能接受的，需要制定实际可行的目标，而不是不切实际的目标。

4. 相关性

相关性是指战略目标与其他目标之间的关联程度。如果目标与其他目标完全不相关或相关度很低，即使实现了该目标，也可能意义不大。

5. 时限性

时限性是指战略目标设置要具有时间限制，根据工作任务的权重、事情的轻重缓急，拟定出完成目标项目的时间要求，定期检查项目的完成进度，及时掌握项目进展的变化情况，以方便对下属进行及时的工作指导，以及根据工作计划的异常情况变化及时地调整工作计划。

（四）战略目标的设定步骤

企业在设定战略目标时，需要综合考虑：①企业过去和现在已经达成的目标；②所在行业的平均水平；③所在行业的最优水平或标杆业绩；④依据使命和愿景，企业应该达到的水平。

战略目标需要通过董事会及员工的相互沟通来确定，同时还要有支持其实现的战略计划及年度预算。战略目标的设定需要经过以下 4 个步骤。

（1）明确企业发展目标。确定企业的长期愿景和使命是制定战略目标的第一步，结合 SWOT（态势分析法）、风险评估等技术，考虑可能出现的风险和挑战，确保制定的发展目标是可行的。

（2）制定实现目标的战略规划。制定详细的战略执行计划，明确责任人、时间表和资源分配，确保战略目标得到有效实施。

（3）编制年度计划。制定战略目标实现的年度计划是将战略转化为可操作步骤的关键阶段，企业应根据制定的中长期战略规划，编制年度经营计划。该年度经营计划应符合企业中长期战略规划的效益目标、投资方向和战略目标。

（4）企业编制年度预算。企业应按照上下结合、分级编制、逐级汇总的原则编制全面预算，将战略目标进一步分解、细化与落实。

案例 3–1　中国铁物翻身记①

2021 年 1 月 8 日，中国铁路物资股份有限公司在深圳证券交易所成功重组上市。

2020 年，克服疫情等不利因素的冲击，中国铁路物资集团有限公司（简称“中国铁物”）连续五年实现盈利，经营性利润创历史新高，资产负债率下降到 74%，银行授信总额达到 330 亿元。

2020 年 12 月 23 日，中国铁物时隔 4 年后重返债券市场。

在中国铁物总经理廖家生看来，这三件大事标志着，曾深陷债务危机，一度濒临破产的中国铁物，正式实现了本质脱困。

五年扭亏路，步步皆艰辛。2012 年起，曾连续 4 年入选世界五百强的中国铁物，因丧失战略定力，盲目追求扩张，跌入融资性贸易陷阱，加之管理不善，陷入债务危机泥潭，严重资不抵债，资金链几近断裂，融资能力基本丧失，引起了市场和高层的高度关注。

为扭转局面，2016 年 4 月 29 日，国务院国资委决定，由中国诚通对中国铁物实施整体托管，并及时调整了中国铁物领导班子。在国资委和中国诚通的支持下，中国铁物盘活企业资产、加大清欠力度，筹集偿债资金；按照“市场化、法治化”的原则，创新探索特色鲜明的债务重组路径，在债权人、股东、客户、员工等利益相关方之间找到了最大公约数；把信用当生命，用时间换空间，有序推进了债转股和上市工作；健全风控体系，完善管理机制，以改革激发企业干部职工干事创业激情。走出了一条“外科手术 + 内科调理”相结合的扭亏脱困道路。

---

① 节选自《国资报告：中国铁物翻身记》，新浪财经，https://finance.sina.com.cn/enterprise/central/2021-03-04/doc-ikftpnnz1779337.shtml，访问日期：2021 年 3 月 4 日。

三、业务层面目标

1. 业务层面目标的内容

业务层面目标包括经营目标、报告目标、合规目标和资产安全目标，这些目标应与战略重点保持一致，对企业战略目标的实现具有制约或促进作用。这些目标阐述时所运用的术语依然要符合 SMART 原则，并与重要的业务流程密切相关。具体内容如下。

（1）经营目标：与利用主体资源的有效性和效率相关。

（2）报告目标：与主体报告的可靠性、真实性相关。

（3）合规目标：与主体符合适用的法律和法规相关。

（4）资产安全目标：与主体防止资产流失、保护资产安全与完整相关。

2. 业务层面目标的确定步骤

业务层面目标的确定需要经过以下步骤。

（1）制定业务层面目标。企业制定企业层面的目标之后，可从财务、客户、内部业务流程和学习与成长四个维度将抽象的战略目标层层分解，并提取关键技术指标进而提出本单位或部门的目标，并通过部门研讨确定业务层面的目标。

（2）根据企业内外环境的发展变化，及时调整、优化部门目标。

（3）确认所需要的资源。配置资源以保证业务层面目标的顺利实现，明确实施计划所需要的资源对于保证目标实现至关重要。行动计划中可能需要考虑的资源包括：人力、知识、技术、财务和时间资源等，以确保目标实现过程中有充足的资源支持。

四、目标设定与风险偏好、风险承受度和风险组合观

目标设定是否科学有效，取决于是否与企业的风险偏好、风险承受度和风险组合观保持一致。

1. 风险偏好

风险偏好是指企业在实现目标的过程中愿意接受的风险的数量。企业在战略制定阶段可以使用定性和定量两种方法来度量风险偏好。根据行为主体在风险态度上的个体差异，可将风险偏好划分为风险爱好型、风险厌恶型以及风险中性型三种。在企业经营中，企业家的风险偏好直接影响着其决策行为，从而对企业的投资决策行为产生影响。企业通过风险关联，将战略的预期收益与企业的风险偏好结合起来，帮助管理者选择与企业风险偏好相一致的战略方案。

2. 风险承受度

风险承受度是指企业能够承担的风险限度，是企业在风险偏好的基础上设定的对相关目标实现过程中所出现的差异的可容忍度，包括整体风险承受能力和业务层面的可接受风险水平。它反映了在追求目标的过程中，组织或个体对可能发生的不确定性和风险的接受程度。企业在确定各目标的风险承受度时，应考虑相关目标的重要性，并将其与企业风险偏好联系起来。

3. 风险组合观

风险管理要求企业管理者以风险组合的观点看待风险，企业每个部门的风险可能在其

风险承受范围内，企业内部不同单位的风险放到一起后，可能会产生风险叠加、风险对冲、风险补偿等不同情况，因此，企业则需要从风险组合的角度来看待企业的整体风险，制定风险管理策略。

第二节 风险识别

一、风险识别概述

风险识别是对企业面临的各种潜在风险进行确认，明确企业各业务单元、各项重要经营活动及其重要业务流程中有无风险，有哪些风险，风险的种类及风险的可能影响，以利于风险的有效管理和合理控制。

对于风险识别的概念，可以从以下几个方面来理解。

1. 风险识别是一项动态的、连续不断的、系统性的重复过程

风险识别需要针对环境的变化而持续进行，不可能一蹴而就。风险识别是一个连续不断的过程，一两次有限的识别无法解决问题。风险管理者要密切注意原有风险的变化，并随时发现新的风险。

2. 风险识别是一个复杂的系统工程

风险具有隐藏性、复杂性和系统性，风险识别的系统性是指风险识别过程不可能局限在某一个专门部门或者专门的环节。风险识别要将企业视为一个系统，不仅需要识别可能面临的各种风险，还需要各个部门的积极参与和密切配合。同时，风险主体应综合考虑内外部环境，并结合自身特点，设计和选择适当的风险识别方法，这使得风险识别工作更具挑战性。

3. 风险识别是整个风险评估过程中重要的程序之一

COSO《内部控制——整合框架》(2013)指出，组织应对影响其目标实现的风险进行全范围的识别和分析，并以此为基础来决定应如何管理风险。《企业内部控制基本规范》第三章第二十一条规定："企业开展风险评估，应当准确识别与实现控制目标相关的内部风险和外部风险，确定相应的风险承受度。"由此可见，风险识别是风险评估的基础，为风险分析和风险应对提供依据。风险识别是否全面、深刻直接影响风险评估质量的高低，风险识别的目的就是确认所有风险的来源、种类及发生损失的可能性，为风险分析和风险应对提供依据。风险识别过程应充分体现全面性原则。

二、风险识别的内容

风险识别主要包括感知风险事项和分析风险事项两个方面。感知风险事项通过调查和了解来识别风险事项的存在，根据风险来源的不同，企业可能面临的风险事项可划分为内部风险和外部风险。分析风险事项通过归类分析，掌握风险事项产生的原因、条件和性质。

感知风险和分析风险事项相互依存、相互联系，只有感知到风险事项的存在，才能有意识、有目的地进行风险分析，进一步了解导致风险事项发生的原因和条件。

（一）内部风险

企业的内部风险主要源于决策和经营活动。决策风险可能表现为与外界环境不适应，同时也存在于企业内部的各个经营活动中。这些经营活动的风险来自企业的各个流程和部门。

企业识别内部风险，应当关注的因素包括以下几个方面：

（1）董事、监事、经理及其他高级管理人员的职业操守，员工专业胜任能力等人力资源因素；

（2）组织机构、经营方式、资产管理、业务流程等管理因素；

（3）研究开发、技术投入、信息技术运用等自主创新因素；

（4）财务状况、经营成果、现金流量等财务管理因素；

（5）运营安全、员工健康、环境保护等安全环保因素；

（6）其他与企业内部风险相关的因素。

企业常见的内部风险有战略风险、运营风险、财务风险等。

1. 战略风险

战略风险是指不确定性对企业战略目标实现造成的影响。理解战略风险需要注意两点：一是战略风险指的是未来可能影响企业的各种不确定性事件，已经发生的确定性事件不属于战略风险；二是尽管企业的战略因素来源广泛，但并非每个事件都构成战略风险，该事件只有对战略目标的实现产生影响，才可称为战略风险。

在战略风险方面，企业应广泛收集国内外企业战略风险失控导致企业蒙受损失的案例，并至少收集与本企业相关的以下重要信息：

（1）国内外宏观经济政策以及经济运行情况、本行业状况、国家产业政策；

（2）科技进步、技术创新的有关内容；

（3）市场对本企业产品或服务的需求；

（4）与企业战略合作伙伴的关系，未来寻求战略合作伙伴的可能性；

（5）本企业主要客户、供应商及竞争对手的有关情况；

（6）与主要竞争对手相比，本企业实力与差距；

（7）本企业发展战略和规划、投融资计划、年度经营目标、经营战略以及编制这些战略、规划、计划、目标的有关依据；

（8）本企业对外投融资流程中曾发生或易发生错误的业务流程或环节。

2. 运营风险

运营风险是指因为企业内部流程、人为错误或外部因素而令公司产生经济损失的风险。运营风险包括公司的流程风险、人为风险、信息系统风险、事件风险和业务风险。流程风险指交易流程中出现错误而导致损失的风险。人为风险是指因员工缺乏知识和能力、缺乏诚信或道德操守而导致损失的风险。信息系统风险是指因系统失灵、数据的存取和处理、系统的安全和可用性、系统的非法接入与使用而导致损失的风险，事件风险是指因内部或外部欺诈、市场扭曲、人为或自然灾害而导致损失的风险。业务风险是指因市场或竞争环境出现预期以外的变化而导致损失的风险。

在运营风险方面，企业应至少收集与本企业、本行业相关的以下信息：

（1）产品结构、新产品研发；

（2）新市场开发、市场营销策略、市场营销环境状况等；

（3）企业组织效能，管理现状，企业文化，高、中层管理人员和重要业务流程中专业人员的知识结构、专业经验；

（4）期货等衍生产品业务中曾发生或易发生失误的流程和环节；

（5）质量、安全、环保、信息安全等管理中曾发生或易发生失误的业务流程或环节；

（6）因企业内、外部人员的道德风险致使企业遭受损失或业务控制系统失灵；

（7）给企业造成损失的自然灾害以及除上述有关情形之外的其他纯粹风险；

（8）对现有业务流程和信息系统操作运行情况的监管、运行评价及持续改进能力；

（9）企业风险管理的现状和能力。

3. 财务风险

财务风险是指在企业各项财务活动过程中，由于各种难以预料或控制的因素，使企业的财务收益与预期收益发生偏离，从而使企业有蒙受损失的可能性。从财务管理的职能角度，企业财务风险可分为筹资风险、投资风险和收益分配风险。财务风险是客观存在的，企业管理者只能采取有效措施来降低财务风险，但不可能完全消除财务风险。

在财务风险方面，企业应广泛收集国内外企业财务风险失控导致危机的案例，并至少收集本企业的以下重要信息（其中有行业平均指标或先进指标的，也应尽可能收集）：

（1）负债、或有负债、负债率、偿债能力；

（2）现金流、应收账款及其占销售收入的比重、资金周转率；

（3）产品存货及其占销售成本的比重、应付账款及其占购货额的比重；

（4）制造成本和管理费用、财务费用、营业费用；

（5）盈利能力；

（6）成本核算、资金结算和现金管理业务中曾发生或易发生错误的业务流程或环节；

（7）与本企业相关的行业会计政策、会计估算、与国际会计制度的差异与调节（如退休金、递延税项等）等信息。

（二）外部风险

企业的外部风险来自企业经营的外部环境，包括外部环境本身和外部环境的变化对企业目标的影响。

企业识别外部风险，应当关注的因素包括以下几个方面：

（1）经济形式、产业政策、融资环境、市场竞争、资源供给等经济因素；

（2）经济法规、监管要求等法律因素；

（3）安全稳定、文化传统、社会信用、教育水平、消费者行为等社会因素；

（4）技术进步、工艺改进等科学技术因素；

（5）自然灾害、环境状况等自然环境因素；

（6）其他与企业外部风险相关的因素。

企业常见的外部风险主要有自然风险、政治风险、市场风险、法律风险等。

1. 自然风险

自然环境风险，是指企业由于其自身或影响业务的其他方造成的自然环境破坏而承担损失的风险。直接的自然环境影响通常比较明显，例如，石油泄漏或排放到河流造成的污染、烟囱产生的空气污染、垃圾处理场的废物倾倒等产生的环境破坏；间接的自然环境影响就不太明显，例如，公司的产品达到了其使用寿命，则产品的处理就会产生自然环境问题，比如核废弃物。

2. 政治风险

政治风险是因投资者所在国与东道国政治环境发生变化、东道国政局不稳定、政策法规发生变化给投资企业带来经济损失的可能性。企业面临的政治风险包括行业法规制度风险、政策风险和对外关系风险等，政治风险因素在经济、金融、科技、文化等方面风险因素作用下容易被放大。

3. 市场风险

市场风险包括产品市场风险、金融市场风险等。产品市场风险是指因市场变化、产品滞销等原因导致跌价或企业不能及时卖出产品的风险。金融市场风险包括利率风险、外汇风险、股票与债券市场风险，期货、期权与衍生工具风险等。

在市场风险方面，企业应广泛收集国内外企业忽视市场风险、缺乏应对措施导致企业蒙受损失的案例，并至少收集与本企业相关的以下重要信息：

(1)产品或服务的价格及供需变化；

(2)能源、原材料、配件等物资供应的充足性、稳定性和价格变化；

(3)主要客户、主要供应商的信用情况；

(4)税收政策和利率、汇率、股票价格指数的变化；

(5)潜在竞争者、竞争者及其主要产品、替代品情况。

4. 法律风险

法律风险是指企业内外部的具体行为不规范，引起与企业所期望达到的目标相违背的法律后果发生的可能性。根据引发法律风险的因素来源，法律风险可以分为外部环境法律风险和企业内部法律风险。所谓外部环境法律风险，是指由企业外部的社会环境、法律环境、政策环境等因素引发的法律风险；企业内部法律风险，是指由企业战略决策、内部管控、经营行为、经营决策等因素引发的法律风险。

在法律风险方面，企业应广泛收集国内外企业忽视法律法规风险、缺乏应对措施导致企业蒙受损失的案例，并至少收集与本企业相关的以下信息：

(1)国内外与本企业相关的政治、法律环境；

(2)影响企业的新法律法规和政策；

(3)员工道德操守的遵从性；

(4)本企业签订的重大协议和有关贸易合同；

(5)本企业发生重大法律纠纷案件的情况；

(6)企业和竞争对手的知识产权情况。

综上所述，企业在进行风险识别时，应准确辨识与控制目标相关的内部和外部风险。需要注意的是，这些影响风险的事项通常相互关联，一个事项可能引发另一个事项。企业在识别风险事项时，应清楚了解它们之间的关系，并通过评估这种关系，确定采取何种风险应对措施是恰当的。例如，央行调整金融机构存款准备金率会引发利率、汇率、股票价格、房地产价格等的联动变化。因此，企业的风险识别需要具有一定的前瞻性和系统性。

案例 3-2 习近平强调坚持极限思维防范化解重大风险[①]（思政案例）

2023 年 5 月 30 日，习近平总书记在二十届中央国家安全委员会第一次会议上强调，“要全面贯彻党的二十大精神，深刻认识国家安全面临的复杂严峻形势，正确把握重大国家安全问题，加快推进国家安全体系和能力现代化，以新安全格局保障新发展格局，努力开创国家安全工作新局面”。面对复杂严峻的国家安全形势，习近平总书记指出，要坚持底线思维和极限思维，准备经受风高浪急甚至惊涛骇浪的重大考验。坚持极限思维，是党中央提出的全新要求，对维护国家安全具有重大意义。

坚持质量互变原则，把握战略风险趋势。在当前和今后一段时期，国际局势波谲云诡、周边环境敏感复杂、改革发展稳定任务艰巨繁重，国家安全问题的复杂程度、艰巨程度也随之明显加大。习近平总书记指出：“预判风险是防范风险的前提，把握风险走向是谋求战略主动的关键。”各领域的领导干部要熟练运用极限思维，透过现象看本质，科学预见形势发展走势和隐匿其中的风险挑战，既要对自己所负责领域内的重大风险保持如履薄冰的警惕，也要密切关注具有全局性质的重大风险，做到常观大势、常思大局。

坚持对立统一规律，提升风险防范能力。习近平总书记指出：“防范化解重大风险，是各级党委、政府和领导干部的政治职责，大家要坚持守土有责、守土尽责，把防范化解重大风险工作做实做细做好。”领导干部要在其位谋其事，以强烈的责任感和自觉性把自己职责范围内的风险防控好，不将防范风险的责任推给上面、留给后面或不负责任地制造风险，根据职责分工承担各自责任，不越位不缺位，尽力而为、量力而行。

坚持积极思维而非消极思维，发扬斗争精神。习近平总书记指出：“领导干部要有草摇叶响知鹿过、松风一起知虎来、一叶易色而知天下秋的见微知著能力，对潜在的风险有科学预判，知道风险在哪里，表现形式是什么，发展趋势会怎样，该斗争的就要斗争。”在当前中国共产党团结带领全国各族人民全面建成社会主义现代化强国、实现第二个百年奋斗目标的前进道路上，我们面临的各种考验会只增不减，各种“黑天鹅”“灰犀牛”事件随时可能发生。“凡事预则立，不预则废”，“预”和“不预”决定着事物的“立”与“废”，这充分强调了准备工作对于成功的重要意义。时代虽然在向前发展，但真理永不会过时。领导干部要坚持极限思维，发扬斗争精神，以积极的行动对战风高浪急甚至惊涛骇浪的重大考验，以新安全格局保障新发展格局，努力开创国家安全工作新局面。

三、风险识别的方法

风险识别是指在风险事故发生之前，人们运用各种方法系统地、连续地认识所面临的各种风险以及分析风险事故发生的潜在原因。风险识别的方法就是收集和分析这些信息的方法和技术。常见的风险识别方法主要有两大类。

① 王高贺、陈方玉：《坚持极限思维防范化解重大风险》，中国社会科学网，https://www.cssn.cn/skgz/bwyc/202307/t20230721_5669628.shtml，访问日期：2023 年 7 月 21 日。

（一）基本方法

1. 风险清单

风险清单是指由一些专业人员设计好的标准的表格或者问卷，上面全面地罗列了一个企业可能面临的风险。风险清单旨在包括所有可能的风险，使用者须回答清单中列示的每一个问题。通过回答这些问题，风险管理者逐渐构建出公司的风险框架。风险清单适用于各类企业及企业内部各个层级和各类型风险的管理。

风险清单的主要优点是能够直观反映企业风险情况，易于操作，能够适应不同类型企业、不同层次风险、不同风险管理水平的风险管理工作。风险清单的主要缺点是风险清单所列举的风险往往难以穷尽，且风险重要性等级的确定可能因评价的主观性而产生偏差。

2. 问卷调查法

问卷调查法也称问卷法，是调查者运用统一设计的问卷向被选取的调查对象了解情况或征询意见的调查方法。调查对象主要为领导班子成员、部门负责人及以上人员、风险内部控制人员。调查方式可以采用当面填写、邮寄或通过网络传递。问卷调查法能够在较短时间内获得较多的资料，具有适用面广、信息量大的特点。

问卷调查法的最大优点是能突破时空限制，在广阔范围内，对众多调查对象同时进行调查，节省人力、时间和经费。但其局限性在于缺乏弹性，很难作深入、真实的调查分析，问卷回收率可能较低，质量难以有效控制。

（二）辅助方法

1. 财务报表分析法

财务报表分析是指通过对资产负债表、利润表和其他附表等财务信息的分析来识别风险，判断企业的财务状况和诊察企业经营管理问题。财务报表分析的方法，主要有趋势分析法、比率分析法和因素分析法三种。

1）趋势分析法

趋势分析法是将两期或连续数期报表中的相同指标进行对比，通过分析增减变动方向确定企业财务状况以及经营成果的变动趋势。趋势分析法通常包括横向分析法和纵向分析法。横向分析法又称水平分析法，是在会计报表中用金额、百分比的形式，将各个项目的本期或多期的金额与基期的金额进行比较分析、以观察企业经营成果与财务状况的变化趋势。纵向分析法又称垂直分析法，是对会计报表中某一期的各个项目，分别与其中一个作为基期金额的特定项目进行百分比分析，借以观察经营成果与财务状况的变化趋势。

2）比率分析法

比率分析法就是通过将两个财务报表数据相除得出的相对比率，分析两个项目之间的关联关系。比率分析是最基本最常用也是最重要的财务分析方法。比率分析法可以分析财务报表所列项目与项目之间的相互关系，运用得比较广泛，财务比率一般分为：盈利能力比率、营运能力比率、偿债能力比率、增长能力比率等。企业通过财务比率指标可以了解其经营成果、权益状况和流动资产状况等。

3）因素分析法

因素分析法分为比率因素分解法和差异因素分解法。

（1）比率因素分解法是指把一个财务比率分解为若干个影响因素的方法，分为比率的比较法和比率的分解法。例如，净资产收益率可以分解为总资产收益率和权益乘数两个因素，财务比率是财务报表分析的特有概念。在实际的分析中，分解法和比较法是结合使用的，比较之后需要分解，以深入了解形成差异的原因；分解之后还需要比较，以进一步认识其特征。不断比较和分解，构成了财务报表分析的主要过程。

（2）差异因素分解法可以解释比较分析中形成差异的原因。差异因素分解法又分为连环替代法和定基替代法两种。连环替代法是将分析指标分解为各个可以计量的因素，并根据各个因素之间的依存关系，顺次用各因素的比较值（通常即实际值）替代基准值（通常即标准值或计划值），据以测定各因素对分析指标的影响。差额分析法是连环替代法的一种简化形式，它利用各个因素的比较值与基准值之间的差额，计算各因素对分析指标的影响。

2. 现场调查法

现场调查法又称实地研究法，是指通过直接观察工作现场、设备设施和实际操作等，综合运用观察、访谈和试验等方法收集数据，了解单位的经济活动和行为方式，发现和识别潜在的风险隐患。现场调查法的主要步骤如下。①调查前的准备工作，包括确定调查时间（开始时间、结束时间和持续时间等）、调查对象、调查人员等；②在进行现场调查和访问时，相关人员应认真填写表格。表格的填写要符合规范，避免出现一些不符合要求的表格，影响调查结果。③将调查结果及时进行整理、反馈，及时发现潜在的问题。现场调查法的优点是有助于获得第一手的资料，并能提供防范风险的措施建议，可与基层人员和基层领导建立并维持良好的关系。现场调查法的缺点在于耗费时间长，成本高；在实际调查过程中，可能会引起一些员工的警戒或反感。

3. 事件树分析法

事件树分析法又称故障树法，是运用逻辑推理对各种系统的风险点进行辨识和评价，分析出事故的直接原因及潜在原因的方法。它的理论基础是，任何一起事故的发生，必定是一系列事件按时间顺序相继出现的结果，前一事件的出现是随后事件发生的条件，在事件的发展过程中，每一事件有两种可能的状态，即成功和失败。从某一风险结果出发，通过逻辑推理推导出引起风险的原因，按照风险事件、中间事件和基本事件的逻辑结构进行分析。事件树分析法的一般步骤如下：

（1）定义目标，此时需要考虑影响目标的各种风险因素；

（2）做出风险因果图；

（3）全面考虑各风险因素之间的相互关系，从而研究对风险所采取的对策或行动方案。

事件树分析法清晰列示了影响企业整体目标实现的因素及其因果关系，有利于深入进行风险分析，使用这种分析方法，需要大量的资料和时间，所以企业一般只有在风险很大或者隐患很深的系统中才使用这种分析方法。

4. 流程图分析法

流程图分析法是对流程的每一阶段、每一环节逐一进行调查分析，从中发现潜在风险，找出导致风险发生的因素，分析风险产生后可能造成的损失以及对整个组织可能造成的不利影响的方法。流程图使用一些标准符号代表某些类型的动作，直观地描述一个工作过程的具体步骤。流程图分析法将一项特定的生产或经营活动按步骤或阶段顺序以若干个模块形式组成一个流程图系列,在每个模块中都标示出各种潜在的风险因素或风险事件,从而给决策者一个清晰的总体印象。在实务中,流程图常结合风险控制矩阵技术进行风险识别。

流程图分析法最大的好处在于,可以将复杂的生产过程或业务流程简单化,促使工作人员尽快熟悉主体运作中流程,提高风险识别效率。企业的生产工序、经营活动越复杂,越能够表现出流程图识别风险的优势,但流程图的绘制需要耗费大量时间,另外此方法不能进行定量分析会导致其应用受限。

案例 3-3 海康威视 2022 年面临的风险①

在复杂多变的环境下,公司正在经历很多新的挑战。企业在成长和发展过程中,一定会遇到各种各样的挑战。在经历一些挑战后,公司面对挑战的心态越来越稳定,应对挑战的能力也越来越强。科学技术是第一生产力,科技进步对人类各方面的影响还在进一步加快、加大,公司拥抱科技变化,顺应技术发展趋势。

(1)地缘政治环境风险。全球地缘政治不确定性大大提高,部分地区经营环境恶化。公司将根据业务机会调整营销资源的投放,但如果地缘政治环境进一步恶化,公司在部分国家与地区的经营可能受到不利影响。

(2)全球经济下行风险。海外部分国家经济增速减缓,各地区经济波动、债务违约等潜在风险难以消除,国内经济恢复节奏尚需观察,同时处于向新发展模式切换过程中,公司以广泛的业务布局分散单一区域的经营风险,但如果出现全球经济衰退,公司的业务也将遭受冲击。

(3)供应链风险。全球供应体系的完整性受到政治因素冲击,公司努力建设多元化供应链,合理调控库存,但如果发生供应链大范围中断的情况,将影响公司的业务稳定性。

(4)技术更新换代风险。人工智能、大数据、云计算、边缘计算等技术发展迅猛,科技应用迭代速度快。如果不能密切追踪前沿技术的更新和变化,不能快速实现业务的创新发展,公司未来发展的不确定性风险将会加大。

(5)法律合规风险。世界多边贸易体制受政治冲击较大,商业活动需要遵守的各地法律法规复杂,世界各国对数据的监管趋严,业务的合规性要求提高,公司不断加强法律合规体系建设,但如果公司的法律合规能力无法跟上形势发展,将给公司经营带来不利影响。

(6)汇率波动风险。公司在海外市场多个国家和地区开展经营,主要以外币结算,汇率波动会影响销售、采购以及融资产生的外币敞口,影响公司的盈利水平。

(7)客户支付能力下降导致的资金风险。商业环节的流动性受经济影响较大,公司经营稳健,积累了一定的现金储备,融资成本较低,但如果市场整体流动性风险增加,公司的回款速度可能变慢,对经营带来不利影响。

(8)内部管理风险。公司经营规模持续扩大,新产品和新业务不断拓展,员工人数逐年增长,内部的管理复杂度上升,对公司的管理能力带来挑战。如果管理水平跟不上业务发展,将给公司经营带来不利影响。

(9)网络安全风险。公司一贯重视网络安全,积极采取措施提升产品和系统安全性,但是仍然可能存在包括计算机病毒、恶意软件、黑客攻击等类似情况刻意尝试损害公司的系统

① 节选自深圳证券交易所官网披露的《杭州海康威视数字技术股份有限公司 2022 年年度报告》。

或者产品,造成安全问题。

(10)知识产权风险。公司保持较大规模研发投入,产出大量技术成果,实施了比较完善的知识产权保护措施,但产生知识产权纠纷的风险和遭受知识产权侵害的风险仍然存在。

第三节 风险分析

一、风险分析的概念及内容

我国《企业内部控制基本规范》第二十四条规定,企业应当采用定性与定量相结合的方法,按照风险发生的可能性及其影响程度等,对识别的风险进行分析和排序,确定重点关注和优先控制的风险。

风险分析是在风险识别的基础上,结合企业的特定条件,采用定性或定量方法对风险发生的可能性和对企业目标实现的影响程度进行分析,并对风险进行综合评价,为制定合理的风险应对策略提供依据。风险分析是风险应对的基础,没有客观、充分、合理的风险分析,风险应对就无法达到预期效果。企业进行风险分析时,应充分吸收专业人员组成团队,按照严格规范的程序开展工作,确保风险分析结果的准确性。

二、风险分析的内容

风险分析的内容是风险发生的可能性和影响程度。可能性表示事项发生的概率,而影响程度代表其后果。二者的结合分析有助于管理者采取相应的应对措施。另外管理者在分析风险时,还要分清固有风险和剩余风险。固有风险是在管理层没有采取任何措施来改变风险的可能性或影响的情况下,影响主体目标实现的风险。剩余风险是在管理层建立并采取风险应对措施之后所剩余的影响目标实现的风险。评估风险首先评估的是固有风险;当风险管理策略确定后,再考虑剩余风险。如果剩余风险仍超过各级管理层和董事会的可接受水平,管理层应当重新审视和修改风险的应对策略,或在某些情况下调整风险承受度。

1. 风险发生的可能性分析

可能性是指风险事件发生的概率。可能性分析通常通过收集实际情况的信息和利用专业判断进行,依据数理统计原理,采用二项分布、泊松分布等数学模型进行科学测算。

风险发生的可能性分析结果一般有“极低”“低”“中等”“高”“极高”五种情况。一般来讲,风险发生概率大于 0 且小于等于 5%,意味着在例外情况下可能发生;风险发生概率大于 5% 且小于等于 10%,意味着某些时候不太可能发生;风险发生概率大于 10% 且小于等于 50%,意味着在某些时候可能发生;风险发生概率大于 50% 且小于等于 95%,意味着在某些时候很可能发生;风险发生概率大于 95%,意味着在多数情况下预期会发生。具体如表 3-1 所示。

表 3-1 风险发生的可能性定性分析表

序号	描述符	详细描述举例	概率
1	极高	在多数情况下预期会发生	大于 95%
2	高	在多数情况下很可能发生	50%~95%(含)
3	中等	在某些时候可能发生	10%~50%(含)
4	低	在某些时候不太可能发生	5%~10%(含)
5	极低	在例外情况下可能发生	小于等于 5%

2. 风险发生的影响程度分析

影响程度分析主要是指对目标实现的负面影响程度分析。按照影响的结果(通常是量化成数值),一般将风险划分为“不重要”“次要”“中等”“主要”和“灾难性”五级。风险管理人员应根据企业自身的特点,采用不同的方法来衡量损失程度。这里应注意的是,风险是一种变化的动态事物。基于动态条件的预测和分析,其结果不可能做到精确可靠。所有风险分析的目的,都是尽量避免项目失控,或发生突发事件后留有足够的后备措施和缓冲空间。风险发生的影响程度分析表如表 3-2 所示。

表 3-2 风险发生的影响程度分析表

序号	描述符	详细描述举例
1	不重要	不受影响,较低损失
2	次要	轻度影响,轻微损失
3	中等	中等影响,中等损失
4	主要	严重影响,重大损失
5	灾难性	重大影响,极大损失

企业在进行风险分析时,应考虑目标的多样性,并灵活选择适当的分析技术。企业通过清晰地识别和评估风险,能够更好地理解潜在影响,对风险进行排序和分析,区分主要风险和次要风险,从而筛选出企业的关键风险,有针对性地制定风险管理策略,从而更好地保护和实现既定目标。

三、风险分析方法

企业进行风险分析,应当调配专业风控人员,组成风险管理团队,严格按照规范的程序开展工作,保证风险分析结果的准确性。

风险分析方法包括定性分析和定量分析。在不要求做定量分析时,或者定量分析无法取得充分可靠的数据,或者数据的取得不符合成本效益原则时,管理者可采用定性分析方法。定量分析能带来较高的精确度,但需要的数据较多,分析较为复杂。

（一）定性分析法

定性分析是目前常用的风险分析方法，定性方法是直接用文字描述风险发生可能性的高低、风险对目标的影响程度，如“极低”“低”“中等”“高”“极高”等。它存在主观性，需要依靠分析者的经验、知识和技能对风险进行低、中、高等级别的描述。

定性分析有多种操作方法，包括风险评估图法、头脑风暴法、德尔菲法、访谈研讨法、问卷调查法、标杆分析法等。其中最常见的方法是风险评估图法，它将风险发生的可能性和对目标的影响程度作为两个维度，在同一个平面上进行绘制，通常以直角坐标系的形式呈现。

风险评估图法通过判断某一风险因素对企业目标的影响程度，并将其与风险发生的可能性结合起来，为确定风险因素的优先级提供框架。这种方法可以统一评估标准，因为不同的管理人员对同一风险因素的重要性可能存在差异。风险评估图如图 3-2 所示。

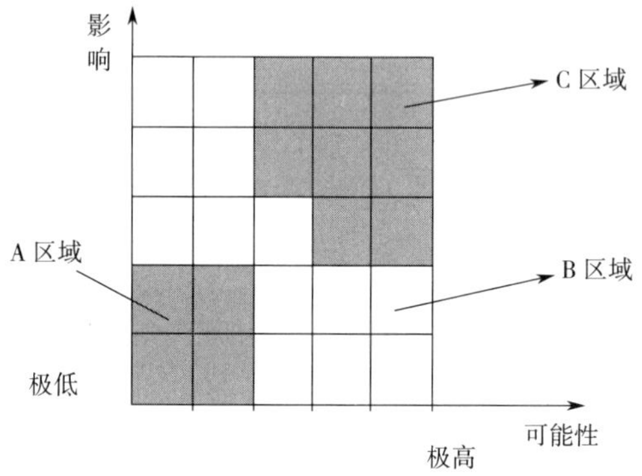

图 3-2 风险评估图

风险评估图分为 A、B、C 三个区域，区域 A 代表影响较小且可能性较低的风险，区域 C 代表具有重大影响且可能性较高的风险，需要高度关注，区域 B 则代表中等程度的影响和可能性。对于 A 区域的风险，企业可以承担并不增加控制措施；对于 B 区域的风险，企业可以严格控制并加强控制措施；对于 C 区域的风险，企业应该确保规避和转移并优先实施防范措施。

（二）定量分析法

定量分析法就是将风险发生的概率和影响程度用直观的数据表示出来，其主要思路是对构成风险的各个要素和潜在损失的程度赋予数值或货币金额。定量技术依赖假设和数据质量，通常需要更多的努力和更高的严密性，有时需要运用数学模型。当一项风险被视为关键风险或其风险水平很高时，企业通常使用定量分析法进行进一步研究。然而，在使用定量分析法之前，企业要充分考虑所用数据的真实性和可靠性，因为数据质量是进行定量分析的前提。

1. 风险价值（Value at Risk，VaR）法

VaR 法是指在正常的市场条件和给定的置信水平之下，某种投资组合在既定时期内所面临的市场风险及可能遭受的潜在最大价值损失。VaR 法结合了预期损失大小和发生可能性，让投资者了解损失规模和可能性，是一种重要的风险定量分析工具。

在正常市场条件下，给定置信水平 1-α 和持有期 T，某种投资组合可能发生的最大损失值为 M，则 VaR 概念示意如图 3-3 所示。

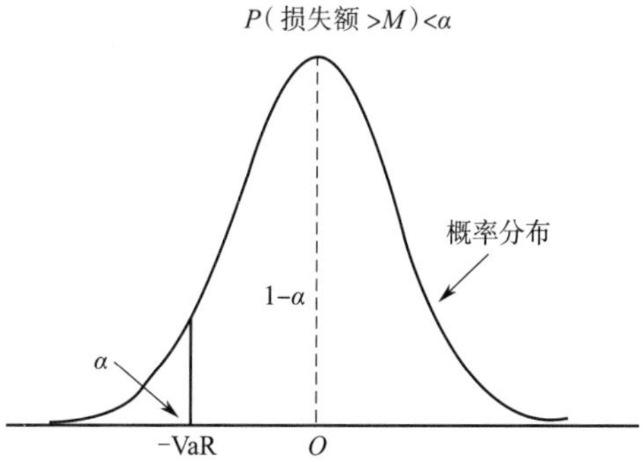

图 3-3　VaR 概念示意图

例如，某投资组合的置信水平为 99%，持有期为 1 天时的 VaR 为 50 万元，表示有 99% 的把握相信持有该投资组合 1 天的最大损失是 50 万元，或者说持有该投资组合 1 天内损失超过 50 万元的可能性只有 1%。

VaR 法的计算方法主要有历史模拟法（非参数法）、方差 - 协方差法、蒙特卡罗模拟法三类。不同的计算方法、计算参数下所得的 VaR 都是不同的。若某机构宣称其产品的 VaR 较低即投资风险较低，投资者须在投资前明确其计算方法和参数以辨真伪。历史模拟法在收益率分布尾部较厚时比传统参数法更为可靠。VaR 方法能够给出一定条件下损失最大值的情况，较为直观地反映了风险。虽然 VaR 方法如今饱受争议，但是其简单、直观且能不断改进的特性，使其仍然具有不可动摇、难以替代的地位，在金融风险管理方面发挥着巨大作用。

2. 情景分析法

根据《管理会计应用指引第 503 号——情景分析》规定，情景分析是指在对企业经营管理中未来可能出现的相关事件情景进行假设的基础上，结合企业管理要求，通过模拟等技术，分析相关方案发生的可能性、相应后果和影响，以做出最佳决策的方法。情景分析法通过对系统内外相关问题的全面分析，构造多种可能的情景，预测和识别关键风险因素及其影响程度，以采取适当措施防患于未然。它适用于项目持续时间较长，考虑多种技术、经济和社会因素影响的情况，可以提醒决策者某些措施或政策可能造成的风险后果，建议监视的风险范围，研究关键因素对未来过程的影响，并警示某种技术发展可能带来的风险。企业应用情景分析法，一般按照确认决策事项、确认影响因素、设定情景、找出可能发生的系列事件分析方案和分析实施后果等程序进行。

3. 敏感性分析法

根据财政部印发的《管理会计应用指引第 402 号——敏感性分析》的规定，敏感性分析是指对影响目标实现的因素变化进行量化分析，以确定各因素变化对实现目标的影响及其敏感程度。敏感性分析可以分为单因素敏感性分析和多因素敏感性分析。其中单因素敏感性分析是指每次只变动一个因素而其他因素保持不变时所做的敏感性分析，敏感系数反映的是某一因素值变动对目标值变动的影响程度；多因素敏感性分析，是指假定其他因素不变时,分析两种或两种以上不确定性因素同时变化对目标的影响程度所做的敏感性分析。敏感性分析工具具有广泛适用性,有助于对短期营运决策、长期投资决策等中的有关风险进行识别、控制和防范,也可以用于一般经济分析。

敏感性分析目的是在诸多的不确定性因素中,确定敏感因素和不敏感因素,并分析敏感性因素对实现目标的影响程度,从而使风险管理人员掌握风险水平,明确进一步的风险应对策略与应对方案。敏感性分析的实施步骤有:①确定敏感性分析的对象,即选择评价指标;②选择敏感性分析的风险因素;③确定系统目标对各种敏感性因素的敏感程度;④分析比较,找出最敏感因素,并对风险情况做出判断。

敏感性分析方法最大的优点在于简单易行,分析结果易于理解,能为企业的规划、控制和决策提供参考;敏感性分析方法的缺点是敏感性分析对决策模型和预测数据具有依赖性,决策模型的可靠程度和数据的合理性,会影响敏感性分析的可靠性。决策模型通常要有一定的前提假设,应用模型受假设条件限制。

4. 压力测试法

压力测试法是指在极端情景下分析评估风险管理模型或内控流程的有效性,发现问题并制定改进措施的方法。极端情景是指在非正常情况下,发生概率很小但一旦发生后果十分严重的事情。压力测试法通常被认为是一种补充方法,与情景分析法中关注常规情景的做法相反。它用于分析那些可能与概率技术结合使用的分布假设中得到充分考虑的低概率、高影响力事件的结果。压力测试能够帮助企业充分了解潜在风险因素与企业财务状况之间的关系,深入分析企业抵御风险的能力,以此为基础实施的应对措施,能够合理地预防极端事件可能给企业带来的冲击。

在风险评估中,压力测试通常用于衡量潜在的最大损失,在假设发生极端不利情况下计算可能发生的最大损失。企业通过分析这些不利情况下的负面影响(如经济增长骤减、失业率快速上升到极端水平、房地产价格暴跌),对脆弱性进行评估和判断,并采取相应的控制措施。压力测试在企业内部控制中运用得十分广泛,它能够有效地检验出内部控制的有效性边界,有助于提高内部控制系统的抗压性以及处置危机的能力。

四、定性分析法与定量分析法的比较与选择

企业在选择风险分析方法时,应结合行业特点和个人关注点来决定分析过程和方法。定性分析方法简单、应用广泛、准确性较高,但其主观性较强、精确度不够且对分析者的经验和能力有一定要求。定量分析法精确度高、客观性强、易于理解,但需要依赖大量的统计数据。二者各有优势,企业可以根据自身情况选择定性或定量的分析方法。在实际应用过程中,企业往往将定量和定性结合使用,在简化分析程序、提高分析效率的同时,企业可以更清晰地分析风险情况,以利于管理者针对不同的风险类型采用不同的风险管理策略。

第四节 风险应对

一、风险应对的定义

风险应对是指在风险分析的基础上，针对企业所存在的风险因素，运用现代科学技术知识和风险管理方面的理论与方法，提出各种风险解决方案，经过分析论证与评价从中选择最优方案并予以实施，以达到降低风险的目的。

二、风险应对策略

《企业内部控制基本规范》第二十五条规定，企业应当根据风险分析的结果，结合风险承受度，权衡风险与收益，确定风险应对策略。《企业内部控制基本规范》第二十六条规定，企业应当综合运用风险规避、风险降低、风险分担和风险承受等风险应对策略，实现对风险的有效控制。

（一）风险规避

风险规避是企业对超出风险承受度的风险，通过放弃或者停止与该风险相关的业务活动以避免和减轻损失的策略。当企业遇到某种特定风险导致的损失概率和损失程度非常高，或采用其他风险处理技术的成本超过其所能带来的效益时，企业采用风险规避方法可以将企业的损失降到最低。实施风险规避策略主要有完全放弃、中途放弃、改变条件三种情形。

（1）完全放弃，是指企业拒绝承担某种风险，根本不从事可能产生某些特定风险的活动。例如企业计划从事某产品外包业务，但发现此类产品竞争激烈，最终企业决定完全放弃开展此产品外包业务。

（2）中途放弃，是指企业终止承担某种风险。

（3）改变条件，是指改变生产活动的性质、生产流程或工作方法等以规避风险。

风险规避策略不是指企业盲目地避开风险，而是在恰当的时机，进行一种策略性的回避。作为一种风险应对策略，它可以完全消除某种风险，但是选择放弃某项具有高风险的经营活动，同时也会部分或全部丧失与风险相伴的盈利机会。企业应将风险规避策略与其他策略进行比较，然后进行决策，并且明确策略实施的目标、实施步骤的保证条件、避免风险发生所需要的费用等，规划好要避免的财产、人身风险及有关活动的范围。

风险规避的优点是通过中断风险源，规避可能产生的潜在损失或不确定性，对危害性风险控制很有效，是处理风险的一种有用的、极为普遍的方法。缺点在于风险规避策略是一种比较消极的风险应对策略，一味消极地避免风险只会让企业停滞不前，缺乏进取精神，此外，有些风险根本无法避免。

（二）风险降低

风险降低（risk reduction）是企业在权衡成本效益之后，准备采取适当的控制措施降低风险或者减轻损失，将风险控制在风险承受度之内的策略。风险降低的目的在于积极改善风险特性，使其能为企业所接受，从而使企业不丧失获利机会。因此，相对于风险规避而言，风险降低是较为积极的风险处理策略。风险降低的分类通常有三种：按控制目的划分，风险降低分为损失预防和损失抑制；按措施的执行程序划分，风险降低分为事前、事中和事后控制；按采取措施的性质划分，风险降低分为工程控制、教育培训和管理控制。风险降低策略适用于企业不愿放弃也不愿转移，且在企业风险承受能力或风险容忍度之内的风险。

案例 3-4　中国华能（甘肃公司）"双重"预防保安全[①]（思政案例）

"推进安全生产标准化建设，常态化开展安全监督，按照精益化管理要求，在更精准、更细致、更深入方面下真功夫，打造本质安全体系。"中国华能甘肃公司党委书记、董事长秦海峰提出明确要求。2023 以来，在开展"安全管理强化年行动暨生产安全事故防范年活动"中，甘肃公司扎实推进安全生产标准化建设，并将标准化作为提升安全管理的利器，做到事事有标准，人人讲标准，处处达标准的工作目标，实现生产标准化，管理系统化，行为规范化，切实提升企业安全管理水平。

甘肃公司系统运行机组多、基建施工周期长、企业分布区域广，各类安全风险交织叠加，安全管理充满挑战。只有全面推进风险分级管控和隐患排查治理，同时构建严密的安全生产责任管控体系，"双重"预防机制才能确保现场安全。

"安全风险管控就是要知道作业现场有哪些设备，日常需要开展哪些作业，这些设备和作业都有哪些风险，你需要做哪些事才能够防范这些风险。"平凉电厂安全监察专责朱正文向一位老师傅讲解风险管控体系。甘肃公司组织相关单位历时半年，建立了涵盖火电、水电、风电、光伏和基建等领域的设备设施和作业活动典型风险数据库 12 类 851 项，并以此为标准组织各单位建立符合企业实际的设备设施和作业活动"两个清单"。根据识别的风险单位设置告知牌，依据岗位风险管控清单，进一步完善岗位责任，确保人人知责、明责、履责、尽责，真正把双重预防体系建设工作落实到作业场所、岗位上来。

面对划转单位安全管理水平参差不齐的情况，新成立单位安全管理体系不完善的问题，甘肃公司组织开展专题培训，让所有安全生产人员弄懂、理解、吃透华能安全管理体系要求，让管安全的人更懂安全。

（三）风险分担

风险分担又称风险转移，是企业准备借助他人力量，采取业务分包、购买保险等方式和适当的控制措施，将风险控制在风险承受度之内的策略。风险分担是一种事前的风险应对策略，通过如业务外包、购买保险、租赁等措施，把可能发生的风险转移给其他人承担，避免自己承担全部风险损失。通过分担方式应对风险，风险本身并没有减小，只是风险承担者发生了变化。风险分担的方式主要可以分为 3 种：财务型非保险转移、控制型非保险转移和保险转移。一般来说，如果风险发生时的影响是重大的，但在当时情形下风险发生的可能性不大，企业就可以将它转移到别处。进一步来说，当风险不能通过风险降低的策略来降低其发生可能性、发生频率、损失额，或者采用风险降低方法后企业仍然受到威胁时，可以考虑风险转移的策略。

---

① 中国华能集团有限公司：《甘肃公司：以"标准化"推动安全管理"精益化"》，https：//www.chng.com.cn/detail_aqsczzrs/-/article/u2XbRiLnrcH9/v/1160038.html，访问日期：2023 年 6 月 13 日。

（四）风险承受

风险承受是企业对风险承受度之内的风险，在权衡成本效益之后，不准备采取控制措施降低风险或者减轻损失的策略。例如，一家企业识别和评估了其在不同地区基础设施发生火灾的风险，并对通过保险分摊风险的成本进行了评估。评估结果显示，保险费和相关费用所增加的成本超过了重置成本，因此该企业决定承担这项风险。风险承受不是一种无为的风险应对策略，只是在权衡成本效益后无意采取进一步的控制措施而已。选择风险承受策略，企业应具备足够的资源和财力以承担风险后果。

企业对超出整体风险承受能力或具体业务层面的可接受风险水平的风险应避免；对于在整体风险承受能力和具体业务层面的可接受风险水平内的风险，如果在考虑成本效益后不采取进一步控制措施，则可以承担风险；对于在整体风险承受能力和具体业务层面的可接受风险水平内的风险，如果在考虑成本效益后愿意采取单独措施来降低风险、提高收益或减轻损失，则可以降低风险；对于在整体风险承受能力和具体业务层面的可接受风险水平内的风险，如果在考虑成本效益后愿意借助他人力量来采取进一步控制措施以降低风险、提高收益或减轻损失，则可以分担风险。

企业的风险应对策略应与其具体业务或事项相关。针对不同的业务或事项，企业可以采取不同的风险应对策略。同一业务或事项在不同时期也可以采取不同的风险应对策略，企业还可以综合运用风险降低和风险分担的策略来处理同一业务或事项。此外，企业应当重视风险评估的持续性，及时收集风险及与风险变化相关的各种信息，定期或者不定期地开展风险评估，实时更新、维护风险数据库并调整风险应对策略。

思考题

1. 如何设定和落实内部控制的运营目标？
2. 在设定内部控制的合规目标时应注意哪些关键点？
3. 如何设定内部控制的报告目标？
4. 为什么说目标设定的适当性是保证内部控制有效性的前提？
5. 风险识别的常用方法有哪些？
6. 什么是固有风险？什么是剩余风险？两者有什么关系？
7. 常用的风险应对策略有哪些？具体应用每种策略时应注意哪些问题？
8. 企业实施风险应对的思路和程序是怎样的？

第四章　控制活动

学习目标

知识目标:熟悉内部控制的控制措施类型,理解每一种基本控制措施的作用。

技能目标:掌握基本控制措施的基本原理,并能够综合应用,将风险控制在合理的范围之内。

思政目标:通过分析通用技术集团贯彻落实国企改革三年行动的重大决策部署,领略系统观念、创新思维和战略思维;通过十大经典舞弊案例分析,培养学生的社会主义核心价值观,树立反舞弊的信心;领会“三重一大”集体决策审批制度的精神。

引例　受贿49万元全是“发票报销”,发票腐败何其多?①

拥有博士学历的河南登封市原副市长朱耀辉因受贿约49万元,被判有期徒刑4年,并处罚金25万元。值得关注的是,郑州市中级人民法院认定其10项受贿事实中,均为强行要求分管单位为其个人消费报销发票。

2011年至2014年,朱耀辉作为登封市副市长,曾分管教育、体育、卫生、食品安全等方面的工作。其间,朱耀辉以“协调工作”等名义曾多次安排其秘书、司机,或亲自出面,将发票拿到其分管领域的单位进行报销。

判决书显示,被要求报销发票的单位有:教育体育局、卫生局、新型农村合作医疗办公室、登封市武术管理中心等。此外,一些学校、医院也在索贿之列,如登封市实验高中、登封市妇幼保健院、登封市少林武僧文武学校等。其中最多的一家单位先后为其报销逾13.9万元发票。

在基层,违反财经纪律,搞发票腐败的现象屡见不鲜。这些发票腐败案件的特点:一是基层多发,主要集中在县处级、科级甚至股级干部中,二是涉及人员广,既包括党政主要领导,也有一般办事科员;三是隐蔽性强,几乎每起案件的背后,都有财务人员参与做假账,难于被发现。

本案例显示了控制活动在防止腐败中的重要性。明确职责和权力、审批和审核以及会计系统控制等控制活动,可以防止类似的行为发生。如果这些控制活动得到执行,朱耀辉的腐败行为可能更容易被发现。这提醒我们,必须确保控制活动的有效性和执行力度。控制活动是企业根据风险评估结果,结合风险应对策略,确保内部控制目标得以实现的方法和手段。企业应当结合风险评估结果,通过手工控制与自动控制、预防性控制与发现性控制相结合的方法,运用相应的控制措施,将风险控制在可承受度之内。根据《企业内部控制基本规范》第二十八条的规定,控制措施一般包括:不相容职务分离控制、授权审批控制、会计系统

---

① 甘泉:《受贿49万元全是“发票报销”发票腐败何其多?》,人民网,http://fanfu.people.com.cn/n1/2016/0823/c64371-28659616.html,访问日期:2016年8月23日。原文有删改。

控制、财产保护控制、预算控制、运营分析控制和绩效考评控制等。除上述控制措施以外，合同控制也是一种重要的控制措施。因此，本章主要对这些基本控制措施进行阐释。

第一节　不相容职务分离控制

一、不相容职务分离的含义

不相容职务指不能由同一人兼任的职务，因为这样做可能导致错误和舞弊，并且可能掩盖这些问题。不相容职务分离意味着这些职务应该由两个或更多人或部门来担任，以便彼此相互监督。这种做法基于两个假设：首先，多个人或部门犯同样错误的概率要低于一个人或一个部门；其次，多个人或部门合谋舞弊的可能性远低于单个人或部门舞弊的可能性。

二、不相容职务分离的措施

《企业内部控制基本规范》第二十九条规定："不相容职务分离控制要求企业全面系统地分析、梳理业务流程中所涉及的不相容职务，实施相应的分离措施，形成各司其职、各负其责、相互制约的工作机制。"不相容职务分离控制的核心是内部牵制。不相容职务分离是企业内部控制最基本的要求，是提高经营效率、保护财产安全以及增强会计数据可靠性的重要保障。

不相容职务是指那些如果由一个人担任，既可能发生错误和舞弊行为，又可能掩盖其错误和弊端行为的职务。不相容职务分离的核心是"内部牵制"，它要求每项经济业务都要经过两个或两个以上的部门或人员的处理，使得单个人或部门的工作必须与其他人或部门的工作相一致或相联系，并受其监督和制约。要做到不相容职务分离，企业应先根据各项经济业务与事项的流程和特点，系统而完整地分析、梳理该经济业务与事项涉及的不相容职务，再结合岗位职责分工采取分离措施。

三、企业中不相容的职务

根据大部分企业的经营管理特点和一般业务性质，需要分离的不相容职务主要有：①可行性研究与决策审批相分离；②业务执行与决策审批相分离；③业务执行与审核监督相分离；④会计记录与业务执行相分离；⑤业务执行与财产保管相分离；⑥财产保管与会计记录相分离。具体的业务中常见的不相容岗位见表 4-1。

在实践中区分与实施不相容职务分离时，需要注意以下两点。

（1）不相容职务分离针对的对象是岗位，而不是部门。

（2）建立岗位轮换和强制休假制度。

表 4-1 实际业务中常见的不相容岗位

业务名称	不相容岗位	业务名称	不相容岗位
货币资金业务	(1)货币资金支付的审批与执行。 (2)货币资金的保管与盘点清查。 (3)货币资金的会计记录与审计监督。 (4)出纳人员不得兼任稽核、会计档案保管和收入、支出、费用、债权债务账目的登记工作。 (5)支票保管职务与印章保管职务分离。 (6)银行印鉴保管职务、企业财务专用章保管职务、法人名章保管职务	固定资产业务	(1)固定资产投资预算的编制与审批,审批与执行。 (2)固定资产采购、验收与款项支付。 (3)固定资产投保的申请与审批。 (4)固定资产处置的申请与审批、审批与执行。 (5)固定资产取得与处置业务的执行与相关会计记录
采购与付款业务	(1)请购与审批。 (2)采购合同的洽谈、订立不能由同一部门或同一人(生产、销售、财务)完成。 (3)合同的谈判与审批。 (4)询价与确定供应商。 (5)采购合同的订立与审核。 (6)货物的采购与货物的验收。 (7)采购、保管、验收与相关会计记录。 (8)付款的申请、审批与执行	销售与收款业务	(1)客户信用调查评估与销售合同的审批签订。 (2)销售合同的审批、签订与办理发货。 (3)销售货款的确认、回收与相关会计记录。 (4)销售退回货品的验收、处置与相关会计记录。 (5)销售业务经办与发票开具、管理。 (6)坏账准备的计提与审批、坏账的核销与审批
存货业务	(1)存货的请购与审批,审批与执行。 (2)存货的采购与验收、付款。 (3)存货的保管与相关会计记录。 (4)存货发出的申请与审批、申请与会计记录。 (5)存货处置的申请与审批、申请与会计记录	筹资业务	(1)筹资方案的拟订与决策。 (2)筹资合同或协议的审批与订立。 (3)与抵资有关的各种款项偿付的审批与执行。 (4)筹资业务的执行与相关会计记录
对外投资业务	(1)对外投资项目的可行性研究与评估。 (2)对外投资的决策与执行。 (3)对外投资处置的审批与执行。 (4)对外投资绩效评估与执行	成本费用业务	(1)成本费用定额、预算的编制与审批。 (2)成本费用支出与审批。 (3)成本费用支出与相关会计记录
工程项目业务	(1)项目建议、可行性研究与项目决策。 (2)概预算编制与审核。 (3)项目决策与项目实施。 (4)项目实施与价款支付。 (5)项目实施与项目验收。 (6)竣工决算与竣工决算审计	担保业务	(1)担保业务的评估与审批。 (2)担保业务的审批与执行。 (3)担保业务的执行和核对

第二节 授权审批控制

一、授权审批控制的内涵

授权审批控制要求企业根据常规授权和特别授权的规定,明确各岗位办理业务和事项的权限范围、审批程序和相应责任。

授权审批控制是在职务分工和不相容职务相分离的基础上,由企业权力机构或上级管理者明确规定有关人员或岗位的职责范围和业务处理权限与责任,使每项经济业务在办理前都得到适当授权,经办人员在授权范围内办理有关业务并承担相应的经济责任和法律责任。授权审批按其形式可分为常规授权和特别授权。

二、授权控制

(一)授权的类型

1. 常规授权

常规授权也称一般授权，是指企业在日常经营管理活动中按照既定的职责和程序进行的授权，用于规范经济业务的权力、条件和有关责任者。常规授权是一种经常性、连续性的授权，时效性通常较长。这种授权可以在企业正式颁布的岗(职)位说明书中予以明确，或通过制定专门的权限指引予以明确。常规授权的范围不宜太大，也不可太小，如果常规授权的范围太大，会使企业领导失去对重要业务的控制，从而冒较大的经营风险。因此，常规授权过大会削弱内部控制制度，如果常规授权范围过小，凡事需要请示、批准，使常规授权名存实亡，也会削弱管理人员的工作积极性和责任心，从而对企业经营管理产生不利影响。

2. 特别授权

特别授权一般是由董事会给经理层或经理层给内部机构及其员工授予处理某一突发事件(如法律纠纷)、做出某项重大决策、代替上级处理日常工作的临时性权力。特别授权是临时性的、应急性的，通常是一次有效、暂时有效的。这种授权一般涉及特定的经济业务处理条件和相关人员，由管理层逐个审批后，通过控制方式对授权进行管理。特别授权一般采用书面的"一事一授"的方式加以明确，特别授权常用于处理紧急事务或某些非常规的业务操作，因此通常只针对特定的业务进行，而不对整个组织的业务进行授权。企业需要建立相应的特别授权程序，并确保该过程符合内部控制和风险管理的要求，以确保特别授权的合法性和有效性。

(二)授权控制的原则

1. 授权明确

授权者向下级进行授权时，必须明确所授权事项的任务目标、权限、权限范围以及权限的起止时间。在制定授权事项时，企业需要明确哪些事项可以授权，哪些事项不可以授权；制定相应的授权管理办法，明确工作职责，防范经营风险，提高工作效率，避免出现互相"踢皮球"、推诿工作的情况。

2. 分级授权

授权应由上至下逐级分解下达，原则上不应越级。授权者对下级的授权，必须在自己的权力范围内，不能超越自己的权限进行授权。授权应有层级，只能逐级由上往下进行，即由直接上级对其直接下属进行授权。授权者既不能代替自己的上级把权力授予自己的下属，也不可将自己的权力授予下属的下级，还不能代替下属把权力授给他的下级。被授权者只能在授权的范围内行权，严禁未经授权或超越权限行权。一个组织从最高主管到每一层级下属人员的职权系统越明确，决策与信息沟通越有效。

3. 适度授权

各级管理者授权时要适度，既不能过小，也不能过大。授权过小，就可能会直接影响下级部门工作的积极性，不利于他们尽职尽责；授权过大，则会造成大权旁落，难以控制，甚至出现滥用职权的情况。把握授权的尺度是授权控制成功的关键。合理授权，应做到授权而不失控。权力下放的合理尺度要以有利于企业生产经营活动的顺利进行、有利于控制目标的实现为标准。对于涉及全局性的、重大事项（如决定企业发展战略、重要的人事任免、预算审批等事项）的权限，不可轻易下放。正确的做法是将下级在行使职责时必需的权力下放，并且做到权力和责任相匹配。对于重大事项的权限，不可轻易下放。

4. 权责对等

授权解决了下级有责无权的状态，有利于调动下级的积极性。但在实践中又要防止另一种倾向，即避免发生有权无责或权责失当的现象。有权无责，用权时就容易出现随心所欲、缺乏责任心的情形；权大责小，用权时就会疏忽大意，责任心也不会很强；权小责大，下级就无法承担权力相应的责任。因此，授予多大的权力，就必须要求负有多大的责任；要求负多大的责任，就应该授予多大的权力。权与责应保持对应、对等的关系。

5. 监督授权

绝对的权力必然产生绝对的腐败，因此相关人员在得到授权后应该受到适当的监督。如果放任不管，可能发生越权或滥用职权的情况；如果常加干涉，则授权形同虚设，不利于调动下属的主动性和创造性。对授权进行监督的重点主要是防止下级越权操作和“先斩后奏”的行为。

案例 4-1　通用技术集团：加快构建“五位一体”全周期授权管控体系[①]（思政案例）

中国通用技术（集团）控股有限责任公司（以下简称通用技术集团）全面落实中共中央、国务院关于深入实施国企改革三年行动的重大决策部署，不断深化国有资本授权经营体制改革，通过“搭框架”调整管控架构、“修内功”提升管理能力、“重评价”夯实行权基础、“差异化”推动精准授权、“大监督”筑牢监管红线，形成“五位一体”全周期授权管控体系，充分激活各级经营主体活力，推动集团管控高效规范有序，为建设世界一流企业打牢坚实基础。

（1）围绕“接得住”全方位开展行权能力评价。

建立完善行权评价体系。研究制定行权能力评价指引，围绕“法人治理、决策机制、制度建设、风险管控、经营质量”5个维度，量化为34项评价指标体系，通过企业自评和总部多部门综合打分的方式，对各产业子集团、直属二级公司进行科学、系统、全面评价，并结合经营管控实际需要不断优化完善。

（2）落脚“授得准”实施“一企一策”差异化授放权。

围绕推动6项重要董事会职权的落实，结合企业不同的股权结构、战略定位、发展阶段、业务特点，充分听取业务一线诉求，按照“应授尽授、能给尽给”的原则，实行差异化、精准化授放权。

对于产业子集团，在充分支持业务发展基础上，结合产业子集团功能定位，以及产业梳理整合的需求，在内部资源重组整合方面给予充分授权。对于全资企业，结合企业战略规划和业务发展需求，在整体行权评价结果基础上，重点关注投资并购、资产处置等单项评价得

① 中国通用技术（集团）控股有限责任公司：《通用技术集团：加快构建“五位一体”全周期授权管控体系》，国务院国有资产监督管理委员会官网，http://www.sasac.gov.cn/n4470048/n13461446/n15390485/n15769618/c27618306/content.html，访问日期：2023年4月7日。

分，差异化确定授权权限。对于股权多元化企业，注重发挥公司章程在公司治理中的重要地位和作用，严格按照股东合作协议和公司章程约定，依法依规开展授放权。

（3）确保“管得住”持续完善行权监督体系。

为确保授权行稳致远，着力加强建设与“管资本”功能定位相匹配的监督保障机制。全面深化内部审计管理体制机制改革。通过建立内部审计垂直领导体制、加强内部审计业务集中管理、审计队伍建设集中统一管理等措施，由总部统筹审计项目计划管控、统一编制审计计划、统一调度审计资源，形成“集中统一、全面覆盖、权威高效”的审计体系，审计监督效能明显提升。

三、审批控制

（一）审批的原则

1. 审批有据

审批要有依据，不得随意审批。赋予相关人员审批权的目的在于提高企业的经营效率，实现企业的目标。审批人在行使审批权时，不得随意审批，每一个待审批的事项都与企业的经营目标实现有着密切的关联，务必做到每一项审批都有理有据。

2. 审批有界

审批要有界限，不得越权审批。由于业务性质以及管理层的不同，审批权有明确的量化层级划分。审批人在进行审批时，应当严格按照审批权履行职责，不得超越权限对事项进行审批，尤其表现在下级违规行使上级的审批权。对于“三重一大”的事项，应当实行集体决策或者联签制度，任何人不得单独进行决策以及擅自改变决策。

3. 不得越级报批

审批要有程序，不得越级审批。企业应当对筹资、投资、工程项目、担保业务等活动方案进行科学缜密的可行性研究。方案须报经有关部门批准的，应当履行相应的报批程序。方案发生重大变更的，应当重新进行可行性研究并履行相应的审批程序。

（二）审批的模式

根据审批主体的不同，审批可以分为“一支笔”审批、分级审批、多重审批、混合审批四种审批模式。

1.“一支笔”审批模式

在“一支笔”审批模式下，需要审批的经济业务全部由单位负责人或其授权人员（分管领导）一人审批。“一支笔”审批模式虽然能够克服因多头审批造成的监督失控或审批标准不一致的弊端，但最突出的缺点是没有形成相互制约机制，不符合内部控制的基本要求，权力过于集中，缺乏制约和监督，容易滋生腐败。

2. 分级审批模式

分级审批模式是根据业务范围和金额，分级确定审批人员，行使审批权力。例如，企业内部控制规定分管领导或职能部门的负责人在其主管业务范围和一定金额范围内具有审批权；面对于较重要的经济业务或者金额较大的经济业务，必须由单位负责人审批；重要的经济业务规必须经过集体决策审批（联审会签）。由于审批人员一般是职能部门负责人或单位分管领导,对于审批范围内的经济业务比较了解,所以这种按照重要性程度适当分层授权的模式可以提高审批质量,同时避免了权力的过分集中,对审批人员形成有力的牵制与约束。

3. 多重审批模式

多重审批模式是指所有需审批的经济业务都要经过两个或两个以上的审批人员共同审批。实务中常见的具体做法有职能部门负责人先审,单位负责人后审;职能部门负责人先审,分管领导后审,单位负责人最后审批;分管领导先审,单位负责人后审等。这种审批模式符合内部控制的制衡性原则,能够提高审批质量,但审批程序相对烦琐,比较适合大型企业集团采用。

4. 混合审批模式

混合审批模式是以上三种模式的结合运用。在混合审批模式下,一定的业务范围和金额范围内由一人审批,超过一定范围和金额的经济业务必须由两个或两个以上审批人员共同审批。这种审批模式针对不同的经济业务采取不同的审批方式,可以在一定程度上简化审批程序,也加强了对重要项目的控制。但要注意的是,在实际运用时,有些人会采用化整为零的办法来逃避双审或多审。

(三)审批的形式

同授权的形式一样,审批也应该采用书面形式。采用书面形式,既方便上级进行批示,也能避免口说无凭、责任不清,还便于监督检查人员对该活动进行监控。

四、"三重一大"事项授权审批制度

《企业内部控制应用指引第1号——组织架构》第五条规定,企业的重大决策、重大事项、重要人事任免及大额资金支付业务等,应当按照规定的权限和程序实行集体决策审批或者联签制度。任何个人不得单独进行决策或者擅自改变集体决策意见。2010年7月中共中央办公厅、国务院办公厅专门印发了《关于进一步推进国有企业贯彻落实"三重一大"决策制度的意见》,强调国有企业应当健全议事规则,明确"三重一大"事项的决策规则和程序,完善群众参与、专家咨询和集体决策相结合的决策机制。国有企业党委(党组)、董事会、未设董事会的经理班子等决策机构要依据各自的职责、权限和议事规则,集体讨论决定"三重一大"事项,防止个人或少数人专断。要坚持务实高效,保证决策的科学性;充分发扬民主,广泛听取意见,保证决策的民主性;遵守国家法律法规、党内法规和有关政策,保证决策合法合规。"三重一大"事项如下。

(1)重大决策事项,是指依照《中华人民共和国公司法》以及其他有关法律法规和党内法规规定的应当由股东大会(股东会)、董事会、未设董事会的经理班子、职工代表大会和党委(党组)决定的事项,主要包括企业贯彻执行党和国家的路线方针政策、法律法规和上级重要决定的重大措施,企业发展战略、破产、改制、兼并重组、资产调整、产权转让、对外投资、利益调配、机构调整等方面的重大决策,企业党的建设和安全稳定的重大决策,以及其他重大决策事项。

(2)重要人事任免事项,是指企业直接管理的领导人员以及其他经营管理人员的职务调整事项，主要包括企业中层以上经营管理人员和下属企业、单位领导班子成员的任免、聘用、解除聘用和后备人选的确定，向控股和参股企业委派股东代表，推荐董事会、监事会成员和经理、财务负责人，以及其他重要人事任免事项。

（3）重大项目安排事项，是指对企业资产规模、资本结构、盈利能力以及生产装备、技术状况等产生重要影响的项目的设立和安排，主要包括年度投资计划，融资、担保项目，期权、期货等金融衍生业务，重要设备和技术引进，采购大宗物资和购买服务，重大工程建设项目，以及其他重大项目安排事项。

（4）大额度资金运作事项，是指超过由企业或者履行国有资产出资人职责的机构所规定的企业领导人员有权调动、使用的资金限额的资金调动和使用，主要包括年度预算内大额度资金调动和使用，超预算的资金调动和使用，对外大额捐赠、赞助，以及其他大额度资金运作事项。

《企业内部控制应用指引第 1 号——组织架构》第五条指出，重大决策、重大事项、重要人事任免及大额资金支付业务的具体标准由企业自行确定。

案例 4–2　贯彻“三重一大”决策制度，推动国有企业高质量发展[1]

国有企业党建工作是企业核心竞争力的有机组成部分，是实现现代企业高质量发展的关键因素，是建立中国特色现代企业制度的一个本质特征。作为党组织领导的企业治理体系的重要组成部分，“三重一大”是关系全局性、方向性、战略性的制度安排。科学认识和执行“三重一大”决策制度，是国有企业更好地发挥独特政治资源和政治优势，推进治理能力现代化的重要保证。

……

三、完善国有企业“三重一大”决策制度的思考对策

国企党建做实了就是生产力、做强了就是竞争力、做细了就是凝聚力。围绕推进“三重一大”决策制度的贯彻落实，对“三重一大”事项的决策主体、内容、程序、方法及责任追究等进行规定，努力提高决策的科学性，是保障企业高质量发展的有益探索。

（一）从方向政策层面，明确“三重一大”决策内容

党组织的研究讨论结果不是给出直接的决定，而是根据国有企业党组织要发挥把方向、管大局、保落实的领导作用，研究重大事项是否与党的理论和路线方针政策一致，在方向上保证企业的改革发展不偏向；研究重大事项的政治影响、社会影响，是否会侵害职工权益，是否存在社会风险等，在大局上推动企业全面履行经济责任、政治责任和社会责任；研究重大事项是否存在廉政风险，是否存在技术难题，从保落实的角度探讨如何通过程序性的设计避免廉洁风险，如何发挥党员的先锋模范作用攻坚克难等。党组织虽然不能直接决定重大事项，但党组织在重大决策事项上具有否决权。党组织不能直接拍板决定一个项目就干了，但如果党组织有充分的理由，例如与中央大政方针不符，或存在利益关联、利益输送，或侵害了职工权益、损害了社会公众利益等，党组织能够直接否决这个项目。一旦重大决策事项在党组织会上被否决了，那么自然这一议题就上不了后面的董事会或经理办公会，因而也不可能

① 翟一博：《国有企业“三重一大”决策制度探析》，党建网，http：//images2.wenming.cn/web_djw/shouye/dangjiangongzuo/qiyedangjian/202010/t20201029_5831609.shtml，访问日期：2020 年 10 月 29 日。

决策通过。

（二）以制度化程序化方式，完善“三重一大”决策功能

“三重一大”决策制度重在保证国有企业的重大决策能够既符合政治要求，又符合市场规律，进而提升决策质量，防止出现国有企业只讲政治、不讲效益，或只讲效益、不讲政治的决策偏差。在决策前必须进行充分酝酿和论证，每个议题经相关部门进行论证，在会前由议题部门书面征求每位参会人员意见，修订完善后方可报决策性会议审议，避免会上议而不决。在决策中，积极发扬民主，各参会人员严格按规定和方式进行决策，详细记录讨论全过程、表态发言等内容，并由会议主持人及时签字确认。会后由议题部门向会议管理部门反馈议题执行情况，会议管理部门对集体决策事项严格督办落实。明确即使是完全相同的人员就同一决策议题开两个会，但研究立场不同，党组织会更多是从把方向、管大局、保落实的角度去研究讨论，考虑决策事项的政治和社会影响；董事会、经理办公会更多是从经济角度去决策，考虑决策事项的成本-收益、现金流、技术可行性等经济效益问题，因此两个会议在研究过程中角度和立场是不同的。会议表决方式也不相同，党组织会实行的是民主集中制，采用一人一票、少数服从多数的原则，书记和委员之间没有差别；在经理办公会上采用的是经理负责制，理论上即使班子成员多数反对，如果经理执意执行，这一决策事项一样可以通过。因而，即使是同一批人针对同一个事项进行研究，在两种不同的表决方式保证了决策程序规范性。

（三）以提高能力水平为途径，增强“三重一大”决策效果

企业党组织提高发挥政治核心作用，“三重一大”制度发挥科学决策作用，最关键的是要提高企业党组织和各治理主体的能力和水平。一是提高思想政治水平，持之以恒地以党在每个阶段的重大创新理论武装头脑，不断地提高科学判断形势的能力、理论联系实际的能力，改造主观世界的能力。二是提高业务素质水平，成为既熟悉党务工作的专家，又熟悉掌握经济、法律、管理等知识，善于把握生产、经营、管理规律的行家。三是提高解决复杂问题的能力，善于协调解决决策层经理层之间及其内部相互之间的意见分歧，善于协调解决国家、集体、职工三者之间的利益矛盾。善于教育和引导职工理解支持参与改革，把党的主张转化为职工的自觉行动。四是加强领导班子建设，改善领导班子结构，不断提高领导班子的整体决策能力和水平，建立一支政治素质好、经营业绩好、团结协作好、作风形象好的领导班子队伍。

第三节　会计系统控制

一、会计系统控制的含义

会计控制系统是指公司为了汇总、分析、分类、记录、报告公司交易，并保持相对资产和负债的受托责任得以承担而建立的方法和记录的工作系统。真实而完整的会计信息对企业至关重要，它既是有效经济分析和准确预测的基础，也是科学决策的可靠依据。

我国《企业内部控制基本规范》第三十一条规定：“会计系统控制要求企业严格执行国家统一的会计准则制度，加强会计基础工作，明确会计凭证、会计账簿和财务会计报告的处

理程序，保证会计资料真实完整。”企业应当按照会计法和国家统一的会计控制规范，对会计主体发生的各项经济业务进行记录、归集、分类和编报，完善会计业务的处理流程，充分发挥会计系统的控制职能。实际上，会计系统控制的有效运行，不仅依赖财务部门的工作，更需要相关部门的配合。

二、会计系统控制的目标

会计系统控制的目标是保护企业的财产物资安全，确保会计资料的真实性和完整性，并维护财务活动的合法性。为了达到这些目标，企业需要建立一系列的控制方法、措施和程序，以对财产物资和会计信息等进行有效管理和控制。会计系统控制是为了确保企业财产的安全，防止损失和损耗；保证会计信息准确无误，避免错误和虚假记录；并确保企业的财务活动符合法律法规，合法合规。通过建立健全的会计系统控制，企业能够自动发现和纠正错误，保证财务报告的可靠性。同时，有效的会计系统控制还可以提高企业的声誉和信誉度，为企业的长期稳健发展提供支持，保障投资者和利益相关方的权益。会计系统控制应达到的基本目标如下。

第一，规范企业会计行为，保证会计资料的真实、完整。

第二，堵塞漏洞、消除隐患，防止并及时发现、纠正错误及舞弊行为，保护企业资产的安全、完整。

第三，确保企业贯彻执行国家有关法律法规和企业的规章制度。

案例 4–3 上市公司财务造假十大典型案例（思政案例）

一、5 年虚增营收 512 亿元，*ST 凯乐成 2023 年退市第一股

牵涉“专网通信”骗局的上市公司湖北凯乐科技股份有限公司于 2 月 15 日正式摘牌，成为 2023 年退市第一股。*ST 凯乐造假规模之大在 A 股也属罕见。2016 年至 2020 年期间，公司累计虚增营业收入高达 512.25 亿元，虚增营业成本 443.52 亿元，虚增利润总额 59.36 亿元。连续 5 年巨额造假，公司 2017 年至 2020 年的归母净利润均为负。

二、ST 金正：虚构合同，空转资金，三年累计虚增收入 230 亿元

中国证监会《行政处罚决定书》（〔2022〕1 号）显示，2015 年至 2018 年上半年，金正大及其合并报表范围内的部分子公司通过与其供应商、客户和其他外部单位虚构合同，空转资金，开展无实物流转的虚构贸易业务，累计虚增收入 230.73 亿元，虚增成本 210.84 亿元，虚增利润总额 19.90 亿元。

三、证监会罕见定性，康美药业系统性财务造假

2016 年至 2018 年期间，康美药业虚增巨额营业收入，通过伪造、变造大额定期存单等方式虚增货币资金，将不满足会计确认和计量条件工程项目纳入报表，虚增固定资产等。同时，康美药业存在控股股东及其关联方非经营性占用资金情况，上述行为致使康美药业披露的相关年度报告存在虚假记载和重大遗漏。证监会定义康美药业为“有预谋、有组织，长期、系统实施财务欺诈行为，践踏法治，对市场和投资者毫无敬畏之心，严重破坏资本市场健康生态”，措辞十分严厉。

四、广州浪奇:自曝5.72亿元存货“不翼而飞”?两年虚增存货20亿元

2020年9月,广州浪奇发布公告称价值5.72亿元的存货“不翼而飞”。公司无法对存放在江苏鸿燊物流有限公司及江苏辉丰石化有限公司的货物开展正常盘点及抽样检测工作,相关存货价值高达5.72亿元。而在沟通之后,鸿燊公司、辉丰公司均否认保管有公司存储的货物。经过调查发现,广州浪奇在2018年和2019年年报中存在虚假记录,其两年虚增营收逾128亿元,虚增利润逾4亿元、虚增存货逾20亿元。

五、康得新:四年虚增利润总额高达115亿元,实控人终身市场禁入

康得新财务造假案是一起上市公司连续多年财务造假的典型案例,被证监会列为2020年度证券稽查20起典型违法案之首。2015年1月至2018年12月,康得新通过虚构销售业务、虚构采购、生产、研发费用、产品运输费用等方式,虚增营业收入、营业成本、研发费用和销售费用,导致2015年至2018年年度报告虚增利润总额分别为22.43亿元、29.43亿元、39.08亿元、24.36亿元,分别占各年度报告披露利润总额的136.22%、127.85%、134.19%、711.29%,康得新2015年至2018年年度报告中披露的利润总额存在虚假记载。

六、宜华生活:设“双系统”数据造假,新证券法下收大额罚单

证监会此前公布的2021年证监稽查典型违法案例中,家居企业“宜华生活”信息披露违法违规案,是一起实际控制人指使上市公司实施财务造假的典型案件。宜华生活通过两个完全独立的生产业务系统,做出了两套数据,一套数据货值虚高,用于报关,另外一套数据则是跟境外客户对账的真实数据。在2016年至2019年期间,通过虚构销售业务等方式,累计虚增收入71亿元。

七、雅百特:虚构跨国生意,跨境财务造假

雅百特跨境财务造假案中,这家公司不仅将建材自买自卖,假冒跨国生意,还想乘着“一带一路”的东风,把假生意做到巴基斯坦。但经过监管机构跨境调查,参与巴基斯坦的项目完全是子虚乌有,公司在年报中撒下了弥天大谎。

八、豫金刚石:通过自有资金循环、虚假出售亏损子公司等方式虚增利润

豫金刚石涉嫌重大财务造假,2016年至2019年财务信息披露严重不实。一是连续三年累计虚增利润数亿元,二是未依法披露对外担保、关联交易合计40亿余元。在上述期间,实际控制人累计占用上市公司资金23亿余元,通过自有资金循环、虚假出售亏损子公司等方式虚增利润,是一起上市公司长期系统性造假的典型案件。

九、龙力生物:删改、伪造大量会计凭证,造假方式“简单粗暴”

2015年至2017年,龙力生物通过删改财务数据、伪造会计凭证等方式,导致2015年度虚增资产近5亿元,虚减负债17亿余元,虚增利润近1.4亿元;2016年度虚增资产近1.3亿元,虚减负债28亿余元,虚增利润近2.5亿元;2017半年度虚减负债29亿余元,虚增利润近2亿元。

十、獐子岛:扇贝屡次“跑路”,一起“寅吃卯粮”、调节利润的恶性舞弊案件

獐子岛集团股份有限公司于2006年9月在深圳证券交易所中小板上市。公司主要从事水产品养殖、加工等业务,主要产品为底播虾夷扇贝、鲍鱼、海参等。2014年10月14日,獐子岛停牌,称正在核查与底播增值海域相关的重大事项。10月31日,公司发布公告,称受北黄海冷水团异常变化的影响,部分海域底播虾夷扇贝发生重大损失,决定对大额存货进

行核销处理及计提大额存货跌价准备，合计影响净利润 7.63 亿元。该信息披露后，市场出现大量质疑声音，集中反映獐子岛涉嫌三年前虾夷扇贝底播苗种造假、大股东违规占用资金等问题。

三、会计系统控制措施

（1）明确企业会计准则和政策。

企业应严格执行国家统一的会计准则，我国企业会计准则包括《企业会计准则》《政府会计准则》《小企业会计准则》等。企业应当根据其性质及规模选择恰当的会计准则。

企业会计政策是指企业在会计确认、计量和报告中所采用的原则、基础和会计处理方法。企业应当规范会计政策的选用标准和审批程序，制定适合本企业的会计制度，加强会计基础工作，依据会计准则进行会计确认、计量、记录和报告，确保会计职业判断符合会计准则，保证会计核算合法合规。

（2）依法设置会计机构并配备专职会计人员。

依法设置会计机构并配备专职会计人员，专职会计人员应具备良好的职业道德操守和业务胜任能力。会计机构负责人应具备会计师以上专业技术职务资格。大中型企业应设置总会计师。设置总会计师的企业，不得设置与其职权重叠的副职，以确保会计工作的独立性和专业性。总会计师应具备相关的专业知识和管理能力，在会计工作中发挥领导和监督作用。

会计人员工作调动或因故离职，必须依法办理工作交接；没有办清交接手续的，不得调动或离职。接替人员应认真接管移交工作，并继续办理移交的未了事项。不具备设置会计机构和配备会计人员条件的企业，应当根据《代理记账管理暂行办法》，委托经批准设立从事会计代理记账业务的中介机构代理记账。

（3）规范账务处理程序和方法。

规范账务处理程序和方法对确保会计信息真实、准确至关重要。会计账务处理程序是一套系统性的步骤和方法，用于组织内部记录、分类、总结和报告财务交易，具体包括原始凭证收集、交易事项记录和分类、总账和明细账处理、试算平衡表编制、调整和纠错、生成财务报表等。通过内部审计、复核和及时的报告与披露，确保财务信息的准确、完整和合规，为组织的管理层、股东和监管机构提供可靠的财务基础。

（4）建立健全会计档案管理制度。

会计档案是指会计凭证、会计账簿和财务报表等会计核算专业资料，是记录和反映经济业务的重要历史资料和证据。会计档案的内容一般指会计凭证、会计账簿、会计报表以及其他会计核算资料等。企业应建立健全以会计档案为核心的管理控制，加强对档案管理工作的领导，详细记录且妥善保管合同、协议、备忘录、出资证明等重要的法律文件，建立档案的立卷、归档、保管、查阅和销毁等管理制度，保证档案资料得到妥善保管、有序存放，方便查阅，严防毁损、散失和泄密。

第四节　财产保护控制

一、财产保护控制的定义

保证资产安全是《企业内部控制基本规范》规定的内控目标之一。《企业内部控制基本规范》第三十二条规定："财产保护控制要求企业建立财产日常管理制度和定期清查制度，采取财产记录、实物保管、定期盘点、账实核对等措施，确保财产安全。"这里所述的财产主要包括企业的现金、存货以及固定资产等。它们在企业资产总额中的比重较大，是企业进行经营活动的基础，因此企业必须加强实物资产的保管控制，保证实物资产的安全与完整。

财产保护控制是指为确保财产的安全完整而采取的控制措施，主要包括接近控制和定期盘点控制等。接近控制主要是指严格限制无关人员对资产的接触，只有经过授权批准的人员才能接触资产。限制接触的对象主要包括货币资金、有价证券、存货等变现能力强的资产。定期盘点是指定期对实物资产进行盘点，并将盘点结果与会计记录进行比较，简言之，就是定期核对账存和实存，做到账实相符。企业通过定期盘点，能够及时发现财产管理工作中存在的问题，保护财产的安全完整，并且可以通过查明账实不符的原因，及时进行会计处理，做到账实相符，从而保证会计资料的真实性。

二、财产保护控制措施

1. 财产档案的建立和保管

企业应当建立财产档案，全面、及时地反映企业财产的增减变动，以实现对企业资产的动态记录和管理。企业应妥善保管涉及财产物资的各种文件资料，避免记录受损、被盗、被毁。由计算机处理、记录的文件材料需要有所备份，以防数据丢失。

2. 限制接触

限制接触主要指严格限制无关人员对实物资产的直接接触，只有经过授权批准的人员才能够接触资产。限制对财产的接近，可以减少或杜绝财产被挪用、贪污等现象发生，是一种划分责任、保证财产安全的重要措施。限制接近财产的对象包括现金、有价证券、存货和固定资产等，现金的保管与记账人员相分离，平时现金放在保险箱并由出纳人员保管钥匙；对于支票、汇票、发票、有价证券等易变现的资产一般应采用确保两个人同时接近财产的方式加以控制；对于实物财产如存货、固定资产等的控制主要采用设置专职的仓库管理人员和封闭仓库区域的方式。

3. 盘点清查

盘点清查是指通过定期或不定期地对各项财产物资进行实物盘点、账面核对以及对各项往来款项进行查询、核对，以保证账账、账实相符的一种专门方法。盘点清查，可以查明各项财产物资、债权债务、所有者权益情况，强化物资管理，监督财产是否完整，并为正确核算损益提供正确的资料。企业经过实地盘点，把资产的实有数与账面数核对，如发现盘盈、盘亏和毁损，应查明原因，确定责任，按照规定程序上报审批处理。同时，企业还要研究和提出改进措施，以便进一步加强固定资产的管理。一般来说，盘点清查范围主要包括存货、库存现金、有价证券等。

4. 财产保险控制

财产保险控制是指对资产投保（如火灾险、盗窃险、责任险或一切险）增加实物受损后的补偿机会，从而保护实物的安全。企业管理者应该根据单位的经营管理水平和经济业务的性质，做出保险覆盖率水平的决策，并随时检查保险覆盖率水平是否恰当。

5. 发挥内部审计监督

内部审计是企业内部一种独立客观的监督和评价活动，是强化内部会计控制的一项基本措施。内部审计可以监督和评价财产控制的安全、有效和完整。

财产保护控制措施是否有效，重点检查防火、防盗设施；财产保护控制措施授权批准制度的执行情况，重点检查授权批准手续是否健全，是否存在越权审批行为。内部审计监督，可以发现企业在财产保全控制上的薄弱环节，为企业建立有效的财产保护控制提出建议。

第五节　预算控制

全面预算是指企业对一定期间的经营活动、投资活动、财务活动等的预算安排。全面预算编制内容包括业务预算、资本预算、筹资预算、财务预算和其他预算。全面预算作为一种全方位、全过程、全员参与编制与实施的预算管理模式，凭借其计划、协调、控制、激励、评价等综合管理功能，整合和优化配置企业资源，提升企业运行效率，成为企业实现发展战略的重要抓手。

正如美国著名管理学家戴维·奥利所指出的那样：全面预算管理是为数不多的几个能把组织的所有关键问题融合于一个体系之中的管理控制方法之一。《企业内部控制应用指引第 15 号——全面预算》，旨在引导和规范企业加强全面预算管理各环节的风险管控，促进全面预算管理在推动企业实现发展战略过程中发挥积极作用。

一、正确认识和理解全面预算

（一）全方位、全过程、全员参与编制与实施的预算管理模式

全面预算的“全方位”，体现在企业的一切经济活动，包括经营、投资、财务等各项活动，以及企业的人、财、物各个方面，供、产、销各个环节，都必须纳入预算管理。因此，全面预算是由经营预算（也称业务预算）、投资预算、筹资预算、财务预算等一系列预算组成的相互衔接和钩稽的综合预算体系。全面预算的“全过程”，体现在企业组织各项经济活动的事前、事中和事后都必须纳入预算管理，即全面预算不仅限于预算编制、分解和下达，而是由预算编制、执行、分析、调整、考核、奖惩等一系列环节所组成的管理活动。全面预算的“全员”参与，指企业内部各部门、各单位、各岗位，上至最高负责人，下至各部门负责人、各岗位员工都必须参与预算编制与实施。

（二）企业实施内部控制、防范风险的重要手段和措施

全面预算的本质是企业内部管理控制的一项工具，即预算本身不是最终目标，而是为实现企业目标所采用的管理与控制手段，从而有效控制企业风险。全面预算的制定和实施过

程,就是企业不断用量化的工具,使自身所处的经营环境与拥有的资源和企业的发展目标保持动态平衡的过程,也是企业在此过程中对其所面临的各种风险的识别、预测、评估与控制的过程。因此,《企业内部控制基本规范》将预算控制列为重要的控制活动和风险控制措施。

(三)企业实现发展战略和年度经营目标的有效方法和工具

"三分战略、七分执行",企业战略制定得再好,如果得不到有效实施,终不能将美好蓝图和"愿景"转变为现实,甚至可能因实际运营背离战略目标而导致经营失败。通过实施全面预算,将根据发展战略制定的年度经营目标进行分解、落实,可以使企业的长期战略规划和年度具体行动方案紧密结合,从而实现"化战略为行动",确保企业发展目标的实现。《企业内部控制应用指引第 2 号——发展战略》中明确规定企业应当编制全面预算。

(四)有利于企业优化资源配置、提高经济效益

全面预算是为数不多的能够将企业的资金流、实物流、业务流、信息流、人力流等相整合的管理控制方法之一。全面预算以经营目标为起点,以提高投入产出比为目的,其编制和执行过程就是将企业有限的资源加以整合,协调分配到能够提高企业经营效率、效果的业务、活动、环节中去,从而实现企业资源的优化配置,增强资源的价值创造能力,提高企业经济效益。

(五)有利于实现制约和激励

全面预算可以将企业各层级之间、各部门之间、各责任单位之间等内部权、责、利关系予以规范化、明细化、具体化、可度量化,从而实现出资者对经营者的有效制约,以及经营者对企业经营活动、企业员工的有效计划、控制和管理。通过全面预算的编制,企业可以规范内部各个利益主体对企业具体的约定投入、约定效果及相应的约定利益;通过全面预算执行及监控,可以真实反馈内部各个利益主体的实际投入及其对企业的影响并加以制约;对全面预算执行结果的考核,企业可以检查契约的履行情况并实施相应的奖惩,从而调动员工的积极性,最终实现企业的发展目标。

二、全面预算的组织

全面预算组织领导与运行体制健全,是防止预算管理松散、随意,预算编制、执行、考核等各环节流于形式,预算管理的作用得不到有效发挥的关键。为此,全面预算指引提出了明确的控制要求,即:企业应当加强对全面预算工作的组织领导,明确预算管理体制以及各预算执行单位的职责权限、授权批准程序和工作协调机制。

(一)健全预算管理体制

企业设置全面预算管理体制,应遵循合法科学、高效有力、经济适度、全面系统、权责明确等基本原则,一般具备全面预算管理决策机构、工作机构和执行单位 3 个层次的基本架构。

1. 全面预算管理决策机构——预算管理委员会

企业应当设立预算管理委员会,作为专门履行全面预算管理职责的决策机构。预算管理委员会成员由企业负责人及内部相关部门负责人组成，总会计师或分管会计工作的负责人应当协助企业负责人负责企业全面预算管理工作的组织领导。具体而言，预算管理委员会一般由企业负责人（董事长或总经理）任主任，总会计师（或财务总监、分管财会工作的副总经理）任副主任，其成员一般还包括各副总经理、主要职能部门（财务、战略发展、生产、销售、投资、人力资源等部门）、分（子）公司负责人等。

预算管理委员会的主要职责一般是：①制定颁布企业全面预算管理制度，包括预算管理的政策、措施、办法、要求等；②根据企业战略规划和年度经营目标，拟定预算目标，并确定预算目标分解方案、预算编制方法和程序；③组织编制、综合平衡预算草案；④下达经批准的正式年度预算；⑤协调解决预算编制和执行中的重大问题；⑥审议预算调整方案，依据授权进行审批；⑦审议预算考核和奖惩方案；⑧对企业全面预算总的执行情况进行考核；⑨其他全面预算管理事宜。

2. 全面预算管理工作机构

由于预算管理委员会一般为非常设机构，企业应当在该委员会下设立预算管理工作机构，由其履行预算管理委员会的日常管理职责。预算管理工作机构一般设在财会部门，其主任一般由总会计师（或财务总监、分管财会工作的副总经理）兼任，工作人员除了财务部门人员外，还应有计划、人力资源、生产、销售、研发等业务部门人员参加。

预算管理工作机构的主要职责一般是：①拟定企业各项全面预算管理制度，并负责检查落实预算管理制度的执行；②拟定年度预算总目标分解方案及有关预算编制程序、方法的草案，报预算管理委员会审定；③组织和指导各级预算单位开展预算编制工作；④预审各预算单位的预算初稿，进行综合平衡，并提出修改意见和建议；⑤汇总编制企业全面预算草案，提交预算管理委员会审查；⑥跟踪、监控企业预算执行情况；⑦定期汇总、分析各预算单位预算执行情况，并向预算管理委员会提交预算执行分析报告，为委员会进一步采取行动拟定建议方案；⑧接受各预算单位的预算调整申请，根据企业预算管理制度进行审查，集中制定年度预算调整方案，报预算管理委员会审议；⑨协调解决企业预算编制和执行中的有关问题；⑩提出预算考核和奖惩方案，报预算管理委员会审议；⑪组织开展对企业二级预算执行单位（企业内部各职能部门、所属分（子）公司等，下同）预算执行情况的考核，提出考核结果和奖惩建议，报预算管理委员会审议；⑫预算管理委员会授权的其他工作。

3. 全面预算执行单位

全面预算执行单位是指根据其在企业预算总目标实现过程中的作用和职责划分的，承担一定经济责任，并享有相应权益的企业内部单位，包括企业内部各职能部门、所属分（子）公司等。企业内部预算责任单位的划分应当遵循分级分层、权责利相结合、责任可控、目标一致的原则，并与企业的组织机构设置相适应。根据权责范围，企业内部预算责任单位可以分为投资中心、利润中心、成本中心、费用中心和收入中心。预算执行单位在预算管理部门（指预算管理委员会及其工作机构，下同）的指导下，组织开展本部门或本企业全面预算的编制工作，严格执行批准下达的预算。

各预算执行单位的主要职责一般是：①提供编制预算的各项基础资料；②负责本单位全面预算的编制和上报工作；③将本单位预算指标层层分解，落实到各部门、各环节和各岗位；④严格执行经批准的预算，监督检查本单位预算执行情况；⑤及时分析、报告本单位的预算执行情况，解决预算执行中的问题；⑥根据内外部环境变化及企业预算管理制度，提出预算调整申请；⑦组织实施本单位内部的预算考核和奖惩工作；⑧配合预算管理部门做好企业总预算的综合平衡、执行监控、考核奖惩等工作；⑨执行预算管理部门下达的其他预算管理任务。

各预算执行单位负责人应当对本单位预算的执行结果负责。企业全面预算管理组织体系的基本架构如图 4-1 所示。

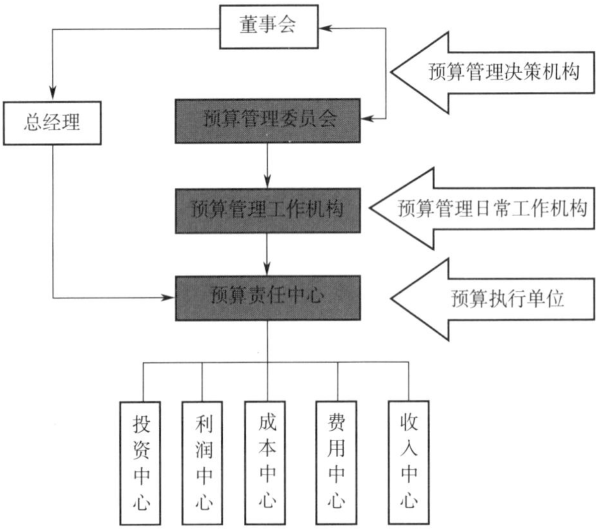

图 4-1 全面预算管理组织体系

（二）明确各环节授权批准程序和工作协调机制

在建立健全全面预算管理体制的基础上，企业应当进一步梳理、制定预算管理工作流程，按照不相容职务相互分离的原则细化各部门、各岗位在预算管理体系中的职责、分工与权限，明确预算编制、执行、分析、调整、考核各环节的授权批准制度与程序。预算管理工作各环节的不相容岗位一般包括：预算编制与预算审批、预算审批与预算执行、预算执行与预算考核。

在全面预算管理各个环节中，预算管理部门主要起决策、组织、领导、协调、平衡的作用。企业可以根据自身的组织结构、业务特点和管理需要，责成内部生产、市场、投资、技术、人力资源等各预算归口管理部门负责所归口管理预算的编制、执行监控、分析等工作，并配合预算管理部门做好企业总预算综合平衡、执行监控、分析、考核等工作。

三、全面预算基本业务流程

企业全面预算业务的基本流程一般包括预算编制、预算执行和预算考核 3 个阶段。其中，预算编制阶段包括预算编制、预算审批、预算下达等具体环节；预算执行阶段涉及预算指标分解和责任落实、预算执行控制、预算分析、预算调整等具体环节。这些业务环节相互关联、相互作用、相互衔接，并周而复始地循环，从而实现对企业全面经济活动的控制。图 4-2 列示了各类企业全面预算的基本业务流程。

如前所述，全面预算是企业加强内部控制、实现发展战略的重要工具和手段，但同时也是企业内部控制的对象。企业应当结合自身情况及管理要求，制定具体的全面预算业务流程。

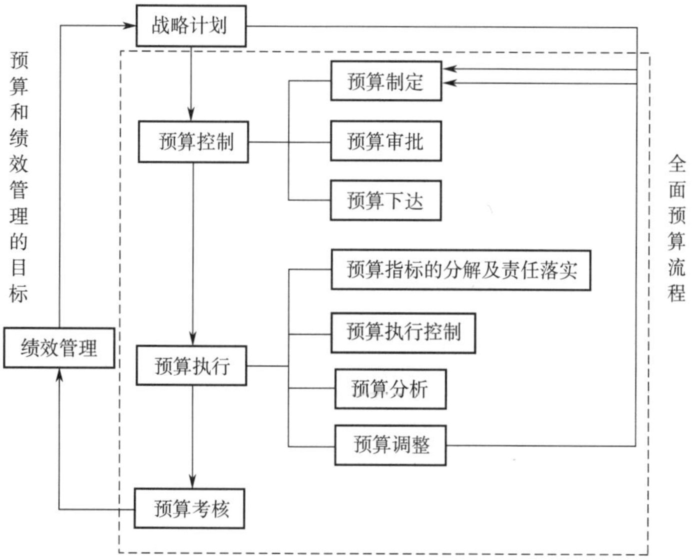

图 4-2 预算基本流程

四、预算流程主要业务风险及控制措施

（一）预算编制

预算编制是企业实施全面预算管理的起点。预算编制环节的主要风险如下。第一，预算编制以财务部门为主，业务部门参与度较低，可能导致预算编制不合理，预算管理责、权、利不匹配；预算编制范围和项目不全面，各个预算之间缺乏整合，可能导致全面预算难以形成。第二，预算编制所依据的相关信息不足，可能导致预算目标与战略规划、经营计划、市场环境、企业实际等相脱离；预算编制基础数据不足，可能导致预算编制准确率降低。第三，预算编制程序不规范，横向、纵向信息沟通不畅，可能导致预算目标缺乏准确性、合理性和可行性。第四，预算编制方法选择不当，或强调采用单一的方法，可能导致预算目标缺乏科学性和可行性。第五，预算目标及指标体系设计不完整、不合理、不科学，可能导致预算管理在实现发展战略和经营目标、促进绩效考评等方面的功能难以有效发挥。第六，编制预算的时间太早或太晚，可能导致预算准确性不高，或影响预算的执行。

主要控制措施如下。

第一，全面性控制。一是明确企业各个部门、单位的预算编制责任，将企业各个部门、单位的业务活动全部纳入预算管理；二是将企业经营、投资、财务等各项经济活动的各个方面、各个环节都纳入预算编制范围，形成由经营预算、投资预算、筹资预算、财务预算等一系列预算组成的相互衔接和钩稽的综合预算体系。

第二，编制依据和基础控制。一是制定明确的战略规划，并依据战略规划制定年度经营目标和计划，作为制定预算目标的首要依据，确保预算编制真正成为战略规划和年度经营计划的年度具体行动方案；二是深入开展对企业外部环境的调研和预测，包括对企业预算期内客户需求、同行业发展等市场环境的调研，以及对宏观经济政策等社会环境的调研，确保预算编制以市场预测为依据，与市场、社会环境相适应；三是深入分析企业上一期间的预算执行情况，充分预计预算期内企业资源状况、生产能力、技术水平等自身环境的变化，确保预算编制符合企业生产经营活动的客观实际；四是重视和加强预算编制基础管理工作，包括历史资料记录、定额制定与管理、标准化工作、会计核算等，确保预算编制以可靠、翔实、完整的基础数据为依据。

第三，编制程序控制。企业应当按照上下结合、分级编制、逐级汇总的程序，编制年度全面预算。其基本步骤及其控制为：一是建立系统的指标分解体系，并在与各预算责任中心进行充分沟通的基础上分解下达初步预算目标；二是各预算责任中心按照下达的预算目标和预算政策，结合自身特点以及预测的执行条件，认真测算并提出本责任中心的预算草案，逐级汇总上报预算管理工作机构；三是预算管理工作机构进行充分协调、沟通，审查平衡预算草案；四是预算管理委员会应当对预算管理工作机构在综合平衡基础上提交的预算方案进行研究论证，从企业发展全局角度提出进一步调整、修改的建议，形成企业年度全面预算草案，提交董事会；五是董事会审核全面预算草案，确保全面预算与企业发展战略、年度生产经营计划相协调。

第四，编制方法控制。企业应当本着遵循经济活动规律，充分考虑符合企业自身经济业务特点、基础数据管理水平、生产经营周期和管理需要的原则，选择或综合运用固定预算、弹性预算、滚动预算等方法编制预算。

第五，预算目标及指标体系设计控制。一是按照"财务指标为主体、非财务指标为补充"的原则设计预算指标体系；二是将企业的战略规划、经营目标体现在预算指标体系中；三是将企业产、供、销、投融资等各项活动的各个环节、各个方面的内容都纳入预算指标体系；四是将预算指标体系与绩效评价指标协调一致；五是按照各责任中心在工作性质、权责范围、业务活动特点等方面的不同，设计不同或各有侧重的预算指标体系。

第六，预算编制时间控制。企业可以根据自身规模、组织结构和产品结构的复杂性、预算编制工具和熟练程度、全面预算开展的深度和广度等因素，确定合适的全面预算编制时间，并应当在预算年度开始前完成全面预算草案的编制工作。

（二）预算审批

该环节的主要风险是：全面预算未经适当审批或超越授权审批，可能导致预算权威性不够、执行不力，或可能因出现重大差错、舞弊而导致损失。

主要控制措施：企业全面预算应当按照《中华人民共和国公司法》等相关法律法规及企业章程的规定报经审议批准。

（三）预算下达

该环节的主要风险是：全面预算下达不力，可能导致预算执行或考核无据可查。

主要控制措施：企业全面预算经审议批准后应及时以文件形式下达执行。

（四）预算指标分解和责任落实

该环节的主要风险是：预算指标分解不够详细、具体，可能导致企业的某些岗位和环节缺乏预算执行和控制依据；预算指标分解与业绩考核体系不匹配，可能导致预算执行不力；预算责任体系缺失或不健全，可能导致预算责任无法落实，预算缺乏强制性与严肃性；预算责任与执行单位或个人的控制能力不匹配，可能导致预算目标难以实现。

主要控制措施如下。

第一，企业全面预算一经批准下达，各预算执行单位应当认真组织实施，将预算指标层层分解，横向将预算指标分解为若干相互关联的因素，寻找影响预算目标的关键因素并加以控制；纵向将各项预算指标层层分解落实到最终的岗位和个人，明确责任部门和最终责任人；时间上将年度预算指标分解细化为季度、月度预算，通过实施分期预算控制，实现年度预算目标。

第二，建立预算执行责任制度，对照已确定的责任指标，定期或不定期地对相关部门及人员责任指标完成情况进行检查，实施考评。企业可以通过签订预算目标责任书等形式明确各预算执行部门的预算责任。

第三，分解预算指标和建立预算执行责任制应当遵循定量化、全局性、可控性原则。即：预算指标的分解要明确、具体，便于执行和考核；预算指标的分解要有利于企业经营总目标的实现；赋予责任部门和责任人的预算指标应当是通过该责任部门或责任人的努力可以达到的，责任部门或责任人以其责权范围为限，对预算指标负责。

（五）预算执行控制

该环节的主要风险是：缺乏严格的预算执行授权审批制度，可能导致预算执行随意；预算审批权限及程序混乱，可能导致越权审批、重复审批，降低预算执行效率和严肃性；预算执行过程中缺乏有效监控，可能导致预算执行不力，预算目标难以实现；缺乏健全有效的预算反馈和报告体系，可能导致预算执行情况不能及时反馈和沟通，预算差异得不到及时分析，预算监控难以发挥作用。

主要控制措施如下。

第一，加强资金收付业务的预算控制，及时组织资金收入，严格控制资金支付，调节资金收付平衡，防范支付风险。

第二，严格资金支付业务的审批控制，及时制止不符合预算目标的经济行为，确保各项业务和活动都在授权的范围内运行。企业应当就涉及资金支付的预算内事项、超预算事项、预算外事项建立规范的授权批准制度和程序，避免越权审批、违规审批、重复审批现象的出现。预算内非常规或金额较大事项应经过较高的授权批准层（如总经理）审批。对于超预算或预算外事项，应当经过严格、特殊的审批程序，一般须报经总经理办公会或类似权力机构审批；金额较大的，还应报经预算管理委员会或董事会审批。预算执行单位提出超预算或预算外资金支付申请，应当提供有关发生超预算或预算外支付的原因、依据、金额测算等资料。

第三，建立预算执行实时监控制度，及时发现和纠正预算执行中的偏差。确保企业办理采购与付款、销售与收款、成本费用、工程项目、对外投融资、研究与开发、信息系统、人力资源、安全环保、资产购置与维护等各项业务和事项，均符合预算要求；对于涉及生产过程和成本费用的，还应严格执行相关计划、定额、定率标准。

第四，建立重大预算项目特别关注制度。对于工程项目、对外投融资等重大预算项目，企业应当密切跟踪其实施进度和完成情况，实行严格监控。对于重大的关键性预算指标，也要密切跟踪、检查。

第五，建立预算执行情况预警机制，科学选择预警指标，合理确定预警范围，及时发出预警信号，积极采取应对措施。有条件的企业，应当推进和实施预算管理的信息化，通过现代电子信息技术手段控制和监控预算执行，提高预警与应对水平。

第六，建立健全预算执行情况内部反馈和报告制度，确保预算执行信息传输及时、畅通、有效。预算管理工作机构应当加强与各预算执行单位的沟通，运用财务信息和其他相关资料监控预算执行情况，采用恰当方式及时向预算管理委员会和各预算执行单位报告、反馈预算执行进度、执行差异及其对预算目标的影响，促进企业全面预算目标的实现。

（六）预算分析

该环节的主要风险是：预算分析不正确、不科学、不及时，可能削弱预算执行控制的效果，或可能导致预算考评不客观、不公平；对预算差异原因的解决措施不得力，可能导致预算分析形同虚设。

主要控制措施如下。

第一，企业预算管理工作机构和各预算执行单位应当建立预算执行情况分析制度，定期召开预算执行分析会议，通报预算执行情况，研究、解决预算执行中存在的问题，认真分析原因，提出改进措施。

第二，企业应当加强对预算分析流程和方法的控制，确保预算分析结果准确、合理。预算分析流程一般包括确定分析对象、收集资料、确定差异及分析原因、提出措施及反馈报告等环节。企业分析预算执行情况，应当充分收集财务、业务、市场、技术、政策、法律等方面的信息资料，根据不同情况分别采用比率分析法、因素分析法等方法，从定量与定性两个层面充分反映预算执行单位的现状、发展趋势及其潜力。

第三，企业应当采取恰当措施处理预算执行偏差。企业应针对造成预算差异的不同原因采取不同的处理措施：因内部执行导致的预算差异，应分清责任归属，与预算考评和奖惩挂钩，并将责任单位或责任人的改进措施的实际执行效果纳入业绩考核；因外部环境变化导致的预算差异，应分析该变化是否长期影响企业发展战略的实施，并作为下期预算编制的影响因素。

（七）预算调整

该环节的主要风险是：预算调整依据不充分、方案不合理、审批程序不严格，可能导致预算调整随意、频繁，预算失去严肃性和“硬约束”。

主要控制措施如下。

第一，明确预算调整条件。由于市场环境、国家政策或不可抗力等客观因素，导致预算执行发生重大差异确需调整预算的，应当履行严格的审批程序。企业应当在有关预算管理制度中明确规定预算调整的条件。

第二，强化预算调整原则。一是预算调整应当符合企业发展战略、年度经营目标和现实状况,重点放在预算执行中出现的重要的、非正常的、不符合常规的关键性差异方面;二是预算调整方案应当客观、合理、可行,在经济上能够实现最优化;三是预算调整应当谨慎,调整频率应予以严格控制,年度调整次数应尽量少。

第三,规范预算调整程序,严格审批。调整预算一般由预算执行单位逐级向预算管理委员会提出书面申请,详细说明预算调整理由、调整建议方案、调整前后预算指标的比较、调整后预算指标可能对企业预算总目标的影响等内容。预算管理工作机构应当对预算执行单位提交的预算调整报告进行审核分析,集中编制企业年度预算调整方案,提交预算管理委员会。预算管理委员会应当对年度预算调整方案进行审议,根据预算调整事项性质或预算调整金额的不同,根据授权进行审批,或提交原预算审批机构审议批准,然后下达执行。企业预算管理委员会或董事会审批预算调整方案时,应当依据预算调整条件,并考虑预算调整原则严格把关,对于不符合预算调整条件的,坚决予以否决;对于预算调整方案欠妥的,应当协调有关部门和单位研究改进方案,并责成预算管理工作机构予以修改后再履行审批程序。

(八)预算考核

该环节的主要风险是:预算考核不严格、不合理、不到位,可能导致预算目标难以实现、预算管理流于形式。其中,预算考核是否合理受到考核主体和对象的界定是否合理、考核指标是否科学、考核过程是否公开透明、考核结果是否客观公正、奖惩措施是否公平合理且能够落实等因素的影响。

主要控制措施如下。

第一,建立健全预算执行考核制度。一是建立严格的预算执行考核制度,对各预算执行单位和个人进行考核,将预算目标执行情况纳入考核和奖惩范围,切实做到有奖有惩、奖惩分明。二是制定有关预算执行考核的制度或办法,并认真、严格地组织实施。三是定期组织实施预算考核,预算考核的周期一般应当与年度预算细分周期相一致,即一般按照月度、季度实施考评,预算年度结束后再进行年度总考核。

第二,合理界定预算考核主体和考核对象。预算考核主体分为两个层次:预算管理委员会和内部各级预算责任单位。预算考核对象为企业内部各级预算责任单位和相关个人。界定预算考核主体和考核对象应当主要遵循以下原则:一是上级考核下级原则,即由上级预算责任单位对下级预算责任单位实施考核;二是逐级考核原则,即由预算执行单位的直接上级对其进行考核,间接上级不能隔级考核间接下级;三是预算执行与预算考核相互分离原则,即预算执行单位的预算考核应由其直接上级部门来进行,而绝不能自己考核自己。

第三,科学设计预算考核指标体系。企业应主要把握以下原则:预算考核指标要以各责任中心承担的预算指标为主,同时本着相关性原则,增加一些全局性的预算指标和与其关系密切的相关责任中心的预算指标;考核指标应以定量指标为主,同时根据实际情况辅之以适当的定性指标;考核指标应当具有可控性、可达到性和明晰性。

第四,按照公开、公平、公正原则实施预算考核。一是考核程序、标准、结果要公开。企业应当将全面预算考核程序、考核标准、奖惩办法、考核结果等及时公开。二是考核结果要客观公正。预算考核应当以客观事实作为依据。预算执行单位上报的预算执行报告是预算考核的基本依据,应当经本单位负责人签章确认。企业预算管理委员会及其工作机构定期组织预算执行情况考核时,应当将各预算执行单位负责人签字上报的预算执行报告和已掌握的动态监控信息进行核对,确认各执行单位预算完成情况。必要时,实行预算执行情况内部审计制度。三是奖惩措施要公平合理并得以及时落实。

预算考核的结果应当与各执行单位以及员工的薪酬、职位等挂钩,实施预算奖惩。企业在设计预算奖惩方案时,应当以实现全面预算目标为首要原则,同时还应遵循公平合理、奖罚并存的原则。奖惩方案要注意各部门利益分配的合理性,要根据各部门承担的工作难易程度和技术含量合理确定奖励差距。要奖罚并举,不能只奖不罚,并防止奖惩方案在实施中掺杂人情因素。

第六节　运营分析控制

一、运营分析的内涵

运营分析是指对企业业务运营过程中的数据进行挖掘、分析和解释,以便企业能够更好地了解自己的业务运营情况,发现业务运营中存在的问题,并采取相应的措施来优化业务流程和提升业务效益。

《企业内部控制基本规范》第三十四条规定,运营分析控制要求企业建立运营情况分析制度,经理层应当综合运用生产、购销、投资、筹资、财务等方面的信息,通过因素分析、对比分析、趋势分析等方法,定期开展运营情况分析,发现存在的问题,及时查明原因并加以改进。经营分析活动是企业管理活动的一个部分,管理目标、管理的内容决定了经营分析的内容。通过运营分析控制,企业能够及时了解经营活动的情况,发现潜在问题并采取相应措施,以确保企业的经营效益和可持续发展。

案例 4-4　西峡农商银行召开 11 月业务经营分析暨年度目标冲刺会[①]

2023 年 12 月 5 日,西峡农商银行召开 11 月业务经营分析暨年度目标冲刺会。会议的主要任务是根据前 11 个月业务经营状况,分析、研究和破解当前工作中存在的突出问题,在有限的时间内对年度目标冲刺工作进行再督导、再动员、再推进。

会上,分管领导分别对前 11 个月各项业务进行通报,并就各自分管工作进行具体安排,着力从收好官、开新局进行再动员、再部署。

会议号召系统上下干部职工要在年终收官关键节点,对标对表,背水一战,拿出超常毅力和勇气展现新作为、创出新成效。在目标完成上要拼尽全力,不折不扣,尤其要按照监管评级要求,竭尽所能优化提升各项指标;在推进当前重点工作上要精准发力,重点突破,确保各项工作目标圆满实现。

收好官、开新局,是西峡农商银行承上启下高质量发展的保障,是当前工作重中之重。系统上下纷纷誓师宣言,要不负众望、牢记重托,以必胜的信心、大胜的决心、全胜的雄心,百尺竿头,更进一步,夺取最后的全面胜利。

---

① 赵泽轩、杨萌:《西峡农商银行召开 11 月业务经营分析暨年度目标冲刺会》,中华网, https: //henan.china.com/news/dsxy/2023/1206/2530621081.html,访问日期:2023 年 12 月 6 日。

二、运营分析的主要目标

运营分析的主要目标是帮助企业了解自己的业务运营情况,发现业务运营中存在的问题,并采取相应的措施来优化业务流程和提升业务效益。具体来说,运营分析的主要目标包括以下几个方面。

(1)了解业务运营情况。企业通过对业务数据的分析,了解业务运营情况,包括销售额、销售渠道、客户偏好、产品销售情况、市场竞争情况等。

(2)发现业务问题。企业通过对业务数据的分析,发现业务运营中存在的问题,例如销售额下降、客户流失、产品质量问题等。

(3)解决业务问题。企业通过对业务数据的分析,找到业务问题的根源,并采取相应的措施来解决问题,例如调整销售策略、改进产品质量、提高客户服务等。

(4)提升业务效益。企业通过对业务数据的分析,优化业务流程,提升业务效益,例如提高销售额、提高客户满意度、降低成本等。

(5)支持业务决策。企业通过对业务数据的分析,为业务决策提供支持和参考,例如制定销售计划、调整产品定价、开拓新市场等。

三、运营分析的主要技术和方法

(一)比较分析法

比较分析法是财务报表分析的基本方法之一,是通过某项财务指标与性质相同的指标评价标准进行对比,揭示企业财务状况、经营情况和现金流量情况的一种分析方法。比较分析法是最基本的分析方法,在财务报表分析中应用很广。

(二)比率分析法

比率分析法是以同一期财务报表上若干重要项目的相关数据相互比较,求出比率,用以分析和评价公司的经营活动以及公司目前和历史状况的一种方法,是财务分析最基本的工具。

(三)趋势分析法

趋势分析法是一种通过观察和分析数据的演变过程,来揭示出数据背后的趋势和规律性变化的方法。其基本原理是在一定时间范围内,通过观察数据的变化情况,寻找出其中的趋势性变化,并利用这些趋势性变化来进行预测和决策。

(四)因素分析法

因素分析法是通过分析影响重要指标的各项因素,计算其对指标的影响程度,来说明指标前后期发生变动或产生差异的主要原因的一种分析方法。因素分析法按分析特点可分为连环替代法和差额分析法。

(五)综合分析法

综合分析法，是指将反映企业运营各个方面的指标纳入一个有机的整体，以系统、全面、综合地对企业运营状况进行分析与评价。目前在实践工作当中应用比较广泛的综合分析体系包括杜邦财务分析体系、可持续增长率分析体系、EVA 价值树分析体系等。

第七节 绩效考评控制

一、绩效考评概述

绩效考评，也称绩效评估或绩效评价，是指通过科学方法，按照一定标准，对企业员工对其职务规定的职责和任务的履行程度进行考察和评估，以确立其工作绩效的有效系统管理方法。《企业内部控制基本规范》第三十五条规定，绩效考评控制要求企业建立和实施绩效考评制度，科学设置考核指标体系，对企业内部各责任单位和全体员工的业绩进行定期考核和客观评价，将考评结果作为确定员工薪酬以及职务晋升、评优、降级、调岗、辞退等的依据。企业通过对员工的业绩进行评价，来约束和引导员工在劳动过程中的行为。此外，绩效考评也是员工相互评价、相互比较、相互监督和影响的手段，可以实现自我教育和调整。

绩效考评的结果能够作为一种督促力量，引导员工在工作中达到预期目标，从而帮助企业控制生产经营管理过程。此外，绩效考评还是制定人力资源规划、招聘与安置员工、员工培训以及确定薪酬和奖惩等方面的依据。它有助于营造高效的工作氛围，使员工个人目标与企业目标保持一致，促进员工和企业的共同发展。一个成功的绩效考评制度能够帮助企业改进组织绩效，提高经济效益。因此，每个企业都应该建立完善合理的绩效考评制度，定期对企业内部各责任单位和全体员工的业绩进行考评和客观评价，将考评结果作为员工薪酬、晋升、评优、降级、调岗、辞退等方面的依据。

案例 4–5 银行理财内控：激励不当引发的事端①

近年来，个别支行风控的失范，更多集中体现在时有发生的“飞单”上。

所谓“飞单”，就是银行工作人员利用投资者的信任，卖不属于银行自身的理财产品，也不属于银行正规渠道代销的产品，从中获得高额的佣金提成；对客户而言，资金失去了银行严格的风控保护，“打水漂”的风险飙升。

近年来首个曝光的“飞单”事件，是 2012 年 12 月爆出的华夏银行上海分行一员工销售非法私募产品一事。该行员工濮 × 未经许可私自销售了四期名为“北京中鼎投资中心（有限合伙）入伙计划”的“理财产品”，四期募集期共半年，计划筹资超过 1.5 亿元，实际出售 1.19 亿元。其中一期产品到期后，无法按期兑付投资者才被告知购买的并不是银行代销的产品。此后，濮 × 被以非法吸收公众存款罪获刑 4 年 9 个月。

某国有大行审计部高管对《21 世纪经济报道》记者称，近年来，在监管和银行总分行对“飞单”监管趋严后，“飞单”应付监管的招数随之“进化”，比如“召开投资者说明会”“产品推荐会”等推销产品。还有的不叫代销，而是跟产品发行方签订一个“顾问服务协议”或者“结算协议”等协议，但实质都还是代销。

“飞单”的发生，与严厉的绩效考核息息相关。

① 黄斌、李玉敏、王晓等：《银行理财内控：特别要防范基层员工道德风险》，新浪网，https：//cj.sina.com.cn/article/detail/6002223834/234225，访问日期：2017 年 4 月 29 日。

上述从业近20年的私行业务人士指出:“部分股份行考核严厉,这样容易培养出独当一面的人才,且内控也不可谓不严,总行、分行培训不断;但硬币的另一面是,当严厉的绩效考核,遇上支行内部人控制,风控体系极易出现盲点。”

“我每年过得最好的假期是元旦,因为年终考核终于结束了。”一家国有大行福建某支行行长坦言,作为一名支行长他肩负了30多项考核指标,感觉“压力山大”,其中最重要的考核指标是存款、贷款和中间业务收入这“三座大山”。

面对严厉的考核,对部分支行行长而言,“飞单”或许是解忧的途径之一。因为销售“飞单”可以给支行带来存款、开户量、中间业务收入等。

“市场化程度比较高的一些股份行,考核很严,无论你工龄有多长,底薪是比较低的,通常是三四千块钱,奖金是以业绩为导向的,靠客户转化而来。而且,所有拓展业务的费用都需要自己承担。”前述股份行私人银行资深人士对《21世纪经济报道》记者说,当严厉考核成为整个支行团队成员共同面对的压力时,道德风险随即上升。

……

上述大行审计部高管认为,关键是要加强基层员工行为规范管理,要区分其行为是银行行为还是非银行行为,如果是银行行为,即使在操作层面有一些失误,也不至于到失控的地步。

“最应该防范的是银行员工的道德风险,只要是人出了问题,再好的制度都有漏洞可以钻。一般的制度设计都是两三个人相互监督、相互制约,一旦人出了问题,经办的和审核的相互串通,一个支行长和一个业务员合谋就能干出很大的事。”上述大行审计部高管说。

一位国有大行江浙地区支行行长称,支行内的分工通常是,副行长管理一般业务,行长只管人力资源和财务费用,若出现相互串通引发道德风险的情况,考核机制是主因,但轮岗机制落实不到位也是重要因素。“银监会要求支行行长必须三年轮岗一次。”该支行行长说。

二、绩效考评控制方法

国内许多企业认识到绩效考评的重要性,积极学习和借鉴国外先进的绩效考评理论和方法,如引入目标管理、360度绩效反馈等考核方法。应将这些考核方法与我国文化背景和企业具体情况结合起来,必须从企业的实际情况出发,努力探索出一套科学、合理和完善的绩效考评体系,包括考核的目的、原则、程序和方法,这样才能提高绩效管理的成效,打造一批能征善战的人才队伍,以使企业在激烈的市场竞争中赢得长期发展优势。

1. 目标管理体系

早在1943年,著名管理学家彼得·德鲁克就在他的《管理的实践》一书中提出了目标管理这一思想。它的核心在于提供了一种将组织的整体目标转化为组织单位和每个成员目标的有效方式。最初,目标管理这一思想只是应用于企业管理中的计划工作中。后来,这一方法不仅在计划工作中得到了广泛应用,而且成了绩效考评的一种有效手段,是对管理人员和专门职业人员进行绩效考评的首选方法。

这种方法把员工是否达到由员工和管理人员共同制定的目标作为依据。具体是指员工与其上司协商制定个人目标(如生产成本、销售收入、质量标准、利润等),然后将这些目标作为对员工考评的基础。目标管理考评体系的整个过程实际上是一个循环系统即从企业共同目标,到部门特定目标,最后到个人目标。研究表明,这一方法不仅有助于提高工作效率,而且能使公司的管理者根据迅速变化的竞争环境及时对员工进行引导。

2. 关键绩效指标评价法

关键绩效指标(key performance indicator, KPI)是通过对组织内部某一流程的输入端、输出端的关键参数进行设置、取样、计算、分析,衡量流程绩效的一种目标式量化管理指标,是把企业的战略目标分解为可运作目标的工具,是企业建立完善的绩效体系的基础,是管理中"计划 - 执行 - 评价"中的"评价"不可分割的一部分,是反映个体与组织关键绩效贡献的评价依据和指标。

关键绩效指标选取的方法主要有关键成果领域分析法、组织功能分解法和工作流程分解法。关键绩效指标的权重分配应以企业战略目标为导向,反映被评价对象对企业价值贡献或支持的程度,以及各指标之间的重要性水平,单项关键绩效指标权重一般设定在5%~30%,对特别重要的指标可适当提高权重。对特别关键、影响企业整体价值的指标可设立"一票否决"制度,即如果某项关键绩效指标未完成,无论其他指标是否完成,均视为未完成绩效目标。关键绩效指标可单独使用,也可与经济增加值法、平衡计分卡等其他方法结合使用。

3. 图尺度评价法

图尺度评价法是最简单和运用最普遍的工作绩效评价技术之一。它列举出一些绩效构成要素(如"工作质量"和"工作数量")和工作绩效等级(如"优、良、中、差、劣"),在进行工作绩效评价时,先针对每一位员工从每一项评价要素中找出最能符合其绩效状况的分数,然后将每一位员工所得到的所有分值进行加总,最后得到其最终的工作绩效评价结果。

当然,许多企业并不仅仅停留在对一般性工作绩效因素(如"工作质量"和"工作数量")的评价上,它们还将作为评价标准的工作职责进行进一步分解,编制更详细、更有针对性的工作绩效评估表。一般职责标准都是从工资说明书中选取出来的,职责的重要性以百分比的形式反映出来。有的企业在图尺度评价表中一般还会在每项评价因素后为评价人做一般性说明留下空白,这在对被评价者的一些一般性绩效进行评价时是非常有用的。

4. 平衡计分卡评价法

平衡计分卡的核心思想是通过财务、客户、内部经营过程、学习与成长四个指标之间相互驱动的因果关系展现组织的战略轨迹,实现绩效测评 - 绩效改进以及战略实施 - 战略修正的目标。平衡计分卡的绩效测评评价指标包含财务指标,它通过客户满意度、内部经营程序及组织的学习与成长等非财务指标来补充财务指标,并与这些处在因果关系链上的非财务指标共同作为公司"未来财务绩效的驱动器"。这些财务与非财务的测评指标都来源于企业的战略,是对它们自上而下进行分解的结果,这样,在战略与目标之间就形成了一个双向的形成与改进循环。

平衡计分卡不仅为企业提供了一种创新的绩效测评系统框架,而且为企业的战略管理与绩效测评之间建立系统的联系提供了思路与方法,使绩效测评体系成为企业战略管理的组成部分。但是,平衡计分卡也有缺陷,一是没有提出支持集团战略与集团下属各战略业务单位战略之间实现动态调整的理论框架;二是无法解决一个战略业务单位内部个人绩效测评的问题。

5. 行为锚定等级评价法

行为锚定等级评价法是近年来日益得到重视的一种绩效方法。这种方法结合了关键事件法和评分表法的主要要素；考评者按某一序数值尺度给各项指标打分，不过，评分项目是某人从事某项职务的具体行为事例，而不是一般的个人物质描述。

行为锚定等级评价法侧重于具体且可衡量的工作行为，它将职务的关键要素分解为若干绩效因素，然后为第一绩效因素确定有效果或无效果行为的一些具体实例。其结果可以形成诸如“预测”“计划”“实施”“解决眼前问题”“贯彻执行命令”以及“处理紧急情况”等的行为描述。举个例子来说，对于“按资历对加班任务作公平分配”以及“告诉工人们如果有问题随时可以来和他谈”这类的叙述，一位经理对其属下的基层监督人员可以用 5 分制尺度中的 0 分（几乎从不）或者 4 分（几乎总是）做出评价。

第八节　合同控制

一、合同控制的定义

《企业内部控制应用指引第 16 号——合同管理》规定，合同是指企业与自然人、法人及其他组织等平等主体之间设立、变更、终止民事权利义务关系的协议，其中不包括企业与职工签订的劳动合同。

所谓合同控制，就是企业通过梳理合同管理的整个流程，分析关键风险点，并采取有效措施，将合同风险控制在企业可接受范围内的整个过程。企业应当加强合同管理，确定合同归口管理部门，明确合同拟定、审批、执行等环节的程序和要求，定期检查和评价合同管理中的薄弱环节，采取相应控制措施，促进合同有效履行，切实维护企业的合法权益。

二、合同业务的一般流程

合同业务的一般流程可以分为两个阶段：合同订立和合同履行。合同订立阶段主要包括以下环节：合同调查、合同谈判、合同文本拟定、合同审批、合同签署、合同履行和合同结算等。具体如图 4-3 所示。

（1）合同调查环节的主要风险包括：未订立合同、未经授权对外订立合同、合同对方主体资格未达要求、合同内容存在重大疏漏和欺诈等，可能导致企业合法权益受到侵害。

主要控制措施如下。

第一，企业对外发生经济行为，除即时结清方式外，应当订立书面合同。合同订立前，应当充分了解合同对方的主体资格、信用状况等有关内容，确保对方当事人具备履约能力。

第二，对于影响重大、涉及较高专业技术或法律关系复杂的合同，应当组织法律、技术、财会等专业人员参与谈判，必要时可聘请外部专家参与相关工作。

第三，谈判过程中的重要事项和参与谈判人员的主要意见，应当予以记录并妥善保存。

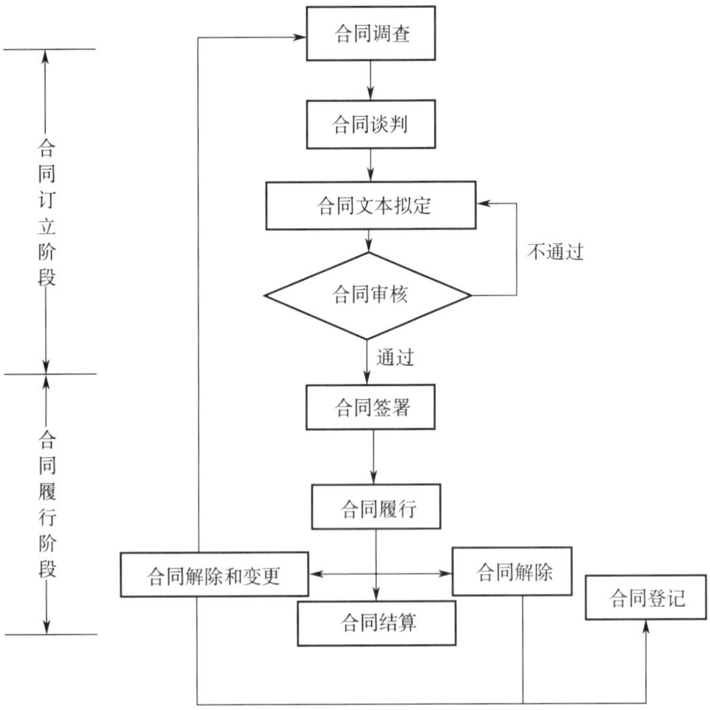

图 4-3 合同控制流程图

（2）合同文本拟订环节的主要风险包括：选择不恰当的合同形式，合同与国家法律法规、行业产业政策、企业总体战略目标发生冲突；合同内容和条款不完整、不准确，或存在重大疏漏和欺诈，导致企业合法利益受损；对于合同文本须报经国家有关主管部门审查或备案的，未履行相应程序。

主要控制措施如下。

第一，企业应当根据协商、谈判等的结果，拟订合同文本，按照自愿、公平原则，明确双方的权利义务和违约责任，做到条款内容完整，表述严谨准确，相关手续齐备，避免出现重大疏漏。

第二，合同文本一般由业务承办部门起草、法律部门审核，重大合同或法律关系复杂的特殊合同应当由法律部门参与起草。国家或行业有合同示范文本的，可以优先选用，但对涉及权利义务关系的条款应当进行认真审查，并根据实际情况进行适当修改，合同文本须报经国家有关主管部门审查或备案的，应当履行相应程序。

（3）合同审核环节的主要风险包括：因专业素质或工作态度等原因，合同审核人员未能发现合同文本中的不当内容和条款；合同起草人员没有根据审核人员的改进意见修改合同，导致合同中的不当内容和条款未被纠正。

主要控制措施包括如下。

第一，企业应当对合同文本进行严格审核，重点关注合同的主体、内容和形式是否合法，合同内容是否符合企业的经济利益，对方当事人是否具有履约能力，合同权利和义务、违约责任和争议解决条款是否明确等。

第二，企业对影响重大或法律关系复杂的合同文本，应当组织内部相关部门进行审核。相关部门提出不同意见的，应当认真分析研究，慎重对待，并准确无误地加以记录；必要时应对合同条款做出修改。内部相关部门应当认真履行职责。

（4）合同签署环节的主要风险包括：超越权限签订合同；合同印章管理不当，签署后的合同被篡改等。

主要控制措施如下。

第一，企业应当按照规定的权限和程序与对方当事人签署合同。正式对外订立的合同，应当由企业法定代表人或由其授权的代理人签名或加盖有关印章。授权签署合同的，应当签署授权委托书。属于上级管理权限的合同，下级单位不得签署。下级单位认为确有需要签署涉及上级管理权限的合同，应当提出申请，并经上级合同管理机构批准后办理。上级单位应当加强对下级单位合同订立、履行情况的监督检查。

第二，企业应当建立合同专用章保管制度。合同经编号、审批及企业法定代表人或由其授权的代理人签署后，方可加盖合同专用章。

第三，企业应当加强合同信息安全保密工作，未经批准，不得以任何形式泄露合同订立与履行过程中涉及的商业秘密或国家机密。

（5）合同履行环节的主要风险包括：合同未全面履行或监控不当，可能导致企业诉讼失败、经济利益受损；合同纠纷处理不当，导致企业遭受外部处罚、诉讼失败，损害企业利益、信誉和形象等。

主要控制措施如下。

第一，企业应当遵循诚实信用原则严格履行合同，对合同履行实施有效监控，强化对合同履行情况及效果的检查、分析和验收，确保合同全面有效履行。合同生效后，企业就质量、价款、履行地点等内容与合同对方没有约定或者约定不明确的，可以协议补充；不能达成补充协议的，按照国家相关法律法规、合同有关条款或者交易习惯确定。

第二，在合同履行过程中发现有显失公平、条款有误或对方有欺诈行为等情形，或因政策调整、市场变化等客观因素，已经或可能导致企业利益受损，应当按规定程序及时报告，并经双方协商一致，按照规定权限和程序办理合同变更或解除事宜。

第三，企业应当加强合同纠纷管理，在履行合同过程中发生纠纷的，应当依据国家相关法律法规，在规定时效内与对方当事人协商并按规定权限和程序及时报告。

（6）合同结算环节的主要风险包括：违反合同条款，未按合同规定期限、金额或方式付款；合同档案管理制度不健全，导致合同泄密或滥用。

主要控制措施如下。

第一，企业财会部门应当根据合同条款审核后办理结算业务。未按合同条款履约的，或应签订书面合同而未签订的，财会部门有权拒绝付款，并及时向企业有关负责人报告。

第二，合同管理部门应当加强合同登记管理，充分利用信息化手段，定期对合同进行统计、分类和归档，详细登记合同的订立、履行和变更等情况，实行合同的全过程封闭管理。

（7）合同评估环节的主要风险包括：缺乏合同履行情况评估制度，对评估不重视导致评估失败等。

主要控制措施如下。

第一,企业应当建立合同履行情况评估制度,至少于每年年末对合同履行的总体情况和重大合同履行的具体情况进行分析评估,对分析评估中发现合同履行中存在的不足,应当及时加以改进。

第二,增强管理者对评估环节的重视。

思考题

1. 什么是不相容分离控制?一般情况下需要分离的不相容职务包括哪些?
2. 什么是授权审批控制?如何区分常规授权和特别授权?
3. 什么是会计系统控制?会计系统控制的内容包括哪些?
4. 什么是财产保护控制?财产保护控制的具体措施包括哪些?
5. 什么是预算控制?全面预算管理的内容包括哪些?
6. 什么是运营分析控制?运营分析控制的流程是什么?
7. 什么是绩效考评控制?企业绩效考评控制的主要方法包括哪些?
8. 什么是合同控制?有哪些措施?

第五章 信息与沟通

学习目标

知识目标：理解信息与沟通的含义、类型与主要风险；了解内部信息传递控制的目标；理解信息系统内部控制的重要意义，了解信息系统业务的基本流程；理解反舞弊的重要意义。

技能目标：掌握内部信息传递控制的主要风险及控制措施；学会识别信息系统业务的关键风险，并掌握信息系统内部控制的总体要求；学会识别反舞弊的主要风险及控制措施，并掌握反舞弊机制的重要内容。

思政目标：剖析财务报告造假典型案例，一方面把握中国资本市场的监管政策，强化法治观念，另一方面提高维护公共利益的使命担当，树立底线思维；通过学习中集集团的三类舞弊治理措施领会反舞弊斗争的重要性，塑造诚信敬业的核心价值观，强化反舞弊的职业操守和社会责任感。

引例 起底“虚构合同虚假披露”内幕——振隆特产IPO财务造假被顶格处罚[①]（思政案例）

2015年6月，证监会IPO专项财务检查发现，振隆特产存在存货大量盘亏等异常情况，涉嫌虚假陈述，2015年7月，证监会对振隆特产信息披露违法违规案立案调查。2016年9月，证监会依法对拟上市公司辽宁振隆特产股份有限公司财务造假、虚假报送行为作出行政处罚，振隆特产被处以60万元“顶格”罚款，董事长黄跃等人分别被处以8~10年市场禁入。

振隆特产成立于2000年10月，经营范围为农副产品生产加工销售等，拟在深交所上市，2013年至2015年向证监会陆续报送过4次招股说明书，于2014年4月23日在证监会网站预先披露。因在振隆特产首次公开发行并上市的执业中未勤勉尽责，保荐机构信达证券股份有限公司和法律服务机构北京市中银律师事务所及相关责任人均受到相应处罚。

证监会稽查部门人士介绍，振隆特产财务造假特点突出、手法隐蔽。一是公司利用销售客户分布海外，不易调查的特点，虚构销售合同，虚增合同销售单价以虚增出口销售收入和利润。二是公司通过调节产品出成率，调低原材料采购单价，增加原材料入库数量，未在账面确认已处理霉变存货损失等方式虚增存货和利润。三是公司虚假披露主营业务模式，通过虚构生产过程的方法进行财务造假，导致招股说明书披露的与主营业务相关的采购原材料种类、工艺流程、生产模式、产品产量和产能利用率等各项重要内容存在虚假。通过上述方式公司2012年、2013年、2014年分别虚增利润1 962.43万元、2 863.19万元、2 790.56万元，分别占当年利润总额34.13%、53.66%、99.76%。

证监会稽查部门人士透露，调查过程中振隆特产起初并不配合提供真实数据，并且对南瓜子等存货用磷化铝做了除虫防护，毒气未消，让调查组难以盘点现有存货，另外公司的供

① 刘国锋：《起底“虚构合同虚假披露”内幕——振隆特产IPO财务造假被顶格处罚》，《中国证券报》2017年3月3日。

应商多为农户,分布在内蒙古、吉林、黑龙江等地的农村地区,部分采用现金交易,且产品70%左右为外销,客户分布在欧美等地,无论是寻找供应商核实采购情况,还是寻找客户核实销售情况都存在难度大、成本高的难题。

针对难以像以往通过走访客户核实相关数据的案件特点,调查组及时调整调查思路,拟定了通过盘点确定关键证据,调查与攻心双管齐下的方案。一方面,利用周末时间突然对公司所有仓库的存货进行全面盘点。对1.5万吨南瓜子、松子等存货全面盘点,锁定公司存在巨额账实不符的事实。另一方面,调查组同步对公司涉及存货生产和流转关键环节的生产厂长、库管员、采购员、外销部门负责人等关键人员展开谈话,并对电脑进行取证,获取了公司部分真实的库管和销售数据。此外,调查组与当地政府多次沟通,争取到地方政府的理解和支持,给公司董事长形成了较强的心理压力。在事实面前,董事长和相关人员的解释矛盾重重,无法自圆其说,最终心理防线被击溃,主动坦白了部分造假事实和手段,并表示配合提供真实购销存业务数据。

证监会稽查部门人士表示,IPO财务造假是藐视我国发行核准制度的行为,破坏了资本市场的诚信基础和正常秩序。对振隆特产的顶格处罚,对黄跃等人采取市场禁入措施,彰显了证监会净化市场的决心,对企图进行财务造假的拟上市和已上市公司形成了强有力的市场威慑力。

有效的信息与沟通对企业避免风险减少损失乃至实现可持续发展是至关重要的。《企业内部控制基本规范》第三十八条规定:"企业应当建立信息与沟通制度,明确内部控制相关信息的收集、处理和传递程序,确保信息及时沟通,促进内部控制有效运行。"同时指出,企业应当利用信息技术促进信息的集成与共享,充分发挥信息技术在信息与沟通中的作用。另外,特别强调了企业应当建立反舞弊机制。因此,本章按照《企业内部控制基本规范》的要求,结合《企业内部控制应用指引第17号——内部信息传递》和《企业内部控制应用指引第18号——信息系统》,主要从信息与沟通概述、内部信息传递、信息系统与反舞弊机制四个方面介绍企业信息与沟通制度的设计。

第一节 信息与沟通概述

一、信息与沟通的定义

信息是客观世界中事物特征、状态及发展变化的直接或间接反映,是影响信息使用者分析和决策的证据。信息的类别非常多,例如,按来源可分为内部信息和外部信息。需要说明的是,信息(information)和数据(data)是有区别的。数据是对某种情况或经济活动的记录,包括数值数据(如各种统计资料数据等)和非数值数据(如图像、表格文字和特殊符号等);而信息则是数据经加工处理后对决策有参考价值的证据,是与信息使用者相关的一种资源。

沟通是将某一信息传递给接收对象,期望它做出预期反应效果的过程,是传递信息交换思想、说明观点、表达需求、阐明意愿、增进理解、达成共识的过程。

《企业内部控制基本规范》指出:"信息与沟通是企业及时、准确地收集、传递与内部控制相关的信息,确保信息在企业内部、企业与外部之间进行有效沟通。"

我们可以通过以下五点理解信息与沟通的含义。

（1）信息与使用者的决策需求相关。正确的决策依赖于充分的、高质量的信息，信息自身价值又是通过决策来体的。

（2）沟通的前提是信息的传递，没有信息传递，就没有沟通。

（3）成功的沟通，信息不仅需要被传递，还需要被理解。

（4）沟通的主体是人，即信息与沟通主要发生在人与人之间。企业在经营过程中，须按某种形式辨识、取得确切的信息，并与相关人员进行沟通，以督促员工履行其职责。

（5）信息与沟通具有时效性，延迟的信息与沟通会降低其功效，甚至可能产生反作用。

案例 5-1　海南机场的信息沟通模式[①]

2023 年 10 月，上海证券交易所发布了《沪市主板上市公司 2022 至 2023 年度信息披露工作评价结果》。经综合考评，海南机场获得 2022 至 2023 年度信息披露工作 B 级评价，不仅结束了连续 4 年的 D 级评价，还实现了从 D 级到 B 级的“两连升”。

投关管理方面，海南机场始终以投资者需求为导向，制定了《投资者关系管理制度》，旨在加强与投资者及潜在投资者的信息沟通，搭建多元化投资者沟通渠道。ESG 报告显示，海南机场通过上证 e 互动、投资者热线、业绩说明会、路演、反路演等多种形式与投资者保持良好的沟通互动，及时将公司最新资讯、最新动态传递给广大投资者。2022 年，海南机场累计召开业绩说明会 3 次，通过上证 e 互动平台累计回复投资者问题 120 余个，接待调研投资者约 1 000 人次。据同花顺统计，自海南机场 2022 年 10 月完成“摘星脱帽”以来，10 余家机构累计出具研报超过 50 份，频受资本市场关注。

二、信息与沟通的作用

信息与沟通作为内部控制的要素之一，对于企业上下准确地理解企业决策、有效地执行企业决策、激励员工履职敬业、积极地化解管理矛盾等具有重要意义，能够显著提高内部控制的效率和效果。

（1）帮助企业管理当局合理安排制度。科学的制度安排必须建立在准确无误的信息资料和有效沟通的基础上。高质量的信息和高效率的沟通能够帮助管理当局全面了解和系统掌握来自企业内外的各种信息，并根据这些信息客观地评估制度安排所面临的形势。通过充分利用有利因素和有效避免不利因素，内部控制体系能够提高制度设计水平，为建立切实可行的内部控制体系奠定基础。

（2）保证内部控制各个要素的协调联动。无论是控制环境的优化、风险评估的开展、控制活动的实施还是监督机制的运行，都离不开相关信息的支持。高质量的信息和高效率的沟通有助于使内部控制的各个要素形成一个有机统一的整体。这有助于准确判断内部控制的覆盖范围是否全面、包含的内容是否完整、授权是否合理、责任是否明确、各个控制环节之间的衔接是否严密、采取的控制手段和措施是否可行，以及能否及时发现和有效防范固有的控制缺陷等。通过推动各个要素最大限度地发挥功能，内部控制体系能够实现协调联动和健康运转。

---

① 王珞：《海南机场高质量发展频受资本市场关注》，中证网，http://www.cs.com.cn/ssgs/gsxw/2023101t20231025_ 6372517.html，访问日期：2023 年 10 月 25 日。原文有改动。

（3）提高企业内部控制的执行效果。合理的信息传递机制能使企业每个成员在适当的时候、采用适当的方法将适当的信息传递给适当的人员。这既可以确保下级及时准确地收到和理解上级的指令，并按照指令贯彻执行内部控制制度，又可以让上级实时监控下级的具体执行情况，掌握指令执行的结果和建议，并及时发现执行中的偏差并提出纠正措施。同时，良好的信息与沟通也有助于增强基层员工的责任心和工作热情，培养员工的主人翁意识，加强人际关系，减少和避免因信息不对称和沟通不及时而在上下级之间产生矛盾的现象。

总之，内部控制体系需要建立在准确无误的信息资料和有效沟通的基础上。高质量的信息和高效率的沟通能够帮助企业管理当局合理安排制度、保证内部控制各要素的协调联动，并提高内部控制的执行效果。这些因素共同促进内部控制体系的健康运转和有效实施。

三、信息与沟通的类型

《企业内部控制基本规范》第四十条明确指出，企业应当将内部控制相关信息在企业内部各管理级次、责任单位、业务环节之间，以及企业与外部投资者、债权人、客户、供应商、中介机构和监管部门等有关方面之间进行沟通和反馈。信息沟通按沟通对象不同可以分为内部信息沟通和外部信息沟通。信息与沟通涉及的部门和层次，如图 5-1 所示。

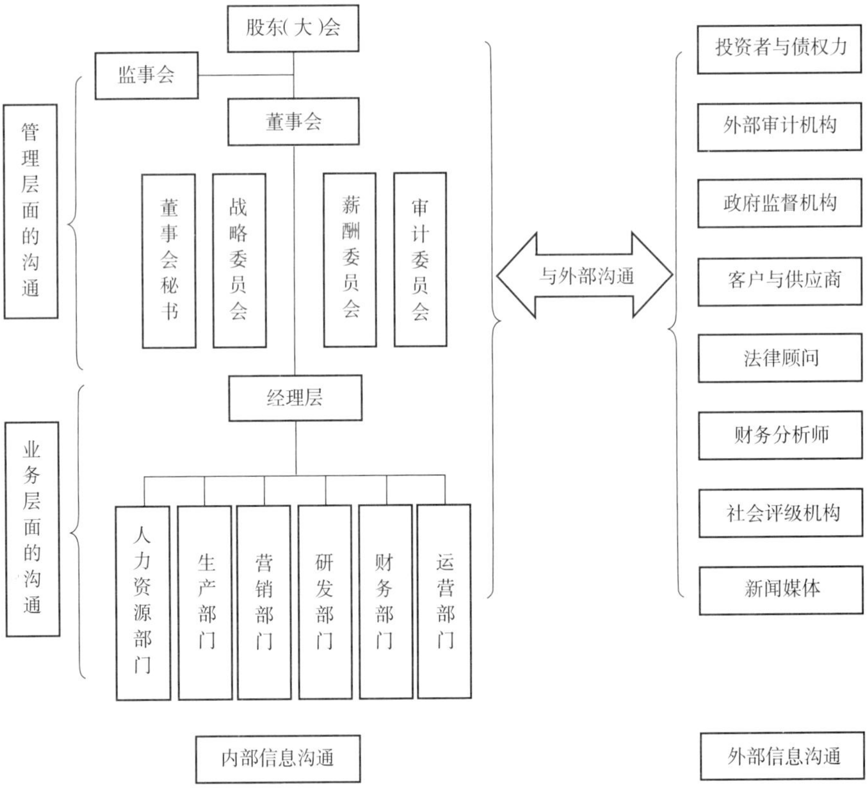

图 5-1 沟通涉及的部门和层次

(一)内部信息沟通

内部信息沟通是指企业经营、管理所需的内部信息、外部信息在企业内部的传递与共享。信息的价值必须通过传递和使用才能体现。企业应将内部控制相关信息在内部各管理层级、责任单位、业务环节之间进行沟通和反馈。企业可以采取互联网、电子邮件、电话传真、信息快报、例行会议、专项报告、调查研究、员工手册、教育培训、内部刊物、内部网络等多种方式,实现所需的内部信息、外部信息在企业内部得以准确、及时地传递和共享,确保董事会、经理层和企业员工之间进行有效的沟通。企业重要信息必须及时传递给董事会、监事会和经理层。

企业沟通的效率和效果会直接影响内部控制的有效性。内部信息沟通的畅通和有效有利于提高工作效率,增强民主管理,改善员工关系,增强员工的归属感、荣誉感和责任心,促进企业上下统一思想和行动,从而促进企业目标的实现。

企业可以利用各种正式(如会议、报告、培训等)和非正式渠道(如晚会、节庆、微信)进行内部信息沟通。沟通过程中发现的问题,相关人员应及时报告并加以解决。企业应建立有效的内部沟通制度,制定良好的沟通规则,约束沟通中的不良行为,促进员工行为的一致性,提高企业沟通的效率和效果。

在现代企业管理中,企业文化和价值理念等软约束对员工的引领作用已经超越权力、等级、制度等硬约束的规范作用。企业领导、部门主管要与时俱进地树立以人为本的理念,对下属的管理应主要体现在工作方向和企业目标上,采取的手段应体现在文化引导和人格魅力感染上,合理运用手中的职权,信任下属并放权给他们,让他们在企业统一价值理念和整体目标的前提下自主地开展工作,以激励他们的主动性和创造性,充分发掘其潜能;同时,应扩大下属的知情权和参与权,提高决策的透明度。

(二)外部信息沟通

外部信息沟通是指企业与外部利益相关者之间信息的沟通。企业有责任建立良好的外部信息沟通渠道,对外部有关方面的订单、建议、投诉和其他信息进行记录,并及时处理和反馈。外部信息沟通应重点关注以下方面。

1. 与投资者和债权人沟通

投资者和债权人是企业资本的提供者,也是企业风险的主要承担者。

(1)企业应按《中华人民共和国公司法》《中华人民共和国证券法》等法律法规、公司章程的规定,通过股东(大)会、投资者会议、定向信息报告等方式,及时向投资者报告企业的战略规划、经营方针、投资计划、融资计划、年度预算、经营成果、财务状况、利润分配方案,以及重大担保、合并分立、资产重组等方面的信息,听取投资者的意见和要求,妥善处理企业与投资者的关系。

(2)企业可通过信函、会谈、电话、传真等方式,与债权人就账目核对、信用额度、贷款安排、债务清偿等进行定期或不定期的沟通,妥善处理企业与债权人的关系,维护或提升企业的信用和形象。

财务报告是管理层与外部投资者和债权人沟通的重要媒介。财务报告向投资者和债权人解释了他们的钱是如何用于投资的,这些投资的业绩如何,以及公司当前业绩是如何与公司整体文化和战略保持一致的。

案例5-2 坚决维护资本市场运行秩序①

11月6日，众合科技在回复互动易提问时称，子公司通过一投资管理企业投资启尔机电。启尔机电主要研发、生产和销售高端半导体装备超洁净流控系统及其关键零部件，属于该行业核心零部件系统之一。11月9日，众合科技称，公司前期披露的信息不存在需要更正、补充之处，也不存在应披露而未披露、对公司股票交易价格产生重大影响的信息。不过，11月10日，众合科技迅速“变脸”表示，子公司持有启尔机电的股权比例仅为0.18%，无法对启尔机电实施重大影响。

11月15日，因众合科技在互动易平台的回复内容不完整，在股票交易异常波动公告中的信息披露不准确，深交所向公司下发监管函。11月17日，浙江证监局指出公司的上述行为违反了相关规定，决定对公司采取出具警示函的监督管理措施，并记入证券期货市场诚信档案。

值得注意的是，近年来，监管部门持续保持对上市公司的监管高压。近期多家深市公司被立案调查或采取自律监管措施，再次体现出深交所切实提高监管有效性，果断作出“长牙带刺”的监管举措，严厉打击证券违法违规行为，坚决维护资本市场运行秩序。

2. 与客户沟通

客户是企业产品和服务的接受者或消费者。企业可通过座谈、走访、专题调研等形式，定期听取与收集客户对消费偏好、销售政策、产品质量、售后服务、货款结算等方面的意见和建议，妥善解决可能存在的控制不当的问题。

3. 与供应商沟通

供应商处于供应链的上游，对企业的经营活动有很强的制约能力。企业可通过供需见面会、业务洽谈会等形式与供应商就供货渠道、产品质量、技术性能、交易价格、信用政策、结算方式等问题进行沟通，及时发现并妥善解决可能存在的控制不当的问题。

4. 与监管机构沟通

监管机构对企业的经营方针和战略有重要的影响。企业应及时地向监管机构了解监管政策、监管要求及其变化情况，并相应地完善自身的管理制度；同时，应认真了解自身存在的问题，积极地反映诉求和建议，努力加强与监管机构的协调。

5. 与外部审计师沟通

外部审计师对企业的财务报告进行审计，通过一系列完善的审计程序通常能够发现企业日常经营以及财务报告中存在的问题。企业应定期与外部审计师进行会晤，听取外部审计师有关财务报表审计、内部控制等方面的建议，以保证内部控制的有效运行及双方工作的协调。

6. 与律师沟通

企业在组织经济活动时，不可避免地要与其他企业发生经济纠纷，因此需要聘请律师来帮助处理纠纷，以保障企业的利益。企业可根据法定要求和实际需要，聘请律师参与重大业务、项目和法律纠纷的处理，并保持与律师的有效沟通。

7. 与公共关系协调

企业应关注与媒体、当地社区及社会公众的沟通，特别是当企业面临公益、道德、环境责

① 黄灵灵：《深交所全面从严打击违法违规行为：让公司监管“长牙带刺”》，《中国证券报》2023年12月7日。

任事件纠纷等问题时，应妥善处理好公共关系。例如，企业可以通过定期举办新闻发布会、发布公开信、回应社交媒体上的关注等方式，保持信息的畅通和透明。对于错误的信息或误解，企业应主动澄清，避免谣言的传播。

第二节　内部信息传递

一、内部信息传递概述

内部信息传递，是指企业内部各管理层级之间通过内部报告形式传递生产经营管理信息的过程。内部控制离不开信息的传递和沟通，信息在企业内部有目的地、及时地、准确地、安全地传递，对贯彻落实企业的发展战略和经营计划、执行企业的全面预算、识别企业生产经营活动中的内外部风险具有重要的作用。

为了更好地服务于企业的生产经营和管理决策，企业应做好各项内部报告工作，从各种渠道获取相应的信息。收集和传递企业内部信息时至少应关注以下总体风险：①内部报告系统缺失、功能不健全、内容不完整，可能影响生产经营有序运行；②内部信息传递不通畅、不及时，可能导致决策失误、相关政策措施难以落实：③内部信息传递中泄露商业秘密，可能削弱企业核心竞争力。

为了应对信息收集与传递的总体风险，企业应采取以下控制措施。

（1）明确内部信息传递的控制目标。目标引领行动，面对信息收集与传递风险，企业首先应明确内部信息收集与传递的控制目标。这些控制目标一般包括：建立合理规范的内部信息报告流程，确保信息沟通及时、准确，确保内部信息得到及时处理，确保内部信息报告机制能有效地发现舞弊行为，确保内部资料不被泄露，等等。

（2）核实信息的真实性和准确性。内部传递的信息能否满足使用者的需要，取决于信息是否“真实准确”。虚假或不准确的信息将严重误导信息使用者，甚至导致决策失误，造成损失。信息收集者和传递者应加强对信息源的核实与查验，确保信息与所要表达的现象和状况一致，若不能真实地反映所描述的经济事项，就不具有可靠性。

（3）注意信息的及时性和有效性。在信息传递过程中，企业必须做到在经济业务发生时及时进行数据搜集，尽快进行信息加工，形成有效形式，并尽快传输到指定地点和信息使用者。信息未能及时提供，或者信息不具有相关性，或者相关信息未被有效利用，都可能导致企业决策延误，经营风险增加，甚至可能使企业较高层次的管理陷入困境。信息收集者和传递者应关注信息的及时性与相关性，以便管理者对实际情况及时、有效地进行控制和矫正，从而提高信息支持决策的有效性。只有那些切合具体任务和实际工作、符合使用者需求的信息，才是具有使用价值的。

（4）做好涉密信息的保密工作。内部信息传递的服务对象仅限于内部利益相关者，即企业管理当局，因而具有一定的商业机密特征。企业内部的运营情况、技术水平、财务状况和有关重大事项等通常涉及商业秘密，内幕信息知情者（包括董事、监事、高级管理人员及其他涉及信息披露有关部门的涉密人员）都负有保密义务。这些内部信息一旦泄露，就可能使企业的商业秘密被竞争对手获知，导致企业处于被动境地，甚至造成重大损失。

二、内部信息传递的基本流程

内部信息通常以内部报告的形式传递，企业内部报告可分为定期报告和即时报告。定期报告是提供企业在某一时段内业务运转、生产经营和管理情况的周期性信息报告，形式有周报、月报、季报等。常见的内部定期报告有生产经营统计报告、财务相关报告、研发情况报告、设备运行报告、应收账款报告等。即时报告是企业在生产经营和管理过程中遇到的可能对企业运营产生重大影响的突发情况的相关说明等内部资料，例如，采购价格调整报告、质量事故说明等。

企业应加强内部报告管理，全面梳理内部信息传递过程中的薄弱环节，建立科学的内部信息传递机制，明确内部信息传递的具体要求，关注内部报告的有效性、及时性和安全性，促进内部报告的有效利用，充分发挥内部报告的作用。企业内部信息传递流程（图 5-2）包括建立内部报告指标、收集内外部信息、编制内部报告、审核内部报告、内部报告在规定范围内流转、内部报告有效使用及保密、内部报告的保管、内部报告的全面评估等步骤。

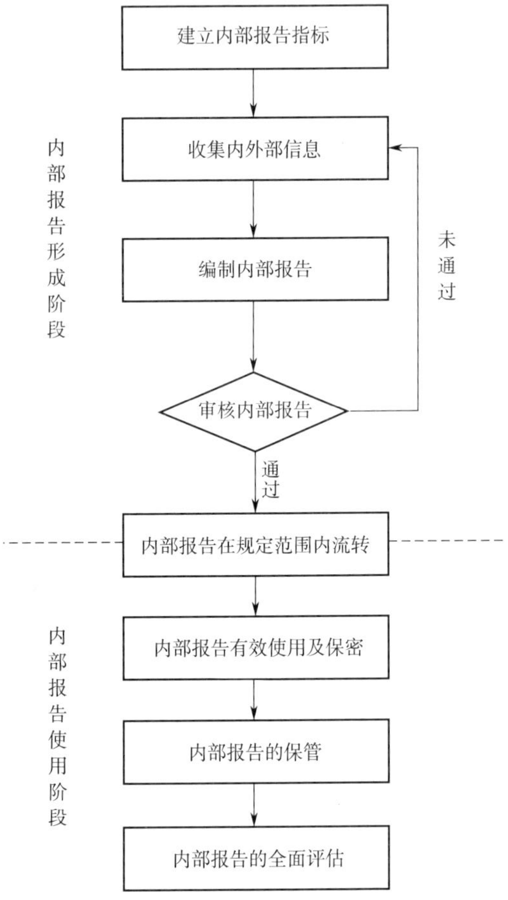

图 5-2　企业内部信息传递的流程

案例 5-3　优化管理会计报告体系　支持管理层实时有效决策[①]

A 公司是一家大型建筑企业，年施工能力超 1 000 亿元，生产规模以每年 10% 的速率攀升，旗下所属分支机构千余个，分布在全国 30 多个省市和境外 10 多个国家，管理链条长、业务数据分散、决策效率低下。A 公司于 2014 年搭建了财务共享平台，其间经过不断的升级改造，现在的财务共享平台已经发展成为企业的数据平台，同时作为管理会计体系信息化平台，实现了财务系统与多个业务系统的对接，正向着数字化、智能化的方向迈进，为实现数据实时共享、信息实时互通、数字赋能业务、业财共创价值的目标努力。A 公司协同财务与各业务部门，以财务共享平台为基础，集成现有数据管理软件，链接财务系统、资金系统、经管系统、劳务系统、物资系统、合同管理系统、人事系统等，通过业务流、资金流、信息流的畅通流转，实现数据的实时有效共享。A 公司重视数据的应用规划，借助强大的数据计算引擎，支持在线实时统计、分析，利用预算管理、风险管理、成本管理、绩效管理等管理会计工具，发现数据与业务之间的关系，从而对业务做出基于数据的判断。同时借助信息化平台，进一步发挥数据价值，按不同需求建立业务模型和财务分析模型，创建了管理型报表，搭建了管理驾驶舱，实现了多层面管理数据的报告和展示。模拟不同场景，通过业务数据的纵向穿透和横向协同，可追踪到各个板块各个重点业务单元，从而进行经营决策的调整，过程管理变得更为丰富。集团各层级之间数据可以实现共享，使得业务对接更加顺畅，数据分析更加高效，财务服务能力得到更大提升。

管理型报表利用财务共享平台与各系统的对接，通过从各系统提取数据，形成了实时的管理数据报告；管理驾驶舱则通过数字化、智能化运作，对管理会计数据进行了全方位展示。

三、内部信息传递的主要风险及控制措施

为了促进企业生产经营管理信息在内部各管理层级之间的有效沟通和充分利用，企业应全面梳理内部信息传递过程中的薄弱环节，找到内部信息传递的关键控制点，识别出各控制点的主要风险，给出应对措施，具体见表 5-1。

表 5-1　内部信息传递的关键控制点、主要风险及控制措施

关键控制点	主要风险	控制措施
建立内部报告指标	指标体系的设计未能结合企业的发展战略，指标体系级次混乱，与全面预算管理要求相脱节，并且设定后未能根据环境和业务变化进行调整	①认真研究企业的发展战略、风险控制要求和业绩考核标准，根据各管理层级对信息的需求和详略程度，建立一套级次分明的内部报告指标体系。 ②内部报告指标确定后应进行细化，层层分解，使企业中各责任中心及其各相关职能部门都有自己明确的目标。 ③内部报告需要依据全面预算的标准进行信息反馈，将预算控制的过程和结果向企业内部管理层报告，以有效控制预算执行情况、明确相关责任、科学考核业绩，并根据新的环境和业务，调整决策部署，更好地规划和控制企业的资产和收益，实现资源的最有效配置和管理的协同效应

① 蒋盛煌：《基于企业数字化的管理会计报告体系优化研究》，《管理会计研究》2022 年第 2 期。

续表

关键控制点	主要风险	控制措施
搜集内外部信息	搜集的内外部信息过于散乱，不能突出重点；内容准确性差，据此信息进行的决策容易误导经营活动决策，且获取内外部信息的成本过高，违背了成本效益原则	①根据特定服务对象的需求，选择信息搜集过程中重点关注的信息类型和内容。 ②对信息进行审核和鉴别，对已经筛选的资料做进一步的检查，确定其真实性和合理性。 ③应当在搜集信息的过程中考虑获取信息的便利性及获取成本，如果需要付出较大代价来获取信息，应当权衡其成本与信息的使用价值，确保所获取信息符合成本效益原则
编制及审核内部报告	内部报告未能根据各内部使用单位的需求进行编制，内容不完整，编制不及时，未经审核即向有关部门传递	①紧紧围绕内部报告使用者的信息需求，以内部报告指标体系为基础，编制内容全面、简洁明了、通俗易懂的内部报告，便于企业各管理层级和基层员工掌握相关信息，正确履行职责。 ②合理设计内部报告编制程序，提高编制效率，保证内部报告能在第一时间提供给相关管理部门。 ③建立内部报告审核制度，设定审核权限，确保内部报告信息质量
内部报告在规定范围内流转	缺乏内部报告传递流程，内部报告未按传递流程进行传递流转，内部报告流转不及时	①制定内部报告传递制度。企业可根据信息的重要性、内容等特征，确定相应的流转环节。 ②严格按设定的传递流程进行流转。企业各管理层对内部报告的流转应做好记录，对于未按照流转制度进行操作的事件，应当调查原因，并作相应处理。 ③及时更新信息系统，确保内部报告有效安全地传递。企业应在实际工作中尝试精简信息系统的处理程序，使信息在企业内部更快地传递
内部报告有效使用及保密	企业管理层在决策时并没有使用内部报告提供的信息，内部报告未能用于风险识别和控制，商业秘密通过企业内部报告被泄露	①企业在预算控制、生产经营管理决策和业绩考核时充分使用内部报告提供的信息。 ②企业管理层应通过内部报告提供的信息对企业生产经营管理中存在的风险进行评估，准确识别和系统分析企业生产经营活动中的内外部风险，涉及突出问题和重大风险的，应当启动应急预案。 ③应从内部信息传递的时间、空间、节点、流程等方面建立控制，通过职责分离、授权接触、监督和检查等手段防止商业秘密泄露
内部报告的保管	企业缺少内部报告的保管制度，内部报告的保管存放杂乱无序，重要资料的保管期限过短，保密措施不严	①建立内部报告保管制度，各部门应当指定专人按类别保管相应的内部报告。对影响较大、金额较高的内部报告一般要严格保管，如企业重大重组方案、企业债券发行方案等。 ②为了便于内部报告的查阅、对比分析，应改善内部报告的格式，提高内部报告的有用性。 ③企业对不同类别的报告应按其影响程度规定其保管年限，只有超过保管年限的内部报告方可予以销毁。对影响重大的内部报告，应当永久保管，如公司章程及相应的修改、公司股东登记表等。有条件的企业应当建立内部报告电子保管库，分性质，按照类别、时间、保管年限、影响程序及保密要求等分门别类储存电子形式的内部报告。 ④应当制定严格的内部报告保密制度，明确保密内容、保密措施、密级程度和传递范围，防止泄露商业秘密。有关公司商业秘密的重要文件要由企业较高级别的管理人员负责，至少由两人共同管理，放置在专用保险箱内。查阅保密文件，必须经该高层管理人员同意，由两人分别开启相应的锁具方可打开
内部报告的评估	企业缺乏完善的内部报告评价体系，对各信息传递环节和传递方式控制不严，针对传递不及时、信息不准确的内部报告缺乏相应的惩戒机制	①建立并完善企业对内部报告的评估制度，严格按照评估制度对内部报告进行合理评估，考核内部报告在企业生产经营活动中所起的真实作用。 ②为保证信息传递的及时准确，企业必须执行奖惩机制。对经常不能及时或准确传递信息的相关人员应当进行批评和教育，并与绩效考核体系挂钩

第三节　信息系统

一、信息系统概述

《企业内部控制应用指引第18号——信息系统》对企业信息系统进行了详细的规范，其中规定，信息系统是指企业利用计算机和通信技术，对内部控制进行集成、转化和提升所形成的信息化管理平台。信息系统内部控制是为了保证信息系统的合理性、可靠性和安全性，提高信息系统运营效率，确保信息准确、完整、可靠，有效保护信息资产，利用各种手段和技术，对信息系统实施的一系列控制程序和措施。信息系统内部控制的主要对象是信息系统，由计算机硬件、软件、人员、信息流和运行规程等要素组成。

信息系统属于一种控制手段，可以实现对业务自动化、实时化的控制，并有效减少人为违规操纵因素，从而起到赋能的作用，与此同时，信息系统又会带来新的风险，如果系统开发不合理、操作不规范或安全措施不到位，可能导致风险更加隐蔽、传播更加迅速、造成损失更大。因此，企业在实施内部控制时，必须加强对信息系统的内部控制。

建立和实施信息系统内部控制的主要目的在于防控风险。企业在规划、开发、运行和维护信息系统过程中，至少应当关注下列风险。

（1）信息系统缺乏或规划不合理，可能造成信息孤岛或重复建设，导致企业经营管理效率低下。

（2）系统开发不符合内部控制要求，授权管理不当，可能导致无法利用信息技术实施有效控制。

（3）系统运行维护和安全措施不到位，可能导致信息泄露或毁损，系统无法正常运行。

为有效应对上述风险，企业建立和实施信息系统内部控制应遵循以下总体要求。

（1）强调企业负责人对信息系统建设工作负责。信息系统建设是企业“一把手”工程，只有企业负责人站在战略和全局的高度亲自组织领导信息系统建设工作，才能统一思想、提高认识、加强协调配合，从而推动信息系统建设在整合资源的前提下高效、协调推进。

（2）指定专门机构对信息系统实施归口管理。鉴于信息系统在实施内部控制和现代化管理中具有十分独特而重要的作用，加之信息系统本身的复杂性和高风险特征，企业应当指定专门机构对信息系统建设实施归口管理，明确相关单位的职责权限，建立有效工作机制。

（3）选择适当的信息系统开发方式。信息系统的开发建设是信息系统生命周期中技术难度最大的环节。在开发建设环节，企业要将业务流程、内控措施、权限配置、预警指标、处理规则嵌入各类业务信息系统，促使各项经营管理决策和执行活动可控制、可追溯、可检查，因此开发建设的好坏直接影响信息系统的成败。开发建设主要有自行开发、外购调试、业务外包等方式。各种开发方式有各自的优缺点和适用条件，企业应根据自身实际情况合理选择。无论选择何种方式，信息系统建设实施归口管理部门都应负责牵头组织和实施监督检查。

（4）加强信息系统的日常运行维护。企业应制定信息系统使用操作程序、信息管理制度以及各模块子系统的具体操作规范，及时跟踪、发现和解决系统运行中存在的问题，确保信息系统按照规定的程序,制度和操作规范持续稳定运行;切实做好系统运行记录,尤其是对于系统运行不正常或无法运行的情况,应将异常现象、发生时间和可能的原因详细记录;重视系统运行的日常维护,在硬件方面,日常维护主要包括各种设备的保养与安全管理、故障的诊断与排除、易耗品的更换与安装等,这些工作应由专人负责;配备专业人员负责处理信息系统运行中的突发事件,必要时应会同系统开发人员或软硬件供应商共同解决。

(5)严格控制信息系统变更。企业应当建立标准流程来实施和记录系统变更,保证变更过程得到适当的授权与管理层的批准,并对变更进行测试。信息系统变更应当严格遵照管理流程进行。信息系统操作人员不得擅自进行软件的删除、修改等操作;不得擅自升级,改变软件版本;不得擅自改变软件系统的环境设置。系统变更程序(如软件升级)需要遵循与新系统开发项目同样的验证和测试程序,必要时还应当进行额外测试。企业应加强紧急变更的控制管理。企业应加强对将变更移植到生产环境中的控制管理,包括系统访问授权控制、数据转换控制、用户培训等。

(6)重视信息系统的安全保密工作。企业应当根据业务性质、重要性程度、涉密情况等确定信息系统的安全等级,建立不同等级信息的授权使用制度,采用相应技术手段保证信息系统运行安全有序。企业应当建立信息系统安全保密、泄密责任追究制度、用户管理制度和系统数据定期备份制度。企业应当采取安装安全软件等措施防范信息系统受到病毒等恶意软件的感染和破坏,加强网络安全,防范来自网络的攻击和非法侵入。企业应当加强对重要业务系统的访问权限管理,定期审阅系统账号,避免授权不当或存在非授权账号,禁止不相容职务用户账号的交叉操作。企业应当建立信息系统开发、运行与维护等环节的岗位责任制度和不相容职务分离制度,防范利用计算机舞弊和犯罪。

二、信息系统的基本流程

《企业内部控制基本规范》中的第四十一条强调了企业应当加强对信息系统开发与维护、访问与变更、数据输入与输出、文件储存与保管、网络安全等方面的控制,以确保信息系统安全稳定运行。企业应当充分重视信息系统在内部控制中的作用,根据内部控制的要求,并结合组织架构、业务范围、地域分布、技术能力等因素,制定信息系统建设的整体规划,增加投入力度,有序组织信息系统的开发、运行与维护,优化管理流程,防范经营风险,以全面提升企业的现代化管理水平。另外,企业还应当设立专门机构对信息系统建设实施归口管理,明确相关单位的职责权限,并建立有效的工作机制。企业可委托专业机构从事信息系统的开发、运行和维护工作,以确保信息系统的安全性和可靠性。信息系统建设的基本流程一般要经过信息系统规划期、信息系统开发期和信息系统运行与维护期三个主要阶段。信息系统建设各个阶段的主要工作如下。

(一)信息系统规划期

在信息系统规划期,企业主要应该考虑实现发展战略向信息化流程的转变。因此,企业需要将信息系统战略规划的管理控制作为出发点,分析企业流程,研究信息技术的发展趋势,实现信息系统战略规划与企业发展战略的匹配,并由此制定信息系统管理、业务和技术三个方面的规范。同时,信息系统管理部门与企业各个层面的管理者、业务部门和最终用户要进行充分的沟通，以实现业务需求向信息化流程的转移，在此基础上，根据信息系统规划进行项目立项和可行性研究，以确定信息系统建设方案。

信息系统规划包括战略规划和项目计划。

战略规划通常将完整的信息系统分成若干子系统，并分阶段建设不同的子系统。比如，制造企业可以将信息系统划分为财务管理系统、人力资源管理系统、MRP（销售、采购、库存、生产）系统、计算机辅助设计和制造系统、客户关系系统、电子商务系统等若干子系统。项目就是指本阶段需要建设的相对独立的一个或多个子系统。

项目计划通常包括项目范围说明、项目进度计划、项目质量计划、项目资源计划、项目沟通计划、风险对策计划、项目采购计划、需求变更控制、配置管理计划等内容。项目计划不是完全静止、一成不变的。在项目启动阶段，企业可以先制定一个较有原则的项目计划，确定项目主要内容和重大事项，然后根据项目的规模、性质以及进展情况进行调整、充实和完善。

（二）信息系统开发期

信息系统开发期的任务是完成软件的设计和实现，具体包括系统分析阶段、系统设计阶段、系统实施阶段三个阶段。

1. 系统分析阶段

系统分析又称用户需求分析。需求分析的目的是明确信息系统需要实现哪些功能。该项工作是系统分析人员和用户单位的管理人员、业务人员在深入调查的基础上，详细描述业务活动涉及的各项工作以及用户的各种需求，从而建立未来目标系统的逻辑模型。

2. 系统设计阶段

系统设计是根据系统分析阶段所确定的目标系统逻辑模型，设计出一个能在企业特定的计算机和网络环境中实现的方案，即建立信息系统的物理模型。系统设计包括总体设计和详细设计。总体设计的主要任务是：①设计系统的模块结构，合理划分子系统边界和接口；②选择系统实现的技术路线，确定系统的技术架构，明确系统重要组件的内容和行为特征，以及组件之间、组件与环境之间的接口关系；③数据库设计，包括主要的数据库表结构设计、存储设计、数据权限和加密设计等；④设计系统的网络拓扑结构、系统部署方式等。详细设计的主要任务包括：程序说明书编制、数据编码规范设计、输入输出界面设计等内容。

3. 系统实施阶段

系统实施阶段是编程和测试阶段。这个阶段的任务包括计算机等设备的购置、安装和调试、程序的编写与调试，人员培训，数据文件转换，系统调试与转换等。编程是将详细设计方案转换成某种计算机语言程序的过程。编程完成之后，要进行测试。测试主要有以下目的：①发现软件开发过程中的错误，分析错误的性质，确定错误的位置并予以纠正；②通过某些系统测试，了解系统的响应时间、事务处理吞吐量、载荷能力、失效恢复能力以及系统实用性等指标，以便对整个系统做出综合评价。

这里需要说明的是，开发建设主要有自行开发、外购调试、业务外包等方式。各种开发方式有其各自的优缺点和适用条件，企业应根据自身实际情况合理选择。

（1）自行开发。自行开发就是企业依托自身力量完成整个开发过程。其优点是开发人员熟悉企业情况，可以较好地满足本企业的需求，尤其是具有特殊性的业务需求。通过自行开发，还可以培养、锻炼自己的开发队伍，便于后期的运行和维护。其缺点是开发周期较长、技术水平和规范程度较难保证，成功率相对较低。因此，自行开发方式的适用条件通常是企业自身技术力量雄厚，而且市场上没有能够满足企业需求的成熟的商品化软件和解决方案。

（2）外购调试。外购调试的基本做法是企业购买成熟的商品化软件，通过参数配置和二次开发满足企业需求。其优点是：开发建设周期短；成功率较高；成熟的商品化软件质量稳定，可靠性高；专业的软件提供商具有丰富的实践经验。其缺点是：难以满足企业的特殊需求；系统的后期升级进度受制于商品化软件供应商产品更新换代的速度，企业自主权不强，较为被动。外购调试方式的适用条件通常是企业的特殊需求较少，市场上已有成熟的商品化软件和系统实施方案。大部分企业的财务管理系统、ERP 系统（企业资源规划系统）、人力资源管理系统等多采用外购调试方式。

（3）业务外包。信息系统的业务外包是指委托其他单位开发信息系统，其基本做法是企业将信息系统开发项目外包出去，由专业公司或科研机构负责开发、安装实施，企业直接使用。其优点是：企业可以充分利用专业公司的专业优势，量体裁衣，构建全面、高效满足企业需求的个性化系统；企业不必培养、维持庞大的开发队伍，相应节约了人力资源成本。其缺点是：沟通成本高，系统开发方难以深刻理解企业需求，可能导致开发出的信息系统与企业的期望有较大偏差；同时，由于外包信息系统与系统开发方的专业技能、职业道德和敬业精神存在密切关系，也要求企业必须加大对外包项目的监督力度。但是外包信息系统也可能泄露企业机密信息。业务外包方式的适用条件通常是市场上没有能够满足企业需求的成熟的商品化软件和解决方案，企业自身技术力量薄弱，或出于成本效益原则考虑不愿意维持庞大的开发队伍。

案例 5-4　江苏银行发布自研大语言模型平台①

随着人工智能技术的发展，以 ChatGPT 为代表的大语言模型展现出了巨大的应用潜能，同时引发了金融业对类似技术应用场景的广泛探索。近日，江苏银行自主研发的拥有最大 1 760 亿参数的大语言模型平台“智慧小苏”顺利投产，实现客服场景首次应用，为金融服务提质增效赋能。

据了解，大语言模型平台具有中文对话、提纲写作、摘要生成、信息抽取、数理推理等强大的多任务处理能力。江苏银行结合主流开源大语言模型，在“智慧小苏”中应用向量技术、自生成提示、人类反馈强化学习等，结合内部知识库与开源指令训练集，让“智慧小苏”具备接口服务能力。

在客户服务领域，当前传统的问答机器人存在知识库问题匹配不精确、提问语义理解不充分、上下文理解与答案抽取能力不足的三大痛点。对此，江苏银行在全国首家实现国内大语言模型在客户服务领域的试点应用，现阶段已对内部员工开放试用。“‘智慧小苏’平台赋能的智能客服能够充分理解客户提问，实时抽取分析知识库信息，精准定位关键知识点并形成系统性回复，大幅度提升对话体验。”江苏银行信息科技部相关负责人表示。

近年来，江苏银行以数智化建设集聚发展新动能，以业务与科技相互融合为目标，驱动

① 王珞：《江苏银行发布自研大语言模型平台 实现客服场景首次应用》，中证网，https://www.cs.com.cn/yh/04/202304/t20230420_6338850.html，访问日期：2023 年 4 月 20 日。

全行数字化转型。该行自 2023 年年初就开展了以 Codex 和 ChatGPT 为代表的大语言模型研究,探索代码编写等生产力场景的应用,并持续探索大语言模型及其配套技术方案在客户服务、日常办公等其他领域的应用场景。

"智慧小苏"平台还将与江苏银行的内部系统全方位整合,在智能决策、知识共享、软件开发、日常办公等领域辅助工作、提升质效,形成大语言模型应用生态链。未来,江苏银行将在大数据、人工智能等先进技术的应用场景探索上持续发力,打造更高效贴心的金融服务。

(三)信息系统运行与维护期

在系统投入运行后,企业要经常记录系统的运行情况,根据一定的标准对系统进行必要的修改,评价系统的工作质量和经济效益。信息系统的运行与维护主要包含三方面的内容:日常运行维护、系统变更和安全管理。

在信息系统开发的过程中,每一阶段有其独立的任务和成果,每一阶段使用规定的方法和工具,编制出阶段文档(阶段文档是阶段之间的管理控制点,需要经过正式的管理检验才能进入下一阶段工作;各阶段形成的文档资料共同构成了关于系统开发生命周期整体质量的审计证据)。前一阶段是后一阶段的基础和指导。只有完成了前一阶段的任务,才能进入下一阶段,不能跨越阶段。每个阶段完成后,都要进行复查。如果发现问题,要停止,沿着所经历的阶段返回。在实践中,上述开发阶段会被分解成若干子阶段,每个子阶段还能够被分解为特定开发工程更为详细的活动。

三、信息系统开发的主要风险点及其控制措施

根据《企业内部控制应用指引第 18 号——信息系统》的要求,信息系统开发至少应当关注下列风险:①信息系统缺乏或规划不合理,可能造成信息孤岛或重复建设,导致企业经营管理效率低下;②系统开发不符合内部控制要求,授权管理不当,可能导致无法利用信息技术实施有效控制。因此,企业在开发信息系统时,要针对关键控制点,识别出表 5-2 所示的信息系统开发的主要风险,并采取对应的控制措施。

表 5-2　信息系统开发的主要风险点及其控制措施

关键控制点	主要风险	控制措施
制定信息系统开发的战略规划	①缺乏战略规划或规划不合理,可能造成信息孤岛或重复建设,导致企业经营管理效率低下。 ②没有将信息化与企业业务需求结合起来,降低了信息系统的应用价值,如信息孤岛现象	①企业必须制定信息系统开发的战略规划和中长期发展计划,并在每年制定经营计划的同时制定年度信息系统建设计划,促进经营管理活动与信息系统的协调统一。 ②企业在制定信息化战略过程中,要充分调动和发挥信息系统归口管理部门与业务部门的积极性,使各部门广泛参与,充分沟通,提高战略规划的科学性、前瞻性和适应性。 ③信息系统战略规划要与企业的组织架构、业务范围、地域分布、技术能力等相匹配,避免相互脱节

续表

关键控制点		主要风险	控制措施
自行开发方式	项目计划环节	信息系统建设缺乏项目计划或者计划不当，导致项目进度滞后、费用超支、质量低下	①企业应当根据信息系统建设整体规划提出分阶段项目的建设方案，明确建设目标、人员配备、职责分工、经费保障和进度安排等相关内容，按照规定的权限和程序审批后实施。 ②企业可以采用标准的项目管理软件制定项目计划，并加以跟踪。 ③项目关键环节文档的编制应参照《GB/T 8567—2006 计算机软件文档编制规范》等相关国家标准和行业标准进行，以提高项目计划编制水平
	需求分析环节	①需求本身不合理，对信息系统提出的功能、性能、安全性等方面的要求不符合业务处理和控制的需要。 ②技术上不可行、经济上成本效益倒挂，或与国家有关法规制度存在冲突。 ③需求文档表述不准确、不完整，未能真实全面地表达企业的需求，存在表述缺失、表述不一致甚至表述错误等问题	①信息系统归口管理部门应当组织企业内部各有关部门提出开发需求，加强系统分析人员和有关部门的管理人员、业务人员的交流，经综合分析提炼后形成合理的需求。 ②编制表述清晰、表达准确的需求文档。 ③企业应当建立健全需求评审和需求变更控制流程
	系统设计环节	①设计方案不能完全满足用户需求，不能实现需求文档规定的目标。 ②设计方案未能有效控制建设开发成本，不能保证建设质量和进度。 ③设计方案不全面，导致后续变更频繁。 ④设计方案没有考虑信息系统建成后对企业内部控制的影响，导致系统运行后衍生新的风险	①系统设计负责部门应当就总体设计方案与业务部门进行沟通和讨论，说明方案对用户需求的覆盖情况；存在备选方案的，应当详细说明各方案在成本、建设时间和用户需求响应上的差异；信息系统归口管理部门和业务部门应当对选定的设计方案予以书面确认。 ②企业应当参照《GB/T 8567—2006 计算机软件文档编制规范》等相关国家标准和行业标准，提高系统设计说明书的编写质量。 ③企业应当建立设计评审制度和设计变更控制流程。 ④在系统设计时应当充分考虑信息系统建成后的控制环境，将生产经营管理业务流程、关键控制点和处理规程嵌入系统程序，实现手工环境下难以实现的控制功能。 ⑤应充分考虑信息系统环境下的新的控制风险。 ⑥应当针对不同的数据输入方式，强化对进入系统数据的检查和校验功能。 ⑦系统设计时应当考虑在信息系统中设置操作日志功能，确保操作的可审计性。 ⑧预留必要的后台操作通道，对于必需的后台操作，应当加强管理，建立规范的操作流程，确保足够的日志记录，保证对后台操作的可监控性
	编程和测试环节	①编程结果与设计不符。 ②各程序员编程风格差异大，程序可读性差，导致后期维护困难，维护成本高。 ③缺乏有效的程序版本控制，导致重复修改或修改不一致等问题。 ④测试不充分	①项目组应建立并执行严格的代码复查评审制度。 ②项目组应建立并执行统一的编程规范，在标识符命名、程序注释等方面统一风格。 ③应使用版本控制软件系统保证所有开发人员基于相同的组件环境开展项目工作，协调开发人员对程序的修改。 ④应区分单元测试、组装测试（集成测试）、系统测试、验收测试等不同测试类型，建立严格的测试工作流程，提高最终用户在测试工作中的参与程度，改进测试用例的编写质量、加强测试分析尽量采用自动化测试工具提高测试工作的质量和效率

续表

<table>
<tr><th colspan="2">关键控制点</th><th>主要风险</th><th>控制措施</th></tr>
<tr><td>自行开发方式</td><td>上线环节</td><td>①缺乏完整可行的上线计划，导致系统上线混乱无序。
②人员培训不足，不能正确使用系统，导致业务处理错误，或者未能充分利用系统功能，导致开发成本浪费。
③初始数据准备设置不合格导致新旧系统数据不一致、业务处理错误</td><td>①企业应当制定信息系统上线计划，并经归口管理部门和用户部门审核批准。上线计划一般包括人员培训、数据准备、进度安排应急预案等内容。
②系统上线涉及新旧系统切换的，企业应当在上线计划中明确应急预案，保证新系统失效时能够顺利切换回旧系统。
③系统上线涉及数据迁移的，企业应当制定详细的数据迁移计划，并对迁移结果进行测试。用户部门应当参与数据迁移过程，对迁移前后的数据予以书面确认</td></tr>
<tr><td rowspan="3">业务外包方式</td><td>选择外包服务商</td><td>由于企业与外包服务商之间本质上是一种委托 - 代理关系，合作双方的信息不对称容易诱发道德风险，外包服务商可能会实施损害企业利益的自利行为，如偷工减料、放松管理、信息泄密等</td><td>①企业在选择外包服务商时要充分考虑服务商的市场信誉、资质条件、财务状况、服务能力、对本企业业务的熟悉程度、既往承包服务成功案例等因素，对外包服务商进行严格筛选。
②企业可以借助外包业绩基准来判断外包服务商的综合实力。
③企业要严格执行外包服务审批及管控流程，对信息系统外包业务，原则上应采用公开招标等形式选择外包服务商，并实行集体决策审批</td></tr>
<tr><td>签订外包合同</td><td>由于合同条款不准确、不完善，可能导致企业的正当权益无法得到有效保障</td><td>①企业在与外包服务商签约之前，应针对外包可能出现的各种风险损失，恰当拟定合同条款，对涉及的工作目标、合作范畴、责任划分、所有权归属、付款方式、违约赔偿及合约期限等问题做出详细说明，并由法律部门或法律顾问审查把关。
②开发过程中涉及商业机密、敏感数据的，企业应当与外包服务商签订详细的“保密协定”，以保证数据安全。
③在合同中约定付款事宜时，应当选择分期付款方式，尾款应当在系统运行一段时间并经评估验收后再支付。
④应在合同条款中明确要求外包服务商保持专业技术服务团队稳定性</td></tr>
<tr><td>持续跟踪评价外包服务商的服务过程</td><td>企业缺乏外包服务跟踪评价机制或跟踪评价不到位，可能导致外包服务质量水平不能满足企业信息系统开发需求</td><td>①企业应当规范外包服务评价工作流程，明确相关部门的职责权限，建立外包服务质量考核评价指标体系，定期对外包服务商进行考评，并公布服务周期的评估结果，实现外包服务水平的跟踪评价。
②可引入监理机制，降低外包服务风险</td></tr>
<tr><td rowspan="2">外购调试方式</td><td>软件产品选型和供应商选择</td><td>①软件产品选型不当，产品在功能、性能、易用性等方面无法满足企业需求。
②软件供应商选择不当，产品的支持服务能力不足，产品的后续升级缺乏保障</td><td>①企业应当明确自身需求，对比分析市场上的成熟软件产品，合理选择软件产品的模块组合和版本。
②在软件产品选型时应广泛听取行业专家的意见。
③在选择软件产品和服务供应商时，不仅要评价其现有产品的功能和性能，还要考察其服务支持能力和后续产品的升级能力</td></tr>
<tr><td>服务提供商选择</td><td>服务提供商选择不当，削弱了外购软件产品的功能发挥，导致无法有效满足用户需求</td><td>在选择服务提供商时，不仅要考核其对软件产品的熟悉、理解程度，也要考核其是否深刻理解企业所处行业的特点、是否理解企业的个性化需求、是否有过相同或相近的成功案例</td></tr>
</table>

四、信息系统运行与维护的主要风险点及其控制措施

系统运行维护和安全措施不到位，可能导致信息泄露或毁损，系统无法正常运行。因此，企业在信息系统运行与维护时，要加强风险意识，及时识别表 5-3 所示的信息系统运行

与维护的主要风险，制定控制措施。

表 5-3 信息系统运行与维护的主要风险点及其控制措施

关键控制点	主要风险	控制措施
日常运行维护	①没有建立规范的信息系统日常运行管理规范，计算机软硬件的内在隐患容易爆发，可能导致企业信息系统出错。 ②没有执行例行检查，导致一些人为恶意攻击会长期隐藏在系统中，可能造成严重损失。 ③企业信息系统数据未能定期备份，可能导致损坏后无法恢复，从而造成重大损失	①企业应当制定信息系统使用操作程序、信息管理制度及各模块子系统的具体操作规范，及时跟踪、发现和解决系统运行中存在的问题，确保信息系统按照规定的程序、制度和操作规范持续稳定运行。 ②切实做好系统运行记录，尤其是对于系统运行不正常或无法运行的情况，应详细记录异常现象、异常发生的时间和可能原因。 ③企业要重视系统运行的日常维护。 ④配备专业人员负责处理信息系统运行中的突发事件，必要时应会同系统开发人员或软硬件供应商共同解决
系统变更	①企业没有建立严格的变更申请、审批、执行及测试流程，导致系统随意变更。 ②系统变更后的效果达不到预期目标	①企业应当建立标准流程来实施和记录系统变更，保证变更过程得到适当的授权与管理层的批准，并对变更进行测试。 ②系统变更程序（如软件升级）需要遵循与新系统开发项目同样的验证和测试程序，必要时还应当进行额外测试。 ③企业应当加强紧急变更的控制管理。 ④企业应当加强对将移植到生产环境中变更系统的控制管理，包括系统访问授权控制、数据转换控制、用户培训等
安全管理	①硬件设备分布物理范围广，设备种类繁多，安全管理难度大，可能导致设备生命周期短。 ②业务部门信息安全意识薄弱，对系统和信息安全缺乏有效的监管手段。 ③对系统程序的缺陷或漏洞安全防护不够，遭受黑客攻击时会造成信息泄露。 ④对各种计算机病毒防范清理不力，导致系统运行不稳定甚至瘫痪。 ⑤缺乏对信息系统操作人员的严密监控，可能导致舞弊和利用计算机犯罪	①建立信息系统相关资产的管理制度，保证电子设备的安全。 ②应成立专门的信息系统安全管理机构，由企业的主要领导负责，加强企业信息安全管理。 ③企业应当按照国家相关法律法规及信息安全技术标准，制定信息系统安全实施细则。 ④应当有效利用信息技术手段，对硬件配置调整、软件参数修改严加控制。 ⑤企业委托专业机构进行系统运行与维护管理的，应当严格审查其资质条件、市场声誉和信用状况等，并与其签订正式的服务合同和保密协议。 ⑥企业应当采取安装安全软件等措施防范信息系统受到病毒等恶意软件的感染和破坏。 ⑦企业应当建立数据定期备份制度，明确备份范围、频度、方法、责任人、存放地点、有效性检查等内容。 ⑧企业应当建立信息系统开发、运行与维护等环节的岗位责任制度和不相容职务分离制度（系统开发建设人员、系统管理和维护人员、系统操作使用人员），用以防范利用计算机舞弊和犯罪。 ⑨企业应积极开展信息系统风险评估工作，定期对信息系统进行安全评估及时发现系统安全问题并加以整改
系统终结	①因经营条件发生剧变，数据可能泄露。 ②信息档案的保管期限不够长	①要做好善后工作，将废弃系统中有价值或涉密的信息进行销毁、转移。 ②严格按照国家有关法律制度和对电子档案的管理规定，妥善保管相关信息档案

第四节　反舞弊机制

一、反舞弊的意义

信息沟通机制不畅通会产生信息不对称问题，舞弊产生的机会就会增大。舞弊是企业董事、监事、经理、其他高级管理人员、员工或第三方使用欺骗手段获取不当或非法利益的故意行为，它是企业应重点控制的领域之一。建立反舞弊机制对于企业防范、发现和处理舞弊行为具有重要意义。

企业反舞弊是对企业内部舞弊现象或缺陷，通过相关渠道向企业管理层进行传达的过程，确保对企业内部控制实施有效的监控。《企业内部控制基本规范》第四十二条指出，企业应当建立反舞弊机制，坚持惩防并举、重在预防的原则，明确反舞弊工作的重点领域、关键环节和有关机构在反舞弊工作中的职责权限，规范舞弊案件的举报、调查、处理、报告和补救程序。由此可知，反舞弊的主要目标是：为管理层建立预防、识别企业舞弊风险的内部控制措施与程序，对舞弊或违法行为采取必要的措施。

要理解反舞弊的重要意义，还需要了解舞弊的危害。舞弊行为给企业带来重大损失、增加企业营运成本的同时，也会沉重打击投资者对企业的信任和社会公众对资本市场的信心，同时也违背了社会主义核心价值观，影响了社会主义市场经济的可持续发展。因此，无论从内部控制角度还是合规管理角度，反舞弊都是其中重要的、不可或缺的核心内容。反舞弊机制的构建和实施，不仅可以进一步完善企业制度流程，减少企业经济损失，维护企业品牌形象，打造廉洁企业文化，推动企业可持续发展，而且也有助于改善营商环境、净化社会风气、促进经济发展、弘扬社会主义核心价值观。

案例 5-5　中集集团的三类舞弊治理措施[①]**（思政案例）**

中国国际海运集装箱（集团）股份有限公司（简称：中集集团），于 1980 年 1 月创立于深圳，由招商局与丹麦宝隆洋行合资成立，初期由宝隆洋行派员管理，是改革开放后最早成立的中欧合资企业。1994 年公司在深圳证券交易所上市，2012 年 12 月在香港联交所上市，目前是 A+H 股公众上市公司，主要股东为招商局集团、中远集团和弘毅投资等。中集集团注重构建高效的治理结构，长期以来对于技术创新和管理效率的不懈追求，使得中集集团快速成长为在全球物流装备和能源装备制造等多个行业具有领先地位的企业。公司致力于如下主要业务领域：集装箱、道路运输车辆、能源化工及食品装备、海洋工程、物流服务、空港设备等，提供高品质与可信赖的装备和服务；还设有提供专业资金管理的财务公司，以及提供金融解决方案的融资租赁公司。作为一家为全球市场服务的多元化跨国产业集团，中集集团在亚洲、北美洲、欧洲、大洋洲等地区拥有 300 余家成员企业及 3 家上市公司，6 万多员工，客户和销售网络分布在全球 100 多个国家和地区。近十年来，中集总资产、净资产、销售额和净利润的年平均增长率始终维持在较高水平。

中集集团本着“诚信为本、自强不息”的企业精神，致力于企业廉洁从业氛围的营造和

① 资料来源：企业反舞弊联盟官网，https://www.fanwubi.org/Common/MemContent.aspx?MemID=MTU。

内部控制体系的完善,形成了行业领先的廉洁风险防控体系。近年在公司治理、内控审计领域的主要里程碑事项如下。

中集集团内设审计监察部,作为制定廉洁制度、执行内部审计监督、督导内控建设、调查舞弊事件并监督履职人员从业行为的专门机构,以实现对本集团风险的全方位控制。目前,集团纪委书记兼任审计监察部总经理,纪委办公室和监察分部合署办公,为集团建设廉洁健康的企业文化提供了坚强的领导和有力的组织保障。根据舞弊由动机(或压力)、机会和借口三要素产生的铁三角理论,中集集团制定了三类舞弊治理措施,即通过体系化的宣传与教育,制度的建立与完善、惩治与执法手段,不断提高员工的舞弊风险防范意识,致力于营造“不想舞弊、不能舞弊、不敢舞弊”的反舞弊大环境。

一、“不想舞弊”

中集集团注重开展全方面、多层次的廉洁从业警示教育和宣贯工作。定期对内部晋升人员和外部招聘的管理人员进行“中集集团干部的护身宝典——廉洁从业警示集”的培训;定期对新员工进行“企业内部控制与风险管理”的培训,培训内容包括对销售、采购等典型舞弊案件的剖析和警示;近年集团下属重点企业邀请所在地检察院给企业进行了廉洁从业专题培训;集团还以在线学习、在线答题的方式开展廉洁从业制度宣贯活动,集团及成员企业相关高管人员全体参加;重大节日来临之前,集团纪委发布《关于重申反对节日期间收受节礼等不正之风的通知》。通过警钟长鸣,从正面积极营造风清气正的廉洁从业环境,帮助员工养成“不想舞弊”的自律习惯,坚守职业底线,正确对待各种诱惑利益,避免误入歧途。

二、“不能舞弊”

要想将“不想舞弊”、上升为“不能”,必须配以有效的监督和制衡机制,使得“不能舞弊”成为可能。为健全监督制度和内控体系,近几年,中集集团制定发布了《内部控制制度》《干部及敏感岗位人员监察制度》《干部及敏感岗位人员廉洁从业规定》《监察投诉举报管理办法》《董事、职员行为守则》《关于党员干部员工在商(公)务活动中收受礼品礼金的管理办法》等。通过书面的政策和程序严格管控舞弊风险,同时还定期对舞弊风险级别高的重点部门、敏感岗位以及生产经营的薄弱环节,分类开展舞弊风险点识别及内控建设,控制舞弊的机会要素。

三、“不敢舞弊”

为有效遏制舞弊行为的产生,中集集团每年组织集团总部及所有成员企业的干部和敏感岗位员工签署《廉洁从业声明》,庄重承诺在从业过程中杜绝行贿受贿,并有专门的事后监督查办。为及时发现舞弊风险,防止“舞弊”有可乘之机,中集集团明确规定监察举报的渠道和内容,建有内外部举报投诉平台,并在高危岗位人员名片上印有廉政举报热线,受理任何人的举报。为防止小节不惩,大节必生,定期对干部开展任期审计、评优和晋升前实施监察,有舞弊行为的,取消评优、晋升资格,并按员工奖惩管理、内部行政处罚规定处理,涉嫌触犯刑法的,移送司法机关处理,绝不姑息养奸。同时,在审计过程中一旦发现被审单位存在重大舞弊行为,即可行使内控达标和考核的一票否决权。通过自我承诺、受理举报和严厉的处罚措施“三管齐下”,强化“不敢舞弊”的效力。

二、反舞弊的工作重点

企业至少应当将下列4项情形作为反舞弊工作的重点。

（1）未经授权或者采取其他不法方式侵占、挪用企业资产，牟取不当利益。例如，管理人员利用职务之便，把企业资产贱卖给他人从中套取好处；企业员工经常私用公车等。企业应关注和监督重大不寻常交易及各管理层级的审批、授权、认证等，防止企业资产被侵占、资金被挪用等现象的发生。

（2）在财务报告和信息披露等方面存在虚假记载、误导性陈述或重大遗漏等。例如企业编制虚假财务报告以获得银行贷款；上市公司发布虚假财务报告以操纵股价，从股价波动中获利等。审计委员会应复查内部审计收集的信息，监督管理层对财务报告施加不当影响的行为、审核企业的重大会计政策变更和异常会计事项，防止虚假财务报告的出现。

（3）董事、监事、经理及其他高级管理人员滥用职权。因为信息不对称，董事、监事经理及其他高级管理人员可能发生道德风险和逆向选择，滥用职权是其中的表现之一，是内部控制较难控制的行为。企业应健全公司治理机制，做好高管团队的激励和约束工作。

（4）相关机构或人员串通舞弊。如果忽视对员工的正直、诚信及道德价值观的培育和教化，或者内部监督、监察不到位，就很可能发生相关机构或人员串通舞弊的情况，不相容岗位分离控制就会失效。

案例5-6　大疆反舞弊公告[①]

网上传出无人机巨头大疆创新的内部反腐败公告。公告显示，大疆近期处理多名涉嫌严重贪腐的人员，2018年由于供应链贪腐造成平均采购价格超过合理水平20%以上，保守估计造成超过10亿元人民币损失。

大疆在公告中披露，目前公司已处理涉嫌腐败和渎职行为的员工共计45人，其中涉及供应链决策腐败的研发、采购人员最多，共计26人；销售、行政、售后、工厂共计19人。问题严重移交司法处理的有16人，直接开除的共计29人。

大疆方面向记者确认，1月17日晚间公司确实发布了上述公告。大疆相关负责人表示，公司对于诚信反腐的建设一直非常重视，此前也有对违规行为的查处和纠正，此次确实涉及面较广，金额较大，公司成立了专门的反腐小组来深入调查，并开展诚信文化建设。“大疆不会因为发展速度快就宽容腐败，也不会因为腐败就停下发展的脚步。”

三、反舞弊的主要措施

围绕上述反舞弊的主要风险，企业应建立健全如下控制措施。

（1）加强反舞弊机制建设，包括对员工进行道德准则培训，并设立员工信箱、投诉热线等渠道，鼓励员工及其他利益相关方举报和投诉企业内部的违法违规、舞弊行为。

（2）审计委员会应对搜集的信息进行复查，监督管理层对财务报告的干预、重大不寻常交易等行为，防止资产侵占、资金挪用、虚假财务报告、滥用职权等行为的发生。

① 陆一夫：《大疆反腐：涉嫌腐败和渎职行为共45人》，新京报网，https：//m.bjnews.com.cn/detail/154780093414328.html，访问日期：2019年1月18日。

(3)建立反舞弊情况通报制度,定期召开反舞弊情况通报会,由审计部门通报情况,分析形势,评价现有措施和程序。

(4)建立举报投诉制度和举报人保护制度。举报投诉制度和举报人保护制度应当及时传达至全体员工。舞弊通常由企业内部员工或利益相关方举报发现的。因此,企业应建立有效的举报机制和保护举报人的管理机制,以维护举报渠道和保护举报人的合法权益,并让举报人愿意与企业合作。建议从以下几点入手:①建立高层重视并参与的举报管理机制,同时设立独立专业的举报信息处理部门;②提供多种举报方式,并通过适当的方式公布,让潜在举报者了解举报流程和方式;③建立举报人保护管理机制,保密举报人信息,采取必要措施确保其合法权益不受侵犯,并考虑给予举报人一定奖励;④企业还应该对借用举报实施打击报复等行为的"捣乱者"进行必要处罚。在调查过程中,也要充分考虑对被举报员工的保护,避免对无辜人员造成伤害。

案例 5-7 TCL2020 年反舞弊通报[①]

TCL 要求员工重信守诺、求真务实、廉洁自律,并制定了"TCL 十条红线":以权谋私,滥用职权,违规关联交易,违规投资或兼职,严重违反财务纪律,违规担保,泄露商业秘密,"违反品牌、商标和字号管理规定",发生重大事故或不良事件,妨碍监督或包庇违法乱纪行为。

TCL 对于违法乱纪、触犯红线、损害企业利益的行为,秉持"零容忍"态度,重拳打击。2020 年,TCL 共查处触犯"红线"案件 27 宗,其中 29 人被开除,8 人因涉嫌违法犯罪被移送司法机关,4 人已被判刑,20 人被录入中国企业反舞弊联盟和阳光诚信联盟"失信员工"信息系统。同时,TCL 建立了舞弊举报渠道,员工和社会各界可通过举报邮箱对 TCL 员工涉嫌违规违纪违法的问题进行监督举报。

TCL 通过定基调、定规则、重执行等手段,优化控制环境,控制舞弊风险。

企业要从上至下制定清晰的反舞弊原则和具有威慑性的惩罚措施,尽可能使舞弊成本显著大于舞弊收益,进而抑制舞弊行为的发生。企业对舞弊的零容忍态度是建立健康内控环境的重要组成部分,就好似人体免疫系统,免疫系统一旦发现"病毒",就会立即发起"攻击",这样才能使机体保持健康。

四、反舞弊调查程序

反舞弊调查程序通常包括四个阶段:接收举报、初步核实、立案调查和结案处理。在接收举报及初步核实阶段,企业通过设立举报热线等方式接收举报内容,并对举报内容进行初步核实,以确定是否需要立案调查。如果决定启动立案调查,就需要预估调查所需资源、时间,并制定详细的工作计划。在立案调查阶段,关键是获取证据,可以采取电子取证和数据收集、第三方背景调查、文件验证、线索整理、盘问、实地走访和访谈等方式。在结案处理阶段,主要针对调查结果提出处理意见,并上报给管理层做出决策。

① 资料来源:TCL 动态微信公众号。

思考题

1. 信息系统的开发方式主要有哪些？
2. 内部信息传递有几个阶段？各个阶段分别包括什么内容？
3. 内部沟通对企业有什么意义？
4. 反舞弊机制在企业内部控制中的作用有哪些？

第六章　内部监督

学习目标

知识目标：了解内部监督机构的分类，理解审计委员会、监事会、内部审计机构、内部控制机构在内部监督方面的职责分工；了解日常监督和专项监督的定义，并理解两者的区别与联系。

技能目标：掌握内部监督的程序，能够熟练掌握并运用内部监督方法进行有效的内部监督。

思政目标：分析华为三道防线监督体系防范腐败的案例，塑造责任意识、底线思维、强化反舞弊的职业操守；深入领会习近平总书记在二十届中央审计委员会第一次会议重要讲话的精神，树立审计监督及相关职业理想，深刻认识内部监督的重要意义。

引例　内部控制三道防线监督体系防范企业腐败、增加企业价值[①]（思政案例）

2016年12月1日，华为董事长任正非在公司监督体系座谈会上发表讲话。他说，华为建立起这支监管队伍不容易。一个组织要有铁的纪律，没有铁的纪律就没有持续发展的力量。华为最优秀的一点，就是将17万名员工团结在一起，形成了一股力量。公司发展这么快，腐败这么少，得益于我们在管理和控制领域做出的努力。华为不因为腐败而不发展，也不因为发展而宽容腐败。华为发展得越快，管理覆盖就越不足，暂时的漏洞也会越多，因此，我们设置了内部控制的三道防线。

第一道防线，业务主管。业务主管作为内部控制的第一责任人，在流程中要加强内部控制意识和能力，不仅要做到流程的环节遵从，还要做到流程的实质遵从。流程的实质遵从就是行权质量。落实流程责任制，流程管理者要真正承担内部控制和风险监管的责任，95%的风险要在流程化作业中解决。业务主管必须具备两个能力，一个是创造价值的能力，另一个是做好内部控制的能力。

第二道防线，内部控制及风险监管的行业部门。第二道防线针对跨流程、跨领域的高风险事项进行拉通管理，既要负责方法论的建设及推广，也要做好各个层级的赋能。稽查体系聚焦事中，是业务主管的帮手，不能越俎代庖。业务主管仍是管理的责任人，稽查体系是要帮助业务主管成熟地管理好自己的业务，发现问题、推动问题改进、有效地闭环问题。稽查和内部控制的作用是在帮助业务完成流程化作业的过程中实现监管。内部控制的责任不在稽查部，也不在内部控制部，这点一定要明确。

第三道防线，内部审计部。内部审计部是司法部队，通过独立评估和事后调查建立冷威慑。审计抓住一个缝子，不依不饶地深查到底，旁边碰到有大问题也暂时不管，沿着这个小

---

① 节选自《任正非谈华为内部监管：绝对的纯洁不存在！》，搜狐网，https://www.sohu.com/a/125437276_394074，访问日期：2017年2月4日。

问题把风险查清、查透。一个是纵向的，一个是横向的，没有规律，不按大小来排队，抓住什么就查什么，这样建立冷威慑。冷威慑，就是让大家都不要做坏事，也不敢做坏事。内部控制、监管并不是减慢流程速度，而是让流程在顺畅后速度更快监督体系本身是公司很重要的支柱之一，没有这个支柱，华为怎么会有明天？而且，明天的情况会更复杂、更艰难，做好监管更不容易。你们也要传帮带，让更多新人一代代涌入，华为不能在我们的手里终结。华为最宝贵、最伟大的财富就是管理平台，如果华为的生命终结，那么这个平台也就一文不值了。所以我们一定要维持生存，维持生存的根本就是不能腐败！

内部监督是内部控制的构成要素之一，同时又对内部控制的其他要素进行监控，是保障内部控制有效性的关键。《企业内部控制基本规范》第四十四条规定，企业应当制定内部控制监督制度，明确内部审计机构（或经授权的其他监督机构）和其他内部机构在内部监督中的职责权限，规范内部监督的程序、方法和要求。

第一节　内部监督的机构及职责

按照监督主体的职责和性质，内部监督机构可以分为专职的内部监督机构和其他机构两类。在确保内部监督客观性方面，有两个主要方面需要考虑。首先，应该由独立于控制执行的机构来进行内部监督，这些机构可以是审计委员会、监事会、内部审计机构或内部控制机构等。其次，除了日常监督和专项监督外，企业内部的每个机构和个人在内部控制的建立和实施过程中都应承担相应的监督职责。

一、内部监督体系的构成

（一）专职的内部监督机构

为了确保内部监督的客观性，内部监督工作应由独立于内部控制执行的机构来执行。一般情况下，企业可以授权内部审计机构承担内部控制监督检查的职能。然而，当内部审计机构因人力不足、力量薄弱等原因无法充分履行监督职责时，企业可以成立专门的内部监督机构，或授权其他监督机构（如监察部门等）来执行相应的职责。专职的内部监督机构应开展日常监督和专项监督，对内部控制有效性做出总体评价，提出整改计划，并督促其他有关机构进行整改。

（二）其他机构

企业内部任何一个机构甚至个人，在内部控制建立与实施过程中都需承担相应的监督职责。例如，人力资源部门设置招聘审核环节，对招聘过程进行监督，确保招聘活动的公平性和合规性；财会部门对采购部门的付款行为、销售部门的赊销行为等负有监督责任；生产部门设置质量控制岗位，对产品质量具有监督功能。企业在组织结构设计和运行阶段要明确内部各机构、各职位的内部监督关系，以便履行监督职能。内部各机构的监督应在自身职责范围内负责内部控制的具体业务操作规程和权限设计，并在日常工作中严格执行。

二、各内部监督机构的具体职责

中国企业内部监督体系规范主要体现在《中华人民共和国公司法》《上市公司治理准则》以及《企业内部控制基本规范》中，从这三项法律、法规的相关规定中可以看出，我国企业内部监督体系是由审计委员会、监事会和内部审计机构共同组成的。

（一）审计委员会的监督职责

审计委员会在企业内部监督体系中居于主导地位，《企业内部控制基本规范》第十三条规定："企业应当在董事会下设立审计委员会。审计委员会负责审查企业内部控制，监督内部控制的有效实施和内部控制自我评价情况，协调内部控制审计及其他相关事宜等。审计委员会负责人应当具备相应的独立性、良好的职业操守和专业胜任能力。"

2018 年 9 月，证监会发布了新修订的《上市公司治理准则》，对审计委员会的主要职责作了进一步强化。其中，第三十九条明确了审计委员会的主要职责，具体包括：①监督及评估外部审计工作，提议聘请或者更换外部审计机构；②监督及评估内部审计工作，负责内部审计与外部审计的协调；③审核公司的财务信息及其披露；④监督及评估公司的内部控制；⑤负责法律法规、公司章程和董事会授权的其他事项。

（二）监事会的监督职责

《中华人民共和国公司法》《上市公司治理准则》和《企业内部控制基本规范》对监事会的监督职能均有明确规定，足见监事会在中国企业内部监督体系中占有重要地位。《企业内部控制基本规范》指出："监事会对董事会建立与实施内部控制进行监督。"2018 年为进一步规范上市公司运作，证监会修订了《上市公司治理准则》，其中，第四十七条规定："监事会依法检查公司财务，监督董事、高级管理人员履职的合法合规性，行使公司章程规定的其他职权，维护上市公司及股东的合法权益。监事会可以独立聘请中介机构提供专业意见。"第五十条规定："监事会发现董事、高级管理人员违反法律法规或者公司章程的，应当履行监督职责，并向董事会通报或者向股东大会报告，也可以直接向中国证监会及其派出机构、证券交易所或者其他部门报告。"

2018 年 10 月全国人大修订的《中华人民共和国公司法》也进一步明确了监事会的设立、组成、职权等相关事项，有关监事会的内容涉及第五十一条："有限责任公司设监事会，其成员不得少于三人。股东人数较少或者规模较小的有限责任公司，可以设一至二名监事，不设监事会。……董事、高级管理人员不得兼任监事。"第五十三条规定监事会、不设监事会的公司的监事行使下列职权：①检查公司财务；②对董事、高级管理人员执行公司职务的行为进行监督，对违反法律、行政法规、公司章程或者股东会决议的董事、高级管理人员提出罢免的建议；③当董事、高级管理人员的行为损害公司的利益时，要求董事、高级管理人员予以纠正；④提议召开临时股东会会议，在董事会不履行本法规定的召集和主持股东会会议职责时召集和主持股东会会议；⑤向股东会会议提出提案；⑥依照本法第一百五十一条的规定，对董事、高级管理人员提起诉讼；⑦公司章程规定的其他职权。

（三）内部审计机构的监督职责

内部审计机构负责审查和评估企业的内部控制体系，确保其设计合理、运行有效，并能够及时发现和防止潜在的风险和问题。内部审计机构通过监督和指导，协助企业改进内部控制体系，推动内部控制的持续优化和完善。企业应当保证内部审计机构具有相应的独立性，并配备与履行内部审计职能相适应的人员和工作条件。内部审计机构不得置于财会机构的领导之下或者与财会机构合署办公。内部审计机构依照法律规定和企业授权开展审计监督。内部审计机构对审计过程中发现的重大问题，视具体情况，可以直接向审计委员会或者董事会报告。

2018 年 1 月 12 日，审计署发布了新修订的《审计署关于内部审计工作的规定》，第三条重新界定了内部审计："本规定所称内部审计，是指对本单位及所属单位财政财务收支、经济活动、内部控制、风险管理实施独立、客观的监督、评价和建议，以促进单位完善治理、实现目标的活动。"该文件第六条强调："国家机关、事业单位、社会团体等单位的内部审计机构或者履行内部审计职责的内设机构，应当在本单位党组织、主要负责人的直接领导下开展内部审计工作，向其负责并报告工作。国有企业内部审计机构或者履行内部审计职责的内设机构应当在企业党组织、董事会（或者主要负责人）直接领导下开展内部审计工作，向其负责并报告工作。国有企业应当按照有关规定建立总审计师制度。总审计师协助党组织、董事会（或者主要负责人）管理内部审计工作。"

案例 6-1　进一步推动审计工作高质量发展（思政案例）[①]

"做好新时代新征程审计工作，总的要求是在构建集中统一、全面覆盖、权威高效的审计监督体系，更好发挥审计监督作用上聚焦发力"。

在这篇重要讲话中，习近平总书记明确提出做好新时代新征程审计工作总的要求，强调"具体要做到'三个如'"。

（1）审计监督要集中统一，做到"如臂使指"。坚持和加强党的全面领导是做好审计工作的根本保证，是审计监督的最大信心和最大底气。党中央集中统一领导是审计工作最高政治统领和最大政治规矩。习近平总书记深刻指出："我们强调审计监督要集中统一，就是坚持和加强党中央对审计工作的集中统一领导，审计工作按照党中央的要求，指哪儿打哪儿，打哪儿成哪儿，就像胳膊指挥手指那样，得心应手、使用自如。"这就要求，一方面在审计系统内部形成上下贯通、步调一致的全国一盘棋，统一思想、统一意志、统一行动；另一方面要增强审计的政治属性和政治功能，提高政治能力，把党中央意图和部署把握准、领会透、落实好，保障党中央令行禁止。

（2）审计监督要全面覆盖，做到"如影随形"。审计全覆盖是党中央、国务院交给审计的重大政治任务，必须把握形式与内容、数量与质量的辩证统一。习近平总书记深刻指出："我们强调审计监督要全面覆盖，就是消除监督盲区和死角，做到应审尽审、凡审必严、严肃问责，让审计对象感到审计像影子一样时时在身边，时时有'头顶三尺有监督，不畏人知畏审计'的自觉。"这就要求，在形式上，对所有管理使用公共资金、国有资产、国有资源的地方、部门和单位的审计监督权无一遗漏、无一例外，形成常态化、动态化震慑；在内容上，兼顾质量和效率，以重点区域、重点领域、重点单位、重点人员的深度监督，形成实际的、实质的震慑。

---

① 《求是》编辑部：《新时代新征程审计工作高质量发展的根本指引》，《求是》2023 年第 21 期。

(3)审计监督要权威高效,做到"如雷贯耳"。实践充分证明,审计发现问题及其最终解决是由各方力量共同促成的,仅凭某一家单打独斗是不行的。习近平总书记深刻指出:"我们强调审计监督要权威高效,就是审计通过自身的努力赢得良好声誉,各个方面都信任审计、支持审计、配合审计,让审计监督能够顺畅实施、审计成果能够高效运用、审计作用能够有效发挥。"这就要求,一方面必须苦练内功,坚持依法审计,做实研究型审计,发扬斗争精神,增强斗争本领,打造经济监督的"特种部队",把问题查准、查深、查透;另一方面做好审计监督与其他监督的贯通协同,形成监督合力,做到整改到位、处理到位、问责到位。

"审计的'尚方宝剑'是党中央授予的,必须对党中央负责,当好党之利器、国之利器。"习近平总书记提出两方面要求:一要完整、准确、全面理解和落实党中央对审计工作的部署要求,坚持敢审敢严,以党中央决策部署为标尺,以法律法规为准绳,该出手时就出手,把问题原原本本揭示出来;二要完整、准确、全面向党中央报告审计发现的问题,坚持敢说敢言,不受任何利益驱使,不向任何力量屈服,也不去揣摩领导想法,把问题原原本本报告上来。

"各级党委和政府、有关部门和单位对审计的理解支持不能停留在口头上,要落实到实际行动中。"习近平总书记反复强调,各地区各部门特别是各级领导干部要积极主动支持配合审计工作,依法自觉接受审计监督。在这篇重要讲话中,总书记再次强调:"对审计要有正确清醒的认识,虚心接受审计指出的问题,认真采纳审计提出的建议,要有这个胸怀和雅量,不能遮丑护短甚至是对抗。"

(四)会计机构的监督职责

会计监督,是指会计机构和会计人员凭借经授权的特殊地位和职权,依照特定主体制定的合法制度,对特定主体经济活动过程及其资金运动进行综合、全面、连续、及时的监督,以确保各项经济活动的合规性、合理性,保障会计信息的相关性、可靠性和可比性从而达到提高特定主体工作效益的目的。

会计监督是会计的基本职能之一,会计监督是企业内部监督体系的重要组成部分。有效的会计监督,可以及时发现经济活动中的问题和风险,防止舞弊和错误的发生,确保企业的经济活动符合法律法规的要求,提供准确可靠的财务信息,为企业的决策提供有力支持。同时,会计监督还有助于规范企业的财务管理,提高财务管理水平,增强企业的竞争力和可持续发展能力。《中华人民共和国会计法》确立了我国会计监督的基本框架。

第二节 内部监督的程序

一、建立健全内部监督制度

由于内部控制制度由人设计,所以难免存在漏洞;而内部控制制度靠人执行,因此在执行过程中可能会出现偏差。企业管理层需要实施必要的监督检查来确保内部控制的持续和有效运行。为此,企业需要建立健全内部监督制度,一方面通过内部监督可以检查出制度设计的漏洞,及时修订制度,堵住漏洞;另一方面通过内部监督可以发现内部控制制度执行环节的偏差,及时采取措施纠正偏差。内部监督制度的主要内容包括但不限于:明确组织架构、岗位设置、岗位职责、相关权限、工作流程及方法、信息沟通的方式以及各种表格及报告样本等。

二、制定内部控制缺陷标准

具有内部控制监督职能的部门在执行监督和检查工作之前，先要明确监督的目的和要求，监督的直接目的是检验内部控制制度的执行效果，最终结果是服务于内部控制目标，内部监督的基本要求是查找内部控制缺陷，因此，明确内部控制缺陷的认定标准是内部监督工作的关键步骤，它直接影响内部监督工作的效率和效果。在内部监督过程中，监督部门要对内部控制缺陷的种类、性质和重要程度进行初步认定。关于内部控制缺陷相关的内容，本书将在“第八章 内部控制的评价”中予以详细介绍。

三、实施监督活动

根据监督政策和程序，开展定期或不定期的监督活动。最直接的动机是找出企业内部控制的问题和薄弱环节。一方面，针对已经存在的内部控制缺陷，及时采取应对措施，减少内部控制缺陷可能给企业带来的损害。另一方面，针对潜在的内部控制缺陷，采取相应的预防性控制措施，尽量减低产生风险的可能性，比如，在监督检查中发现企业对汇率风险缺少控制，经理层应及时设立外汇交易止损系统，预防风险扩大。

四、记录和报告内部控制缺陷

《企业内部控制基本规范》第四十七条规定：“企业应当以书面或者其他适当的形式，妥善保存内部控制建立与实施过程中的相关记录或者资料，确保内部控制建立与实施过程的可验证性。”也就是说，内部控制建立与实施过程应当“留有痕迹”。内部控制五要素，相关文档记录内容如表 6-1 所示。

表 6-1　五要素相关文档记录内容

要素名称	相关文档记录
内部环境文档	组织结构图、权限体系表、岗位职责说明、员工守则等
风险评估文档	风险评估流程、风险评估过程记录、风险评估报告等
控制活动文档	系列应用指引中的各项流程控制文档
信息与沟通文档	客户调查问卷，财务报告，经营分析报告，董事会、经理办公会等主要会议纪要
内部监督文档	往来询证函、资产盘点报告审计计划、审计项目计划、审计意见书、整改情况说明书、员工合理化建议记录、专项监督实施方案和过程记录、专项监督报告等

将监督结果以书面形式报告给相关管理层和决策机构，并提出改进建议和行动计划。企业应制定相关的管理规定，明确内部控制缺陷报告的内容，对缺陷报告程序及跟进措施等方面进行规范。内部控制缺陷的报告对象至少应包括与该缺陷直接相关的责任单位、负责执行整改措施的人员、责任单位的上级单位。针对重大缺陷，内部监督机构有权直接上报董事会及其审计委员会和监事会。

五、内部控制缺陷跟踪和整改

企业通过内部监督发现内部控制缺陷，要对其改进措施的实施进行跟踪和监控，以确保问题的及时解决，切实落实整改，促进内部控制系统的改进。

案例 6-2 中证协发布证券公司内审规则[①]

2023 年 8 月 8 日，中国证券业协会（以下简称“中证协”）发布了《证券公司内部审计指引》（以下简称《审计指引》），旨在规范证券公司内部审计工作，提高内部审计质量，提升证券公司经营管理水平和风险防范能力，促进证券行业高质量可持续发展。《审计指引》自 2024 年 1 月 1 日起实施。

《审计指引》共八章四十九条，规定证券公司内部审计组织架构设置、职责权限范围、工作程序实施、结果运用、自律管理等。主要内容包括如下四方面。

一是明确证券公司内部审计范围。证券公司开展内部审计工作应使用系统、规范的方法，对业务经营、风险管理、内控合规实施独立、客观的监督、评价和建议，促使公司稳健运行。内部审计职责原则上包括审计属于内部审计监督范围的公司总部部门、分支机构、子公司及其他下属单位贯彻落实国家发展战略和重大政策情况、财务收支及有关经营活动等内容。

二是规定内部审计组织架构。证券公司应当建立集中统一、全面覆盖、权威高效的内部审计体系，公司董事会负责内部审计部门设置及内部审计制度建设等，设立审计委员会推进内部审计工作开展，并根据公司治理安排对内部审计工作进行监督。证券公司可以按照有关规定建立总审计师制度，聘请具有管理内部审计工作经验和职业技能的人员胜任。证券公司设立内部审计部门，为其配备足够的内部审计人员，定期组织内部审计人员培训，提升内部审计人员岗位胜任能力，建立科学的内部审计考核机制，保障内部审计工作的有效性。

三是规范内部审计工作流程。证券公司内部审计部门应当推进内部审计全覆盖，结合实际需要编制中长期审计规划和年度审计计划，原则上按照准备、实施、报告、督促整改程序开展内部审计工作。内部审计部门应建立健全内部审计质量控制制度，完善内部审计档案管理机制，加强人工智能等数字科技在审计中的应用，可以通过个别内部审计事项委托审计协同发挥内部审计监督功能。

四是强化内部审计结果使用。证券公司应当完善内部审计发现问题整改机制，被审计单位应根据内部审计发现的问题和相关建议进行及时整改，对发现的典型性、普遍性、倾向性问题进行综合分析，进一步完善相关管理机制和内部控制制度。证券公司应完善考核任免机制，将内部审计结果及整改情况作为公司人员考核评价等的重要依据。证券公司应当建立监督工作会商机制，加强内部审计与其他内部监督力量的协作，提高监督效能。内部审计部门对于发现的违规事项，依规提请对相关责任人员进行问责，进一步压实各部门职责，提升证券公司内控管理能力。

---

① 程丹：《中证协发布证券公司内审规则 强化风险防范能力》，证券时报 2023 年 8 月 9 日。

第三节　内部监督的方法

一、日常监督

《企业内部控制基本规范》将内部监督分为日常监督和专项监督两种方法。日常监督，是指企业对建立与实施内部控制的情况进行常规、持续的监督检查。日常监督通常存在于单位基层管理活动之中，能较快地辨别问题，日常监督的程度越大，其有效性就越高，企业所需的专项监督就越少。

日常监督是内部控制实施的重要保证。有效的日常监督能够合理保证内部控制的有效性。组织内部应由相关部门定期地、独立地、持续地对各部门内部控制制度的设计和执行情况实行严格的检查和反馈，必要时向董事会和高级管理层报告，确保内部控制体系的持续有效性。有效的内部控制体系可以促进日常监督的有效实施，提高内部监督的效果和效率。按照监督的主体，日常监督的主体一般分为管理层监督、单位（机构）监督、内部控制机构监督、内部审计监督等。

案例 6-3　舟山市审计局上线内部审计指导监督智能管理系统[①]

2023 年 9 月中旬，该系统正式上线运行，面向市、县（区）两级审计机关和全部内审单位，构建调查报备、指导服务、增值应用、监督检查、数据看板五大功能模块，实现内部审计监督全过程数字化和智能化。

一是智慧赋能，数据归集自动化。打破数据统计、表单填报、活动管理等流程均在线下操作的传统模式，重构内部审计数据档案，在线整理并实时更新数据，通过对归集数据的全自动抓取、全方位统计和穿透式解析，进一步提升内部审计调查统计工作效率和质量，为内部审计资源整合提供数据支撑和决策依据。

二是智库多源，业务指导系统化。将内审机构、人员、项目、问题、整改和社会中介出具报告等纳入统一管理，通过建立案例库、法规库、经验库，着力打造内审人员接受继续教育的自主学堂，精准梳理分析审计机关和内部审计发现的问题，科学设置预警规则，及时预警审计监督对象存在的潜在风险问题，进一步发挥审计的“防未病”功能。

三是多维协同，三审联动制度化。指导各内审机构规范使用社会中介机构力量，开展中介审计质量核查评价，强化核查结果运用。从项目、人员、问题三个维度入手，建立国家审计与内部审计项目协同机制，发挥项目计划互通、审计结果共用、以审代训深度合作、重大事项共同实施、问题整改问责共同落实等机制的联动效应，推动审计全覆盖。

日常监督的常见方式如下。

（1）在日常生产经营活动中获得能够判断内部控制设计与运行情况的信息；在与外部的沟通过程中获得有关内部控制设计与运行情况的验证信息。例如，与外部有关监管部门沟通，以验证单位遵循各项法律、法规的情况；定期与客户沟通，以验证单位销售交易处理及

---

① 舟山市人民政府：《舟山市审计局上线内部审计指导监督智能管理系统》，舟山市人民政府网站，https://www.zhoushan.gov.cn/art/2023/11/10/art_1276164_59096345.html，访问日期：2023 年 11 月 10 日。

采购业务处理是否正确，验证应收、应付账款记录是否完整、正确。

（2）在与员工的沟通过程中获得内部控制是否得到有效执行的证据。例如，企业管理层搜集汇总的各部门信息、出现的问题，相关职能部门进行自我检查、监督时发现问题的记录及解决方案等。

（3）通过账面记录与实物资产的检查、比较，对资产的安全性进行持续监督。例如，企业定期将会计记录中的数据与实物资产进行比较并记录存在的差额，对产生差额的原因进行分析。

（4）通过内部审计活动对内部控制的有效性进行持续监督。例如，审计人员评估内部控制的设计以及测试其有效性，识别潜在的缺陷并向管理层建议采取替代方案，同时为做出决策提供有用的信息。

案例 6-4 内部控制日常监督案例[①]

A 公司系国有企业 B 集团控股的混合所有企业，注册资本 1 亿元，实收资本 5 000 万元，B 集团实际出资 2 750 万元，占股比为 55%，自然人王某、民营企业 D 公司分别出资 1 250 万元、1 000 万元，占股比分别为 25%、20%。A 公司主要经营食品、粮油、化工原料等贸易业务，王某作为 A 公司引进的职业经理人、法人代表，负责日常经营管理。除股东出资外，A 公司经营所需资金均依赖 B 集团提供的信用借款，自成立以来，A 公司累计从 B 集团借入资金 16.9 亿元。A 公司经营期间，王某以盘活沉淀资金、增加企业盈利为由，向 B 集团请示拟开展无风险的国债逆回购业务，获准后在证券交易所开立证券账户开始操作。事实上，A 公司并非仅开展国债逆回购业务，而是由实际控制人王某利用 B 集团借款直接从事二级市场股票交易，并擅自开户参与部分高风险的非套保期货业务，且一直对 B 集团隐瞒从事股票、期货交易的事实，在 B 集团相关会议上，也从未审议或提及二级市场股票、期货投资。直到监督人员得知线索，深入 A 公司实地核查相关账册及交易资料，真实情况才浮出水面：王某违反公司规定，未经审批程序，私自指示财务人员挪用 A 公司资金投入股市、期货累计 8 500 万元，截至事发日，该项投资实际亏损 4 850 万元、浮亏 2 402 万元，均未入账。不仅如此，王某还通过与民企股东 D 公司控制的 E 公司开展食品、粮油等大量的关联交易，“高买低卖”进行利益输送，并通过由他人代持 E 公司股权形式从中获利。

（一）监督过程

（1）事前提醒。在日常监督中，当 B 集团审议为 A 公司提供借款时，监督人员多次提出建议：一是 B 集团单方承担对 A 公司的借款责任，总额过大而且超股权比例严重，而非国有股东既未按股权比例借款，又未提供担保或反担保责任，不符合股权多元化企业股东同股同权同责原则，B 集团要落实其他股东担保或反担保措施，加强股权多元化企业管控；二是 A 公司要增强自身造血能力，尽量减少对 B 集团的资金依赖；三是股东尚未到位的注册资本要尽早补足。

（2）事中预警。监督人员在专项核查中发现，A 公司大额资金往来随意，利用 B 集团借款参与股票增发、开展高风险的期货业务操作，当即明确提出：按现有国资监管制度规定，不得使用借款进行金融投资，要高度重视金融投资资金来源的合规性在自身实力较弱的情况

① 吴熙君、彭天：《混改后对股权多元化企业监督案例的剖析及对策》，国有资产管理，2022 年第 5 期。

下，借款进行金融投资风险较大，尤其不是套期保值性质的高风险期货交易更不能涉足。王某对监督人员口头承诺停止股票、期货交易，但事后依然我行我素，继续操作。

（3）提出监督建议。针对上述情况，监督人员提出以下建议。一是A公司要严控金融投资风险，采取有效措施，退出二级市场股票、期货操作，减少投资亏损，确保资金安全。规范业务操作、财务资金管理，强化内控制度执行力。二是B集团要督促A公司完善内控体系，规范投资决策程序、业务审批流程及财务管理，并收回对A公司的借款，严控国有利益输送。三是对造成资产损失、涉及利益输送的相关责任人进行严肃追责，以示惩罚、警戒。

二、专项监督

（一）专项监督的定义及主体

专项监督，是指在企业发展战略、组织结构、经营活动、业务流程、关键岗位员工等发生较大调整或变化的情况下，对内部控制的某一或者某些方面进行有针对性的监督检查。为了及时发现内部控制缺陷，修正与完善内部控制系统，专项监督不可或缺。专项监督的范围和频率根据风险评估的结果以及日常监督的有效性等予以确定。专项监督应当与日常监督有机结合，日常监督是专项监督的基础，专项监督是日常监督的补充。如果发现需要经常性地进行某专项监督，企业有必要将其纳入日常监督的范围。

专项监督的主体涉及企业内部控制（审计）机构、财务机构和其他内部机构，这些机构都有权参与专项监督工作，也可以聘请外部中介机构参与其中，但参与专项监督的人员必须具备相关专业知识和一定的工作经验，且不得参与对自身负责的业务活动的评价监督。

案例6–5　省海港集团：聚焦微权力 杜绝微腐败①

2019年7月，省海港集团外省投资企业在内部审计时发现，该单位小额现金收费岗位职工郭某某通过收钱不开票和定额发票重复利用等手段，违规截留现金收入，造成企业资产损失。

现金收费管理一直是港口企业关注的廉洁风险关键节点，为贯彻落实集团“查隐患、补短板、促提升”清廉海港建设基层基础年活动要求，规范“现金收费”“小额罚没款项”等微权力岗位管理，杜绝基层微腐败行为发生，宁波舟山港股份有限公司纪委于5月初启动了“现金收费”“小额罚没款项”管理情况专项检查，进一步加强对基层微权力、隐权力岗位人员的监管。

全面自查，掌握追踪“现金流”。专项检查组精心制定工作方案，将本次专项检查内容细化为“业务开展情况”“从业人员情况”“制度建设情况”“制度执行情况”“风险分析情况”“上级检查及自查情况”等6个方面27条内容，最终梳理出25家单位在提箱业务、船舶停泊费、查验费、停车费等近150项现金收费业务，26个小额罚没款项目。

与时俱进，规范虚拟“现金流”。随着数字支付的不断普及，各单位使用微信、支付宝二维码收款现象普遍存在。专项检查组一方面随机抽查一段时间内生产业务数据和财务收款数据，进行交叉比对。另一方面检查收费系统和业务系统衔接情况，是否存在数字支付领域

① 浙江省驻省国资委纪检监察组：《省海港集团：聚焦微权力 杜绝微腐败》，浙江省纪委省监委网站 https://www.zjsjw.gov.cn/gongzuodongtai/jiandujiancha/202007/t20200717_2903662.shtml，访问日期：2020年7月17日。

截留资金的可能性，确保杜绝二维码收费存在的廉洁风险。

双管齐下，管控存量“现金流”。一是规范收费模式。按照科学管用、简单易行的原则，完善收费系统，逐步减少现金收费项目，控制“现金流”流量。二是完善制度制约。针对单次收费金额小、交易频率高、收费对象复杂等情况的现金业务，规范设置业务流程，制定和完善现金收费管理制度，落实岗位人员轮岗机制，让“现金流”在阳光下流淌。

（二）专项监督的重点

进行专项监督主要应关注以下两个方面。

1. 高风险且重要的项目

审计部门根据日常监督的结果，对高风险且重要的项目要进行专项监督，考虑到成本效益原则，对于高风险但不重要的项目或很重要但风险很小的项目，可以减少个别评估的次数。审计部门应将高风险且重要的项目作为专项监督的重点对象。

2. 内控环境变化

当内控环境发生改变时，审计部门要开展专项监督，以确定内部控制体系是否能够适应新的内控环境。例如，当业务流程发生改编或关键岗位的员工发生变动时，审计部门要开展专项监督，以确保内控体系能够正常运行。

案例 6–6　闲置房产专项监督①

2016 年 6 月，集团派出审计组赴下属某公司开展经济责任审计，审计过程中，审计组发现，该公司位于珠海市的账面原值 149.23 万元的四套房产多年来一直处于闲置状态，相较于被审计单位 30 亿元的资产总额，这四套房产账面净值 72.70 万元可以忽略不计，但是，该问题依然引起审计组的高度重视，为什么处于繁华都市的四套房产多年闲置？企业为什么没有对这些闲置房产采取盘活措施？当审计组问询被审计企业的领导时，对方闪烁其词，不置可否，这加重了审计组的疑虑。经过进一步深入巡查，审计组了解到，这四套房产是企业在 20 多年前购置的，当时主要用于领导干部休息疗养使用，目前，被几位已经退休的老领导占用。审计组在审计报告中对该问题进行了反映，同时责成企业限期收回房产并进行盘活。在向集团党委汇报审计结果时，集团主要领导对此事高度重视，要求对整个集团的闲置房产特别是非经营性房产进行专项审计。

（1）精心准备审计方案。为了全面摸清集团非经营性房产目前存在的主要问题类型，审计组选择了历史悠久、规模较大的某地区重点企业进行摸排，发现这些企业存在产权不清晰、未纳入财务核算、被无偿占有、长时间闲置等问题。在此基础上，审计部门领导与审计组一起梳理了所有下属企业的具体特征，拟定了集团审计部牵头督导，相关部门协同，各层级企业分级负责、分头自查、分头整改的总体思路。对全集团 435 户企业的非经营性房地产进行了全面摸排，共查出问题房产 830 套，共计 54.15 万平方米。

（2）层层负责、组织得力。纳入集团合并报表范围内的所有实体企业都需要开展自查工作，采取“单位自查、板块复核、总部抽查”和“逐级汇总、层层负责”的方式进行，形成了上下合力，实体企业，板块公司、集团总部各负其责的局面，提高了工作效率。

① 中国内部审计协会：《内部审计结果运用典型经验汇编》，中国内部审计协会，2020，11~15 页。

（3）深入分析，重点突出。审计部对企业填报的自查问题进行分类汇总、深入分析，发现问题的共性和规律性，并且围绕企业自查报告中的关键疑难问题，重点关注跟进、调查、督促，摸清问题背后的真实原因。

（4）意见明确、问题鲜明。集团下属六大板块和事业部，各板块历史背景不同，主营业务不同，资产结构不同。审计部在专项核查及统计分析的基础上，针对不同板块和事业部的特点，下发有针对性的整改意见，确保各板块及实体企业高效整改。

（5）纵横联动、直面问题。通过开展逐项审计调查，审计组梳理出各级企业非经营性房产近 1 550 套，建筑面积 88 万平方米，其中，涉及问题或者风险较大的房产 830 套，主要涉及无偿使用、长期闲置、无产权证、未纳入财务核算、未及时办理过户、涉及法律纠纷六大类问题和风险。

（6）集团督促，合力整改。集团领导高度重视，集团董事长亲自部署审计整改工作，指派主管副总经理组织召开审计调查情况通报会议，集团办公厅负责牵头协调和督办、集团纪委负责监督，财务部、资本运营部提供财务核算和资产处置方面支持。

（7）效果显著。通过谈判、协商、诉讼等手段，收回 81 套被无偿占有房产，采取出租方式盘活房产 215 套，取得直接经济效益 1.57 亿元。

（三）专项监督的阶段

专项监督一般包括三个阶段。

1. 计划阶段

该阶段主要任务涉及：明确监督的目标和范围；确定具有该项监督权力的主管部门和人员；确定监督小组、辅助人员和主要业务单元联系人；规定监督方法、时间、实施步骤；就监督计划达成一致意见。

2. 执行阶段

该阶段主要任务包括：了解业务单元或业务流程活动；了解业务单元或流程的内部控制程序是如何设计运作的；应用可比、一致的方法评价内部控制程序；通过与企业内部审计标准的比较来分析结果，并在必要时采取后续措施；记录内部控制缺陷和拟订纠正措施；与适当的人员复核并验证调查结果。

3. 报告和纠正措施阶段

该阶段主要任务包括：与业务单元或业务流程的管理人员以及其他适当的管理人员复核结果；从业务单元或业务流程的管理人员处获得情况说明和纠正措施；将管理反馈写入最终的评价报告。

思考题

1. 什么是内部监督？内部监督与内部控制的联系与区别有哪些？
2. 内部监督的机构及其职责都有哪些？
3. 内部监督的基本要求有哪些？
4. 内部监督的程序如何？

5. 内部监督的方式有哪几种?
6. 专项监督主要关注哪些方面?
7. 请选择你知道的案例,运用本章的知识,从内部监督的角度加以分析。

第七章　业务层面的内部控制

学习目标

知识目标：了解内部控制的九项业务活动，即资金活动、采购业务、资产管理、销售业务、研究与开发、工程项目、担保业务、业务外包以及财务报告。

技能目标：理解和掌握九项业务活动的业务流程；学会识别九项业务活动的关键控制点、主要风险及控制措施，并能够用于指导企业内部控制业务层面内部控制的设计。

思政目标：通过了解我国研发投入情况，坚定四个自信，塑造创新思维；结合国家电投将合规要求融入业务流程的典型案例，树立合规意识，风险管理意识。

引例　2023 年中国上市公司内部控制白皮书[①]

1. 样本选取与数据来源

本报告选取截至 2023 年 4 月 30 日前在沪、深、京交易所 A 股上市并披露年度报告的 5 132 家上市公司为研究对象，对上市公司内部控制实施情况进行分析。本报告数据来源于上市公司公开披露的年度报告、内部控制评价报告、内部控制审计报告，以及监管机构对上市公司违法违规行为的处理公告等。本报告中所有数据都已收录至迪博数据资讯（www.dibdata.cn）。

2. 内部控制评价缺陷内容分析

对缺陷涉及的具体内容进行分析发现，2022 年度上市公司内部控制缺陷主要集中在资金活动、资产管理、采购业务、销售业务、财务报告、公司治理、合同管理、信息披露、人力资源、信息系统等领域。如图 7-1 所示。

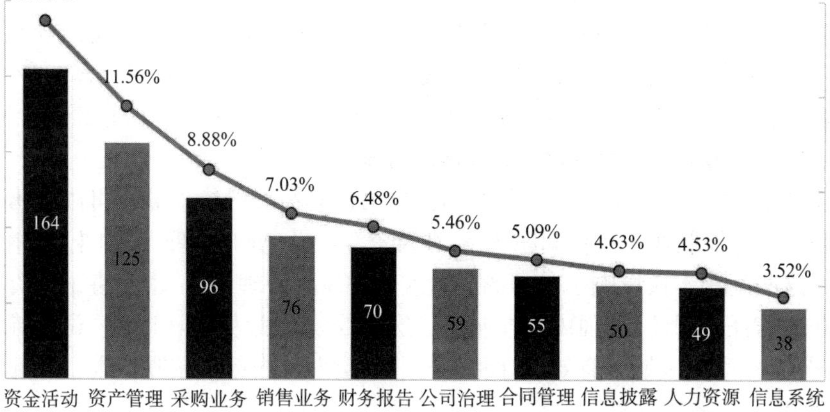

图 7-1　2022 年上市公司内部控制缺陷所处的前十大业务领域

数据来源：迪博数据资讯（www.dibdata.cn）

① 资料来源：《中国上市公司内部控制白皮书（2023）》。

与上年相比，2022年前十大管控薄弱环节基本维持不变，资金活动、资产管理、采购业务、销售业务仍是公司内部控制缺陷高发领域。从缺陷具体表现来看，资金活动相关缺陷主要表现为控股股东、实际控制人及其关联方存在非经营性资金占用、对外投资管理制度不完善、大额应收款项未能有效回收等。资产管理相关缺陷主要表现为未定期进行资产盘点或资产盘点不到位、存货库存金额过大等。公司治理缺陷是上市公司最主要的非财报缺陷，主要表现在子公司管控、三会运作及岗位职责划分等方面，以子公司管控问题最为突出。

3. 上市公司内部控制审计缺陷内容分析

注册会计师在实施内部控制审计服务过程中，主要识别的内部控制缺陷或问题集中在资金活动、关联交易、财务报告、公司治理、担保业务、销售业务、信息披露、采购业务、资产管理和合同管理等业务领域，其中1/3以上为资金活动领域缺陷。如图7-2所示。

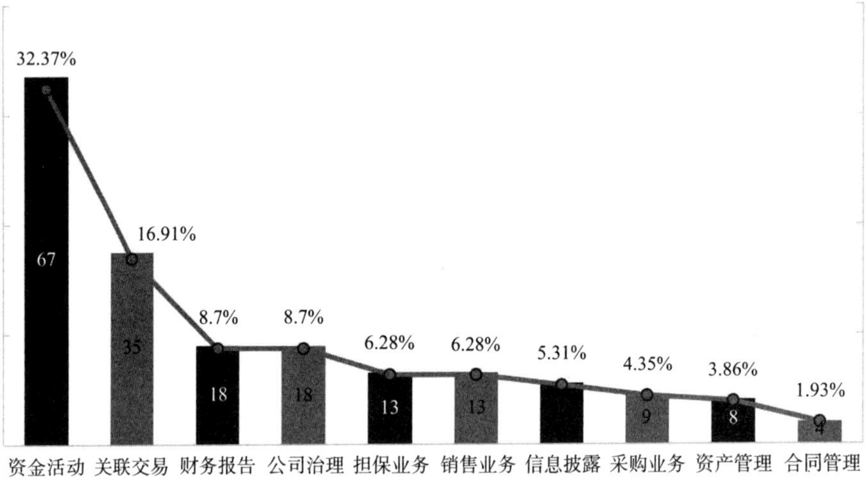

图7-2 2022年度会计师事务所执行内部控制审计业务过程中发现的前十大缺陷

数据来源：迪博数据资讯（www.dibdata.cn）

进一步分析发现，资金活动缺陷主要表现存在非经营性资金占用、投资活动缺乏有效管控等；关联交易缺陷主要表现为关联交易未履行必要的审批流程和信息披露义务；财务报告缺陷主要表现在前期财务报表存在重大会计差错、存货计价相关会计核算控制失效等；公司治理缺陷主要表现为对子公司缺乏有效管控等方面。

从上述2023年中国上市公司内部控制白皮书披露情况的统计分析可以看出，近年来，中国上市公司内部控制业务过程问题频发，涉及资金活动、资产管理、采购业务、销售业务等多个方面。这些问题不仅影响了公司的经营效益和风险管理水平，也损害了投资者的利益和社会公众的信任。因此，加强内部控制业务层面的建设成为中国上市公司亟待解决的问题。那么，企业究竟应该如何有效设计和运行业务层面的内部控制呢？本章将针对该问题进行梳理介绍。

第一节　资金活动的内部控制

一、资金活动控制概述

资金是企业持续、快速、健康发展的血液，是企业日常经营的重要保障，加强资金活动内部管控，关系到企业生死存亡和高质量发展。资金活动是企业筹资、投资和资金营运等活动的总称。其中，筹资活动是企业筹集资金的行为与过程，是企业资金活动的起点，也是企业整个经营活动的基础；投资活动是企业投放资金的行为与过程，是筹资活动的延续，也是筹资的主要目的之一；资金营运是企业生产经营过程中资金组织、调度、平衡和管理的行为与过程。资金活动控制是指合理安排筹资、投资和资金营运这三类资金活动的流入流出量、时间等，恰当计算资金活动的成本效益，合理控制这三类资金活动在数量、时间等方面的风险，并对风险加以防范，保证资金的有效运行，最大限度发挥资金使用效益。

二、资金活动的主要风险点及控制措施

（一）资金活动的主要风险点

根据《企业内部控制应用指引第 6 号——资金活动》的要求，加强企业资金活动管控，至少应当关注以下风险。

（1）筹资决策不当，引发资本结构不合理或无效融资，可能导致企业筹资成本过高或债务危机。

（2）投资决策失误，引发盲目扩张或丧失发展机遇，可能导致资金链断裂或资金使用效益低下。

（3）资金调度不合理、营运不畅，可能导致企业陷入财务困境或资金冗余。

（4）资金活动管控不严，可能导致资金被挪用、侵占、抽逃或遭受欺诈。

（二）资金活动的主要控制措施

企业对资金活动实施内部控制，一方面，需要根据国家和地方有关法律法规和监管制度的要求，结合企业生产经营的实际需要，设计科学合理、重点突出、便于操作的业务流程；另一方面，企业应当根据自身发展战略，科学确定投融资目标和规划，完善严格的资金授权、批准、审验等相关管理制度，加强资金活动的集中归口管理，明确筹资、投资、营运等各环节的职责权限和岗位分离要求，定期或不定期检查和评价资金活动情况，落实责任追究制度，确保资金安全、有效运行，并针对关键控制点及主要风险制定相关内部控制措施，具体如下。

（1）推进资金管理信息化建设，将资金预算管理与资金适时监控相结合，及时准确地反映资金运行状况和风险，以提高决策的科学性以及资金管理的及时性。

（2）制度是企业经营管理各项活动顺利开展的基础性保障，要大力推动资金运作的合法性和规范性。企业应当根据内部控制规范等法律法规及企业自身的管理需要，完善资金管理制度，强化资金内部控制管理。同时，制度的执行到位与否事关整个内部控制活动能否取得实效，只有严格执行，才能保证实现资金活动决策目标。

（3）企业在设计资金活动相关内部控制制度时，应该重点明确各种资金活动的业务流程，确定每一个环节、每一个步骤的工作内容和应该履行的程序，并将其落实到具体部门和人员。

（4）在资金活动较为复杂的情况下，资金内部控制不可能面面俱到。因此，企业必须识别并关注主要资金风险来源和主要风险控制点，以提高内部控制的效率。

（5）集团企业要充分发挥财务公司或财务共享服务中心的作用，将传统的人为控制转化为信息系统控制，在资金管理系统中植入资金审批流程，建立集团总部与下属机构之间的层层审批机制，将集团、财务公司或财务共享中心和具体业务部门作为资金审批的三道防线，从而加大资金的内部控制管理力度。

三、筹资活动

筹资活动是企业为满足对外投资和生产经营活动的需要，通过发行股票、债券或向银行借款等形式筹集资金的活动。筹资活动是企业整个生产经营活动的基础，为企业筹措投资和生产经营活动所需的资金，从而使投资和生产经营活动能够顺利进行。企业应根据筹资业务的特点，设计合理的业务流程，查找各环节的风险点，健全风险控制措施，控制筹资风险，防止筹资过程的差错与舞弊。

（一）筹资活动业务流程设计

一般而言，筹资活动的业务流程主要包括提出筹资方案、筹资方案可行性论证、筹资方案审批、筹资计划编制、筹资计划执行以及筹资后管理等环节，如图 7-3 所示。

（二）筹资活动的主要风险及控制措施

企业筹资活动可能面临的风险类型较多且较为发散，企业应注意识别主要风险，设计并实施有针对性的控制活动，对风险进行有效控制。筹资活动的主要风险及控制措施如表 7-1 所示。

表 7-1　筹资活动的主要风险及控制措施

关键控制点	主要风险	控制措施
提出筹资方案；筹资方案可行性论证	①缺乏完整的筹资战略规划。 ②盲目筹资，使得企业资本结构、资金来源结构、利率结构、资本成本等频繁变动，给企业带来财务风险。 ③缺乏与生产经营等部门的沟通协调，使筹资缺乏针对性。 ④缺乏对企业资金现状的全面认识，无法正确评估资金的实际需要及期限等，容易导致筹资过度或筹资不足	①进行筹资方案的战略性评估，包括是否与发展战略相符，筹资规模是否适当。 ②进行筹资方案的经济性评估，如筹资成本是否最低，资本结构是否恰当，筹资成本与资金收益是否匹配。 ③进行筹资方案的风险性评估，如筹资方案面临哪些风险，风险大小是否适当、可控，是否与收益匹配。 ④对企业的资金现状进行评估，包括评估生产经营各部门的现金需求量
筹资方案审批	①缺乏完善的授权审批制度，容易草率决策筹资活动，给企业带来潜在风险。 ②缺乏集体审批或联签制度，使得重大筹资决策不科学	①根据分级授权审批制度，按照规定程序严格审批经过可行性论证的筹资方案。 ②重大筹资决策应实行集体审批或联签制度，保证决策的科学性

续表

关键控制点	主要风险	控制措施
筹资计划编制	①不根据当前经济形势、不结合筹资方式来确定资金成本，不能制定或选择正确的筹集计划。 ②筹资计划制定人员缺乏专业经验，筹资计划风险大。 ③筹资计划的编制与审批未实现岗位相分离	①根据筹资方案，结合当时经济金融形势，分析不同筹资方式的资金成本，正确选择筹资方式和不同方式的筹资数量，制定具体的筹资计划。 ②根据授权审批制度报经有关部门批准。 ③筹资计划审批人与编制人岗位相分离
筹资计划执行	①不按计划实施筹资活动。 ②缺乏筹资合同等法律文件，不能明确筹资数额、期限、利率、违约责任。 ③缺乏不相容岗位相分离制度。 ④缺乏对筹资合同条款的认真审核，可能对企业未来的潜在纠纷或诉讼不利。 ⑤因无法保证支付利息、股利股息等筹资成本而导致的风险	①根据筹资计划进行筹资。 ②签订筹资合同，明确权利和义务。 ③按照岗位分离与授权审批制度，各环节和各责任人正确地履行监督与审批责任。 ④做好筹资记录，完善会计系统控制
筹资后管理	①筹集资金使用混乱。 ②未评价筹资活动绩效。 ③因缺乏严密的跟踪管理制度而导致的风险	①督促各部门严格按规定用途使用资金。 ②督促各环节严密保管未发行的股票、债券或票据。 ③督促会计部门正确计提、支付利息。 ④加强债务偿还和股利支付的监督管理。 ⑤评价筹资活动绩效，落实相关责任

四、投资活动

企业投资活动是筹资活动的延续，也是筹资的重要目的之一。投资活动作为企业一种营利活动，对于筹资成本补偿和企业利润创造，具有举足轻重的意义。企业应该根据自身发展战略规划，结合企业资金状况以及筹资可能性，拟定投资目标，制定投资计划，合理安排资金投放的数量、结构、方向与时机，慎选投资项目，突出主业，谨慎从事股票或衍生金融工具等高风险投资。境外投资还应考虑政治、经济、金融、法律、市场等环境因素。如果采用并购方式进行投资，应当严格控制并购风险，注重并购协同效应的发挥。

案例 7-1　娃哈哈造智能机器人：失败的多元化路上再尝试[①]

近日，娃哈哈成立一家人工智能机器人公司——浙江娃哈哈智能机器人有限公司，注册资本 4 000 万元，法定代表人为宗庆后，公司经营范围包括：智能机器人、机器设备及零部件的研发、制造、销售等。这是娃哈哈在企业多元化战略上又一个大的动作。而回顾娃哈哈以往的“跨界”动作，似乎还没有什么成功案例。

近年来，智能技术与产业结合成为发展大势，娃哈哈也大力推进转型升级，打造企业发展的新引擎。娃哈哈官网显示，公司先后成立精密机械公司、机电研究院等科研机构，致力于智能化饮料生产线和智能装备产业化研究，拥有了一支具备较强专业技术能力的科研队伍，承接了工信部重大科技专项、国家 863 计划等多项国家、省、市重大科研项目。

① 陈海峰：《娃哈哈造智能机器人：失败的多元化路上再尝试》，中国新闻网，https: //www.chinanews.com.cn/business/2019/04-11/8806259.shtml，访问日期：2019 年 4 月 11 日。

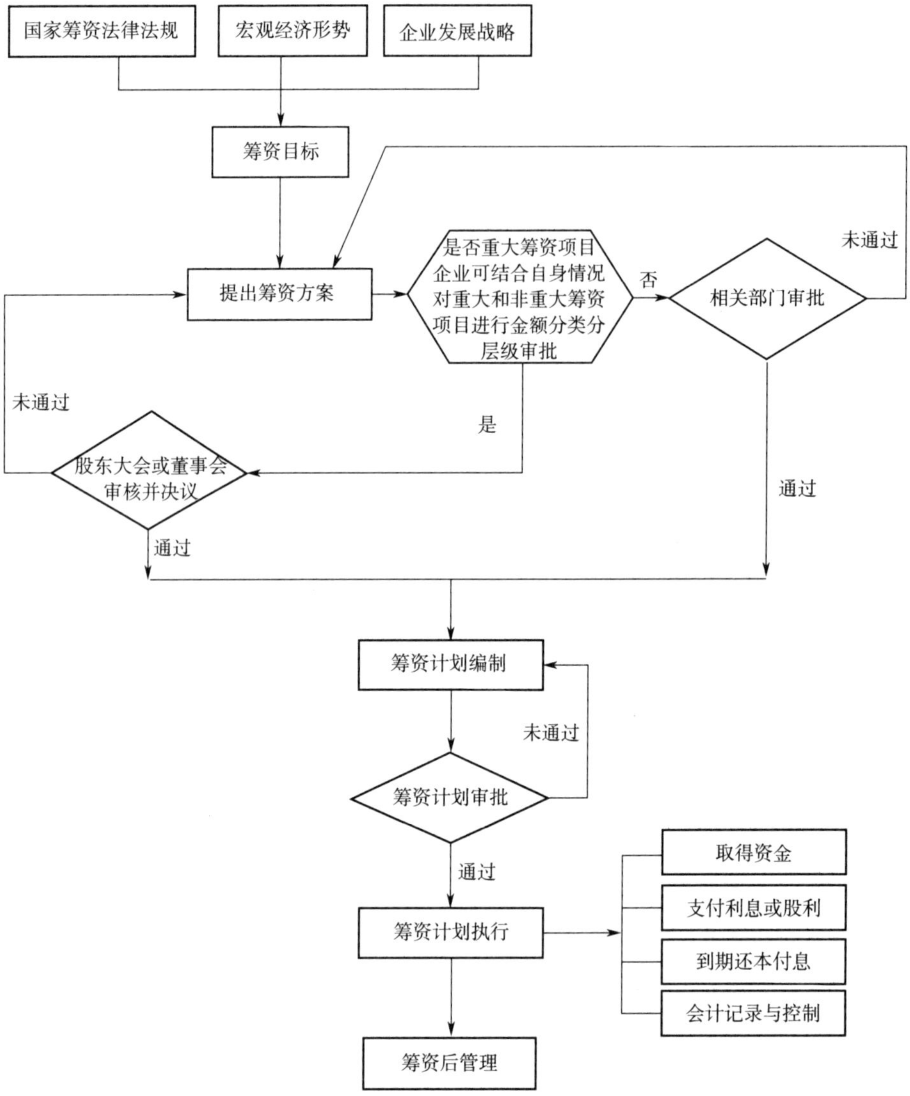

图 7-3 筹资活动业务流程图

根据媒体报道，娃哈哈在 2013 年左右便有计划地踏上了机器人之路，利用在饮料机械装备开发、系统集成应用方面积累的经验，进入智能装备研发制造领域。

据娃哈哈公布信息，做机器人主要基于两大判断：一是体力劳动已经无人愿意做；二是危险、危害健康的工作不应该由人力来做。此前宗庆后在 2017 年年初接受媒体采访时曾表示："我们开发了装炸弹的机器人，装铅锌电视的机器人，因为铅锌损害肺功能。"

截至目前，在该领域，娃哈哈已开发了高位高速码垛机、套标机、贴标机、理瓶机等输送包装机械；研发了采用机器人技术解决箱型物品自动装车的问题，包括并联机器人系列、SE4100 机器人、SC4002/SC4005 机器人、机器人码垛工作站、桁架式码垛机器人；承接了工信部重大科技专项、国家 863 计划等多项国家、省、市重大科研项目。

中国食品产业分析师朱丹蓬曾接受媒体采访表示，娃哈哈的多元化从来没有停止过脚步，该公司多年来一直尝试做多元化对企业进行补足，但是在整体的运营过程中，却并没有得到多元化所带来的红利，更多的是给企业带来负面效果。“这次涉足的智能机器人是朝阳产业，很有发展潜力，但是娃哈哈现在欠缺的是将这一项目具体实施、落地的能力。”

事实上，在多元化方面，娃哈哈在童装、奶粉、商业地产和白酒行业都有所涉及，但是它们对娃哈哈公司的总贡献十分有限。因为娃哈哈在进军童装行业时，只有其曾经许下的“豪言”：拿下童装销售额10亿元，但是并没有之后的“壮举”来证明，甚至其销售额仅有不到2亿元。随后，娃哈哈开始发展奶粉行业，自家推出新品：高端婴幼儿奶粉“爱迪生”。但是，娃哈哈的“爱迪生”在国内市场并不受消费者的喜爱，自家奶粉市场占有率低于1%。

此外，娃哈哈还进军了商业地产行业，在杭州设立商城试点，但是进展并不理想。目前，娃哈哈的线下商城也只此一家盈利。娃哈哈商城试点后，公司决定发展白酒行业，并且推出一种“高端领酱国酒”品牌。但是，迄今为止，这个白酒品牌无人问津。

作为国内饮料巨头娃哈哈的掌舵人，宗庆后此前曾声称“不愿意上市”，原因主要有以下几个：一是娃哈哈流动性充裕，不差钱；二是前几年资本市场给人的印象是企业上市圈钱的地方，宗庆后不想圈股民的钱；三是上市后公司的一切事情都会暴露在聚光灯下，做什么事情都会受到约束。为此外界猜测，不愿意上市的娃哈哈还是将企业多元化发展战略进行到底。

关于2018年娃哈哈成立的科技创新中心公司。娃哈哈方面也表示，科创中心从事的将是生物医药、智能制造等方面的技术研发、孵化和转让。再加上2019年新成立的智能机器人公司，看来娃哈哈要在跨界道路上一去不回头了。尽管娃哈哈在之前的多元化尝试探索中，均以失败告终，但如苦行僧般的宗庆后从未放弃，智能制造将成为下一个战场。

思考：导致娃哈哈多元化投资不成功的主要原因是什么？应如何改进？

（一）投资活动业务流程设计

投资业务涉及投资方案拟订、论证及审批，投资计划编制与审批，投资计划执行与实施，投资处置，投资评价等环节，主要作业有提出投资建议、拟订投资方案、进行可行性论证、编制投资计划、审批投资计划、执行投资计划、收益或减值核算与持续管理、投资处置、投资评价与考核等。投资业务的一般流程如图7-4所示。

（二）投资活动的主要风险及控制措施

企业应该根据投资活动的业务流程，以及流程中各个环节体现出来的风险，采用不同的具体措施对投资活动进行内部控制。投资活动的主要风险及控制措施如表7-2所示。

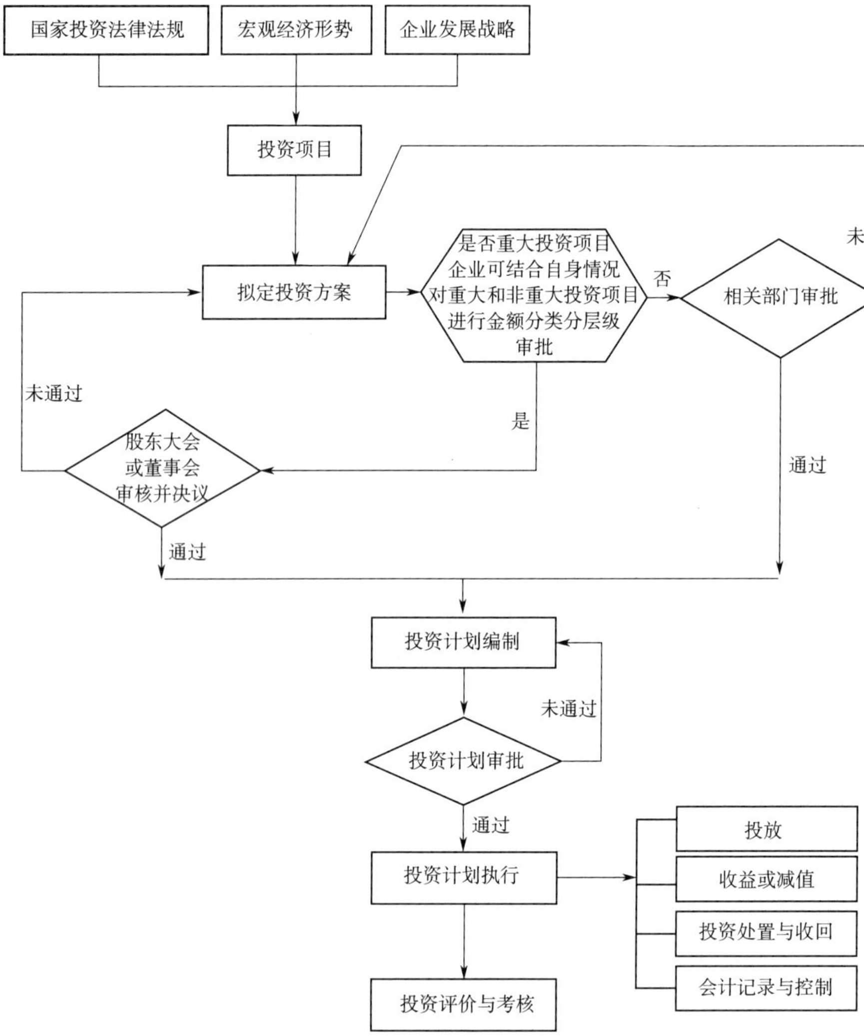

图 7-4 投资活动业务流程图

表 7-2 投资活动的主要风险及控制措施

关键控制点	主要风险	控制措施
提出投资申请	①投资行为违反法律法规可能遭受外部处罚,造成经济损失和信誉损失。 ②投资项目不符合国家产业政策和宏观调控趋势,影响其未来收益。 ③相关人员业务能力不胜任,或不具备良好的职业道德。 ④盲目并购、贪大求全、与企业发展战略不符,投资效益差,可能带来发展风险。 ⑤投资规模、方向、时机不适当	①职责分工、权限范围应明确规范,机构设置和人员配备应科学合理。 ②熟知国家相关法律法规,了解宏观经济政策和宏观调控趋势考虑政治、经济、法律、市场等因素对投资的影响,必要时聘请专业人员进行咨询。 ③根据投资目标和规划,选定投资项目,关注投资收益和风险。 ④突出主业,谨慎从事股票投资或衍生金融产品等高风险投资。 ⑤严控并购风险,关注并购对象的隐性债务、承诺事项、发展能力、员工状况、与本企业治理层和管理层的关联关系

续表

关键控制点	主要风险	控制措施
可行性研究	①投资项目未经科学评估和研究，投资与筹资在资金数量、期限、成本与收益上不匹配，可能因决策失误而导致重大损失。 ②可行性研究人员能力不胜任，不具备良好的道德素质或专业知识。 ③可行性研究流于形式，未能识别潜在风险	①职责分工、权限范围应明确规范，机构设置和人员配备应科学合理。 ②投资项目建议书和可行性研究报告的内容应真实可靠，支持投资建议和可行性的依据与理由应充分恰当。 ③重点对投资目标、投资规模，投资方式、资金来源、技术可行性、市场容量与前景、风险与收益等做出客观评价。根据需要可委托有资质的专业机构进行可行性研究
投资方案审批	①审批人员能力不胜任，不具备良好的道德素质或专业知识。 ②投资业务未经适当审批或越权审批，致使审批不规范。 ③可能因重大差错、舞弊、欺诈而导致损失	①审批程序应明确规范，机构设置和人员配备应科学合理。 ②重大投资项目应报经董事会或股东(大)会批准；投资方案须经有关部门审批的，应履行报批程序；投资方案发生重大变更时，应重新履行程序。 ③决策审批须重点审查可行性和资金能力、是否符合产业政策及相关法规、是否符合投资战略目标和规划、划出资金能否按时收回、预期收益能否实现、投资风险是否可控，并严控投资规模
投资计划编制与审批	①职责分工、权限范围不清晰。 ②编制人员能力不胜任，或者不具备良好的道德素质或专业知识。 ③编制范围和项目不全面，各计划间缺乏整合，可能导致全面计划难以形成。 ④编制所依据的信息不足，可能导致目标与战略规划、经营计划、市场环境、企业实际等相脱离，准确率降低。 ⑤编制程序不规范，横向、纵向信息沟通不畅，编制方法不当，可能导致投资计划缺乏科学性和可行性。 ⑥目标及指标体系不完整、不科学。 ⑦投资计划完成时间太早或太晚，可能导致准确性不高，或者影响计划的执行。 ⑧计划未经适当审批或越权审批，可能因重大差错、舞弊、欺诈而导致损失	①编制和审批职责相分离。 ②完善投资计划编制工作制度，明确编制依据、程序、方法等。 ③配备合格人员编制投资计划，合格人员应具备良好的职业道德和专业胜任能力。 ④核查企业当前资金额及正常生产经营预算对资金的需求量，积极筹措投资项目所需资金。 ⑤编制的计划应与国家产业政策及企业自身战略相结合，保证其可行性。 ⑥编制计划时要与各部门进行沟通，以获取各部门的配合及全方位的数据和信息，使计划书的编制更为全面
投资计划执行与实施	①权责配置不清晰，授权审批不规范。 ②监督职责不到位，截留投资收益形成账外资金，给企业造成损失。 ③投资资产保管不善。 ④违反法律法规或会计准则，可能遭受外部处罚，造成经济损失和信誉损失。 ⑤关键因素发生变化，未及时对投资方案做出相应修正，使损失持续扩大。 ⑥计划的执行与实施和计划不一致，无法达到投资目的。 ⑦执行与实施未经适当审批或越权审批，可能因重大差错、舞弊、欺诈而导致损失。 ⑧会计记录混乱或错误	①规范职责权限和审批流程，机构设置和人员配备应科学合理。 ②通过限制未经授权人员直接接触资产、定期盘点、财产记录、账实核对、财产保险、分析评价等多种措施，确保投资资产安全完整。 ③严格会计系统控制，遵循会计准则进行会计处理，详细记录投资资产的增减变化；妥善保管投资合同、出资证明等文件。 ④持续监控投资项目实施进程，做好投资项目跟踪分析工作；被投资方出现财务状况恶化、市价大幅下跌等情形的，应计提减值准备

续表

关键控制点	主要风险	控制措施
投资处置	①职责分工、权限范围不清晰,审批程序不规范。 ②处置未经审批或越权审批,可能导致重大差错、舞弊、欺诈。 ③处置方式违反相关法规,可能遭受外部处罚。 ④员工舞弊使投资资产价值评估有误。 ⑤会计记录不完整或有错误	①明确投资收回、转让、核销等的职责授权和审批流程。 ②及时足额收取投资的处置价款。转让投资应由相关机构或人员合理定价,并经授权审批必要时,可委托有资质的专门机构评估。核销投资.应取得因被投资方破产等不能收回投资的法律文书和证明文件。 ③认真审核与投资处置有关的审批文件、会议记录、资产回收清单等相关资料,确保资产处置真实、合法。 ④遵循会计准则进行会计确认计量和报告。 ⑤建立投资项目后续跟踪评价管理制度,并将评价结果作为奖励或责任追究的依据

五、资金营运活动

企业资金营运活动是除投资活动和筹资活动之外的日常产、供、销、人、财、物等所涉资金管理活动。企业资金营运活动控制的主要目标至少应当包括如下三个方面:①保持生产经营各环节资金供求的动态平衡,即企业应将资金合理安排到采购、生产、销售等各个环节,做到实物流和资金流的相互协调、资金收支在数据上及时间上相互协调;②促进资金合理循环和周转、提高资金使用效率;③确保资金安全。

(一)资金营运活动业务流程设计

企业资金营运过程从资金流入企业形成货币资金开始,到通过销售收回货币资金、成本补偿确定利润、部分资金流出企业为止,形成资金营运活动的一个完整循环。图 7-5 列示了制造业和流通业资金营运活动的主要业务流程。

企业资金营运活动是一种价值运动。为保证资金价值运动的安全、完整、有效,企业应对资金营运活动的流程进行控制。一般而言,资金收付按照申请、审批、复核、收付等程序办理。下面以集团财务共享中心付款流程为例梳理营运活动资金业务流程,具体如下。

(1)资金收付需要以业务发生为基础。企业收付资金,应该有根据,不能凭空付款或收款。所有收款或者付款需求,都由特定的业务引起,因此真实的业务发生是资金收付的基础。财务共享中心在集团资金结算管理中的应用规范了会计核算及资金支付流程,明确了业务经办人为资金结算业务的发起人,主要对业务的真实性、可靠性负责并提出付款申请。

(2)业务部门授权审批。收款方应该向对方提交相关业务发生的票据或者证明,再收取资金。资金支付涉及企业经济利益流出,应严格履行授权分级审批制度。集团内各分、子公司及各部门的付款申请依据不同审批权限通过业务部门负责人、业务分管领导、总经理、董事长进行审批以对业务付款的真实性、可靠性进行再监督。审批权限的合理划分是营运活动资金业务顺利开展的前提条件,财务共享中心模式下,企业集团母公司在资金集中管控中拥有绝对的决策权和控制权,但资金收付涉及环节众多、业务关联性大,需要明确审批活动中的权责界限,避免权责不对等造成管理越位或缺位,影响资金管控效率。

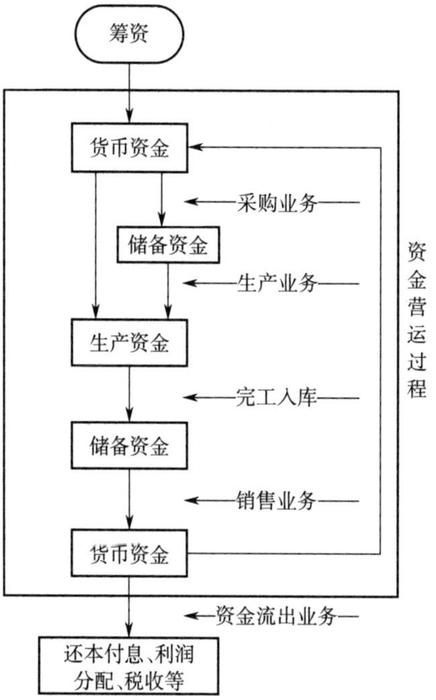

图 7-5　制造业和流通业资金营运活动的主要业务流程

(3)财务部门复核。分、子公司财务部门和集团总部财务人员及财务共享中心人员当收到经过企业授权部门审批的相关凭证或付款申请时,应再次复核业务的真实性、金额的准确性、相关票据的齐备性,以及相关手续的合法性和完整性,复核确认后依据资金审批权限提交财务部门负责人和财务总监进行最终审批。

(4)办理付款。财务共享中心负责资金付款的人员收到经业务和财务部门审核的相关凭证或付款申请,在核实资金结算业务金额及收支单位信息后,按照集团财务共享中心划拨金额及相关凭证支付资金。在财务共享中心模式下,付款同时、同步形成会计凭证。

(二)资金营运活动的主要风险

资金营运活动的主要风险包括:①资金使用违反国家法律、法规,企业可能会遭受外部处罚、经济损失和信誉损失;②资金未经适当审批或超越授权审批,可能会产生重大差错或舞弊、欺诈行为,从而使企业遭受损失;③资金记录不准确、不完整,可能会造成账实不符或导致财务报表信息失真;④有关单据遗失、变造、伪造、非法使用等,会导致资产损失、法律损失或信用损失;⑤职责分工不明确、机构设置和人员配备不合理,会导致资产损失、法律损失或信用损失;⑥不按相关规定进行银行账户核对,会导致相关账目核对程序混乱;⑦银行账户的开立不符合国家有关法律、法规的要求,可能会导致企业受到处罚及遭受资金损失。

案例 7-2　会计人员私开支票涉嫌职务侵占 [①]

乙公司是沿海地区的一个中型贸易公司,主营业务是沿海地区的小商品出口,公司的规

① 仁和会计教学研发中心:《中小企业风险内控手册》,立信会计出版社,2022,第 125-126 页。

模逐年扩大。阿松在乙公司任职财务部门主管，2017 年被乙公司派往佛山分公司担任财务部门经理一职兼任会计和出纳,既管钱又管账。

阿松负责分公司的原材料采购及各类费用的支出,为图方便公司把财务专用章和法定代表人章都交由阿松管理。2018 年 12 月,阿松迷上网络赌博,将目光瞄向了公司的银行账户。

2018 年 12 月中旬,阿松开始通过私自盖章伪造转账支票的方式尝试转移资金。一开始数额较少,阿松发现公司没有反应后,便一发不可收。截至 2019 年 4 月 24 日,阿松先后挪用公司资金超过 200 万元,将其全部用于网络赌博并挥霍一空。2019 年 7 月下旬,分公司总经理查看银行账户,发现资金几乎见底,于是向警方报案。隔日,阿松向警方自首。

分析:本案例中,一方面,乙公司在设置分公司财务部门的架构时未能将会计与出纳职务进行分离,埋下隐患;另一方面,分公司在日常管理中为了贪图方便,将支票及支票印章全部交由阿松一人保管,给阿松的舞弊提供了机会。若分公司能将支票和支票印章交由不同人员保管,阿松不会如此轻易私开发票转移资金;同时,若能安排另一人每月核对银行资金与账面资金余额,也不会过了如此长时间才发现阿松的舞弊行为。企业切记不能为了贪图日常操作的便利就忽视对资金管理的内部控制。

(三)资金营运活动的关键控制点及控制措施

企业资金营运内部控制的关键控制点及对应的控制目标和控制措施如表 7-3 所示。

表 7-3　资金营运活动的关键控制点、控制目标及控制措施

关键控制点	控制目标	控制措施
审批	合法性	未经授权不得经办资金收付业务;明确不同级别的管理人员的权限
复核	真实性与合法性	对相关凭证进行横向复核和纵向复核
收付	收入入账完整,支出手续完备	出纳根据审核后的相关收付款原始凭证收款和付款并加盖印章
记账	真实性	出纳人员根据资金收付凭证登记日记账;会计人员根据相关凭证登记有关明细分类账;主管会计登记总分类账
对账	真实性和财产安全	账证核对、账表核对与账实核对等
保管	财产安全与完整	授权专人保管资金;定期、不定期盘点
银行账户管理	防范"小金库";加强业务管控	银行账户的开立、使用与撤销的授权;是否有账外账
印章保管	财产安全	票据统一印制或购买;票据由专人保管;印章与空白票据分管;财务专用章与企业法人章分管

第二节　采购业务的内部控制

一、采购业务控制概述

采购,是指购买物资(或接受劳务)及支付款项等相关活动。其中,物资主要包括企业的原材料、商品、工程物资、固定资产等。采购是在一定的条件下从供应市场获取产品或者

服务作为企业资源，主要用以保证企业生产及经营活动正常开展的一项重要的经营活动。采购是企业生产经营的起点，既是企业的实物流的重要组成部分，又与资金流密切关联。采购业务控制是指为规范采购行为，防范采购风险，对采购业务建立的一种互相制约的业务组织形式和职责分工制度。

案例 7–3　国家能源集团：科技助力防范非招标采购廉洁风险①

前不久，在国家能源集团物资公司非招标采购智能无人评审系统上，一笔国家能源集团焦化公司液碱询价采购业务的报价、评审工作正在进行。

"项目挂网采购后，有 6 家供应商参与报价，经系统对采购要求及供应商响应情况进行比对分析，生成评审结果，最终包头市一家化工企业成为首选供应商。"国家能源集团物资公司业务管理部高级主管孙云飞熟练地依次点击整单评审、AI 评审结果等模块，对记者说："你看，整个评审过程用时不到 2 分钟，以前非招标物资采购评审环节在线下进行，一般至少需要 3 人花费 1 天左右时间，不仅耗时费力，还具有比较大的廉洁风险。"

孙云飞操作的智能无人评审系统是该公司防范非招标采购领域廉洁风险的创新举措之一。"物资采购因资金密集，属于高风险领域，特别是非招标采购，其适用情形多样，竞争情况复杂，评审规则更加模糊。在采购过程中容易出现采购需求提出不全面、线下沟通较多，采购人自由解释权过大的问题。"国家能源集团物资公司纪委有关负责人告诉记者，"此外，在评审环节，由于线下组织讨论评价因素较多、尺度把握不一，主观裁量空间较大容易滋生廉洁风险。"

针对相关问题，国家能源集团物资公司纪委深挖制度原因，以信息化手段提升监督水平，推动公司在去年 12 月上线运行非招标采购智能无人评审系统，截至目前，已完成逾 1 万个订单。据了解，系统上线后，通过将采购人的需求进行结构化规范，使要求更加清晰明了，减少以往非招标采购中采购人的主观经验性判断。同时将评审专家对评审因素的评审规则进行量化，使评审专家的自由裁量权得以有效控制，评审可解释性更强，有效防范权力寻租和干部职工任性用权。"以本次液碱采购为例，采购人在采购单上明确列出需要危险化学品经营许可证，供应商只有在系统上上传相关凭证才可进一步参与评审，压缩了人为操作空间。"国家能源集团物资公司纪委有关负责人说。

记者了解到，近年来，国家能源集团纪检监察组坚持聚焦重点领域，紧盯关键环节，强化对下级纪检监察机构监督指导，深挖彻查招标投标、物资采购领域以权谋私、利益输送等腐败问题。在创新监督上持续用力，积极探索对重点领域监督新路径、新方法，推进监督信息化试点建设，坚持科技支撑，进一步加大大数据、信息化在监督工作中的运用，推动监督向数字化、智能化发展。

二、采购业务流程设计

采购业务流程主要涉及编制需求计划和采购计划、请购、选择供应商、确定采购价格、订立框架协议或采购合同、管理供应过程、验收、退货、付款、会计控制、采购业务后续评估等环

① 文子玉：《国家能源集团：科技助力防范非招标采购廉洁风险》，中央纪委国家监委网站，https://www.ccdi.gov.cn/yaowenn/202302/t20230211_246063.html，访问日期：2023 年 2 月 11 日。

节。企业可以根据采购业务的主要流程(图7-6),结合自身的实际情况及管理要求,制定企业专属的采购业务流程。

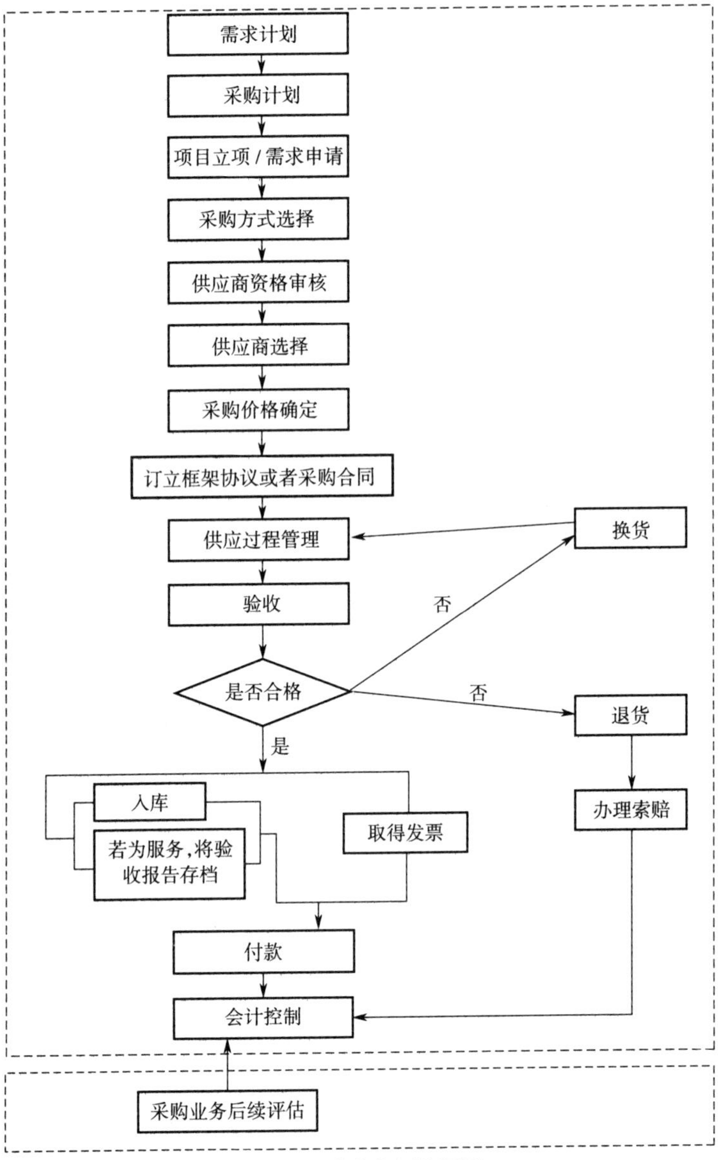

图7-6 采购业务流程图

三、采购业务的主要风险及控制措施

根据《企业内部控制应用指引第7号——采购业务》的要求,企业采购业务至少应当关注下列风险:①采购计划安排不合理,市场变化趋势预测不准确,造成库存短缺或积压,可能导致企业生产停滞或资源浪费;②供应商选择不当,采购方式不合理、招投标或定价机制不科学、授权审批不规范,可能导致采购物资质次价高,出现舞弊或遭受欺诈;③采购验收不规范,付款审核不严,可能导致采购物资、资金损失或信用受损。因此,企业在采购业务活动中应识别出主要风险，并制定相应的控制措施，具体如表 7-4 所示。

表 7-4　采购业务的主要风险及控制措施

关键控制点	主要风险	控制措施
编制需求计划和采购计划	需求或采购计划不合理、不按实际需求安排采购或随意超计划采购，甚至与企业生产经营计划不协调等	①生产、经营、项目建设等部门，应当根据实际需求准确、及时编制需求计划。需求部门提出需求计划时，不能指定或变相指定供应商。对于独家代理、专有、专利等特殊产品，应提供相应的独家、专有资料，经专业技术部门研讨后，经具备相应审批权限的部门或人员审批。 ②采购计划是企业年度生产经营计划的一部分，在制定年度生产经营计划过程中，企业应当根据发展目标实际需要，结合库存和在途情况，科学安排采购计划，防止采购成本过高或过低。 ③采购计划应纳入采购预算管理，经相关负责人审批后作为企业刚性指令严格执行
请购	缺乏采购申请制度请购未经适当审批或超越授权审批，可能导致采购物资过量或短缺，影响企业正常生产经营	①建立采购申请制度，依据购买物资或接受劳务的类型确定归口管理部门，授予相应的请购权，明确相关部门或人员的职责权限及相应的请购程序。企业可以根据实际需要设置专门的请购部门，对需求部门提出的采购需求进行审核，并进行归类汇总，统筹安排企业的采购计划。 ②对于预算内采购项目，具有请购权的部门应当严格按照预算执行进度办理请购手续，并根据市场变化提出合理采购申请。对于超预算和预算外采购项目，应先履行预算调整程序，由具备相应审批权限的部门或人员审批后，再行办理请购手续。 ③具备相应审批权限的部门或人员审批采购申请时，应重点关注采购申请内容是否准确、完整，是否符合生产经营需要，是否符合采购计划，是否在采购预算范围内等对不符合规定的采购申请，应要求请购部门调整请购内容或拒绝批准
选择供应商	供应商选择不当，可能导致采购物资质次价高，甚至出现舞弊行为	①建立科学的供应商评估和准入制度，对供应商资质信誉情况的真实性和合法性进行审查，确定合格的供应商清单，健全企业统一的供应商网络。企业新增供应商的市场准入、供应商新增服务关系及调整供应商物资目录，都要由采购部门根据需要提出申请，并按规定的权限和程序审核批准后，纳入供应商网络。企业可委托具有相应资质的中介机构对供应商进行资信调查。 ②采购部门应当按照公平、公正和竞争的原则，择优确定供应商，在切实防范舞弊风险的基础上，与供应商签订质量保证协议。 ③建立供应商管理信息系统和供应商淘汰制度，对供应商提供物资或劳务的质量、价格、交货及时性、供货条件及其资信、经营状况等进行实时管理和考核评价，根据考核评价结果，提出供应商淘汰和更换名单，经审批后对供应商进行合理选择和调整，并在供应商管理系统中做出相应记录
确定采购价格	采购定价机制不科学，采购定价方式选择不当，缺乏对重要物资品种价格的跟踪监控，引起采购价格不合理可能造成企业资金损失	①健全采购定价机制，采取协议采购、招标采购、询比价采购、动态竞价采购等多种方式，科学合理地确定采购价格。对标准化程度高、需求计划性强、价格相对稳定的物资，通过招标、联合谈判等公开、竞争方式签订框架协议。 ②采购部门应当定期研究大宗通用重要物资的成本构成与市场价格变动趋势，确定重要物资品种的采购执行价格或参考价格。建立采购价格数据库，定期开展重要物资的市场供求形势及价格走势商情分析，并进行合理利用
订立框架协议或采购合同	①框架协议签订不当，可能导致物资采购不顺畅。 ②未经授权对外订立采购合同，合同对方主体资格、履约能力等未达要求、合同内容存在重大疏漏和欺诈，可能导致企业合法权益受到侵害	①对拟签订框架协议的供应商的主体资格、信用状况等进行风险评估；框架协议的签订应引入竞争制度，确保供应商具备履约能力。 ②根据确定的供应商、采购方式、采购价格等情况，拟订采购合同，准确描述合同条款，明确双方权利、义务和违约责任，按照规定权限签署采购合同。对于影响重大涉及较高专业技术或法律关系复杂的合同，应当组织法律技术、财会等专业人员参与谈判，必要时可聘请外部专家参与相关工作。 ③对重要物资验收量与合同量之间允许的差异，应当做出统一规定

续表

关键控制点	主要风险	控制措施
供应过程管理	缺乏对采购合同履行情况的有效跟踪,运输方式选择不 合理忽视运输过程中的保险风险,可能导致采购物资损失或无法保证供应	①依据采购合同中确定的主要条款跟踪合同履行情况对有可能影响生产或工程进度的异常情况,应出具书面报告并及时提出解决方案,采取必要措施,保证需求物资的及时供应。 ②对重要物资建立并执行合同履约过程中的巡视、点检和监造制度。对需要监造的物资,择优确定监造单位,签订监造合同,落实监造责任人,审核确认监造大纲,审定监造报告,并及时向技术等部门通报。 ③根据生产建设进度和采购物资特性等因素,选择合理的运输工具和运输方式,办理运输、投保等事宜。 ④实行全过程的采购登记制度或信息化管理,确保采购过程的可追溯性
验收	验收标准不明确、验收程序不规范、对验收中存在的异常情况不做处理,可能造成账实不符、采购物资损失	①制定明确的采购验收标准,结合物资特性确定必检物资目录,规定此类物资出具质量检验报告后方可入库。 ②验收机构或人员应当根据采购合同及质量检验部门出具的质量检验证明,重点关注采购合同、发票等原始单据与采购物资的数量、质量、规格、型号等核对一致。对验收合格的物资,填制入库凭证,加盖物资"收讫章",登记实物账,及时将入库凭证传递给财会部门。物资入库前,采购部门须检查质量保证书、商检证书或合格证等证明文件当验收时涉及技术性强、大宗和新、特物资,还应进行专业测试,必要时可委托具有检验资质的机构或聘请外部专家协助验收。 ③对于验收过程中发现的异常情况,比如无采购合同或大额超采购合同的物资、超采购预算采购的物资、毁损的物资等,验收机构或人员应当立即向企业有权管理的相关机构报告,相关机构应当查明原因并及时处理。对于不合格物资,采购部门依据检验结果办理让步接收、退货、索赔等事宜。对延迟交货造成生产建设损失的,采购部门要按照合同约定索赔
付款	付款审核不严格、付款方式不恰当、付款金额控制不严,可能导致企业资金损失或信用受损	①严格审查采购发票等票据的真实性、合法性和有效性判断采购款项是否确实应予支付。如审查发票填制的内容是否与发票种类相符合、发票加盖的印章是否与票据的种类相符合等。企业应当重视采购付款的过程控制和跟踪管理,如果发现异常情况,应当拒绝向供应商付款,避免出现资金损失和信用受损的情况。 ②根据国家有关支付结算的相关规定和企业生产经营的实际情况,合理选择付款方式,并严格遵循合同规定,防范因付款方式不当带来的法律风险,保证资金安全。除了不足转账起点金额的采购可以支付现金外,采购价款应通过银行办理转账。 ③加强预付账款和定金的管理,对于涉及大额或长期的预付款项,应当定期进行追踪核查,综合分析预付账款的期限、占用款项的合理性、不可收回风险等情况,发现有疑问的预付款项,应当及时采取措施,尽快收回款项
会计控制	缺乏有效的采购会计系统控制,未能全面真实地记录和反映企业采购各环节的资金流和实物流情况,相关会计记录与相关采购记录、仓储记录不一致,可能导致企业采购业务未能如实反映,以及采购物资和资金受损	①企业应当加强对购买、验收、付款业务的会计系统控制,详细记录供应商、采购申请、采购合同、采购通知验收证明、入库凭证、退货情况、商业票据、款项支付等情况,做好采购业务各环节的记录,确保会计记录、采购记录与仓储记录核对一致。 ②指定专人通过函证等方式,定期向供应商寄发对账函核对应付账款、应付票据、预付账款等往来款项,对供应商提出的异议应及时查明原因,报有权管理的部门或人员批准后,做出相应调整
采购业务管理的后续评估	未定期对采购业务进行综合分析与评估可能导致未发现以前的项目问题,不利于规避后续采购项目中的风险	企业应当建立采购业务后评估制度,定期对物资需求计划采购计划、采购渠道、采购价格、采购质量、采购成本协调或合同签约与履行情况等物资采购供应活动进行专项评估和综合分析,及时发现采购业务薄弱环节,优化采购流程,同时,将物资需求计划管理、供应商管理、储备管理等方面的关键指标纳入业绩考核体系,促进物资采购与生产、销售等环节的有效衔接,不断防范采购风险,全面提升采购效率

案例 7-4　采购经理与供应商合谋欺诈公司资金

丁公司是一家大型零售企业，拥有众多门店和供应商。为了统一管理，丁公司采取集中采购模式，所有门店的商品均由总部采购部门统一采购。杨某是丁公司的采购经理，负责所有门店的商品采购。由于工作繁忙，杨某很少亲自处理每笔采购业务。在一次例行检查中，丁公司发现杨某采购的一款商品价格明显高于市场价，且供应商资质存疑。经过进一步调查，发现杨某与该供应商之间存在不正当交易。丁公司立即对杨某展开内部调查，发现杨某与该供应商合谋，通过虚报价格、虚构交易等方式骗取公司资金。杨某利用职务之便，将公司资金转入该供应商账户，并从中分得部分款项。

丁公司立即报警，警方介入调查后，杨某和该供应商被抓获。经审讯，杨某承认了自己的罪行，并供出了更多涉及公司采购业务的内幕。警方通过进一步调查发现，杨某和该供应商的合谋欺诈行为已经持续了数年，且金额巨大。此事件对丁公司造成了极大的经济损失和声誉影响。丁公司立即采取措施加强内部监管，完善采购制度，并加强了对员工职业道德的教育。同时，丁公司也与警方保持密切联系，积极配合调查工作，为打击商业欺诈行为做出贡献。

第三节　资产管理的内部控制

一、资产管理控制概述

资产作为企业重要的经济资源，是企业从事生产经营活动并实现发展战略的物质基础。资产是指企业拥有或控制的存货、固定资产和无形资产。资产管理贯穿于企业生产经营的全过程，是企业生产经营活动平稳有序进行的重要保障。企业的资产管理不仅包括防范资产被偷被盗、非法占用，还包括提高资产使用效能等。资产管理控制就是通过资产管理保障资产安全、提升资产管理效能。加强各项资产管理，保证资产安全完整，提高资产使用效能，对于维持企业正常生产经营以及促进企业发展战略的实现具有重要的意义。

二、资产管理的主要风险点及控制措施

（一）资产管理的主要风险点

根据《企业内部控制应用指引第 8 号——资产管理》的要求，资产管理业务至少应当关注下列风险：

（1）存货积压或短缺，可能导致流动资金占用过量、存货价值贬损或生产中断；

（2）固定资产更新改造不够、使用效能低下、维护不当、产能过剩，可能导致企业缺乏竞争力、资产价值贬损、安全事故频发或资源浪费；

（3）无形资产缺乏核心技术、权属不清、技术落后、存在重大技术安全隐患，可能导致企业产生法律纠纷、缺乏可持续发展的能力。

（二）资产管理的主要控制措施

企业应当加强资产全面风险管控，在保障资产安全的前提下，提高资产效能。通过全面

梳理资产管理流程,企业应及时发现资产管理中的薄弱环节,切实采取有效措施加以改进,并关注资产减值,同时应当重视和加强各项资产的投保工作。

1. 全面梳理资产管理流程

为了保障资产安全、提升资产管理效能,企业应当全面、分类别地梳理资产流程,还应贯穿各类资产从进入、使用到退出全生命周期管理。

2 查找资产管理薄弱环节

企业应当在全面梳理资产管理流程的基础上,围绕主要风险,全面查找资产管理薄弱环节及漏洞,确保资产管理处于不断优化状态。这些薄弱环节若不引起重视并加以及时改进,通常可能引发资产流失或运行风险。

3. 健全和落实资产管控措施

企业应当对资产管理的薄弱环节和问题进行归类,深入分析,查找原因,健全和落实相关措施。一些企业实物流管控不严,导致重大风险的发生,往往不是制度不健全,而是制度一大堆,手册到处有,这些更多用于应付检查,与实际执行是两回事。这种做法自欺欺人,到头来遭受损失的是企业。

三、存货管理

存货是指企业在日常活动中持有以备出售的产成品或商品、处在生产过程中的在产品、在生产过程或提供劳务过程中耗用的材料或物料等,包括各类材料、在产品、半成品、产成品或库存商品以及包装物、低值易耗品、委托加工物资等。企业代销、代管、代修、受托加工的存货,虽不归企业所有,也应纳入企业存货管理范畴。不同类型的企业有不同的存货业务特征和管理模式;同一企业的不同类型的存货的业务流程和管控方式也可能不尽相同。企业建立和完善存货内部控制制度,必须结合本企业的生产经营特点,针对业务流程中主要风险点和关键环节,制定有效的控制措施;同时,企业应充分利用计算机信息管理系统,强化会计、出入库等相关记录,确保存货管理全过程的风险得到有效控制。

(一)存货管理业务流程设计

要对存货进行严格控制,企业就必须对存货的业务流程有深入的认识,并明确其在企业生产运营全流程中的地位。

以一家典型的生产型企业为例,其物流流程如图 7-7 所示。

一般生产型企业的存货业务流程可分为取得、验收、仓储保管、生产加工、盘点处置等几个阶段,历经取得存货、验收入库、仓储保管、领用发出、原料加工、装配包装、盘点清查、销售处置等主要环节。

具体到某个特定的生产型企业,存货业务流程可能较为复杂,不仅涉及上述所有环节,甚至有更多、更细的流程,且存货在企业内部要经历多次循环。例如,原材料要经历验收入库、领用加工,形成半成品后又入库保存或现场保管,然后领用半成品继续加工,加工成为产成品后再入库保存,直至发出销售等过程。也有部分生产型企业的生产经营活动较为简单,其存货业务流程可能只涉及上述流程中的某几个环节。

从图 7-8 可见,作为商品流通型企业批发商的存货,通常经过取得、验收入库、仓储保管和销售发出等主要环节;零售商从生产型企业或批发商(经销商)那里取得商品,经验收后入库保管或者直接放置在营业场所对外销售。例如,仓储式超市货架里摆放的商品就是超市的存货,商品仓储与销售过程紧密联系在一起。

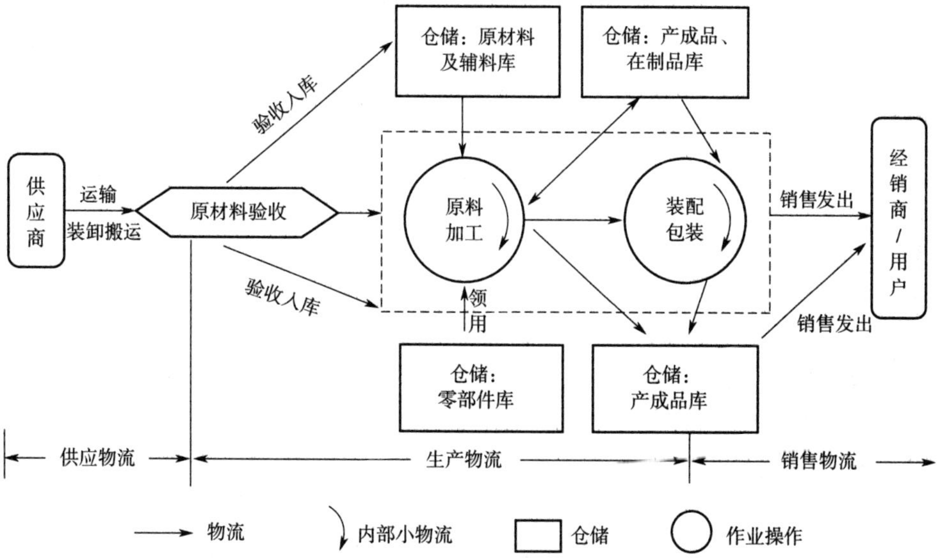

图 7-7 生产型企业存货流程的程序

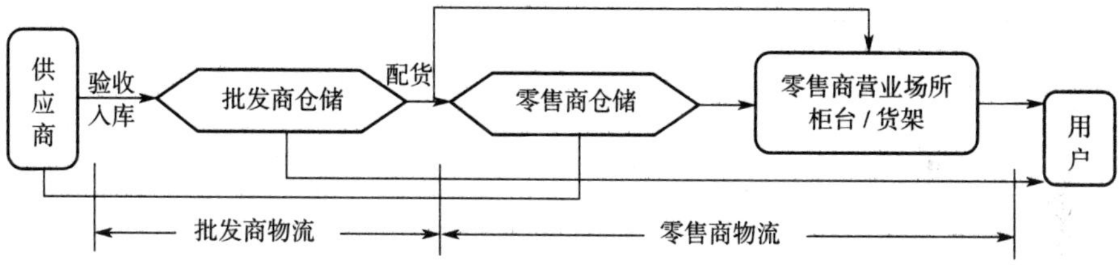

图 7-8 商品流通型企业存货流转的程序

概括地讲,无论是生产型企业,还是商品流通型企业,存货取得、验收入库、仓储保管、领用发出、盘点清查、存货处置等是其存货流转的共有环节。

(二)存货管理的主要风险及控制措施

与存货相关的内部控制涉及企业供、产、销的各个环节,包括采购、验收、仓储、领用、加工、装运出库等各个方面,还包括存货数量的盘存制度。需要说明的是,与存货内部控制相关的措施有很多,其有效程度也存在差异。存货内部控制的关键控制点、主要风险与控制措施如表 7-5 所示。

表 7-5 存货管理的主要风险及控制措施

关键控制点	主要风险	控制措施
存货取得	存货预算编制不科学、采购计划不合理,可能导致存货积压或短缺	① 企业存货管理实务中,应当根据各种存货采购间隔期和当前库存,综合考虑企业生产经营计划、市场供求等因素,充分利用信息系统,合理确定存货采购日期和数量确保存货处于最佳库存状态。 ② 考虑到存货取得的风险管控措施主要体现在预算编制和采购环节,应由相关的预算和采购内部控制应用指引加以规范

续表

关键控制点	主要风险	控制措施
验收入库	验收程序不规范、标准不明确，可能导致数量克扣、以次充好、账实不符	① 外购存货的验收应当重点关注合同、发票等原始单据与存货的数量、质量、规格等核对一致。涉及技术含量较高的货物，必要时可委托具有检验资质的机构或聘请外部专家协助验收。 ② 自制存货的验收，应当重点关注产品质量，通过检验合格的半成品、产成品才能办理入库手续，不合格品应及时查明原因、落实责任、报告处理。 ③ 通过其他方式取得存货的验收，应当重点关注存货来源、质量状况、实际价值是否符合有关合同或协议的约定
仓储保管	存货仓储保管方法不适当、监管不严密，可能导致产品损坏变质、价值贬损资源浪费	① 存货在不同仓库之间流动时，应当办理出库手续。 ② 存货仓储期间要按照仓储物资所要求的储存条件妥善储存，做好防火、防洪、防盗、防潮、防病虫害、防变质等保管工作，不同批次、型号和用途的产品要分类存放生产现场的在加工原料、周转材料、半成品等要按照有助于提高生产效率的方式摆放，同时防止浪费、被盗和流失。 ③ 对代管、代销、暂存、受托加工的存货，应单独存放和记录，避免与本单位存货混淆。 ④ 结合企业实际情况，加强存货的保险投保，保证存货安全，合理降低存货意外损失风险。 ⑤ 仓储部门应对库存物料和品进行每日巡查和定期抽检，详细记录库存情况；发现毁损、存在跌价迹象的，应及时与生产、采购、财务等相关部门沟通。对于进入仓库的人员，应办理进出登记手续，未经授权人员不得接触存货
领用发出	存货领用、发出审核不严格、手续不完备，可能导致货物流失	① 企业应当根据自身的业务特点，确定适用的存货发出管理模式，制定严格的存货准出制度，明确存货发出和领用的审批权限，健全存货出库手续，加强存货领用记录。 ② 通常情况下，对于一般的生产企业，仓储部门应核对经过审核的领料单或发货通知单的内容，做到单据齐全名称、规格、计量单位准确；符合条件的，准予领用或发出，并与领用人当面核对、点清交付。 ③ 在商场超市等商品流通企业，在存货销售发出环节应侧重于防止商品失窃、随时整理弃置商品、每日核对销售记录和库存记录等。 ④ 无论是何种企业，对于大批存货、贵重商品或危险品的发出，均应当实行特别授权；仓储部门应当根据经审批的销售（出库）通知单发出货物
盘点清查	存货盘点清查制度不完善、计划不可行，可能导致工作流于形式、无法查清存货真实状况	① 企业应当建立存货盘点清查工作规程，结合本企业实际情况确定盘点周期、盘点流程、盘点方法等相关内容结合使用定期盘点和不定期抽查方式。 ② 盘点清查时，应拟定详细的盘点计划，合理安排相关人员，使用科学的盘点方法，保持盘点记录的完整，以保证盘点的真实性、有效性。 ③ 对于盘点清查结果，要及时编制盘点表，形成书面报告，包括盘点人员、时间、地点、实际所盘点存货名称品种、数量、存放情况及盘点过程中发现的账实不符情况等内容。 ④ 对盘点清查中发现的问题，应及时查明原因，落实责任，按照规定权限报经批准后处理。多部门人员共同盘点应当充分体现相互制衡特点，严格按照盘点计划，认真记录盘点情况。 ⑤ 企业至少应当于每年年度终了时开展全面的存货盘点清查，及时发现存货减值迹象，将盘点清查结果形成书面报告
存货处置	存货报废处置责任不明确、审批不到位，可能导致企业利益受损	企业应定期对存货进行检查，及时、充分了解存货的存储状态，对于存货变质、毁损、报废或流失的处理，要分清责任、分析原因、及时处理

四、固定资产管理

固定资产是指企业为生产产品、提供劳务、出租或者经营管理而持有的、使用时间超过12个月的,价值达到一定标准的非货币性资产,包括建筑物、机器、机械、运输工具以及其他与生产经营活动有关的设备、器具、工具等。固定资产一般在企业资产总额中占有较大的比例,因此确保企业资产安全、完整意义重大。固定资产管理是一项复杂的组织工作,涉及基建部门、财务部门、后勤部门等,必须由这些部门共同参与管理。同时,固定资产管理是一项技术性较强的工作,应配备有工作责任心、工作能力强、懂业务、会计算机操作、会讲肯干的专职人员。固定资产管理一旦失控,其所造成的损失将远远超过一般的商品存货等流动资产管理失控造成的损失。

(一)固定资产管理业务流程设计

企业应当根据固定资产的特点,分析、归纳、设计合理的业务流程,查找固定资产管理中的薄弱环节,制定全面风险管控措施,保证固定资产安全、完整、高效运行。固定资产管理的业务流程,通常可以分为取得固定资产、固定资产验收、登记造册、固定资产投保、日常使用维护、定期评估、更新改造和淘汰处置等环节,如图 7-9 所示。

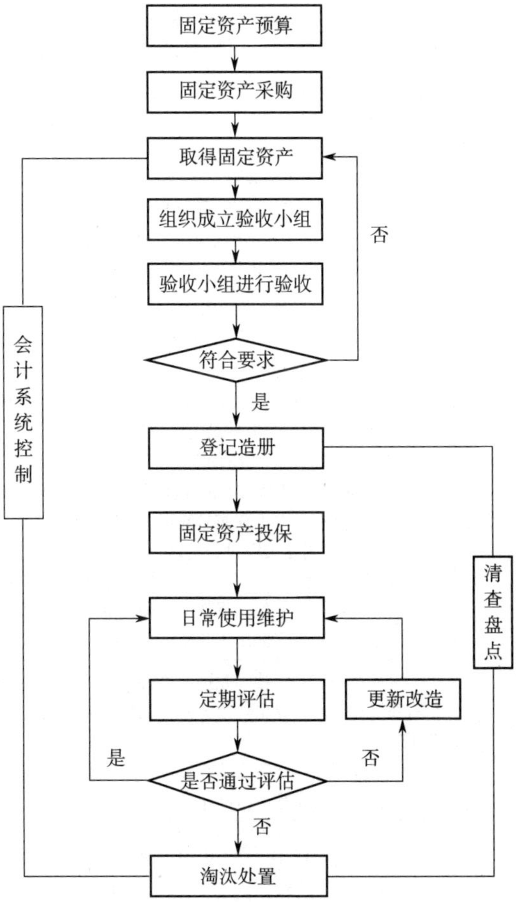

图 7-9　固定资产管理的业务流程图

(二)固定资产管理的主要风险及其控制

固定资产管理的主要风险是企业经营管理过程中,固定资产取得和验收不当、更新改造不够、使用效能低下、维护不当、产能过剩,可能导致企业缺乏竞争力、资产价值贬损、安全事故频发或资源浪费的风险。固定资产管理内部控制的关键控制点、主要风险与控制措施如表 7-6 所示。

表 7-6 固定资产管理的主要风险及控制措施

关键控制点	主要风险	控制措施
取得	①新增固定资产验收程序不规范,可能导致资产质量不符合要求,进而影响资产运行效果。 ②固定资产投保制度不健全可能导致应投保资产未投保、索赔不力,不能有效防范资产损失风险	①建立严格的固定资产交付使用验收制度。企业外购固定资产应当根据合同、供应商发货单等对所购固定资产的品种、规格、数量、质量、技术要求及其他内容进行验收,出具验收单,编制验收报告。企业自行建造的固定资产应由建造部门、固定资产管理部门、使用部门共同填制固定资产移交使用验收单,验收合格后移交使用部门投入使用。未通过验收的不合格资产,不得接收,必须按照合同等有关规定办理退换货或其他弥补措施。对于具有权属证明的资产,企业在取得资产的同时必须取得合法的权属证书。 ②重视和加强固定资产的投保工作。企业应当通盘考虑固定资产状况,根据其性质和特点,确定和严格执行固定资产的投保范围和政策。投保金额与投保项目力求适当对应投保的固定资产项目按规定程序进行审批,办理投保手续,规范投保行为,应对固定资产损失风险。对于重大固定资产项目的投保,企业应当考虑采取招标方式确定保险人,防范固定资产投保舞弊。已投保的固定资产发生损失的,企业应及时调查原因及受损金额,到保险公司办理相关的索赔手续
资产登记造册	固定资产登记内容不完整,可能导致资产流失资产信息失真,账实不符	①根据固定资产的定义,结合自身实际情况,制定适合本企业的固定资产目录,列明固定资产编号、名称、种类所在地点、使用部门、责任人、数量、账面价值、使用年限、损耗等内容,有利于企业了解固定资产使用情况的全貌。 ②按照单项资产建立固定资产卡片,资产卡片应在资产编号上与固定资产目录保持对应关系,详细记录各项固定资产的来源、验收、使用地点、责任单位和责任人、运转维修、改造、折旧、盘点等相关内容,便于固定资产的有效识别
日常维护	固定资产操作不当、失修或维护过剩,可能造成资产使用效率低下、产品残次率高,甚至发生生产事故或资源浪费	①固定资产使用部门会同资产管理部门负责固定资产日常维修、保养,将资产日常维护流程体制化、程序化、标准化,定期检查,及时消除风险,提高固定资产的使用效率,切实消除安全隐患。 ②固定资产使用部门及管理部门建立固定资产运行管理档案,并据以制定合理的日常维修和大修理计划,并经主管领导审批。 ③固定资产实物管理部门审核施工单位资质和资信,并建立管理档案;修理项目应分类,明确需要招投标的项目修理完成,由施工单位出具交工验收报告,经资产使用和实物管理部门核对工程质量并审批。重大项目应专项审计。 ④ 企业生产线等关键设备的运作效率与效果将直接影响企业的安全生产和产品质量,操作人员上岗前应接受具有资质的技术人员开展的岗前培训。特殊设备操作岗位实行岗位许可制度。操作人员须持证上岗,必须对资产运转进行实时监控,保证资产使用流程与既定操作流程相符,确保安全运行,提高使用效率
更新改造	固定资产更新改造不够,可能造成企业产品线老化、缺乏市场竞争力	①定期对固定资产技术先进性进行评估,结合盈利能力和企业发展可持续性,资产使用部门根据需要提出技改方案,与财务部门一起进行预算可行性分析,并且经过管理部门的审核批准。 ②管理部门须对技改方案实施过程适时监控、加强管理,有条件的企业应设立技改专项资金并定期或不定期审计

续表

关键控制点	主要风险	控制措施
资产清查	固定资产丢失、毁损等造成账实不符或资产贬值严重	①财务部门须定期组织固定资产使用部门和管理部门进行清查，明确资产权属，确保实物与卡、财务账表相符，在清查作业实施之前应编制清查方案，经过管理部门审核后进行相关的清查作业。 ②在清查结束后，清查人员编制清查报告，管理部门须就清查报告进行审核，确保真实性、可靠性。 ③对于清查过程中发现的盘盈盘亏，应分析原因，追究责任，妥善处理，报告审核通过后及时调整固定资产账面价值，确保账实相符，并上报备案
抵押、质押	固定资产抵押制度不完善，可能导致抵押资产价值低估和资产流失	①加强固定资产抵押、质押的管理，明晰固定资产抵押质押流程，规定固定资产抵押、质押的程序和审批权限等确保资产抵押、质押经过授权审批及适当程序。同时，应做好相应记录，保障企业资产安全。 ②财务部门办理资产抵押时，如需要委托专业中介机构鉴定评估固定资产的实际价值，应当会同金融机构有关人员、固定资产管理部门、固定资产使用部门现场勘验抵押品，对抵押资产的价值进行评估。对于抵押资产，应编制专门的抵押资产目录
固定资产处置	固定资产处置方式不合理，可能造成企业的经济损失	企业应当建立健全固定资产处置的相关制度，区分固定资产的处置方式，采取相应控制措施，确定固定资产处置的范围、标准、程序和审批权限，保证固定资产处置的科学性，使企业的资源得到有效的运用

五、无形资产管理

无形资产是指企业拥有或者控制的没有实物形态的可辨认非货币性资产，包括专利权、非专利技术、商标权、著作权、土地使用权等。现代企业的无形资产就其本质属性而言，具有商品使用价值的属性，它与有形资产一起构成了企业资产的总体，是企业生产经营活动中重要的经济资源。

（一）无形资产管理业务流程设计

无形资产管理的业务流程主要包括无形资产的取得与验收、使用与保全、定期评估、技术升级和更新、无形资产处置等环节。图 7-10 列示了无形资产管理的基本业务流程。

（二）无形资产管理的主要风险及其控制

无形资产管理的风险主要体现在无形资产缺乏核心技术、权属不清、技术落后、存在重大技术安全隐患，可能导致企业产生法律纠纷、缺乏可持续发展能力等方面。表 7-7 列示了无形资产管理内部控制的关键控制点、主要风险与控制措施。

表 7-7　无形资产管理的主要风险及控制措施

关键控制点	主要风险	控制措施
无形资产取得、验收	取得的无形资产不具先进性或权属不清，可能导致企业资源浪费或引发法律诉讼	①企业应当建立严格的无形资产交付使用验收制度，明确无形资产的权属关系，及时办理产权登记手续。 ②对于企业外购无形资产，必须仔细审核有关合同等法律文件，及时取得无形资产所有权的有效证明文件，同时特别关注外购无形资产的技术先进性；企业自行开发的无形资产，应由研发部门、无形资产管理部门、使用部门共同填制无形资产移交使用验收单，移交使用部门使用；企业购入或者以支付土地出让金方式取得的土地使用权，必须取得土地使用权的有效证明文件。 ③当无形资产权属关系发生变动时，应当按照规定及时办理权证转移手续

续表

关键控制点	主要风险	控制措施
无形资产的使用与保全	①无形资产使用效率低下,效能发挥不到位。 ②缺乏严格的保密制度,致使体现在无形资产中的商业秘密泄漏。 ③商标等无形资产疏于管理,导致其他企业侵权,严重损害企业利益	①企业应当强化无形资产使用过程的风险管控,充分发挥无形资产对提升企业产品质量和市场影响力的重要作用。 ②建立健全无形资产核心技术保密制度,严格限制未经授权人员直接接触技术资料,对技术资料等无形资产的保管及接触应保有记录,实行责任追究,保证无形资产的安全与完整。 ③对侵害本企业无形资产的,要积极取证并形成书面调查记录,提出维权对策,按规定程序审核并上报
无形资产的技术升级与更新换代	无形资产内含的技术未能及时升级换代,导致技术落后或存在重大技术安全隐患	①企业应当定期对专利、专有技术等无形资产的先进性进行评估。 ②当某项无形资产给企业带来经济利益的能力受到重大不利影响时,企业应当考虑淘汰落后技术,同时加大研发投入,不断推动自主创新与技术升级,确保在市场经济竞争中始终处于优势地位
无形资产的处置	①无形资产长期闲置或低效使用,就会逐渐失去其使用价值。 ②无形资产处置不当,往往会造成企业资产流失	①企业应当建立无形资产处置的相关管理制度,明确无形资产处置的范围、标准、程序和审批权限等要求。 ②无形资产的处置应由独立于无形资产管理部门和使用部门的其他部门或人员按照规定的权限和程序办理;应当选择合理的方式确定处置价格,并报经企业授权部门或人员审批;处置重大的无形资产时,应当委托具有资质的中介机构进行资产评估

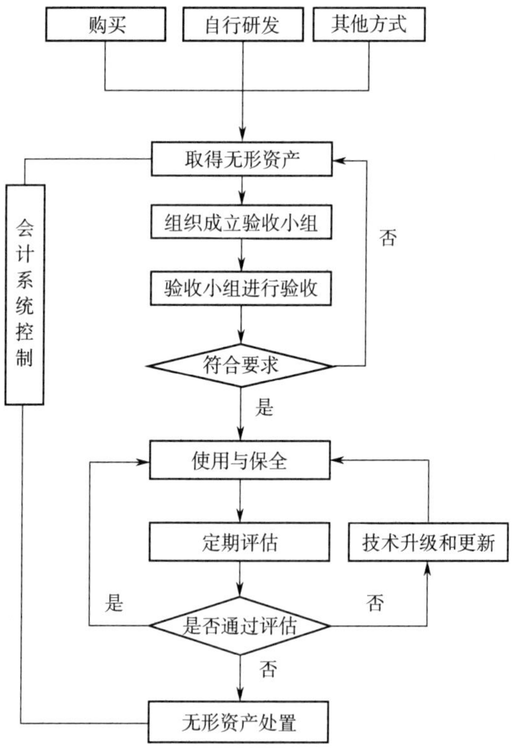

图 7-10　无形资产管理的业务流程图

第四节　销售业务的内部控制

一、销售业务控制概述

销售，是指企业出售商品（或提供劳务）及收取款项等相关活动。企业生存、发展、壮大的过程在一定程度上就是不断加大销售力度、拓宽销售渠道、扩大市场份额的过程。销售业务控制是指企业应以促进企业销售稳定增长、扩大市场份额、规范销售行为为出发点，建立健全销售业务管理制度，并确保其得到有效执行，全面梳理销售业务流程，明确各环节的职责和审批权限，确保销售业务的合规性和风险控制，从市场风险、信用风险、合同执行风险等方面对销售业务的主要风险进行管控的过程。

二、销售业务流程设计

企业的销售业务流程主要涉及销售计划管理、客户开发与信用管理、销售定价、订立销售合同、发货、收款、客户服务、会计系统控制等环节。企业应强化销售业务管理，对现行销售业务流程进行全面梳理，查找管理漏洞，及时采取切实有效的改正措施。与此同时，企业还应当注重健全相关管理制度，明确以风险为导向、符合成本效益原则的销售管控措施，实现与生产、资产、资金等方面管理的衔接，落实责任制，有效防范与降低经营风险。企业可以根据销售业务的基本流程（图 7-11），结合自身的实际情况及管理要求，制定企业专属的销售业务流程。

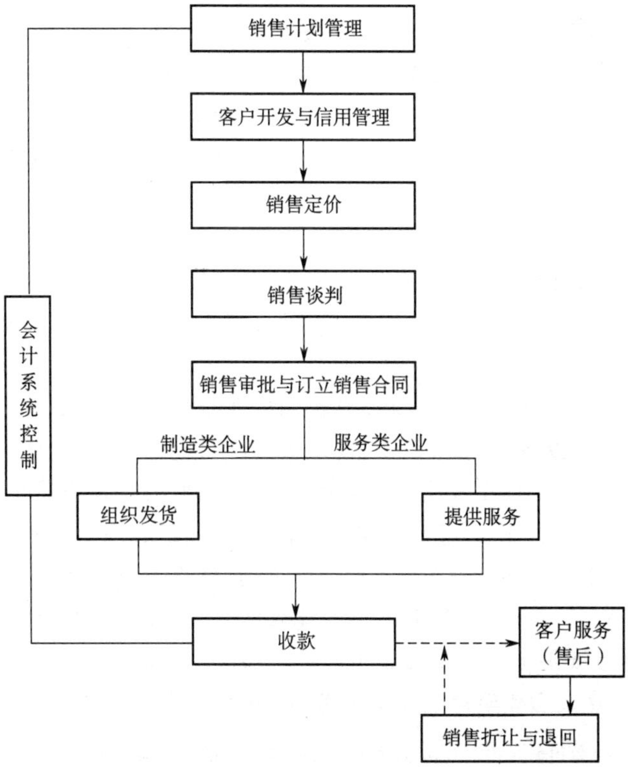

图 7-11　销售业务流程图

三、销售业务的主要风险及控制措施

根据《企业内部控制应用指引第 9 号——销售业务》的要求，企业销售业务至少应当关注下列风险：①销售政策和策略不当，市场预测不准确，销售渠道管理不当等，可能导致销售不畅、库存积压、经营难以为继；②用户信用管理不到位，结算方式选择不当，账款回收不力等，可能导致销售款项不能收回或遭受欺诈；③销售过程存在舞弊行为，可能导致企业利益受损。

案例 7-5 B 公司销售与收款内部会计控制案例[①]

（一）案例叙述

B 公司是从事机电产品制造和家电销售的国有中型企业，资产总额为 4 000 万元，其中，应收账款为 1 020 万元，占资产总额的 25.5%，占流动资产的 45%。近年来，B 公司的应收账款居高不下，营运指数连连下滑，已直接影响到生产经营。除了商业竞争的日愈加剧外，公司内部会计控制制度不健全是造成这种状态的主要原因。会计师事务所于 2004 年 3 月对该公司 2003 年度的会计报表进行了审计，在审计过程中根据获取的不同审计证据将该公司的应收账款进行了如下分类。

①被骗损失但尚未进行账务处理的应收账款 60 万元。

②账龄长且原销售经办人员已调离，其工作未交接，债权催收难以落实，可收回金额无法判定的应收账款 300 万元。

③账龄较长、回收有一定难度的应收账款 440 万元。

④未发现重大异常，但后期能否收回，还要待时再定的应收账款 220 万元。

针对上述各类应收账款内部控制制度存在的重大缺陷，会计师事务所向该公司管理层出具了管理建议书，提出了改进意见，以促进管理层加强内部会计控制制度的建设，改善经营管理，避免或减少坏账损失以及资金被客户长期无偿占用的情况，同时也为企业提高会计信息质量打下良好的基础。

（二）存在的问题

① B 公司未制定详细的信用政策，未核实客户情况，也未明确规定具体的信用额度、信用期间、信用标准，更未指明经授权审批后才可办理赊销业务，而是盲目放宽赊销范围，在源头上造成了大量的坏账损失。

比如，1999 年年末，四川李老板前来 B 公司购买价值总额为 20 万元的电视机，并一次性支付现金结算货款。2000 年春节前夕，李老板再次携现金 20 万元要求购买 80 万元的电视机并承诺 60 万元的货款将在春节后一个月内结清，同时留下其公司营业执照和其本人身份证复印件以及联系方式。B 公司销售部门及有关人员在未进一步调查核实李老板的真实身份和资信状况，并且未经公司领导批准的情况下，仅凭李老板提供的复印件以及携带的大量现金就断定遇到了“财神爷”。怕失去此次乃至今后的机会，B 公司销售部门及有关人员积极组织货源向李老板供货。谁知此后李老板仿佛人间蒸发，从此毫无音讯。等到之后公安机关侦破此案时，货款已被李老板挥霍一空，60 万元货款无法收回。

① 平准：《实务案例：B 公司销售与收款内部会计控制案例》，载《企业内部控制基本规范详解与实务：风险点识别 + 关键点把控 + 实操范本 + 案例详解》第 16 章，人民邮电出版社，2021，第 285-287 页。

② B 公司没有树立正确的应收账款管理目标，片面追求销售额最大化，从而忽视了公司的现金流量，忽视了公司财富最大化的正确目标。其中的一个重要原因就是在对公司领导以及销售部门和销售人员进行考核时过于强调销售额指标，而没有设置应收账款回收率这样的指标。

由于公司产品销售不畅，为了扩大销量，完成利润考核指标，B 公司一味鼓励销售人员“找路子”促销产品，而对货款能否及时收回缺乏考虑，一时间应收账款快速攀升，个别销售人员甚至在未与客户订立合同的情况下，“主动”送货上门，加大了坏账风险，同时大量资金被客户白白占用。

③ B 公司没有明确规定管理应收账款的责任部门，没有建立起相应的管理制度，缺少必要的合同、发运凭证等原始凭证的档案管理制度，导致对应收账款损失或长期难以收回的失误无法追究责任。

公司财务每年年度过账时抄陈账、抄死账，尤其是当销售人员调离公司后，其经手的应收账款更是无人问津或相关人员相互推诿，即使指派专人去要账，也经常因为缺失重要的原始凭证，导致要账无据而无功而返。上述原因导致公司无法追究造成坏账损失以及资金长期难以回笼员工的责任。

④对应收账款的会计监督力度不够。

公司没有明确规定财务部门对应收账款的结算负有监督检查的责任、没有制定应收账款结算监督的管理办法，财务部门与销售部门基本上是“各自为政”，造成各部门所取得的客户资料失真或失效。

此外，财务部门未定期与往来客户通过函证等方式核对账目，无法及时发现出现的异常情况，尤其是无法防止或发现货款被销售人员侵占或挪用。

（三）完善公司应收账款内部控制制度的建议

B 公司应贯彻不相容职务相互分离的原则，建立健全岗位责任制。在此基础上，B 公司对应收账款的管理应抓住以下几个环节。

①加强对赊销业务的管理，制定切实可行的销售政策和信用管理政策。对于符合赊销条件的客户，公司方可按照内部控制管理制度规定的程序办理赊销业务。

②加强对销售队伍的管理，包括建立对销售与收款业务的授权批准制度、销售与收款的责任与考核奖惩制度、销售人员定期轮岗及经手客户债务交接制度等。

③加强对客户信息的管理，公司应充分了解客户的资信和财务状况，对于长期、拥有大宗业务的客户，公司应建立包括信用额度使用情况在内的客户资料，并实行动态管理、及时更新。

④加强对应收账款的财务监督管理，建立应收账款账龄分析制度和逾期督促催收制度。财务部门应定期以函证方式核对与客户的往来款项，若发现异常现象，必须及时反馈给销售部门并报告决策机构。

因此，企业在销售业务内部控制设计时应识别出主要风险，并制定控制措施，如表 7-8 所示。

表 7-8 销售业务的主要风险及控制措施

关键控制点	主要风险	控制措施
销售计划管理	销售计划缺乏或不合理或未经授权审批，导致产品结构和生产安排不合理，难以实现企业生产经营的良性循环	①企业应当根据发展战略和年度生产经营计划，结合企业实际情况，制定年度销售计划，在此基础上，结合客户订单情况，制定月度销售计划，并按规定的权限和程序审批后下达执行。 ②定期对各产品（商品）的区域销售额、进销差价、销售计划与实际销售情况等进行分析，结合生产现状，及时调整销售计划，调整后的销售计划需履行相应的审批程序
客户开发与信用管理	①现有客户管理不足、潜在市场需求开发不够，可能导致客户丢失或市场拓展不利。 ②客户档案不健全，缺乏合理的资信评估，可能导致客户选择不当，销售款项不能收回或遭受欺诈，从而影响企业的资金流转和正常经营	①企业应当在进行充分市场调查的基础上，合理细分市场，并确定目标市场，根据不同目标群体的具体需求，确定定价机制和信用方式，灵活运用销售折扣、销售折让、信用销售、代销和广告宣传等多种策略和营销方式，促进销售目标的实现，不断提高市场占有率。 ②建立和不断更新维护客户信用动态档案，由与销售部门相对独立的信用管理部门对客户付款情况进行持续跟踪和监控，提出划分、调整客户信用等级的方案。根据客户信用等级和企业信用政策，拟定客户赊销限额和时限，经销售、财会等部门具有相关权限的人员审批。对于境外客户和新开发客户，应当建立严格的信用保证制度
销售定价	①定价或调价不符合价格政策，未能结合市场供需状况、盈利测算等进行适时调整，造成价格过高或过低、销售利润受损。 ②商品销售价格未经恰当审批或存在舞弊，可能导致损害企业经济利益或者企业形象	①应根据有关价格政策、综合考虑企业财务目标、营销目标、产品成本、市场状况及竞争对手情况等多方面因素产品基准定价。定期评价产品基准价格的合理性，定价须经具有相应权限的人员审核批准。 ②在执行基准定价的基础上，针对某些商品，可以授予销售部门一定限度的价格浮动权，销售部门可结合产品市场特点，将价格浮动权向下实行逐级递减分配，同时明确权限执行人。价格浮动权限执行人必须严格遵守企业规定的价格浮动范围。 ③销售折扣、销售折让等政策应由具有相应权限的人员审核批准。销售折扣、销售折让授予的实际金额、数量、原因及对象应予以记录，并归档备查
订立销售合同	①合同内容存在重大疏漏和欺诈，未经授权对外订立销售合同，可能导致企业合法权益受到侵害。 ②销售价格、收款期限等违背企业销售政策，可能导致企业经济利益受损	①订立销售合同前，企业应当指定专门人员与客户进行业务洽谈、磋商或谈判，关注客户信用状况，明确销售定价、结算方式、权利与义务条款等相关内容。重大的销售业务谈判还应当吸收财会、法律等专业人员参加，并形成完整的书面记录。 ②企业应当建立健全销售合同订立及审批管理制度，明确必须签订合同的范围，规范合同订立程序，确定具体的审核、审批程序和所涉及的部门人员及相应权责。审核、审批应当重点关注销售合同草案中提出的销售价格、信用政策、发货及收款方式等。对于重要的销售合同，应当征询法律专业人员的意见。 ③销售合同草案经审批同意后，企业应授权有关人员与客户签订正式销售合同
发货	未经授权发货或发货不符合合同约定，可能导致货物损失或客户与企业的销售争议、销售款项不能收回	①销售部门应当按照经审核后的销售合同开具相关的销售通知，并提交仓储部门和财会部门。 ②仓储部门应当落实出库、计量、运输等环节的岗位责任，对销售通知进行审核，严格按照所列的发货品种和规格、发货数量、发货时间、发货方式、接货地点等，按规定时间组织发货，形成相应的发货单据，并应连续编号。 ③应当以运输合同或条款等形式明确运输方式，商品短缺、毁损或变质的责任，到货验收方式，运输费用承担，保险等内容，货物交接环节应做好装卸和检验工作，确保货物的安全发运，由客户验收确认。 ④应当做好发货各环节的记录，填制相应的凭证，设置销售台账，实现全过程的销售登记制度

续表

关键控制点	主要风险	控制措施
收款	①企业信用管理不到位，结算方式选择不当，票据管理不善，账款回收不力，导致销售款项不能收回或遭受欺诈。 ②收款过程中存在舞弊，使企业经济利益受损	(1)结合企业销售政策，选择恰当的结算方式，加快款项回收，提高资金的使用效率。对于商业票据，企业应结合销售政策和信用政策，明确应收票据的受理范围和管理措施。 (2)建立票据管理制度，特别是加强商业汇票的管理。 ①对票据的取得、贴现、背书、保管等活动予以明确规定。 ②严格审查票据的真实性和合法性，防止票据欺诈。 ③由专人保管应收票据，对即将到期的应收票据，及时办理托收，定期核对盘点。 ④票据贴现、背书应经恰当审批。 (3)加强赊销管理。 ①需要赊销的商品，应由信用管理部门按照客户信用等级审核，并经具有相应权限的人员审批。 ②赊销商品一般应取得客户的书面确认，必要时，要求客户办理资产抵押、担保等收款保证手续。 ③企业应完善应收款项管理制度，落实责任、严格考核、实行奖惩。销售部门负责应收款项的催收，催收记录(包括往来函电)应妥善保存。 ④加强代销业务款项的管理，及时与代销商结算款项。 ⑤收取的现金、银行本票、汇票等应及时缴存银行并登记入账，防止由销售人员直接收取款项，如必须由销售人员收取的，应由财会部门加强监控
客户服务	客户服务水平低，消费者满意度不足，影响企业品牌形象，造成客户流失	①结合竞争对手客户服务水平，建立和完善客户服务制度，包括客户服务内容、标准、方式等。 ②设专人或部门进行客户服务和跟踪。有条件的企业可以按产品线或地理区域建立客户服务中心。加强售前、售中和售后技术服务，将客户服务人员的薪酬与客户满意度挂钩。 ③建立产品质量管理制度，加强销售、生产、研发、质量检验等相关部门之间的沟通协调。 ④做好客户回访工作，定期或不定期开展客户满意度调查；建立客户投诉制度，记录所有的客户投诉，并分析其产生原因及解决措施。 ⑤加强销售退回控制。销售退回须经具有相应权限的人员审批后方可执行；销售退回的商品应当参照物资采购入库管理
会计系统控制	缺乏有效的销售业务会计系统控制，可能致企业账实不符、账证不符、账账不符或者账表不符，影响销售收入、销售成本、应收款项等会计核算的真实性和可靠性	①企业应当加强对销售、发货、收款业务的会计系统控制，详细记录销售客户、销售合同、销售通知、发运凭证、商业票据、款项收回等情况，确保会计记录、销售记录与仓储记录核对一致。具体如下：财会部门在开具发票时，应当依据相关单据(计量单、出库单、货款结算单、销售通知单等)并经相关岗位审核；销售发票应遵循有关发票管理规定，严禁开具虚假发票；财会部门应审核销售报表等原始凭证中的销售价格、数量等，并根据国家统一的会计制度确认销售收入，登记入账；财会部门与相关部门应在月末核对当月销售数量，保证各部门销售数量的一致性。 ②建立应收账款清收核查制度，销售部门应定期与客户对账，并取得书面对账凭证，财会部门负责办理资金结算并监督款项回收。 ③及时收集应收账款相关凭证资料并妥善保管；及时要求客户提供担保；对未按时还款的客户，采取申请支付令、申请诉前保全和起诉等方式及时清收欠款。对收回的非货币性资产应经评估和恰当审批。 ④企业对于可能成为坏账的应收账款，应当按照国家统一的会计准则计提坏账准备，并按照权限范围和审批程序进行审批。对确定发生的各项坏账，应当查明原因，明确责任，并在履行规定的审批程序后做出会计处理。企业核销的坏账应当进行备查登记，做到账销案存。已核销的坏账又收回时应当及时入账，防止形成账外资金

第五节　研究与开发的内部控制

一、研究与开发控制概述

创新是企业发展的动力，而研发是创新的源泉。在经济全球化背景下，特别是为了抢抓重要发展机遇，企业应当重视和加强研究与开发，并将相关成果转化为生产力，在竞争中赢得主动权，夺得先机。研究与开发，是指企业为获取新产品、新技术、新工艺等所开展的各种研发活动。研究与开发控制是指企业在开展科研项目或新产品开发过程中，为了确保研发活动的合规性、合理性和有效性而实施的一系列内部控制措施和程序。实施研究与开发控制，可以促进企业自主创新，增强核心竞争力，有效控制研发风险，实现发展战略。

案例 7-6　研发投入首超 3 万亿元说明什么[①]（思政案例）

国家统计局、科学技术部、财政部 9 月 18 日发布的《2022 年全国科技经费投入统计公报》显示，2022 年，全国研究与试验发展（R&D）经费投入总量首次超过 3 万亿元，达到 30 782.9 亿元，比上年增加 2 826.6 亿元，增长 10.1%。

一、重点领域投入加大

我国高度重视科技创新，党的十八大以来出台一系列鼓励研发和创新的政策，研发经费保持高速增长态势。2012 年突破 1 万亿元，2019 年突破 2 万亿元，2022 年突破 3 万亿元，是全球第二大研发经费投入经济体，已连续 7 年保持两位数增长。

"这充分体现了近年来我国以创新为第一动力、加快实施创新驱动发展战略的成效。"国家统计局社科文司统计师张启龙介绍，从投入强度看，2022 年我国发经费投入强度为 2.54%，比上年提高 0.11 个百分点，提升幅度为近 10 年来第二高。研发经费投入强度水平在世界上位列第 13 位。

迈上新台阶的还有基础研究投入。2022 年全国基础研究经费 2 023.5 亿元，比上年增长 11.4%；应用研究经费 3 482.5 亿元，增长 10.7%；试验发展经费 25 276.9 亿元，增长 9.9%。

"基础研究经费总量首次突破 2 000 亿元，规模位列世界第二位；增速比研发经费快 1.3 个百分点，继续保持较快增长；占研发经费比重达到 6.57%，延续上升势头。"张启龙说。

企业、政府属研究机构和高等院校是我国研发活动的三大执行主体。公报显示，各类企业研发经费 23 878.6 亿元，比上年增长 11.0%；政府属研究机构经费 3814.4 亿元，增长 2.6%；高等院校经费 2 412.4 亿元，增长 10.6%。

"企业研发经费支出占全社会研发经费比重较上年提高 0.65 个百分点，说明企业创新主体地位不断增强。"中国科学技术发展战略研究院技术预测与统计分析研究所所长玄兆辉表示，该占比与日本（78.6%）、韩国（79.1%）、美国（77.6%）相近，充分体现了企业的创新主体地位。这也说明，近年来我国通过支持企业优先申报科技计划项目、推动科学仪器设备共享等措施，有效调动了企业研发积极性。

高技术制造业是高质量发展和产业转型升级的重要支撑。2022 年，高技术制造业研发

① 佘惠敏：《研发投入首超 3 万亿元说明什么》，《经济日报》2023 年 9 月 20 日。

经费 6 507.7 亿元,较上年提高 14.5%,投入强度(与营业收入之比)为 2.91%,比上年提高 0.2 个百分点。在规模以上工业企业中,研发经费投入超过千亿元的行业大类有 7 个,比上年增加 2 个,这 7 个行业的经费占全部规模以上工业企业研发经费的比重为 63.2%。

"重点领域研发经费投入强度稳步提高,为关键核心技术攻关和产业基础能力提升创造了条件。"张启龙说。

二、政策支持更加多元

公报显示,2022 年,国家财政科学技术支出 11 128.4 亿元,比上年增加 361.7 亿元,增长 3.4%。

"财政科技支出保持稳定增长,有力保障了基础研究、关键核心技术攻关等资金需求。"张启龙说,政府支持科技创新的方式更加多元,2022 年享受研发费用加计扣除减免税和高新技术企业减免税政策优惠的规上企业分别比上年增长 16.3% 和 11.7%,有效激励了企业加大研发投入。

调查显示,2022 年规上企业对研发费用加计扣除税收优惠政策、高新技术企业所得税优惠政策、企业研发活动专用仪器设备加速折旧政策、技术转让技术开发收入免征增值税和减免所得税优惠政策、金融支持相关政策等 5 项创新资金支持政策的平均认可度达到 83.4%,鼓励和支持企业创新的政策体系更加完备。

公报显示,在国家财政科学技术支出中,中央财政科技支出 3 803.4 亿元,占比为 34.2%;地方财政科技支出 7 325.0 亿元,占比为 65.8%。玄兆辉认为,这说明地方政府深入实施创新驱动发展战略,通过资助科技计划项目、加大财政奖补、建设重大创新平台、设立政府引导基金等方式,引导社会资本支持科技创新,助力经济社会高质量发展。

……

下一步,应从哪些方面完善我国研发经费投入机制?玄兆辉认为,面向建设世界科技强国目标,必须持续加大全社会研发经费投入,进一步强化政府对研发活动的支持力度;加快建立基础研究多元化投入机制,引导和鼓励研发经费流向基础研究领域;持续提升企业创新意识与创新能力,以科技创新支撑实体经济发展和转型升级;央地协同发力,统筹推进国际科技创新中心和区域科技创新中心建设,有力支撑世界科技强国建设。

二、研究与开发业务流程设计

企业的研究与开发业务主要可以分为研发立项、研究过程管理、结题验收、研发成果开发、研发成果保护等环节。针对每个环节建立规范的研发业务管理流程,不仅可以指导和帮助团队成员进行研发实践,而且可以降低研发风险,保证研发质量,提高研发工作的效率和效益。企业可以根据研究与开发业务的基本流程(图 7-12),结合自身的实际情况及管理要求,制定企业专属的研究与开发业务流程。

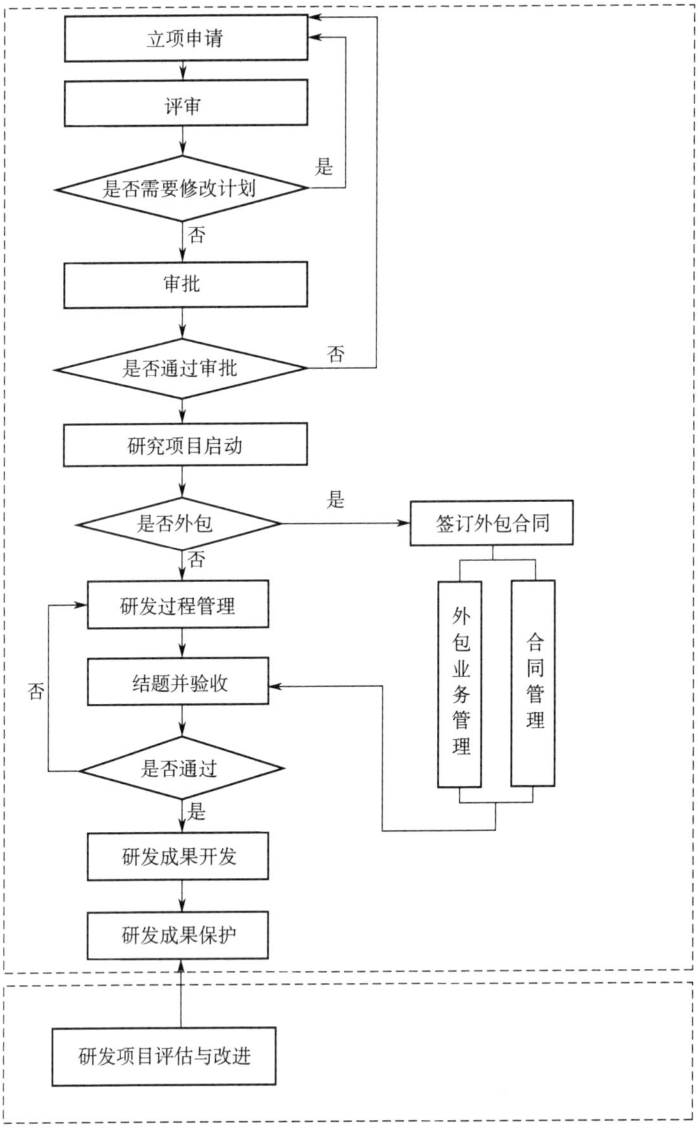

图 7-12　研究与开发业务流程图

三、研究与开发业务的主要风险及控制措施

根据《企业内部控制应用指引第 10 号——研究与开发》的要求，企业开展研发活动至少应当关注下列风险：①研究项目未经科学论证或论证不充分，可能导致创新不足或资源浪费；②研发人员配备不合理或研发过程管理不善，可能导致研发成本过高、舞弊或研发失败；③研究成果转化应用不足、保护措施不力，可能导致企业利益受损。因此，企业在研究与开发业务内部控制设计时应识别出主要风险，并制定控制措施，如表 7-9 所示。

表 7-9　研究与开发业务的主要风险及控制措施

关键控制点		主要风险	控制措施
立项		①研发计划与国家或企业科技发展战略不匹配。 ②研发承办单位或专题负责人不具有相应资质。 ③研究项目未经科学论证或论证不充分，评审和审批环节把关不严可能导致创新不足或资源浪费	①建立完善的立项、审批制度，确定研究开发计划制定原则和审批人，审查承办单位或专题负责人的资质条件和评估、审批流程等。 ②结合企业发展战略、市场及技术现状，制定研究项目开发计划。 ③企业应当根据实际需要，结合研发计划，提出研究项目立项申请，开展可行性研究，编制可行性研究报告。企业可以组织独立于申请及立项审批之外的专业机构和人员进行评估论证，出具评估意见。 ④研究项目应当按照规定的权限和程序进行审批，对于重大研究项目，应当报经董事会或类似权力机构集体审议决策。在审批过程中，应当重点关注研究项目促进企业发展的必要性、技术的先进性及成果转化的可行性。 ⑤制定开题计划和报告，开题计划经科研管理部门负责人审批，开题报告应对市场需求与效益国内外在该方向的研究现状、主要技术路线、研究开发目标与进度、已有条件与基础、经费等进行充分论证、分析，保证项目符合企业需求
研究过程管理	自主研发	①研究人员配备不合理，导致研发成本过高、舞弊或研发失败。 ②研发过程管理不善费用失控或科技收入形成账外资产，影响研发效率，提高研发成本甚至造成资产流失。 ③多个项目同时进行时，相互争夺资源，出现资源的短期局部缺乏可能造成研发效率下降。 ④研究过程中未能及时发现错误，导致修正成本提高。 ⑤科研合同管理不善导致权属不清，知识产权存在争议	①建立研发项目管理制度和技术标准，建立信息反馈制度和研发项目重大事项报告制度；严格落实岗位责任制。 ②合理设计项目实施进度计划和组织结构，跟踪项目进展。建立良好的工作机制，保证项目顺利实施。 ③精确预计工作量和所需资源，提高资源使用效率。 ④建立科技开发费用报销制度，明确费用支付标准及审批权限，遵循不相容岗位牵制原则，完善科技经费入账管理程序，按项目正确划分资本性支出和费用性支出，准确开展会计核算，建立科技收入管理制度。 ⑤开展项目中期评审，及时纠偏调整；优化研发项目管理的任务分配方式
研究过程管理	委托（合作）研发	①委托（合作）研发单位选择不当，知识产权界定不清。 ②合作研发还包括与合作单位沟通障碍、合作方案设计不合理、权责利不能合理分配、资源整合不当等风险	①加强委托（合作）研发单位资信、专业能力等方面的管理。 ②委托研发应采用招标、议标等方式确定受托单位，制定规范详尽的委托研发合同，明确产权归属、研究进度和质量标准等相关内容。 ③合作研发应对合作单位进行尽职调查，签订书面合作研究合同，明确双方投资、分工、权利义务、研究成果产权归属等。 ④加强项目的监管，严格控制项目费用防止发生挪用、侵占资金等行为。 ⑤根据项目进展情况、国内外技术最新发展趋势和市场需求变化情况，对项目的目标、内容进度、资金进行适当调整
结题验收		①验收人员的技术、能力、独立性等造成验收成果与事实不符。 ②测试与鉴定投入不足，导致测试与鉴定的不充分，不能有效地降低技术失败的风险	①建立健全技术验收制度，严格执行测试程序。 ②对验收过程中发现的异常情况，应重新进行验收申请或补充进行研发，直至研发项目达到研发标准。 ③落实技术主管部门验收责任，由独立的、具备专业胜任能力测试人员进行鉴定实验，并按计划进行正式、系统、严格的评审。 ④加大企业在测试和鉴定阶段的投入，对重要的研究项目可以组织外部专家参加鉴定

续表

关键控制点	主要风险	控制措施
研究成果开发	①研究成果转化应用不足，导致资源闲置。 ②新产品未经充分测试，导致大批量生产不成熟或成本过高。 ③营销策略与市场需求不符，导致营销失败	①建立健全研究成果开发制度，促进成果及时有效转化。 ②科学鉴定大批量生产的技术成熟度，力求降低产品成本。 ③坚持开展以市场为导向的新产品开发消费者测试。 ④建立研发项目档案，推进有关信息资源的共享和应用
研究成果保护	①未能有效识别和保护知识产权，权属未能得到明确规范，开发出的新技术或产品被限制使用。 ②核心研究人员缺乏管理激励制度，导致形成新的竞争对手或技术秘密外泄	①进行知识产权评审，及时取得权属。 ②研发完成后，确定采取专利或技术秘密等不同保护方式。 ③利用专利文献选择较好的工艺路线。 ④建立研究成果保护制度，加强对专利权、非专利技术、商业秘密及研发过程中形成的各类涉密图纸、程序、资料的管理，严格按照制度规定借阅和使用。禁止无关人员接触研究成果。 ⑤建立严格的核心研究人员管理制度，明确界定核心研究人员范围和名册清单，并与之签署保密协议。 ⑥企业与核心研究人员签订劳动合同时，应当特别约定研究成果归属、离职条件、离职移交程序、离职后保密义务、离职后竞业限制年限及违约责任等内容。 ⑦实施合理有效的研发绩效管理，制定科学的核心研发人员激励体系，注重长效激励

第六节　工程项目的内部控制

一、工程项目控制概述

工程项目，是指企业自行或者委托其他单位所进行的建造、安装工程。重大工程项目往往体现企业的发展战略和中长期发展规划，对于提高企业再生产能力和支撑保障能力、促进企业可持续发展具有关键作用。工程项目控制是指企业制定和完善相应制度，采取一定的控制措施，加强工程项目管理，旨在提高工程质量、保证工程进度、控制工程成本及防范商业贿赂等舞弊行为。

案例 7-7　国家电投以“三张清单”为抓手 深化重点领域合规管理[①]（思政案例）

国家电投全面落实国资委“合规管理强化年”部署安排，选择所属北京公司等 7 家试点单位，在招标采购、金融业务、境外投资、境内项目、知识产权、产品销售、投资决策和工程管理等 8 个重点领域开展合规风险清单、流程管控清单和岗位职责清单试点工作，初步实现了将合规要求融入业务流程，推动集团公司系统各单位合规管理水平进一步提升。

一、高质高效 统筹做好工作部署

国家电投将 8 个重点领域三张清单试点工作作为推动合规管理要求有效落地的重要途径。

扎实开展。各试点单位接到专项任务后，第一时间组织制定《重点领域三张清单编制实施方案》，成立由主要负责人为组长，分管领导、总法律顾问为副组长，相关部门负责人为

① 法规局：《国家电投以“三张清单”为抓手 深化重点领域合规管理》，国务院国有资产监督管理委员会官网，http://www.sasac.gov.cn/n4470048/n16518962/n20648677/n20648722/c26480546/content.html，访问日期：2022 年 11 月 17 日。原文有修改。

成员的专项工作领导小组，全面负责开展三张清单试点工作。

明确目标。以风险防控为导向，以合规风险清单为基础，聚焦重点领域和关键环节，将防控合规风险的合规要求分解落实到重点岗位，嵌入流程，实现合规管理与经营业务融合。

高效协同。在试点过程中，集团公司组织试点单位制定清单模板，先后组织相关部门、咨询机构及所属单位开展线上线下讨论会十余次，多维度多角度多层次深度交流研讨，力求合规风险识别全面，流程节点拆解清晰，合规要素审查准确，充分发挥风险分级管控与三道防线相结合的协同联动。

二、务实深耕 提升本质合规能力

试点单位聚焦各自负责重点领域的关键环节，分别制定合规风险清单、流程管控清单和岗位职责清单，并将三张清单有机融合，形成重点领域合规审查表单，嵌入流程，实现合规要求流程化，合规职责岗位化，合规操作表单化，合规表单信息化。

以风险为导向，细化合规风险清单。试点单位遵循国资委“大合规”理念，基于“底线”与“红线”原则，参照外部合规要求，对重点领域适用的现行制度和外部法规进行了系统梳理，汇总违反外法内规要求的条款责任作为违规责任，最终形成443项合规风险。

聚焦关键环节，抓实流程管控清单。试点单位对企业战略目标层层分解至企业定位、职能、职责、关键事项与流程，精准定位流程中的关键环节以及重点岗位参与的具体事项，形成流程管控清单，最终将投资决策、工程管理领域的合规风险应对措施融入现有业务流程和管控环节。

以岗位为根本，落实岗位职责清单。在明确重点领域合规义务、合规风险以及流程管控环节的基础上，试点单位将流程分解为节点，定位每一节点中的重点岗位，通过捕捉岗位在流程中扮演的角色，以及该岗位在关键环节相对应的合规要求，提炼形成岗位合规职责清单。

三、落地生根 实现“三张清单”信息化

本次重点领域合规建设过程融入了信息化和数字化理念，在系统梳理合规义务与要求的同时，建立业务、流程、岗位、合规运行规则与关系匹配，通过拆解合规相关关键要素，进行标准化、结构化、标签化管理，构建结构化合规清单和流程管控清单，将合规义务同职能职责、流程、事项等管理要素构建映射关系，最终以合规审查表单的方式嵌入信息系统，真正实现合规审批层级化、权限化、模块化管理，贯通二三级单位间的合规审批流程。

四、注重实效 实现预期建设效果

本次重点领域合规清单试点工作，是在试点单位既有合规管理体系的基础上，将合规工作从企业侧、业务侧、部门侧向岗位侧的延伸，是对既有合规管理体系的健全和升级。试点工作创新性与预期成效主要包括以下三个方面。一是提供合规全景式支持。通过业务流程梳理、角色职责定位，一一匹配合规义务，面向各岗位提供合规工作的多角度多维度支持，确保员工能够清晰了解其需遵循的集团员工基本行为准则、公司专业业务领域合规义务，以及与其关联的关键事项与流程节点的关键合规要素。二是突出本质合规能力。合规管理的最终目标是要保障企业战略实现，为更好地促进业务发展而服务。本次试点工作从关键事项出发，基于业务，根植岗位，分析工作开展过程中每个行为的合规义务与合规要求，解决各岗位员工需要“合什么规”“在哪合规”以及“如何合规”的问题。三是培育全员合规意识素养。本次试点工作以支持业务操作、合规履职为目标，将合规工作从行业准则、合规通识、流程环节向岗位侧延伸，以指导业务人员实际操作，真正帮助全体员工“知规、识规、合规”，强化全员合规意识，提升重点岗位合规素养。

二、工程项目业务流程设计

企业的工程项目业务主要可以分为工程立项、工程设计、工程招标、工程建设、工程验收、项目后评估等环节，在工程项目业务的过程中，可能存在各种问题及潜在风险，企业应当全面梳理工程项目业务流程，防范风险。工程项目业务的主要流程如图 7-13 所示，企业可以结合自身的实际情况及管理要求，制定企业专属的工程项目业务流程。

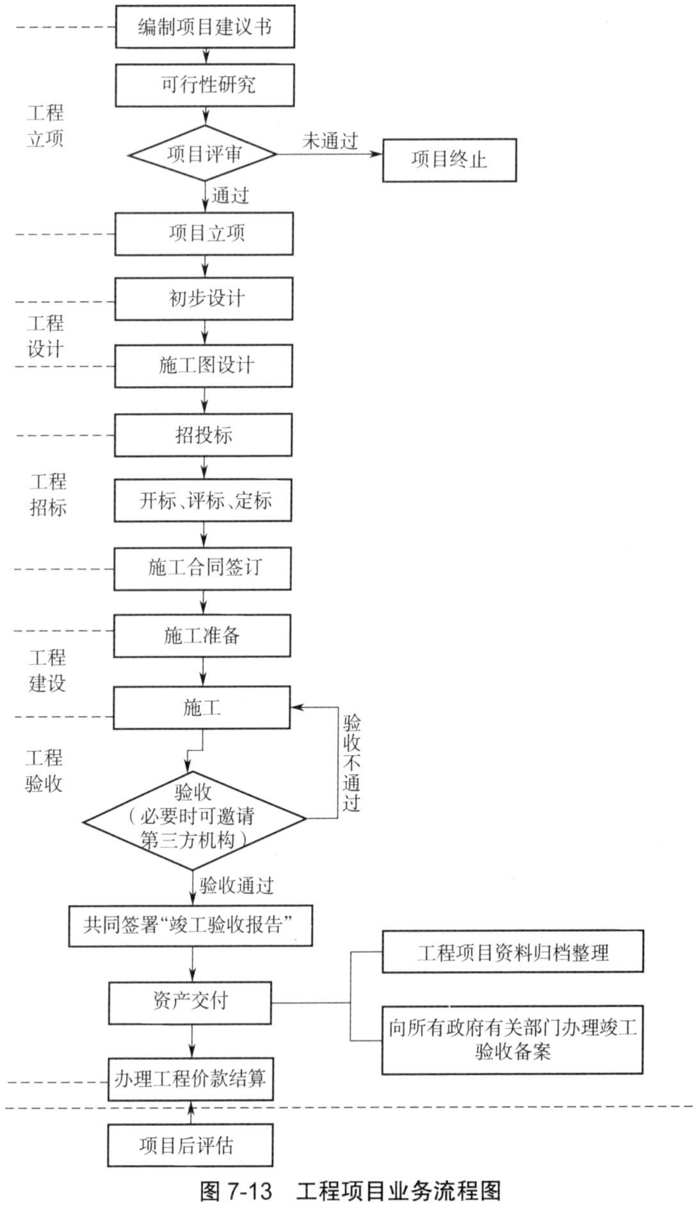

图 7-13　工程项目业务流程图

三、工程项目业务的主要风险及控制措施

根据《企业内部控制应用指引第 11 号——工程项目》的要求，企业工程项目至少应当关注下列风险：①立项缺乏可行性研究或者可行性研究流于形式，决策不当，盲目上马，可能导致难以实现预期效益或项目失败；②项目招标暗箱操作，存在商业贿赂，可能导致中标人实质上难以承担工程项目、中标价格失实及相关人员涉案；③工程造价信息不对称，技术方案不落实，概预算脱离实际，可能导致项目投资失控；④工程物资质次价高，工程监理不到位，项目资金不落实，可能导致工程质量低劣，进度延迟或中断；⑤竣工验收不规范，最终把关不严，可能导致工程交付使用后存在重大隐患。因此，企业在工程项目内部控制设计时应识别出主要风险，并制定控制措施，如表 7-10 所示。

表 7-10　工程项目业务的主要风险及控制措施

<table>
<tr><th colspan="2">关键控制点</th><th>主要风险</th><th>控制措施</th></tr>
<tr><td rowspan="2">工程立项</td><td>编制项目建议书</td><td>①投资意向与国家产业政策和企业发展战略脱节。
②项目建议书内容不合规、不完整，项目性质、用途模糊，拟建规模、标准不明确项目投资估算和进度安排不协调</td><td>①明确投资分析、编制和评审项目建议书的职责分工。
②全面了解所处行业和地区的相关政策规定，以法律法规和政策规定为依据，结合实际建设条件和经济环境变化趋势，客观分析投资机会，确定工程投资意向。
③根据国家和行业有关要求，结合本企业实际，规定项目建议书的主要内容和格式，明确编制要求；在编制过程中，要对工程质量标准、投资规模和进度计划等进行分析论证，做到协调平衡。
④对于专业性较强和较为复杂的工程项目，可以委托专业机构进行工程投资分析，编制项目建议书。
⑤企业决策机构应当对项目建议书进行集体审议，必要时可以成立专家组或委托专业机构进行评审；承担评审任务的专业机构不得参与项目建议书的编制。
⑥根据国家规定应当报批的项目建议书，必须及时报批并取得有效批文</td></tr>
<tr><td>可行性研究</td><td>①缺乏可行性研究或可行性研究流于形式，导致决策不当，难以实现预期效益，甚至可能导致项目失败。
②可行性研究的深度达不到质量标准和实际要求，无法为项目决策提供充分、可靠的依据</td><td>①企业应当根据国家和行业有关规定及本企业实际确定可行性研究报告的内容和格式，明确编制要求。
②委托专业机构进行可行性研究的，应当制定专业机构的选择标准，确保可行性研究科学、准确、公正。在选择专业机构时，企业应当重点关注其专业资质、业绩和声誉、专业人员素质、相关业务经验等。
③切实做到投资、质量和进度控制的有机统一，即技术先进性和经济可行性要有机结合。建设标准要符合企业实际情况和财力、物力的承受能力，技术要先进适用于拟采用的工艺，既要考虑其对产品质量的提升作用又要考虑企业营销状况和走势，避免盲目追求技术先进而造成投资损失浪费</td></tr>
</table>

续表

关键控制点		主要风险	控制措施
工程立项	研究评审与决策	①项目评审流于形式，误导项目决策。 ②权限配置不合理，或者决策程序不规范，导致决策失误，给企业带来巨大经济损失	①企业应当组建项目评审组或委托具有资质的专业机构对可行性研究报告进行评审。项目评审组成员不得参与可行性研究，委托专业机构进行评审的，该专业机构不得参与项目可行性研究；评审组成员应当熟悉工程业务，并具有较广泛的代表性；评审组的决策机制不能简单采用“少数服从多数”原则，而要充分兼顾项目投资质量、进度各方面的不同意见；项目评审应实行问责制，评审组成员要对其出具的评审意见承担责任。 ②在项目评审中，要重点关注项目投资方案、投资规模、资金筹措、生产规模、布局选址、技术、安全、环境保护等方面情况，核实相关资料的来源和取得途径是否真实、可靠，特别要对经济技术可行性进行深入分析和全面论证。 ③企业应当按照规定的权限和程序对工程项目进行决策，决策过程必须有完整的书面记录，并实行决策责任追究制度。对于重大工程项目，应当报经董事会或者类似决策机构集体审议批准，任何个人不得单独决策或者擅自改变集体决策意见，防止出现“一言堂”
工程设计	初步设计	①设计单位不符合项目资质要求。 ②初步设计未进行多方案比选。 ③设计人员对相关资料研究不透彻，初步设计出现较大疏漏。 ④设计深度不足，造成施工组织不周密、工程质量存隐患、投资失控及投产后运行成本过高等	①建设单位应当引入竞争机制，尽量采用招标方式确定设计单位，根据项目特点选择具有相应资质和经验的设计单位。 ②在工程设计合同中，要细化设计单位的权利和义务特别是一个项目由几个单位共同设计时，要指定一个设计单位为主体设计单位，主体设计单位对建设项目设计的合理性和整体性负责。 ③建设单位应当向设计单位提供开展设计所需的详细基础资料，并进行有效的技术经济交流，避免因资料不完整造成设计保守、投资失控等问题。 ④建立严格的初步设计审查和批准制度，通过严格的复核、专家评议等制度，层层把关，确保评审工作质量在初步设计审查中，技术方案是审查的核心和重点，对于重大技术方案，必须进行技术经济分析比较、多方案比选。此外，还应关注初步设计规模是否与可行性研究报告、设计任务书一致，有无夹带项目、超规模、超面积和超标准的问题

续表

关键控制点		主要风险	控制措施
工程设计	施工图设计	①概预算严重脱离实际，导致项目投资失控。 ②工程设计与后续施工未有效衔接或过早衔接，导致技术方案未得到有效落实，影响工程质量或造成工程变更，发生重大经济损失	①建立严格的概预算编制与审核制度。概预算的编制要严格执行国家、行业和地方政府有关建设和造价管理的各项规定和标准，完整、准确地反映设计内容和当时当地的价格水平。建设单位应当组织工程、技术、财会等部门的相关专业人员或委托具有相应资质的中介机构对编制的概算进行审核，重点审查编制依据、项目内容工程量的计算、定额套用等是否真实、完整和准确，如发现施工图预算超过初步设计批复的投资概算规模，应对项目概算进行修正，并经审批。 ②建立严格的施工图设计管理制度和交底制度。在对施工图设计进行审查时，应重点关注的是施工图设计深度能否满足全面施工及各类设备安装要求，施工图设计质量是否符合国家和行业规定，各专业工种之间是否做到了有效配合等。施工图设计基本完成后，应召开施工图会审会议，由建设单位、设计单位、施工单位、监理单位等共同审阅施工图文件，设计单位应进行技术交底，介绍设计意图和技术要求，及时沟通问题，修改不符合实际和有错误的图纸，会议应形成书面纪要。 ③制定严格的设计变更管理制度。设计单位应当提供全面、及时的现场服务，避免发生设计与施工相脱节的现象，减少设计变更的发生次数。对确需进行的变更应尽量控制在设计阶段，采用层层审批等方法，以使投资得到有效控制。因设计单位的过失造成设计变更的应由设计单位承担相应责任。 ④建设单位应当严格按照国家法律法规和本单位管理要求执行各项设计报批要求，上一环节尚未批准的，不得进入下一环节，杜绝出现边勘察、边设计、边施工的“三边”现象。 ⑤可以引入设计监理，提高设计质量
工程招标	招标	①招标人肢解建设项目，致使招标项目不完整或逃避公开招标。 ②投资的条件因人而设，未做到公平、合理，可能导致中标人并非最优选择。 ③相关人员违法违纪泄露标底，存在舞弊行为	①建设单位应当按照《中华人民共和国招标投标法工程建设施工招标投标管理办法》等相关法律法规，结合本单位实际情况，本着公平、公正、公开等竞争的原则，建立健全本单位的招投标管理制度，明确应当进行招标的工程项目范围、招标方式、招标程序，以及投标开标、评标、定标等各环节的管理要求。 ②工程立项后，对于是否采用招标，以及招标方式标段划分等，应由建设单位工程管理部门牵头提出方案报经建设单位招标决策机构集体审议通过后执行。 ③建设单位确需划分标段组织招标的，应当进行科学分析和评估，提出专业意见；划分标段时，应当考虑项目的专业要求、管理要求、对工程投资的影响及各项工作的衔接，不得违背工程施工组织设计和招标设计方案将应当由一个承包单位完成的工程项目肢解成若干部分发包给几个承包单位。 ④招标公告的编制要公开、透明，严格根据项目特点确定投标人的资格要求，不得根据“意向中标人”的实际情况确定投标人资格要求。建设单位不具备自行招标能力的，应当委托具有相应资质的招标机构代理招标。 ⑤建设单位应当根据项目特点决定是否编制标底；需要编制标底的，标底编制过程和标底应当严格保密

续表

关键控制点		主要风险	控制措施
工程招标	投标	①招标人与投标人串通投标，存在舞弊行为。 ②投标人的资质条件不符合要求或挂靠、冒用他人名义投标，可能导致工程质量难以达到规定标准等	①应对投标人的信息采取严格的保密措施，防止投标人之间串通舞弊。 ②科学编制招标公告，合理确定投标人资格要求，尽量扩大潜在投标人的范围，增强竞争性。 ③严格按照招标公告或资格预审文件中确定的投标人资格条件对投标人进行实质审查，通过查验资质原件实地考察或到工商和税务机关调查核实等方式，确定投标人的实际资质，预防假资质中标。 ④建设单位应当履行完备的标书签收、登记和保管手续。签收人要记录投标文件签收日期、地点和密封状况签收标书后，应将投标文件存放在安全保密的地方，任何人不得在开标前开启投标文件
	开标、评标和定标	①开标不公开不透明，损害投标人利益。 ②评标委员会成员缺乏专业水平或者建设单位向评标委员会施加影响，致使评标流于形式。 ③评标委员会成员与投标人串通作弊，损害招标人利益	①在开标过程中，应邀请所有投标人或其代表出席并委托公证机构进行检查和公证。 ②依法组建评标委员会，确保其成员具有较高的职业道德水平，并具备招标项目专业知识和丰富经验。评标委员会成员名单在中标结果确定前应当严格保密。评标委员会成员和参与评标的有关工作人员不得私下接触投标人，不得收受投标人任何形式的商业贿赂。 ③建设单位应当为保证评标委员会独立、客观地进行评标工作创造良好条件，不得向评标委员会成员施加影响，干扰其客观评判。 ④评标委员会应当在评标报告中详细说明每位成员的评价意见及集体评审结果，对于中标候选人和落标人要分别陈述具体理由。每位成员应对其出具的评审意见承担个人责任。 ⑤中标候选人是一个以上时，招标人应当按照规定的程序和权限，由决策机构审议决定中标人
	签订合同	①超越权限签订合同，合同印章管理不当，签署后的合同被篡改，因手续不全导致合同无效等。 ②合同签订内容不清晰，附件不齐全	①建设单位应当制定工程合同管理制度，明确各部门在工程合同管理和履行中的职责，严格按照合同行使权力和履行义务。 ②建设工程施工合同、各类分包合同、工程项目施工内部承包合同应当按照国家或本建设单位制定的示范文本的内容填写，清楚列示质量、进度、资金、安全等各项具体标准，有施工图纸的，施工图纸是合同的重要附件，与合同具有同等法律效力。 ③建设单位应当建立合同履行执行情况台账，记录合同的实际履约情况，并随时督促对方当事人及时履行其义务，建设单位的履约情况也应及时做好记录并经对方确认

续表

关键控制点		主要风险	控制措施	
工程建设	施工、质量、进度和安全	①盲目赶进度，牺牲质量、费用目标，导致质量低劣，费用超支。 ②质量、安全监管不到位，存在质量隐患	工程进度管控方面	①监理单位应当建立监理进度控制体系明确相关程序、要求和责任。 ②承包单位应按合同规定的工程进度编制详细的分阶段或分项进度计划，报送监理机构审批后，严格按照进度计划开展工作。制定的进度计划应当适合建设工程的实际条件和施工现场的实际情况，并与承包单位劳动力、材料、机械设备的供应计划协调一致，确需调整进度的，必须优先保证质量，并同建设单位、监理机构达成一致意见。 ③承包单位至少应按月对完成投资情况进行统计、分析和对比，当工程的实际进度与批准的合同进度计划不符时，承包单位应提交修订合同进度计划的申请报告，并附原因分析和相关措施，报监理机构审批
			工程质量管控方面	①承包单位应当建立全面的质量控制制度，按照国家相关法律法规和本单位质量控制体系进行建设，并在施工前列出重要的质量控制点，报经监理机构同意后，在此基础上实施质量预控。质量控制点中的重点控制对象包括人的行为，关键过程，关键操作，施工设备材料的性能和质量，施工技术参数，某些工序之间的作业顺序，有些作业之间的技术间歇时间，新工艺、新技术、新材料的应用，对工程质量产生重大影响的施工方法等。 ②承包单位应按合同约定对材料、工程设备，以及工程的所有部位和其施工工艺进行全过程的质量检查和检验，定期编制工程质量报表，报送监理机构审查。关键工序作业人员必须持证上岗。 ③监理机构有权对工程的所有部位及其施工工艺进行检查验收，发现工程质量不符合要求的，应当要求承包单位立即返工修改直至符合验收标准。对于主要工序作业，只有监理机构审验后，才能进行下一道工序
			安全建设管控方面	①建设单位应当加强对施工单位的安全检查，并授权监理机构按合同约定的安全工作内容监督、检查承包单位安全工作的实施。此外，建设单位不得对承包单位、监理机构等提出不符合建设工程安全生产法律法规和强制性标准规定的要求，不得压缩合同约定的工期。建设单位在编制工程概算时，应当确定建设工程安全作业环境及安全施工措施所需费用。 ②工程监理单位和监理工程师应当按照法律法规和工程建设强制性标准实施监理，并对建设工程安全生产承担监理责任。在实施监理过程中，发现存在安全事故隐患的，应当要求施工单位整改；情况严重的，应当要求施工单位暂时停止施工，并及时报告建设单位。 ③承包单位应当设立安全生产管理机构配备专职安全生产管理人员，依法建立安全生产、文明施工管理制度，细化各项安全防范措施。承包单位应当对所承担的建设工程进行定期和专项安全检查，并做好安全检查记录

续表

关键控制点		主要风险	控制措施
工程建设	工程物资采购	工程物资采购过程控制不力，材料和设备质次价高，不符合设计标准和合同要求，影响工程质量和进度	①重大设备和大宗材料的采购应当采用招标方式。 ②对于由承包单位购买的工程物资，建设单位应当采取必要措施，确保工程物资符合设计标准和合同要求。首先，在施工合同中，建设单位应具体说明建筑材料和设备应达到的质量标准，明确责任追究方式。其次，监理机构对于承包单位提供的重要材料和工程设备进行检验，查验材料合格证明和产品合格证书，对一般材料要进行抽检。未经监理人员签字的工程物资不得在工程上使用或安装，不得进行下一道工序施工。最后，运入施工场地的材料、工程设备，包括备品、备件、安装专用工器具等，必须专用于合同工程，未经监理人员同意，承包单位不得将其运出施工场地或挪作他用
	工程款项结算	建设资金使用管理混乱，项目资金不落实，导致工程进度推迟或中断	①建设单位应当建立完善的工程价款结算制度，明确工作流程和职责权限划分，并切实遵照执行。财务部门应当安排专职的工程财会人员，认真开展工程项目核算与财务管理工作。 ②资金筹集和使用应与工程进度协调一致，建设单位应当根据项目组成（分部、分项工程）结合时间进度编制资金使用计划，作为资产管控和工程价款结算的重要依据。这方面的管控措施同时可参照《企业内部控制应用指引第6号——资金活动》。 ③建设单位财务部门应当加强与承包单位和监理机构的沟通，准确掌握工程进度，确保财务报表能够准确全面地反映资产价值，并根据施工合同约定，按照规定的审批权限和程序办理工程价款结算。建设单位财务部门应认真审核相关凭证，严格按合同规定的付款方式付款，既不应违规预支，也不得无故拖欠。 ④在施工过程中，如果工程的实际成本突破了工程项目预算，建设单位应当及时分析原因，按照规定的程序予以处理
	工程变更	现场控制不当，工程变更频繁，导致费用超支、工期延误	①建设单位要建立严格的工程变更审批制度，严格控制工程变更，确需变更的，要按照规定程序尽快办理变更手续，减少经济损失。对于重大的变更事项，必须经过建设单位、监理机构和承包单位集体商议，同时严加审核文件，提高审批层级，依法需报有关政府部门审批的，必须取得同意变更的批复文件。 ②工程变更获得批准后，应尽快落实变更设计和施工，承包单位应在规定期限内全面落实变更指令。 ③如因人为原因引发工程变更，如设计失误、施工缺陷等，应当追究当事单位和人员的责任。 ④对工程变更价款的支付实施更为严格的审批制度变更文件必须齐备，变更工程量的计算必须经过监理机构复核并签字确认，防止承包单位虚列工程费用

续表

关键控制点		主要风险	控制措施
工程验收	竣工验收	①工验收不规范，质量检验把关不严，可能导致工程存在重大 质量隐患。 ②虚报项目投资完成额、虚列建设成本或者隐匿结余资金，竣工决算失真。 ③固定资产达到预定可使用状态后，未及时进行估价、结转	①建设单位应当健全竣工验收各项管理制度，明确竣工验收的条件、标准、程序、组织管理和责任追究等。 ②竣工验收必须履行规定的程序，至少应经过承包单位初检、监理机构审核、正式竣工验收三个程序。正式竣工验收前，根据合同规定应当进行试运行的，应当由建设单位、监理单位和承包单位共同参与试运行。只有试运行符合要求的，才能进行正式验收。正式验收应当由建设单位、设计单位、施工单位、监理单位等构成的验收组进行审验。重大项目的验收，可吸收相关方面专家进行评审。 ③初检后，确定固定资产达到预定可使用状态的，承包单位应及时通知建设单位，建设单位会同监理单位初验后，应及时对项目价值进行暂估，转入固定资产核算。建设单位财务部门应定期根据所掌握的工程项目进度核对项目固定资产暂估记录。 ④建设单位应当加强对工程竣工决算的审核，应先自行审核，再委托具有相应资质的中介机构实施审计；未经审计的，不得办理竣工验收手续。 ⑤建设单位要加强对完工后剩余物资的管理。工程竣工后，建设单位对各种节约的材料、设备、施工机械工具等，要清理核实，妥善处理。 ⑥建设单位应当按照国家有关档案管理的规定，及时收集、整理工程建设各环节的文件资料，建立工程项目档案。需报政府有关部门备案的，应当及时备案
项目后评估		①工程达到预定可使用状态后，未及时进行评估、结转。 ②其他风险	①企业应当建立工程项目后评估制度。在项目完成并运行一段时间后，对项目执行过程、效益等进行系统、客观的分析，重点评价工程项目预期目标的实现情况和项目投资效益等，并以此作为绩效考核和责任追究的依据。 ②其他控制措施

第七节　担保业务的内部控制

一、担保业务控制概述

担保，是指企业作为担保人按照公平、自愿、互利的原则与债权人约定，当债务人不履行债务时，依照法律规定和合同协议承担相应法律责任的行为。担保一方面有利于银行等债权人降低贷款风险，另一方面使债权人与债务人形成了稳定可靠的资金供需关系。同时，企业对外提供担保，便会存在潜在的债务风险，当被担保人出现异常问题或重大问题而无法履行偿还义务时，企业无法逃脱担保责任和连带赔偿责任，有时甚至会导致企业陷入财务困境。担保业务控制是指企业依法制定和完善担保业务政策及相关管理制度，采取一定的控制措施，加强企业担保业务管理，防范担保业务风险。

二、担保业务流程设计

企业办理担保业务，一般包括申请受理、资信调查与风险评估、审批机构审批、担保合同签订、对担保合同的日常监控及代为清偿与权利追索等流程。①担保申请人提出担保申请;②担保人对担保项目和被担保人资信状况进行调查,对担保业务进行风险评估;③担保人根据调查评估结果,结合本企业的担保政策和授权审批制度,对担保业务进行审批,对于重大担保业务,应提交董事会或类似权力机构批准;④担保人根据既定权限和程序,与被担保人签订担保合同;⑤担保人加强对担保合同的日常管理,对被担保人经营情况、财务状况和担保项目执行情况等进行跟踪监控;⑥若被担保人不能如期偿债,担保人应履行代为清偿义务并向被担保人追偿债务,同时,应当按照本企业担保业务责任追究制度,严格追究有关人员的责任。具体如图 7-14 所示。

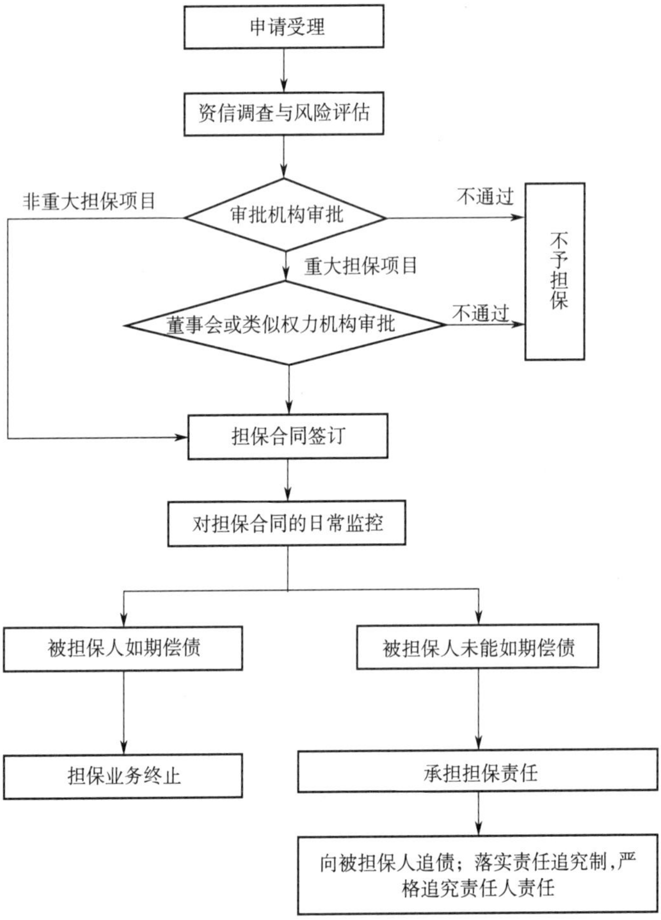

图 7-14 担保业务流程图

三、担保业务的主要风险及管控措施

根据《企业内部控制应用指引第 12 号——担保业务》的要求,企业办理担保业务至少应当关注下列风险:①对担保申请人的资信状况调查不深,审批不严或越权审批,可能导致企业担保决策失误或遭受欺诈;②对被担保人出现财务困难或经营陷入困境等状况监控不力,应对措施不当,可能导致企业承担法律责任;③担保过程中存在舞弊行为,可能导致经办审批等相关人员涉案或企业利益损。

案例 7–8　担保业务中风险评估和尽职调查的重要性

乙公司是一家新兴的电子商务企业，计划通过扩大规模和增加营销投入来抢占市场份额。为了实现这个目标，乙公司向一家担保公司申请了一笔巨额贷款担保，用于支持其扩张计划。

担保公司在对乙公司的财务状况和商业模式进行初步评估后，认为乙公司具有较大的发展潜力，并决定为其提供贷款担保。然而，在后续的尽职调查和风险评估过程中，担保公司发现了一些潜在的问题。

首先，乙公司的财务报表存在一些不规范的处理和异常情况，这使得担保公司对其真实财务状况产生怀疑。其次，乙公司的商业模式和盈利能力尚未得到充分验证，市场前景存在一定的不确定性。最后，乙公司在申请担保时未能提供充分的资产抵押或第三方保证，这增加了贷款风险。

尽管担保公司提出了上述问题，但乙公司坚称其扩张计划是可行的，并承诺将按时偿还贷款。在乙公司的强烈要求下，担保公司最终决定为其提供贷款担保。

然而，事实证明乙公司的扩张计划并没有取得预期的成功。由于市场竞争激烈和营销策略不当，乙公司的销售额并没有实现预期的增长。同时，乙公司在运营和管理方面存在不足，导致成本不断上升，盈利能力下降。最终，乙公司无法按时偿还贷款，导致担保公司承担了巨大的代偿责任。

这个案例展示了担保业务中风险评估和尽职调查的重要性。如果担保公司在评估过程中没有发现潜在的问题或者忽略了风险因素，就可能导致代偿损失的发生。因此，担保公司在开展业务时需要保持谨慎和理性，对企业的财务状况、商业模式和未来发展前景进行全面深入的调查和评估。

因此，企业在担保业务内部控制设计时应识别出主要风险，并制定控制措施，如表 7-11 所示。

表 7-11　担保业务的主要风险及管控措施

关键控制点	主要风险	控制措施
受理申请	①企业担保政策和相关管理制度不健全，导致难以对担保申请人提出的担保申请进行初步评价和审核。 ②虽然建立了担保政策和相关管理制度，但对担保申请人提出的担保申请审查把关不严，导致申请受理流于形式	①依法制定和完善本企业的担保政策和相关管理制度，明确担保的对象、范围、方式、条件、程序、担保限额和禁止担保的事项。 ②严格按照担保政策和相关管理制度对担保申请人提出的担保申请进行审核
调查和评估	对担保申请人的资信调查不深入、不透彻，对担保项目的风险评估不全面、不科学，导致企业担保决策失误或遭受欺诈，为担保业务埋下巨大隐患	①委派具备胜任能力的专业人员开展调查和评估。 ②对担保申请人资信状况和有关情况进行全面、客观的调查评估。 ③对担保项目经营前景和盈利能力进行合理预测。 ④划定不予担保的“红线”，并结合调查评估情况做出判断。 ⑤形成书面评估报告，全面反映调查评估情况，为担保决策提供第一手资料

续表

关键控制点	主要风险	控制措施
审批	①授权审批制度不健全,导致对担保业务的审批不规范。 ②审批不严格或者越权审批导致担保决策出现重大疏漏可能引发严重后果。 ③审批过程存在舞弊行为可能导致经办审批等相关人员涉案或企业利益受损	①建立和完善担保授权审批制度,明确授权批准的方式、权限、程序、责任和相关控制措施,规定各层级人员应当在授权范围内进行审批,不得超越权限审批。 ②建立和完善重大担保业务的集体决策审批制度。企业应当根据《中华人民共和国公司法》等国家法律法规,结合企业章程和有关管理制度,明确重大担保业务的判断标准、审批权限和程序。 ③认真审查对担保申请人的调查评估报告,在充分了解掌握有关情况的基础上,权衡比较本企业净资产状况、担保限额与担保申请人提出的担保金额,确保将担保金额控制在企业设定的担保限额之内。 ④从严办理担保变更审批。被担保人要求变更担保事项的,企业应当重新履行调查评估程序,根据新的调查评估报告重新履行审批手续
签订担保合同	未经授权对外订立担保合同或者担保合同内容存在重大疏漏和欺诈,可能导致企业诉讼失败、权利追索被动、经济利益和形象信誉受损	①严格按照经审核批准的担保业务订立担保合同。合同订立经办人员应当在职责范围内,按照审批人员的批准意见拟订合同条款。 ②认真审核合同条款,确保担保合同条款内容完整、表述严谨准确、相关手续齐备。 ③实行担保合同会审联签。 ④加强对有关身份证明和印章的管理。 ⑤规范担保合同记录、传递和保管,确保担保合同运转轨迹清晰完整、有案可查
日常监控	重合同签订,轻后续管理,对担保合同履行情况疏于监控或监控不当,导致企业不能及时发现和妥善应对被担保人的异常情况,可能延误处置时机,加剧担保风险,加重经济损失	①指定专人定期监测被担保人的经营情况和财务状况,对被担保人进行跟踪和监督,了解担保项目的执行、资金的使用、贷款的归还、财务运行及风险等情况,促进担保合同有效履行。 ②及时报告被担保人异常情况和重要信息,企业有关部门和人员在实施日常监控过程中发现被担保人经营困难、债务沉重,或者存在违反担保合同的其他各种情况,应当按照《企业内部控制应用指引第 17 号——内部信息传递》的要求,在第一时间向企业有关管理人员报告以便及时采取有针对性的应对措施
会计控制	会计系统控制不力,可能导致担保业务记录残缺不全,日常监控难以奏效,或者担保会计处理和信息披露不符合有关监管要求,可能引发行政处罚	①健全担保业务经办部门与财会部门的信息沟通机制,促进担保信息及时有效沟通。 ②建立担保事项台账,详细记录担保对象金额、期限、用于抵押和质押的物品或权利及其他有关事项;同时,及时足额收取担保费用维护企业担保权益。 ③严格按照国家统一的会计制度进行担保会计处理,发现被担保人出现财务状况恶化、资不抵债、破产清算等情形的,应当合理确认预计负债和损失。属于上市公司的,还应当区别不同情况依法予以公告。 ④切实加强对反担保财产的管理,要妥善保管被担保人用于反担保的权利凭证,定期核实财产的存续状况和价值,发现问题后,应及时处理,确保反担保财产安全完整。 ⑤分实担保合同基础管理,妥善保管担保合同、与担保合同相关的主合同、反担保函或反担保合同,以及抵押、质押的权利凭证和有关原始资料,做到担保业务档案完整无缺。当担保合同到期时,企业要全面清查用于担保的财产、权利凭证,按照合同约定及时终止担保关系
代为清偿和权利追索	①违背担保合同约定不履行代为清偿义务,可能被银行等债权人诉诸法律成为连带被告,影响企业形象和声誉。 ②承担代为清偿义务后,向被担保人追索不力,可能给企业造成较大经济损失	①强化法治意识和责任观念,在被担保人确实无力偿付债务或履行相关合同义务时,自觉按照担保合同承担代偿义务,维护企业诚实守信的市场形象。 ②运用法律武器向被担保人追索赔偿权利在此过程中,企业担保业务经办部门、财会部门、法律部门等应当通力合作,在司法程序中举证有力,同时,依法处置被担保人的反担保财产,尽力减少企业经济损失。 ③启动担保业务后评估工作,严格落实担保业务责任追究制度,对在担保中出现重大决策失误、未履行集体审批程序或不按规定管理担保业务的部门及人员,严格追究其行政责任和经济责任,并深入开展总结和分析,举一反三不断完善担保业务内部控制制度,严控担保风险,促进企业健康稳健发展

第八节　业务外包的内部控制

一、业务外包控制概述

业务外包，是指企业利用专业化分工优势，将日常经营中的部分业务委托给本企业以外的专业服务机构或其他经济组织（以下简称承包方）完成的经营行为。

从本质上来讲，业务外包与采购业务属于相同的性质，其所需要经过的环节也是相似的，都需要经过立项申请、项目审核、乙方选择、活动实施、过程管理、验收等环节。从业务本身而言，业务外包更侧重于服务型业务，通常包括研发、资信调查、可行性研究、委托加工、物业管理、客户服务、IT 服务等（本节中的企业外包业务内容不涉及工程项目外包）。业务外包控制是指企业制定和完善业务外包制度，加强业务外包的风险管理，规范业务外包行为，从而有效地规避风险，充分发挥业务外包的优势。

案例 7–9　耐克业务外包：提高效率与降低成本的策略

耐克是一家全球知名的运动品牌，以其优质的产品和卓越的设计而闻名。为了保持其在市场上的领先地位，耐克不断地寻求提高效率和降低成本的方法。其中，业务外包就是耐克提高效率的一种策略。

耐克的外包业务主要集中在制造和物流方面。公司与全球各地的制造工厂合作，将产品的生产任务外包给这些工厂。这些工厂拥有专业的技术和设备，能够按照耐克的要求生产出高质量的产品。通过外包，耐克可以降低成本，提高生产效率，同时也可以将精力集中在设计和营销方面，更好地提升品牌价值。

除了制造，耐克的物流也采取了外包的方式。耐克将物流任务外包给专业的物流公司，如联邦快递、UPS 等。这些物流公司拥有先进的物流技术和广泛的网络，能够快速、准确地配送耐克的产品。通过外包，耐克可以降低物流成本，提高配送效率，同时也可以更好地满足客户的需求。

耐克的外包策略取得了显著的成果。通过与优秀的制造和物流合作伙伴合作，耐克提高了效率，降低了成本，同时也在市场上保持了领先地位。此外，耐克还通过外包策略实现了全球化扩张，进一步提高了公司的竞争力。

总之，耐克通过业务外包策略实现了提高效率和降低成本的目标，同时也保持了在市场上的领先地位。对于其他企业来说，业务外包也是一种值得考虑的策略，可以帮助企业提高效率、降低成本、提升竞争力。

二、业务外包的业务流程设计

企业可以根据业务外包的基本流程（图 7-15），结合自身的实际情况及管理要求，制定企业专属的业务外包管理流程，强化对每一个环节的管控，有效防范与降低经营风险。

企业的业务外包主要可以分为制定业务外包实施方案、审核批准、选择承包方、签订业务外包合同、组织实施业务外包、业务外包过程管理、验收及会计控制等环节，具体如图 7-15 所示。

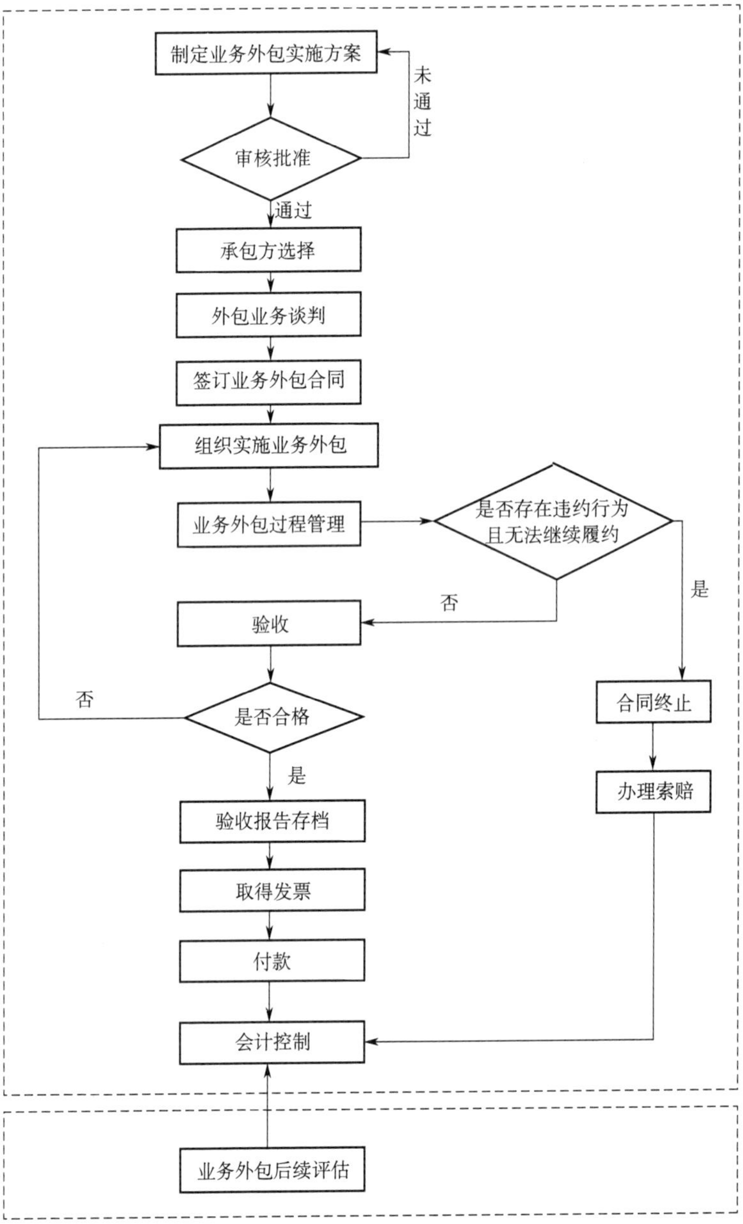

图 7-15 业务外包流程图

三、业务外包的主要风险及控制措施

根据《企业内部控制应用指引第 13 号——业务外包》的要求,企业的业务外包至少应当关注下列风险:①外包范围和价格确定不合理,承包方选择不当,可能导致企业遭受损失;②业务外包监控不严、服务质量低劣,可能导致企业难以发挥业务外包的优势;③业务外包存在商业贿赂等舞弊行为,可能导致企业相关人员涉案。因此,企业在业务外包内部控制设计时应识别出主要风险,并制定控制措施,如表 7-12 所示。

表 7-12　业务外包的主要风险及控制措施

关键控制点	主要风险	控制措施
制定业务外包实施方案	①企业缺乏业务外包管理制度,导致制定实施方案时无据可依;业务外包管理制度未明确业务外包范围,可能导致有关部门在制定实施方案时,将不宜外包的核心业务外包。 ②实施方案不合理、不符合企业生产经营特点或内容不完整,可能导致业务外包失败	①建立和完善业务外包管理制度。 ②严格按照业务外包管理制度规定的业务外包范围、方式、条件和程序等内容制定实施方案,避免将核心业务外包,同时确保方案的完整性。 ③根据企业年度预算及生产经营计划,对实施方案进行评估。 ④认真听取外部专业人员对业务外包的意见,并根据其合理化建议完善实施方案
审核批准	①审批制度不健全,导致对业务外包的审批不规范。 ②审批不严或者越权审批,导致业务外包决策出现重大疏漏,可能引发严重后果。 ③未能对业务外包实施方案是否符合成本效益原则进行合理审核及做出恰当判断,导致业务外包不经济	①建立和完善业务外包的审核批准制度。 ②在对业务外包实施方案进行审查和评价时,应当着重对比分析该业务项目在自营与外包情况下的风险,确定外包的合理性和可行性。 ③总会计师或企业分管会计工作的负责人应当参与重大业务外包的决策,对业务外包的经济效益做出合理评价。 ④重大业务外包方案应当提交董事会或类似权力机构审批
选择承包方	①承包方不是合法设立的法人主体,缺乏应有的专业资质,从业人员也不具备应有的专业技术资格,缺乏从事相关项目的经验,导致企业遭受损失甚至陷入法律纠纷。 ②外包价格不合理、业务外包成本过高导致难以发挥业务外包的优势。 ③存在接受商业贿赂的舞弊行为。导致相关人员涉案	①充分调查候选承包方的合法性。 ②调查候选承包方的专业资质、技术实力及其从业人员的履历和专业技能。 ③考察候选承包方从事类似项目的成功案例、业界评价和口碑。 ④综合考虑企业内外部因素,对业务外包的人工成本、营销成本、业务收入、人力资源等指标进行测算分析,合理确定外包价格,严格控制业务外包成本。 ⑤引入竞争机制,按照有关法律法规,遵循公开、公平、公正的原则,采用招标等方式,适当择优选择承包方。 ⑥按照规定的程序和权限从候选承包方中做出选择,并建立严格的回避制度和监督处罚制度,避免相关人员在选择承包方的过程中出现受贿和舞弊行为
签订业务外包合同	①合同条款未能针对业务外包风险做出明确的约定。对承办方的违约责任界定不够清晰,导致企业陷入合同纠纷和诉讼。 ②合同约定的业务外包价格不合理或成本费用过高,导致企业遭受损失	①在订立外包合同前,充分考虑业务外包方案中识别出的重要风险因素,并通过合同条款有效规避或降低风险。 ②在合同的内容和范围方面,明确承包方提供的服务类型、数量、成本,以及明确界定服务环节的作业方式、作业时间、服务费用等细节。 ③在合同的权利和义务方面,明确企业有权督促承包方改进服务流程和方法,承包方有责任按照合同协议规定的方式和频率,将外包实施的进度和现状告知企业,并对存在的问题进行有效沟通。 ④在合同的服务和质量标准方面,应当规定外包商最低的服务水平要求及如果未能满足标准实施的补救措施。 ⑤在合同的保密事项方面,应具体约定对于涉及本企业机密的业务和事项,承包方有责任履行保密义务。 ⑥在费用结算标准方面,综合考虑内外部因素,合理确定外包价格,严格控制业务外包成本。 ⑦在违约责任方面,制定既具原则性又体现一定灵活性的合同条款,以适应环境、技术和企业自身业务的变化

续表

关键控制点	主要风险	控制措施
组织实施业务外包	组织实施业务外包的工作不充分或未落实到位，影响下一环节业务外包过程管理的有效实施，导致难以实现业务外包的目标	①按照业务外也制度、工作流程和相关要求，制定业务外包实施全过程的管控措施，包括落实与承包方之间的资产管理、信息资料管理、人力资源管理、安全保密管理等机制，确保承包方在履行外包业务合同时有章可循。 ②做好与承包方的对接工作，通过培训等方式确保承包方充分了解企业的工作流程和质量要求，从价值链的起点开始控制业务质量。 ③与承包方建立并保持畅通的沟通协调机制，以便及时发现并有效解决业务外包过程中存在的问题。 ④梳理有关工作流程，提出每个环节的岗位职责分工、运营模式、管理机制、质量水平等方面的要求，并建立对应的即时监控机制，及时检查、收集和反馈业务外包实施过程的相关信息
业务外包过程管理	①承包方在合同期内因市场变化等原因不能保持履约能力，无法继续按照合同约定履行义务，导致业务外包失败和本企业生产经营活动中断。 ②承包方出现未按照业务外包合同约定的质量要求持续提供合格的产品或服务等违约行为，导致企业难以发挥业务外包优势，甚至遭受重大损失；管控不力，导致商业秘密泄露	①在承包方提供服务或制造产品的过程中，密切关注重大业务外包承包方的履约能力，采取承包方动态管理方式，对承包方开展日常绩效评价与定期考核。 ②对承包方的履约能力进行持续评估。 ③建立即时监控机制，一旦发现偏离合同目标等情况，应及时要求承包方调整改进。 ④对重大业务外包的各种意外情况做出充分预计，建立相应的应急机制，制定临时替代方案，避免业务外包失败造成企业生产经营活动中断。 ⑤有确凿证据表明承包方存在重大违约行为，并导致业务外包合同无法履行的，应当及时终止合同，并指定有关部门按照法律程序向承包方索赔。 ⑥切实加强对业务外包过程中形成的商业信息资料管理
验收	验收方式与业务外包成果交付方式不匹配，验收标准不明确、验收程序不规范，使验收工作流于形式，不能及时发现业务外包质量低劣等情况，可能导致企业遭受损失	①根据业务外包成果交付方式的特点，制定不同的验收方式。 ②根据业务外包合同的约定，结合在日常绩效评价基础上对外包业务质量是否达到预期目标的基本评价，确定验收标准。 ③组织有关职能部门、财会部门、质量控制部门等的相关人员，严格按照验收标准对承包方交付的产品或服务进行审查和全面测试，确保产品或服务符合需求，并出具验收证明。 ④验收过程中发现异常情况的，应当立即报告，查明原因，视问题的严重性与承包方协商，采取恰当的补救措施，并依法索赔。 ⑤根据验收结果对业务外包是否达到预期目标做出总体评价，据此对业务外包管理制度和流程进行改进和优化
会计控制	①缺乏有效的业务外包会计系统控制，未能全面真实地记录和反映企业业务外包各环节的资金流和实物流情况。可能导致企业资产流失或贬损。 ②业务外包相关会计处理不当，可能导致财务报告信息失真。 ③结算审核不严格、支付方式不恰当、金额控制不严格，可出导致企业资金损失或信用受损	①企业财会部门应当根据国家统一的会计准则制度，业务外包过程中交由承包方使用的资产、涉及资产负债变动的事项及外包合同诉讼等加强核算与监督。 ②根据企业会计准则制度的规定，结合外包业务特点和企业管理机制，建立完善外包成本的会计核算方法，进行有关会计处理，并在财务报告中进行必要充分的披露。 ③在向承包方结算费用时，应当依据验收证明，严格按照合同约定的结算条件、方式和标准办理支付

第九节　财务报告的内部控制

一、财务报告控制概述

财务报告,是指反映企业某一特定日期财务状况和某一会计期间经营成果、现金流量的文件。财务报告是反映企业财务状况、经营成果、现金流量的结构性文件,应至少包括资产负债表、利润表、现金流量表、所有者权益变动表以及附注等内容。财务报告内部控制缺失或不健全,将会误导报告的使用者,甚至产生不良后果。财务报告控制是指企业为了规范企业财务报告,保证财务报告的真实、完整,采取控制措施,以确保企业严格执行会计法律法规和国家统一的会计准则制度,加强对财务报告编制、对外提供和分析利用全过程的管理,明确相关工作流程和要求,落实责任制,确保财务报告合法合规、真实完整和有效利用。

二、财务报告业务流程设计

企业的财务报告的业务流程主要涉及财务报告编制、财务报告对外提供、财务报告分析利用三个阶段组成,具体流程如图 7-16 所示。企业在实际操作中,应当充分结合自身业务特点和管理要求,构建和优化财务报告内部控制流程。

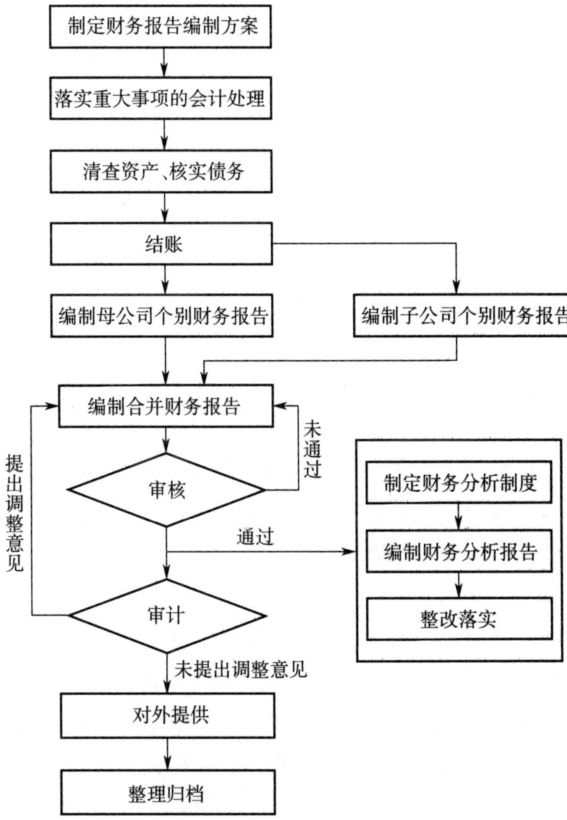

图 7-16　财务报告业务流程图

三、财务报告业务的主要风险及控制措施

根据《企业内部控制应用指引第 14 号——财务报告》的要求，企业编制、对外提供和分析利用财务报告至少应当关注下列风险：①编制财务报告违反会计法律法规和国家统一的会计准则制度，可能导致企业承担法律责任和声誉受损；②提供虚假财务报告，误导财务报告使用者，造成决策失误，干扰市场秩序；③不能有效利用财务报告，难以及时发现企业经营管理中存在的问题，可能导致企业财务和经营风险失控。

案例 7–10　*ST 华仪财务造假拉响“重大违法退市”警报 从严监管信号持续释放[①]

11 月 24 日晚间，*ST 华仪、*ST 同达两家公司先后披露涉及退市相关重大事项公告。*ST 华仪公告称，公司于 11 月 21 日收到中国证监会浙江监管局下发的《行政处罚事先告知书》，其中载明公司 2017 年提前确认收入，虚增利润总额 6 699.05 万元，因而被监管实施退市风险警示。同日，*ST 同达披露公司接受资产赠予的公告，因公司拟接收非关联方无偿捐赠上海朗绿建筑科技股份有限公司 51.019 8% 的股权而收到交易所问询。

日前，中央金融工作会议明确提出“全面加强金融监管”。在此背景下，监管“火速”反应，对前述 2 家公司作出监管动作，持续释放强监管信号。市场人士表示，监管及时亮剑，多措并举督促公司核实退市风险，对触及重大违法强制退市的坚决贯彻“零容忍”，对退出保壳动作的火速问询，切实维护市场秩序，保护广大投资者合法权益。

一、2 家退市风险公司再受关注

11 月 24 日，因重大事项未公告停牌三个交易日的 *ST 华仪披露了公司面临“重大违法退”的实情，剔除虚增利润部分，该公司 2017 年净利润由盈转亏，叠加 2016 年、2018 年和 2019 年等三个年度净利润也皆为亏损状态，进而触及连续四年亏损的重大违法强制退市情形。

此次锁定重大违法强制退市的 *ST 华仪此前已临近多重退市“红线”，退市警报高悬。因受 2019 年 11 月份爆出的巨额违规担保、控股股东资金占用等违规消息影响，*ST 华仪被监管实施风险警示，经营业绩也随之逐年萎缩，净利润连年亏损。数据显示，截至 2022 年末，公司净资产规模已为 -1.45 亿元，资产负债率高达 105%，公司股票简称也因此被带星。

此外，*ST 华仪目前还是沪市股价最低的公司。截至 11 月 22 日停牌前，公司股价仅为 1.06 元 / 股，距离“1 元线”仅一步之遥。

同日，*ST 同达披露接受资产赠与的公告，拟接收非关联方无偿捐赠上海朗绿建筑科技股份有限公司 51.019 8% 的股权。该事项可能对公司财务报表产生重大影响。对此，上交所高度关注，第一时间发出了问询函，督促公司进一步核实相关情况，充分揭示风险，避免相关公告信息对投资者决策产生不当误导。

根据交易所的问询函，监管重点关注公司对赠与标的资产的会计处理，主要资产质量和可回收性，控股股东相关承诺的合规性和有效性，以及对公司 2023 年财务报表的影响。同时要求公司结合业务开展情况、年报编制及审计进展，及时充分提示可能存在的退市风险。交易所要求会计师归位尽责，发挥“看门人”作用，对相关事项及 2023 年财务报告发表恰当

① 田鹏：《*ST 华仪财务造假拉响“重大违法退市”警报 从严监管信号持续释放》，《证券日报》2023 年 11 月 24 日。

审计意见。

此次捐赠并未直接导致公司退市警报消除。此前，*ST 同达因 2022 年净利润亏损且营业收入小于 1 亿元被实施退市风险警示，2023 年前三季度基本面未有任何改善，仅实现营业收入 100.37 万元，业绩继续亏损 695.49 万元。本次赠与事项对公司 2023 年财务报表的影响取决于赠与标的后续业务开展及资产质量，存在重大不确定性。交易所在问询函中明确将提请现场检查。

二、持续监管不断升级

事实上，对于风险公司的监管一直以来都是监管重点工作内容之一，对此类公司的关注向来从早从严。

例如，对于 *ST 华仪存在的问题和风险，监管早已将其纳入重点关注范围。在 2019 年公司巨额资金占用、违规担保问题暴露前，上交所已连续多年结合公司披露的年报发出问询函，重点关注公司财务真实性问题以及公司规范运作情况。同时，对于资金占用、违规担保的行为，证监会、上交所从严开展持续监管，通过监管问询、联合约谈、现场检查等方式，查实违规行为，并对恶性违规施以"重拳"：证监会作出行政处罚，上交所予以顶格纪律处分，对公司全体董监高在内的 19 名责任人员予以处理等。

注册制改革以来，对财务造假的监管力度不断加强，全面强化监管整体趋势愈发明显。退市新规实施以来，监管通过重大违法强制退市出清财务造假的决心有目共睹。此前，尽管最终触发摘牌的直接原因不尽相同，但主板退市易见、退市新亿、退市济堂、*ST 宏图、*ST 凯乐等均存在通过行政处罚认定其触及了重大违法强制退市情形；*ST 泽达、*ST 紫晶因欺诈发行，已被顶格处罚，快速出清。

市场人士表示，对于经行政处罚认定事实导致公司可能触及重大违法强制退市情形的，监管始终从严要求公司同步核实情况，并由中介机构出具核查意见，明确市场预期，一旦触及退市指标，坚决启动重大违法强制退市程序，绝不含糊。

因此，企业在财务报告业务内部控制设计时应识别出主要风险，并制定控制措施，如表 7-13 所示。

表 7-13　财务报告业务的主要风险及控制措施

阶段	关键控制点	主要风险	控制措施
财务报告编制阶段	编制财务报告制定方案	①会计政策未能有效更新，不符合有关法律法规；重要会计政策、会计估计变更未经审批，导致会计政策使用不当。 ②会计政策未能有效贯彻、执行。 ③各部门职责、分工不清，导致数据传递出现差错。遗漏、格式不一致等。 ④各步骤时间安排不明确，导致整体编制进度延后，违反相关报送要求	①会计政策应符合国家有关会计法规和最新监管要求的规定。 ②会计政策和会计估计的调整需按照规定的权限和程序审批。 ③建立健全内部会计规章制度。 ④企业应建立完善的信息沟通渠道。 ⑤应明确各部门的职责分工
	确定重大事项的会计处理	重大事项，如债务重组、非货币性交易、公允价值的计量、收购兼并、资产减值等的会计处理不合理，会导致会计信息扭曲。无法如实反映企业实际情况	①企业应对重大事项予以关注。 ②及时沟通需要专业判断的重大会计事项并确定相应会计处理

续表

阶段	关键控制点	主要风险	控制措施
财务报告编制阶段	清查资产、核实债务	①资产和负债账实不符，虚增或虚减资产和负债。 ②资产计价方法随意变更。 ③提前、推迟甚至不确认资产和负债	①确定具体可行的资产清查、负债核实计划，安排合理的时间和工作进度，配备足够的人员，确定实物资产盘点的具体方法和过程，同时做好业务准备工作。 ②做好各项资产和负债的清查、核实工作。 ③对清查过程中发现的差异，应当分析原因提出处理意见，取得合法证据并按照规定权限经过审批，进行相应的会计处理
	结账	①账务处理存在错误，导致账证、账账不符。 ②虚列或隐瞒收入，推迟或提前确认收入。 ③随意改变费用及成本的确认标准或计量方法。虚列、多列、不列或者少列费用及成本。 ④结账时间及程序不符合相关规定。 ⑤关账后又随意打开已关闭的会计期间	①核对各会计账簿记录与会计凭证的内容、金额等是否一致，记账方向是否相符。 ②检查相关账务处理是否符合国家统一的会计准则制度和企业制定的核算方法。 ③调整有关账项，合理确定本期应计的收入和应计的费用。 ④检查是否存在因会计差错、会计政策变更等原因需要调整的前期或者本期相关项目。 ⑤不得为了赶编财务报告而提前结账，或把本期发生的经济业务事项延至下期登账，也不得先编财务报告后结账，应在当期所有交易或事项处理完毕并经财会部门负责人审核签字确认后，实施关账和结账操作。 ⑥如果在关账之后需要重新打开已关闭的会计期间，须填写相应的申请表。经总会计师或分管会计工作的负责人审批后进行
	编制个别财务报告	①提供虚假财务报告，误导财务报告使用者，造成决策失误，干扰市场秩序，导致报表数据不完整、不准确。 ②报表种类不完整。 ③附注内容不完整	①企业财务报告列示的资产、负债、所有者权益金额应当真实可靠。 ②企业财务报告应当如实列示当期收入、费用和利润。 ③企业财务报告列示的各种现金流量由经营活动、投资活动和筹资活动的现金流量构成，应当按照规定划清各类交易和事项的现金流量的界限。 ④按照岗位分工和规定的程序编制财务报告。 ⑤按照国家统一的会计准则制度编制附注。 ⑥财会部门负责人审核报表内容和种类的真实、完整性，通过后予以上报
	编制合并财务报告	①合并范围不完整。 ②合并内部交易和事项不完整。 ③合并抵销分录不准确	①编报单位财会部门应依据经同级法律事务部门确认的产权（股权）结构图，并考虑所有相关情况，以确定合并范围符合国家统一的会计准则制度的规定，由财会部门负责人审核并确认合并范围是否完整。 ②财会部门收集并审核下级单位的财务报告，并汇总出本级次的财务报告，经汇总单位财会部门负责人审核。 ③财会部门制定内部交易和事项核对表及填制要求，报财会部门负责人审批后，下发至纳入合并范围内的各单位。 ④合并抵销分录应有相应的标准文件和证据进行支持，由财会部门负责人审核。 ⑤对合并抵销分录实行交叉复核制度，具体编制人完成调整分录后即提交相应复核人进行审核，审核通过后才可录入试算平衡表

续表

阶段	关键控制点	主要风险	控制措施
财务报告对外提供阶段	财务报告对外提供前的审核	在财务报告对外提供前未按规定程序进行审核，对内容的真实性、完整性及格式的合规性等审核不充分	①企业应严格按照规定的财务报告编制中的审批程序，由各级负责人逐级把关，对财务报告内容的真实性、完整性，格式的合规性等进行审核。 ②企业应保留审核记录，建立责任追究制度。 ③财务报告在对外提供前应当装订成册、加盖公章，并由企业负责人、总会计师或分管会计工作的负责人、财会部门负责人签名并盖章
	财务报告对外提供前的审计	财务报告对外提供前未经审计。审计机构不符合相关法律法规的规定，审计机构与企业串通舞弊	①企业应根据相关法律法规的规定，选择符合资质的会计师事务所对财务报告进行审计。 ②企业不得干扰审计人员的正常工作，并应对审计意见予以落实。 ③注册会计师及其所在的事务所出具的审计报告，一般企业的财务报告经完整审核并签名盖章后即可对外提供，上市公司还需经董事会和监事会审批通过后方能对外提供
	财务报告的对外提供	①对外提供未遵循相关法律法规的规定，导致企业承担相应的法律责任。 ②对外提供的财务报告的编制基础、编制依据、编制原则和方法不一致，影响各方对企业情况的判断和经济决策的做出。 ③未能及时对外报送财务报告，导致财务报告信息的使用价值降低，同时也违反有关法律法规。 ④财务报告在对外提供前提前泄露或被不应知晓的对象获悉，导致发生内幕交易等，使投资者或企业本身蒙受报失	①企业应根据相关法律法规的要求，在企业相关制度中明确负责财务报告对外提供的对象，在相关制度性文件中予以明确并由企业负责人监督。 ②企业应严格按照规定的财务报告编制中的审批程序，由财会部门负责人、总会计师或分管会计工作的负责人、企业负责人逐级把关，对财务报告内容的真实性、完整性，格式的合规性等予以审核，确保提供给投资者、债权人、政府监管部门、社会公众等各方面的财务报告的编制基础、编制依据，编制原则和方法完全一致。 ③企业应严格遵守相关法律法规和国家统一的会计准则制度对报送时间的要求，在财务报告的编制、审核、报送流程中的每一步骤设置时间点，对未能按时完成的相关人员进行处罚。 ④企业应设置严格的保密程序，对能够接触财务报告信息的人员进行权限设置，保证财务报告信息在对外提供前控制在适当的范围。 ⑤企业对外提供的财务报告应当及时整理归档，并按有关规定妥善保存
财务报告分析利用阶段	制定财务分析制度	制定的财务分析制度不符合企业实际情况，财务分析制度未充分利用企业现有资源，财务分析的流程、要求不明确，财务分析制度未经审批等	①企业在对基本情况分析时，应当重点了解企业的发展背景，包括企业的发展、组织机构、产品销售及财务资产变动情况等，熟悉企业业务流程，分析研究企业的资产及财务管理活动。 ②企业在制定财务报告分析制度时，应重点关注：财务报告分析的时间、组织形式、参加的部门和人员，财务报告分析的内容，分析的步骤、分析方法和指标体系，财务报告分析报告的编写要求等。 ③财务报告分析制度草案经由财会部门负责人、总会计师或分管会计工作的负责人、企业负责人检查、修改、审批之后，根据制度设计的要求进行试行，发现问题及时总结上报。 ④财会部门根据试行情况进行修正，确定最终的财务报告分析制度文稿，并经财会部门负责人、总会计师或分管会计工作的负责人、企业负责人进行最终的审批

续表

阶段	关键控制点	主要风险	控制措施
财务提告分析利用阶段	编写财务分析报告	①财务分析报告的目的不正确或者不明确,财务分析方法不正确。 ②财务分析报告的内容不完整,未对本期生产经营活动中发生的重大事项做专门分析。 ③财务分析局限于财会部门,未充分利用相关部门的资源,影响质量和可用性	①编写财务分析报告要明确分析的目的。 ②总会计师或分管会计工作的负责人应当在财务分析和利用工作中发挥主导作用。 ③企业财务分析会议应吸收有关部门负责人参加,对各部门提出的意见,财会部门应进行充分沟通、分析,进而修改完善财务分析报告。 ④修订后的财务分析报告应及时报送企业负责人,企业负责人负责审批财务分析报告并据此进行决策,对于存在的问题应及时采取措施
	整改落实	①财务分析报告的内容传递不畅,未能及时使有关各部门获悉。 ②各部门对财务分析报告不够重视,未对其中的意见进行整改落实	①定期的财务分析报告应构成内部报告的组成部分,并充分利用信息技术和现有内部报告体系在各个层级上进行沟通。 ②企业根据财务分析报告的意见,明确各部门职责;责任部门按要求落实改正,财会部门负责监督、跟踪责任部门的落实情况,并及时向有关负责人反馈落实情况

思考题

1. 阐述资金活动环节的主要风险与控制措施。
2. 阐述采购业务环节的主要风险与控制措施。
3. 简要描述无形资产管理的基本流程。
4. 销售业务的关键控制点是什么?
5. 研发环节的主要风险与控制措施是什么?
6. 担保业务环节的主要风险与控制措施是什么?
7. 业务外包环节的主要风险与控制措施是什么?

第八章　内部控制的评价

学习目标

知识目标：了解内部控制评价的定义和主体；理解内部控制评价原则和内容；了解内部控制评价报告的内容。

技能目标：掌握内部控制评价的程序和方法，学会不同类型内部控制缺陷的划分和认定；掌握内部控制评价报告的编制方法。

思政目标：通过内部控制评价的原则、方法等的学习，理解其中所蕴含的马克思主义哲学观点；汲取 ST 目药、ST 花王等内部控制存在重大缺陷企业的教训，践行社会主义核心价值观，同时塑造风险意识、合规意识，树立法治理念。

引例　上市公司 2019 年内部控制评价报告披露情况（节选）[①]

为全面、深入了解我国上市公司执行企业内部控制规范体系情况，财政部与证监会组织上市公司内部控制咨询专家，在深圳市迪博企业风险管理技术有限公司和山东财经大学的技术支持下，组成“上市公司执行企业内控规范专家工作组”，对上市公司公开披露的 2019 年年度内部控制评价报告、内部控制审计报告和年度报告等公开资料进行分析研究结合我国上市公司近年来执行企业内部控制规范体系情况，形成了《上市公司 2019 年执行企业内部控制规范体系情况蓝皮书》（以下简称“蓝皮书”）。

1. 内部控制评价报告披露情况

如表 8-1 所示，2013—2019 年深市中小板、创业板上市公司内部控制评价报告披露比例均在 99% 以上，高于沪深主板上市公司。

表 8-1　2013—2019 年各板块上市公司内部控制评价报告披露比例情况

上市板块	2013 年	2014 年	2015 年	2016 年	2017 年	2018 年	2019 年
沪市主板	82.32%	96.12%	86.44%	79.87%	81.46%	91.34%	92.80%
深市主板	98.72%	98.93%	98.93%	98.71%	100.00%	99.78%	100.00%
深市中小板	100.00%	99.73%	99.74%	99.88%	99.89%	99.89%	100.00%
深市创业板	99.47%	100.00%	100.00%	99.83%	100.00%	99.60%	99.87%
沪市科创板	—	—	—	—	—	—	53.26%

2. 内部控制评价报告的结论

分上市板块来看，如表 8-2 所示，2013—2019 年各板块披露内部控制评价结论为非整体

① 上市公司执行企业内控规范专家工作组：《上市公司 2019 年执行企业内部控制规范体系情况蓝皮书》，财政部官网，https://kjs.mof.gov.cn/diaochayanjiu/202102/t20210218_3658261.htm，访问日期：2021 年 2 月 19 日。

有效的上市公司比例越来越高，其中深市主板上市公司披露内部控制评价结论为非整体有效的比例显著高于其他板块。

表 8-2　2013—2019 年各板块上市公司内部控制评价结论非整体有效比例

上市板块	2013 年	2014 年	2015 年	2016 年	2017 年	2018 年	2019 年
沪市主板	1.66%	1.87%	0.97%	1.44%	1.66%	3.31%	3.16%
深市主板	1.52%	1.94%	2.16%	1.74%	3.04%	3.69%	5.01%
深市中小板	0.70%	1.22%	1.15%	0.84%	1.87%	4.64%	4.86%
深市创业板	0.53%	0.24%	0.80%	0.17%	1.11%	1.75%	2.01%
沪市科创板	—	—	—	—	—	—	0.00%

3. 内部控制缺陷的认定标准情况

分上市板块来看，如表 8-3 所示，2013—2019 年各板块披露区分财务报告非财务报告内部控制缺陷定量及定性认定标准的上市公司比例逐年上升，其中沪市主板上市公司内部控制缺陷认定标准披露比例高于其他板块上市公司。

表 8-3　2013—2019 年各板块上市公司披露区分财务报告、非财务报告缺陷认定标准情况

上市板块	2013 年	2014 年	2015 年	2016 年	2017 年	2018 年	2019 年
沪市主板	84.53%	91.92%	97.64%	98.35%	98.07%	96.46%	99.64%
深市主板	75.32%	84.23%	95.67%	94.99%	95.01%	90.24%	99.13%
深市中小板	53.27%	72.09%	96.15%	96.15%	97.14%	96.11%	99.26%
深市创业板	30.77%	44.15%	89.74%	91.85%	95.97%	95.82%	98.37%
沪市科创板	—	—	—	—	—	—	100%

4. 内部控制缺陷的数量及内容

(1)财务报告内部控制重大缺陷和重要缺陷。

如表 8-4 所示，115 家上市公司在 2019 年度内部控制评价报告中披露了共 225 项财务报告内部控制重大缺陷，12 家上市公司披露了共 16 项财务报告内部控制重要缺陷。自 2013 年开始披露存在财务报告内部控制重大缺陷的上市公司数量及缺陷数量均呈整体上升趋势，但披露 2019 年财务报告内部控制存在重要缺陷的上市公司数量及缺陷数量较以前年度均有所下降。

表 8-4　2013—2019 年财务报告内部控制缺陷披露情况

年份	财务报告内部控制重大缺陷		财务报告内部控制重要缺陷	
	公司数量 / 家	缺陷数量 / 项	公司数量 / 家	缺陷数量 / 项
2019 年	115	225	12	16
2018 年	90	207	31	39

续表

年份	财务报告内部控制重大缺陷		财务报告内部控制重要缺陷	
	公司数量 / 家	缺陷数量 / 项	公司数量 / 家	缺陷数量 / 项
2017 年	50	88	24	35
2016 年	22	38	15	18
2015 年	25	48	22	30
2014 年	33	69	15	19
2013 年	19	36	23	41

（2）非财务报告内部控制重大缺陷和重要缺陷。

如表 8-5 所示，62 家上市公司在 2019 年度内部控制评价报告中披露了共 100 项非财务报告内部控制重大缺陷，30 家上市公司披露了共 41 项非财务报告内部控制重要缺陷。自 2013 年开始，披露存在非财务报告内部控制重大缺陷的上市公司数量及缺陷数量均呈整体上升趋势，但披露 2019 年非财务报告内部控制存在重要缺陷的上市公司数量及缺陷数量较以前年度均有所下降。

表 8-5　2013—2019 年非财务报告内部控制缺陷披露情况

年份	非财务报告内部控制重大缺陷		非财务报告内部控制重要缺陷	
	公司数量 / 家	缺陷数量 / 项	公司数量 / 家	缺陷数量 / 项
2019 年	62	100	30	41
2018 年	73	96	46	62
2017 年	30	54	34	48
2016 年	20	23	29	36
2015 年	23	27	37	49
2014 年	17	23	37	58
2013 年	17	20	35	67

第一节　内部控制评价概述

从动态的角度来看，企业内部控制可以被视为一个设计、实施、评价和完善的循环体系，内部控制评价在其中发挥着关键的枢纽作用。内部控制从设计到执行的整个过程都离不开评价的参与。评价能够发现并纠正错误，为内部控制的有效执行和持续改进提供保障。企业实施内部控制评价工作，对于揭示、防范和管理企业风险，实现企业经营目标和发展战略具有重大意义。

《企业内部控制基本规范》第四十六条规定，企业应当结合内部监督情况，定期对内部控制的有效性进行自我评价，出具内部控制自我评价报告。内部控制自我评价的方式、范围程序和频率,由企业根据经营业务调整、经营环境变化、业务发展状况、实际风险水平等自行确定。根据财政部等五部委2010年联合发布的《关于印发企业内部控制配套指引的通知》的要求,执行《企业内部控制基本规范》及配套指引的上市公司和非上市大中型企业,应当对内部控制的有效性进行自我评价,披露年度自我评价报告,内部控制评价已经成为上市公司和非上市大中型国有企业的强制性要求。

一、内部控制评价的定义

《企业内部控制评价指引》(简称《评价指引》)的第二条规定,内部控制评价是指企业董事会或类似权力机构对内部控制的有效性进行全面评价、形成评价结论、出具评价报告的过程。理解该定义时,应注意以下两点。

(1)该定义明确了企业内部控制建设的责任主体是董事会(或类似权力机构),其是建立健全和实施内部控制评价工作的主要责任方。

(2)该定义明确了内部控制评价的对象为内部控制的有效性。内部控制有效性是指企业建立与实施内部控制对实现控制目标提供合理保证的程度,包括内部控制设计的有效性和内部控制运行的有效性。

内部控制设计有效性是指为实现控制目标所必需的内部控制要素都存在并且设计恰当。评价内部控制设计的有效性,可以考虑以下3个方面:①内部控制的设计是否做到了以内部控制的基本原理为前提,以我国《企业内部控制基本规范》及其配套指引为依据;②内部控制的设计是否覆盖了所有关键的业务与环节,对董事会、监事会、经理层和员工具有普遍的约束力;③内部控制的设计是否与企业自身的经营特点、业务模式以及风险管理要求相匹配。

内部控制运行有效性是指现有内部控制按照规定程序得到了正确执行。评价内部控制运行的有效性,也可以从3个方面进行考察:①相关控制在评价期内是如何运行的:②相关控制是否得到了持续一致的运行;③实施控制的人员是否具备必要的权限和能力。

需要强调的是,内部控制即使同时满足设计有效性和运行有效性标准,也只能为内部控制目标的实现提供合理保证,而不能提供绝对保证。

2020年,《国务院关于进一步提高上市公司质量的意见》中也明确提出"严格执行上市公司内控制度,加快推行内控规范体系,提升内控有效性",有关上市公司应高度重视关注内部控制的有效性,充分发挥内部控制的风险防范作用。

案例8-1 有控则强,无控则乱(思政案例)

企业舞弊是一个经久不衰的话题。2018年8月,京东发布内部反腐公告,列举了16个典型的集团内部贪腐案例;11月,58同城高管因贪腐被警方拘留;12月,阿里大文娱集团原总裁杨伟东因涉嫌重大经济案被警方调查:2019年1月,大疆公司对外承认公司内部出现重大舞弊情形,保守估计已经导致了至少10亿元人民币的损失……虽然舞弊形式各不相同,但都反映了这些企业的内部控制存在问题。

企业发生舞弊事件,不但会造成一定程度的经济损失,而且会给企业的外部声誉和内部文化带来负面影响。内部控制是企业防范舞弊的重要手段,内部控制评价是完善企业内部控制的重要环节。企业通过建立和完善内部控制，可以有效激活自身的“免疫系统”，将舞弊抑制在萌芽状态。对企业而言，做好内部控制建设，才能未雨绸缪，防微杜渐，稳步发展。企业在内部控制的建立和完善过程中，应以人为本、以制度为纲、以道德为导向，引导员工树立正确的价值观和道德观念，自觉遵守各项规章制度，以降低舞弊发生的可能性。

（3）该定义明确了内部控制评价的评价要求。内部控制评价要具有全面性，要求企业的评价工作包括内部控制的设计与运行并涵盖企业及其所属单位的业务和事项，并在此评价基础上，关注重要业务单位、重大事项和高风险业务。

（4）执行《企业内部控制基本规范》及配套指引的企业对内部控制的有效性进行自我评价后，必须按照规定的要求披露年度自我评价报告。

二、内部控制评价的原则

企业实施内部控制评价至少应当遵循下列原则。

1. 全面性原则

全面性原则强调的是内部控制评价的涵盖范围应当全面。具体来说，内部控制评价工作应当包括内部控制的设计与运行，涵盖企业及其所属单位的各种业务和事项。

2. 重要性原则

重要性原则要求内部控制评价应在全面性的基础上，着眼于风险，突出重点，在制定和实施评价方案、分配评价资源的过程中，着重关注重要业务单位、重大事项和高风险业务（简称“两重一高”）。

关于“两重一高”的界定，财政部等五部委印发的《企业内部控制规范体系实施中相关问题解释第2号》给出了介绍。①重要业务单位一般以资产、收入、利润等作为判定标准。包括集团总部、资产占合并资产总额比例较高的分公司和子公司，营业收入占合并营业收入比例较高的分公司和子公司以及利润占合并利润比例较高的分公司和子公司等。②重大事项一般是指重大投资决策项目，兼并重组、资产调整、产权转让项目，期权、期货等金融衍生业务，融资、担保项目，重大的生产经营安排，重要设备和技术引进，采购大宗物资和购买服务，重大工程建设项目，年度预算内大额度资金调动和使用，以及其他大额度资金运作事项等。③高风险业务一般是指经过风险评估后确定为较高或高风险的业务，也包括特殊行业及特殊业务，国家法律、法规有特殊管制或监管要求的业务等。

3. 客观性原则

客观性原则强调内部控制评价工作应当准确地揭示经营管理的风险状况，如实反映内部控制设计与运行的有效性。

三、内部控制评价的组织

（一）内部控制评价的组织机构

企业可以根据自身特点，单独设置专门的机构或者授权内部审计机构作为内部控制评价机构，负责内部控制评价的具体组织实施工作。为了保证评价的独立性，负责内部控制设计的部门和内部控制评价部门应适当分离。

内部控制评价机构必须具备一定的设置条件。

（1）独立性。独立性要求内部控制评价机构能够独立行使对内部控制系统的建立过程、运行过程及结果进行监督的权力。

（2）专业性。专业性要求内部控制评价机构必须具备与监督和评价内部控制系统相适应的专业胜任能力和职业道德素养。

（3）一致性。与企业其他职能机构就监督与评价内部控制系统方面应当保持协调一致，在工作中相互配合、相互制约，在效率效果上满足企业对内部控制系统进行监督与评价所提出的有关要求。

（4）权威性。权威性要求内部控制评价机构能够得到企业董事会和经理层的支持，直接接受董事会及其审计委员会的领导和监事会的监督，有足够的权威性来保证内部控制评价工作的顺利开展。

企业也可以根据自身的特点，成立内部控制评价的非常设机构，抽调内部审计、内部控制等相关机构的人员组成内部控制评价小组，具体组织实施内部控制评价工作。企业还可以委托会计师事务所等中介机构实施内部控制评价。此时，董事会（审计委员会）应加强对评价工作的监督和指导。从业务性质上讲，中介机构受托为企业实施内部控制评价是一种非保证服务，评价报告的责任仍由董事会承担。为了保证审计的独立性，为企业提供评价服务的会计师事务所，不得同时为企业提供内部控制审计服务。

（二）内部控制评价的职责安排

（1）董事会是内部控制评价的最终责任主体，对内部控制评价报告的真实性负责。董事会可以通过审计委员会来承担对内部控制评价的组织领导和监督职责。董事会（审计委员会）应听取内部控制评价报告，审定重大缺陷和重要缺陷的整改意见，对于缺陷整改中遇到的困难，应积极协调、排除障碍。

（2）经理层具体负责组织实施内部控制评价工作，在实际操作中，可授权内部控制评价机构组织实施，并积极支持和配合内部控制评价。管理层应结合日常掌握的信息，为内部控制评价提出应重点关注的业务或事项，审定评价方案和听取评价报告；对于评价中发现的问题或报告的缺陷，应按董事会或审计委员会的整改意见，积极采取有效措施整改。

（3）内部控制评价机构根据授权承担内部控制评价的具体组织实施任务。内部控制评价机构通过复核、汇总、分析内部监督资料，结合经理层的要求，拟订评价方案并认真组织实施；对于评价中发现的重大问题，应及时与董事会、审计委员会或经理层沟通并认定内部控制缺陷，拟订整改方案，编写内部控制评价报告，及时向董事会、审计委员会或经理层报告；沟通外部审计师，督促各业务单位和职能部门对内部控制缺陷进行整改；根据评价和整改情况拟订内部控制考核方案。

（4）各业务单位和职能部门应逐级落实内部控制评价责任，负责组织本单位（部门）的内部控制自查、测试和评价工作，对发现的内部控制设计和执行缺陷提出整改方案及具体整改计划，积极整改并报送内部控制机构复核，配合内部控制评价机构或外部审计师开展评价工作。

（5）监事会应审议内部控制评价报告，对董事会建立与实施内部控制进行监督。

四、内部控制评价的内容

《企业内部控制评价指引》第五条指出，企业要结合《企业内部控制基本规范》、应用指引以及本企业的内部控制制度，紧紧围绕内部环境、风险评估、控制活动、信息与沟通、内部监督等要素确定具体评价内容，对内部控制设计与运行情况进行全面评价。五要素来源于管理层经营企业的方式，并与管理过程融合在一起。各个要素之间相互联系。每一个要素都能够影响其他构成要素，最终影响企业内部控制运行的有效性。下面列示了这五大要素及其包含的重点评价内容。

1. 内部环境评价

《企业内部控制评价指引》第六条规定，企业组织开展内部环境评价，应当以组织架构、发展战略、人力资源、企业文化、社会责任等应用指引为依据，结合本企业的内部控制制度，对内部环境的设计及实际运行情况进行认定和评价。其中，组织架构评价可以将重点放在机构设置的整体控制力、权责划分、相互牵制、信息流动路径等方面；发展战略评价可以将重点放在发展战略的制定合理性、有效实施和适当调整三方面；人力资源评价应当将重点放在企业人力资源引进结构合理性、开发机制、激励约束机制等方面；企业文化评价应从建设和评估两方面进行；社会责任评价可以从安全生产、产品质量、环境保护与资源节约、促进就业、员工权益保护等方面进行。

2. 风险评估评价

《企业内部控制评价指引》第七条规定，企业组织开展风险评估机制评价，应当以《企业内部控制基本规范》有关风险评估的要求，以及各项应用指引所列主要风险为依据. 结合本企业的内部控制制度，对日常经营管理过程中的风险识别、风险分析、应对策略等进行认定和评价。

3 控制活动评价

《企业内部控制评价指引》第八条规定，企业组织开展控制活动评价，应当以《企业内部控制基本规范》和各项应用指引中的控制措施为依据，结合本企业的内部控制制度，对相关控制措施的设计和运行情况进行认定和评价。

4. 信息与沟通评价

《企业内部控制评价指引》第九条规定，企业组织开展信息与沟通评价，应当以内部信息传递、财务报告、信息系统等相关应用指引为依据，结合本企业的内部控制制度，对信息收集、处理和传递的及时性、反舞弊机制的健全性、财务报告的真实性、信息系统的安全性以及利用信息系统实施内部控制的有效性等进行认定和评价。

5. 内部监督评价

《企业内部控制评价指引》第十条规定，企业组织开展内部监督评价，应当以《企业内部控制基本规范》有关内部监督的要求，以及各项应用指引中有关日常管控的规定为依据，结合本企业的内部控制制度，对内部监督机制的有效性进行认定和评价，重点关注监事会、审计委员会、内部审计机构等是否在内部控制设计和运行中有效发挥监督作用。

第二节　内部控制评价的程序和方法

一、内部控制评价的程序

内部控制评价程序一般包括制定内部控制评价工作方案、组成内部控制评价工作组、实施现场检查测试、认定控制缺陷,汇总评价结果、编制企业内控评价报告、报告反馈和追踪等。这些程序环环相扣、相互衔接、相互作用,构成了内部控制评价的基本流程。

1. 制定内部控制评价工作方案

内部控制评价机构在开展评价工作时,应以内部控制目标为依据,并结合企业内部监督情况和管理要求,分析企业经营管理过程中可能影响内部控制目标实现的高风险领域和重要业务事项。在此基础上,确定适当的检查评价方法,制定科学合理的评价工作方案。该方案应包括评价范围、工作任务、人员组织、进度安排和费用预算等相关内容,并需经过董事会批准后实施。评价工作方案既可以以全面评价为主,也可以根据需要采用重点评价的方式。例如,在内部控制建立与实施的初期阶段,实施全面综合评价有助于推动内部控制工作的深入有效开展。而当内部控制系统逐渐成熟后,企业可以在全面评价的基础上,更多地采用重点评价或专项评价,以提高内部控制评价的效率和效果。

2. 组成内部控制评价工作组

企业内部控制评价部门应当根据经批准的评价方案,挑选具备独立性、业务胜任能力和职业道德素养的评价工作人员组成内部控制评价工作组,由其负责内部控制评价工作。内部控制评价工作组应当吸收企业内部相关机构熟悉情况的业务骨干。内部控制评价工作组成员对本部门的内部控制评价工作应当实行回避制度。企业应根据自身条件,尽量建立长效的内部控制评价培训机制。企业也可以委托中介机构开展内部控制评价工作。为企业提供内部控制审计服务的会计师事务所,不得同时为同一企业提供内部控制评价服务。

3. 实施现场检查测试

首先,内部控制评价工作组要了解被评价单位的企业文化和发展战略、组织机构设置及职责分工、领导层成员构成及分工等基本情况。根据掌握的情况,内部控制评价工作组进一步确定评价范围、检查重点和抽样数量,并结合评价工作人员的专业背景进行合理分工。检查重点和分工情况可根据需要适时调整。其次,评价工作人员应对被评价单位进行现场测试,综合运用各种内部控制评价方法,充分收集被评价单位内部控制设计和执行是否有效的证据,按评价内容如实填写评价工作底稿,研究分析内部控制缺陷。工作底稿应详细记录企业执行评价工作的内容,包括评价要素、主要风险点、采取的控制措施、有关证据资料及认定结果等。评价工作人员应遵循客观、公正、公平原则,如实反映检查测试中发现的问题,并及时与被评价单位进行沟通。因为内部控制评价采用纵向检查测试流程,所以工作中各成员之间应注意互相沟通、协调以获得更有价值的发现。

4. 认定控制缺陷,汇总评价结果

评价工作组汇总评价工作人员的工作底稿,初步认定内部控制缺陷。评价工作底稿应进行交叉复核签字,并由评价工作组负责人审核后签字确认。评价工作组将评价结果及现场评价的结果向被评价单位进行通报，由被评价单位相关责任人签字确认后，提交企业内部控制评价机构。评价机构汇总各评价工作组的评价结果，对评价工作组现场初步认定的内部控制缺陷进行全面复核、分类汇总；对缺陷的成因、表现形式及风险程度进行定量或定性的综合分析，按其对控制目标的影响程度判定缺陷等级。

5. 编制企业内控评价报告

内部控制评价机构以汇总的评价结果和认定的内部控制缺陷为基础，综合内部控制工作整体情况，客观、公正、完整地编制内部控制评价报告，并报送企业经理层、董事会和监事会，由董事会最终审定后对外披露。

6. 报告反馈和追踪

对于认定的内部控制缺陷，内部控制评价机构应当结合董事会和审计委员会的要求提出整改建议，要求责任单位及时整改，并跟踪其整改落实情况；已经造成损失或负面影响的，企业应当追究相关人员的责任。整改后的内部控制运行一段时间之后，企业应就整改工作的效果及新的内部控制运行的有效性进行核查，确保整改成功。

二、内部控制评价方法

《企业内部控制评价指引》第十五条规定，内部控制评价工作组应当对被评价单位进行现场测试，综合运用个别访谈、调查问卷、专题讨论、穿行测试、实地查验、抽样和比较分析等方法，充分收集被评价单位内部控制设计和运行是否有效的证据，按照评价的具体内容，如实填写评价工作底稿，研究分析内部控制缺陷。

1. 个别访谈法

个别访谈法主要用于了解公司内部控制的现状，在企业层面评价及业务层面评价的了解阶段经常使用。相关人员在访谈前应根据内部控制评价需求形成访谈提纲，撰写访谈纪要，记录访谈内容。为了保证访谈结果的真实性，应尽量访谈不同岗位的人员以获得更可靠的证据。比如分别访谈人力资源部门主管和基层员工，公司是否建立员工培训长效机制，培训能否满足员工和业务岗位需要。访谈的总体目的是收集关于内部控制制度运行有效性的证据。

2. 调查问卷法

调查问卷法是评价人员分别针对不同岗位、不同层次的员工事先设置问卷调查表进行问卷调查，并根据调查结果对内部控制项目进行评价的方法。调查问卷法主要用于企业层面评价。调查问卷应尽量扩大对象范围，包括企业各个层级员工，应注意事先保密性，题目尽量简单易答（如只需回答为"是""否""有""没有"等）。

3. 专题讨论法

专题讨论法是指评价人员通过召集与业务流程相关的管理人员或专业人员就内部控制存在的控制缺陷或执行情况进行分析讨论的方法。专题讨论既是内部控制评价的手段，也是制定缺陷整改方案的有效途径。例如，对于同时涉及企业多个业务部门的控制缺陷，就需要由内部控制管理部门出面组织召开专题会议，综合各部门意见，确定内部控制整改方案。

4. 穿行测试法

穿行测试法，是指在对企业进行内部控制评价时，通过抽取一份全过程的文件，来了解整个业务流程执行情况的评估评价方法。例如,为了评价采购内部控制,评价人员选取一笔或若干笔材料采购业务,依据"请购单—订货—验收入库—库存保管—核准发票—付款—记账"的业务流程,对整个采购程序进行详细检查,以确定材料采购各个环节的实际执行情况是否与其所了解的内部控制一致。穿行测试法主要用于对业务流程和具体业务的测试与评价。

5. 实地查验法

实地查验法主要针对业务层面控制,它通过使用统一的测试工作表,将实际的业务、财务单证进行核对,从而实施控制测试的方法。例如,评价人员实地查看存货仓库,判断仓储物资是否按要求的储存条件储存,除存货管理部门及仓储人员以外的其他部门和人员是否可以接触存货,实地盘点某种存货等。

6. 抽样法

抽样法是指针对具体的内部控制业务流程,按照业务发生频率及固有风险,从确定的抽样总体中抽取一定比例的业务样本,对业务样本的符合性进行判断,进而评价业务流程控制运行的有效性的方法。抽样法分为随机抽样和其他抽样。随机抽样是按随机原则从样本库中抽取一定数量的样本;其他抽样是人工任意选取或按某一特定标准从样本库中抽取一定数量的样本。

7. 比较分析法

比较分析法是指通过分析、比较数据间的关系、趋势或比率来取得评价证据的方法。数据分析可以与历史数据、行业(公司)标准数据或行业最优数据等进行比较。在比较分析中,选择合适的对比标准是十分关键的步骤。若对比标准选择不合适,评价可能得出错误的结论。

8. 重新执行法

重新执行法是指评价人员根据有关资料和业务处理程序,以人工方式或使用计算机辅助审计技术重新处理业务并比较结果,进而判断企业内部控制执行的有效性,是一种通过对某一控制活动全过程的重新执行来评估内部控制执行情况的方法。

在实际评价工作中,以上这些方法可以配合使用。此外,还可以使用观察、检查等方法,也可以利用信息系统开发检查的方法,或利用实际工作的检查测试经验。对于企业通过系统采用自动控制、预防控制的,应在方法上注意与人工控制、发现性控制的区别。

第三节 内部控制缺陷的认定

一、内部控制缺陷的定义和种类

内部控制缺陷是指内部控制在设计和运行中存在的漏洞,这些漏洞将不同程度地影响内部控制的有效性,影响控制目标的实现。内部控制缺陷的评估与认定是内部控制评价的重点。衡量内部控制有效性的关键步骤就是查找内部控制在设计或运行环节中是否存在重大缺陷。内部控制缺陷是描述内部控制有效性的一个负向维度。开展内部控制评价,主要工作之一就是查找内部控制缺陷并有针对性地整改。

内部控制缺陷按照不同的标准可以有不同的分类。一般来说,内部控制缺陷可按照以下标准分类。

(一)按照内部控制缺陷的成因分类

按照缺陷的成因不同,内部控制缺陷可分为设计缺陷和运行缺陷。

设计缺陷是指企业缺少为实现控制目标所必需的控制措施,或现存控制设计不适当,即使正常运行也难以实现控制目标。例如,如果一个公司的内部控制系统没有针对某个特定的业务风险进行设计,或者设计的系统不能在变化的环境中保持有效性,那么这就可能构成设计缺陷。

运行缺陷,是指控制设计合理且适当的内部控制由于未按设计的方式运行,或由不恰当的人员执行,或运行的时间、频率不当,或没有得到一贯有效运行等而形成的内部控制失效的情形。例如,即使一个公司的内部控制设计完善,但如果执行人员没有接受过专业的培训,或者没有足够的权限来实施控制,那么这可能就会导致运行缺陷。

(二)按照内部控制缺陷的性质分类

按照缺陷的性质(即影响内部控制目标实现的严重程度分类),内部控制缺陷分为重大缺陷、重要缺陷和一般缺陷。

重大缺陷是指一个或多个控制缺陷的组合,可能导致企业严重偏离控制目标。当内部控制存在一个或多个重大缺陷时,内部控制评价报告应当得出内部控制无效的结论。

重要缺陷是指一个或多个控制缺陷的组合,其严重程度低于重大缺陷,但仍有可能导致企业偏离控制目标。重要缺陷的严重程度低于重大缺陷,不会严重危及内部控制的整体有效性,但也应当引起董事会、经理层的充分关注。

一般缺陷是指除重大缺陷、重要缺陷以外的其他内部控制缺陷。

(三)按照内部控制缺陷的形式分类

按照影响内部控制目标的具体表现形式,内部控制缺陷可以分为财务报告内部控制缺陷和非财务报告内部控制缺陷。

财务报告内部控制缺陷是指有关企业财务报告可靠性的内部控制制度方面的缺陷,这些缺陷的存在使企业不能保证财务报告的可靠性,或者不能防止或及时发现纠正财务报告错报。例如错误的会计处理、不充分的披露等。

非财务报告内部控制缺陷是指除财务报告内部控制缺陷外的内部控制缺陷。例如业务流程中的缺陷、安全和合规问题、运营效率低下、管理层凌驾于内部控制之上等。

案例 8–2　贵州茅台酒股份有限公司的内部控制缺陷认定标准[①]

公司董事会根据企业内部控制规范体系对重大缺陷、重要缺陷和一般缺陷的认定要求,结合公司规模、行业特征、风险偏好和风险承受度等因素,区分财务报告内部控制和非财务报告内部控制,研究确定了适用于本公司的内部控制缺陷具体认定标准,并与以前年度保持

① 贵州茅台酒股份有限公司:《贵州茅台酒股份有限公司 2022 年度内部控制评价报告》,巨潮资讯网,http://www.cninfo.com.cn/new/disclosure/detail?orgId=gssh0600519&announcementId=1216281745&announcementTime=2023-03-31,访问日期:2023 年 3 月 31 日。

一致。

1. 财务报告内部控制缺陷认定标准

(1)定性标准(见表 8-6)。

表 8-6 财务报告内部控制缺陷认定的定性标准

缺陷性质	定性标准
重大缺陷	①发现董事、监事和高级管理人员的重大舞弊行为。 ②已公布的财务报告进行更正。 ③注册会计师发现的却未被公司内部控制识别的当期财务报告中的重大错报。 ④公司审计委员会和内部审计对内部控制的监督无效。 ⑤一经发现并报告给管理层的管理的重大缺陷未在合理的期间得到改正。 ⑥因会计差错导致的监管机构的处罚。 ⑦其他可能影响报表使用者正确判断的缺陷
重要缺陷	①未依照公认会计准则选择和应用会计政策。 ②未建立反舞弊程序和控制措施。 ③重要缺陷未在合理的期间得到改正。 ④对于期末财务报告过程的内部控制无效
一般缺陷	除上述重大缺陷、重要缺陷之外的其他控制缺陷

(2)定量标准(见表 8-7)。

将财务报告内部控制的缺陷划分为重大缺陷、重要缺陷和一般缺陷,所采用的认定标准直接取决于该内部控制缺陷的存在可能导致的财务报告错报的重要程度。这种重要程度主要取决于两个方面的因素:①该缺陷是否具备合理可能性导致公司的内部控制不能及时防止或发现纠正财务报表错报;②该缺陷单独或连同其他缺陷可能导致的错报金额的大小。

表 8-7 财务报告内部控制缺陷认定的定量标准

指标名称	重大缺陷定量标准	重要缺陷定量标准	一般缺陷定量标准
营业收入	错报≥营业收入的 0.5%	营业收入的 0.2% ≤错报 < 营业收入的 0.5%	错报金额低于重要缺陷标准
利润总额	错报≥利润总额的 5%	利润总额的 2% ≤错报 < 利润总额的 5%	错报金额低于重要缺陷标准
所有者权益	错报≥所有者权益的 0.5%	所有者权益的 0.2% ≤错报 < 所有者权益的 0.5%	错报金额低于重要缺陷标准
资产总额	错报≥资产总额的 0.5%	资产总额的 0.2% ≤错报 < 资产总额的 0.5%	错报金额低于重要缺陷标准

2. 非财务报告内部控制缺陷认定标准

（1）定性标准（见表8-8）。

表8-8　非财务报告内部控制缺陷认定的定性标准

缺陷性质	定性标准
重大缺陷	以下迹象通常表明非财务报告内部控制可能存在重大缺陷： ①对生产运营产生重大影响（如设施永久损害，造成生产线废弃、生产长时间关停）； ②违反国家法律、法规，如环境污染；对周围环境造成严重污染或者需高额恢复成本，甚至无法恢复； ③导致一位以上职工或公民死亡； ④对于“三重一大”事项，缺乏集体决策程序； ⑤决策程序不科学，如决策失误，导致并购不成功； ⑥重要岗位的管理人员或关键岗位的技术人员纷纷流失； ⑦媒体负面新闻频现：负面消息在全国各地流传，政府或监管机构进行调查，引起公众关注，对企业声誉造成无法弥补的损害； ⑧内部控制评价的结果特别是重大或重要缺陷未得到整改； ⑨重要业务缺乏制度控制或制度系统性失效
重要缺陷	以下迹象通常表明非财务报告内部控制可能存在重要缺陷： ①对生产运营产生中度影响（如生产故障造成停产）； ②负面消息在某区域流传，对企业声誉造成中等损害； ③长期影响多位职工或公民健康； ④环境污染和破坏在可控范围内，没有造成永久的环境影响
一般缺陷	以下迹象通常表明非财务报告内部控制可能存在一般缺陷： ①对生产运营产生一般影响（生产线暂时无法生产，影响货物的交付）； ②负面消息在公司内部或当地局部流传，对企业声誉造成轻微损害； ③长期影响一位职工或公民健康； ④无污染，没有产生永久的环境影响

（2）定量标准（见表8-9）。

表8-9　非财务报告内部控制缺陷认定的定量标准

指标名称	重大缺陷定量标准	重要缺陷定量标准	一般缺陷定量标准
经济损失	非财务报告内部控制缺陷导致的直接经济损失金额≥5 000万元	2 000万元≤非财务报告内部控制缺陷导致的直接经济损失金额<5 000万元	资产损失金额低于重要缺陷标准

二、内部控制缺陷的认定标准

对内部控制缺陷的认定是对内部控制缺陷的重要程度进行识别和确定的过程，即判定一项缺陷属于重大缺陷、重要缺陷还是一般缺陷的过程。内部控制缺陷一经被认定为重大缺陷，内部控制评价报告将会被出具“否定意见”。

《企业内部控制规范体系实施中相关问题解释第1号》指出，查找并纠正企业内部控制设计和运行中的缺陷，是开展企业内部控制评价的一项重要工作，是不断完善企业内部控制的重要手段。由于企业所处行业、经营规模、发展阶段、风险偏好等存在差异，《企业内部控制基本规范》及其配套指引没有对内部控制缺陷的认定标准进行统一规定。企业可以根据《企业内部控制基本规范》及其配套指引，结合企业规模、行业特征、风险水平等因素，研究确定适合本企业的内部控制重大缺陷、重要缺陷和一般缺陷的具体认定标准。企业确定的内部控制缺陷标准应当从定性和定量的角度综合考虑，并保持相对稳定。企业通过不断实践、总结经验，形成一套行之有效的内部控制缺陷认定方法。

企业在开展内部控制监督检查过程中，对发现的内部控制缺陷，应当及时分析缺陷性质和产生原因，并提出整改方案，采取适当形式向董事会、监事会或者管理层报告。对于重大缺陷，企业应当在内部控制评价报告中进行披露。

在确定内部控制缺陷的认定标准时，企业应充分考虑内部控制缺陷的重要性及其影响程度。重要性和影响程度是相对内部控制目标而言的。按缺陷对财务报告目标和其他内部控制目标实现的影响，内部控制缺陷可分为财务报告内部控制缺陷和非财务报告内部控制缺陷。

（一）财务报告内部控制缺陷的认定标准

由于财务报告内部控制的目标集中体现为财务报告的可靠性，因而财务报告内部控制缺陷主要是指不能合理保证财务报告可靠性的内部控制设计和执行缺陷。也就是说，财务报告内部控制缺陷不能及时防止或发现并纠正财务报告错报的内部控制缺陷。

将财务报告内部控制缺陷划分为重大缺陷、重要缺陷和一般缺陷，所采用的认定标准直接取决于该缺陷存在可能导致财务报告错报的重要程度。这种重要程度主要取决于两方面。一是该缺陷是否具备合理可能性，导致企业内部控制不能及时防止或发现并纠正财务报告错报。合理可能性是指大于微小可能性（几乎不可能发生）的可能性，确定是否具备合理可能性涉及评价人员的职业判断。二是该缺陷单独或连同其他缺陷可能导致的潜在错报的金额。

如果一项内部控制缺陷单独或连同其他缺陷具备合理可能性，导致不能及时防止或发现并纠正财务报告中的重大错报（管理层确定的财务报告重要性水平），就应将该缺陷认定为重大缺陷。一般可采用绝对金额法（例如规定金额超过 100 000 元的错报被认定为重大错报）或相对比例法（例如规定超过资产总额 1% 的错报被认定为重大错报）来确定重要性水平。

如果一项内部控制缺陷单独或连同其他缺陷具备合理可能性，导致不能及时防止或发现并纠正财务报告中虽然未达到和超过重要性水平，但仍应引起董事会和管理层重视的错报，就应将该缺陷认定为重要缺陷。不构成重大缺陷和重要缺陷的内部控制缺陷，应认定为一般缺陷。

出现以下情形之一的，通常表明财务报告内部控制可能存在重大缺陷：①董事、监事和高级管理人员舞弊；②企业更正已公布的财务报告；③注册会计师发现当期财务报告存在重大错报，而内部控制在运行过程中未能发现该错报；④企业审计委员会和内部审计机构对内部控制的监督无效。

需要强调的是，内部控制缺陷的严重程度并不取决于是否实际发生了错报，而是取决于该控制不能及时防止（或发现）并纠正潜在缺陷的可能性，即只要存在这种合理可能性，不论企业的财务报告是否真正发生了错报，都意味着财务报告内部控制存在缺陷。

（二）非财务报告内部控制缺陷的认定标准

非财务报告内部控制缺陷，是指除财务报告目标之外的与其他目标相关的内部控制缺陷，包括战略内部控制缺陷、经营内部控制缺陷、合规内部控制缺陷、资产内部控制缺陷。非财务报告内部控制缺陷的认定具有涉及面广、认定难度大的特点。

需要强调的是，在内部控制的非财务报告目标中，战略目标和经营目标的实现往往受到企业诸多不可控的外部因素的影响，企业的内部控制只能合理保证董事会和经理层了解这些目标的实现程度。因此，企业在认定针对这些控制目标的内部控制缺陷时，不能只考虑最终结果，而应考虑企业制定战略、开展经营活动的机制和程序是否符合内部控制的要求，以及不适当的机制和程序对企业战略及经营目标实现可能造成的影响等。

企业可参照财务报告内部控制缺陷的认定标准，合理确定定性和定量的认定标准，根据其对内部控制目标实现的影响程度认定为重大缺陷、重要缺陷和一般缺陷。其中，定量标准既可以涉及金额（例如，造成直接经济损失的金额），又可以根据其直接损失占资产、销售收入及利润等的比率确定；定性标准指涉及业务性质的严重程度，可以根据其直接或潜在负面影响的性质、影响的范围等因素确定。

为了避免企业操纵内部控制评价报告，非财务报告内部控制缺陷认定标准一经确定必须在不同的评价期间保持一致，不得随意变更。

企业存在以下情形之一的，通常表明非财务报告内部控制可能存在重大缺陷：①违反法律、法规，如环境污染；②除政策性亏损原因外，企业连年亏损，持续经营受到挑战；③缺乏制度控制或制度系统性失效，如企业财务部、销售部控制点全部不能执行；④并购重组失败，或新扩充下属单位的经营难以为继；⑤子公司缺乏内部控制建设，管理散乱；⑥企业管理层人员纷纷离开或关键岗位人员流失严重；⑦被媒体频频曝光负面新闻；⑧内部控制评价的结果特别是重大或重要缺陷未得到整改。

财务报告缺陷和非财务报告缺陷其实难以做严格的区分，如内部环境、重大安全事故等。如果对一项缺陷应属于财务报告缺陷还是非财务报告缺陷难以准确区分，制定标准时应本着是否影响财务报告目标的原则来区分。

案例8-3　内蒙古伊利实业集团股份有限公司内部控制缺陷的评定标准[①]

公司董事会根据企业内部控制规范体系对重大缺陷、重要缺陷和一般缺陷的认定要求，结合公司规模、行业特征、风险偏好和风险承受度等因素，区分财务报告内部控制和非财务报告内部控制，研究确定了适用于本公司的内部控制缺陷具体认定标准，并与以前年度保持一致。

一、财务报告内部控制缺陷的认定标准

公司确定的财务报告内部控制缺陷评价的定量标准见表8-10。

① 内蒙古伊利实业集团股份有限公司：《内蒙古伊利实业集团股份有限公司2022年度内部控制评价报告》，巨潮资讯网，http://www.cninfo.com.cn/new/disclosure/detail?orgId=gssh0600887&announcementId=1216664069&announcementTime=2023-04-28，访问日期：2023年4月28日。

表 8-10 财务报告内部控制缺陷评价定量标准

指标名称	重大缺陷定量标准	重要缺陷定量标准	一般缺陷定量标准
总资产	涉及总资产的错报金额大于最近一个会计年度经审计总资产总额的 1%	涉及总资产的错报金额占最近一个会计年度经审计总资产总额的 0.5%~1%	涉及总资产的错报金额小于最近一个会计年度经审计总资产总额的 0.5%
净资产	涉及净资产的错报金额大于最近一个会计年度经审计净资产总额的 2%	涉及净资产的错报金额占最近一个会计年度经审计净资产总额的 1%~2%	涉及净资产的错报金额小于最近一个会计年度经审计净资产总额的 1%
营业收入	涉及营业收入的错报金额大于最近一个会计年度经审计营业收入总额的 1%	涉及营业收入的错报金额占最近一个会计年度经审计营业收入总额的 0.5%~1%	涉及营业收入的错报金额小于最近一个会计年度经审计营业收入总额的 0.5%
净利润	涉及净利润的错报金额大于最近一个会计年度经审计净利润的 5%	涉及净利润的错报金额占最近一个会计年度经审计净利润的 2%~5%	涉及净利润的错报金额小于最近一个会计年度经审计净利润的 2%

公司确定的财务报告内部控制缺陷评价的定性标准见表 8-11。

表 8-11 财务报告内部控制缺陷评价定性标准

缺陷性质	定性标准
重大缺陷	当存在下列某一项或几项情况时，表明可能存在重大缺陷： 公司因发现以前年度存在重大会计差错，需更正已上报或披露的财务报告； 外部审计师发现的、未被识别的当期财务报表的重大错报； 公司董事、监事和高级管理人员发生舞弊行为； 公司内部审计机构对内部控制的监督无效； 以前发现的重大缺陷没有在合理期间得到整改，或者整改无效
重要缺陷	当存在下列某一项或几项情况时，表明可能存在重要缺陷： 在选择和实施与会计准则相一致的会计政策方面存在内部控制缺陷； 对非常规（非重复）或复杂交易未进行有效控制； 与财务报告相关的反舞弊程序和控制受到干扰； 对财务报告流程中涉及的信息系统未进行有效控制
一般缺陷	除重大缺陷和重要缺陷以外的缺陷，认定为一般缺陷

说明：上述财务报告内部控制缺陷评价的定性标准适用于在内部控制缺陷不直接对财务报表造成影响或间接造成影响数额很难确定的情况下，通过分析该控制缺陷所涉及业务性质的严重程度、直接或潜在负面影响的性质、影响的范围等因素认定缺陷等级。

二、非财务报告内部控制缺陷的认定标准

公司确定的非财务报告内部控制缺陷评价的定量标准见表 8-12。

表 8-12 非财务报告内部控制缺陷评价定量标准

指标名称	重大缺陷定量标准	重要缺陷定量标准	一册缺陷定量标准
绝对损失金额	缺陷导致绝对损失金额大于本企业总资产总额的 1%	缺陷导致绝对损失金额占本企业总资产总额的 0.5%~1%	缺陷导致绝对损失金额小于本企业总资产总额的 0.5%

说明：绝对损失金额是指非财务报告相关内部控制缺陷导致的直接财产损失或损失可能的绝对金额。

公司确定的非财务报告内部控制缺陷评价的定性标准见表8-13。

表8-13　非财务报告内部控制缺陷评价定性标准

缺陷性质	定性标准
重大缺陷	具有以下一项或几项特征的缺陷，应认定为重大缺陷： 严重违反国家法律、法规； 关键管理人员或重要人才大量流失； 内部控制评价的重大缺陷未得到整改
重要缺陷	具有以下特征的缺陷，应认定为重要缺陷： 公司因管理失误发生依据上述认定标准的重要财产损失，控制活动未能防范该失误； 财产损失虽然未能达到和超过该重要性水平，但从性质上看，仍应引起董事会和管理层的高度重视
一般缺陷	除重大缺陷和重要缺陷以外的缺陷，认定为一般缺陷

说明：上述非财务报告内部控制缺陷评价的定性标准适用于在非财务报告相关内部控制缺陷内容不直接对财务报表造成影响并且间接造成的影响额很难确定的情况下，通过分析该控制缺陷所涉及业务性质的严重程度、其直接或潜在负面影响的性质、影响的范围等因素认定缺陷等级。

三、内部控制缺陷报告与整改

《企业内部控制评价指引》第十九条规定，企业内部控制评价部门应编制内部控制缺陷认定汇总表，结合日常监督和专项监督发现的内部控制缺陷及其持续改进情况，对内部控制缺陷及其成因、表现形式和影响程度进行综合分析与全面复核，提出认定意见，并以适当的形式向董事会、监事会或经理层报告。重大缺陷应由董事会予以最终认定。企业对于认定的重大缺陷，应及时采取应对策略，切实将风险控制在可承受度之内，并追究有关部门或相关人员的责任。

（一）内部控制缺陷报告

内部控制缺陷报告应采取书面形式，可以单独报告，也可以作为内部控制评价报告的一部分合并报告。一般而言，内部控制的一般缺陷、重要缺陷应定期（至少每年）报告，重大缺陷应立即报告。对于重大缺陷和重要缺陷及整改方案，评价机构应向董事会（审计委员会）、监事会或经理层报告并审定。如果出现不适合向经理层报告的情形（例如，存在与管理层舞弊相关的内部控制缺陷，或者存在经理层凌驾于内部控制之上的情形），则应直接向董事会（审计委员会）、监事会报告。对于一般缺陷，可以向经理层报告，并视情况考虑是否需要向董事会（审计委员会）、监事会报告。

（二）内部控制缺陷整改

对于认定的内部控制缺陷，企业应及时采取整改措施，切实将风险控制在可接受水平之内，并追究有关机构或相关人员的责任。评价部门应就发现的内部控制缺陷提出整改建议，并报董事会(审计委员会)、监事会、经理层批准。获批后,企业应制定切实可行的整改方案,包括整改目标、内容、步骤、措施、方法和期限。整改期限超过一年的,整改目标应明确近期目标和远期目标,以及相应的整改工作内容。

从内部控制缺陷的成因考虑,对于设计缺陷,企业应从管理制度人手查找原因,及时处理需要更新、调整、废止的制度,并同时改进内部控制体系的设计弥补设计缺陷。对于执行缺陷,企业则应分析出现的原因,查清责任人,并有针对性地进行整改。

根据国务院国资委《关于加强中央企业内部控制体系建设与监督工作的实施意见》,对中央企业存在重大风险隐患、内控缺陷和合规管理等问题失察,或虽发现但没有及时报告、处理,造成重大资产损失或其他严重不良后果的,要严肃追究企业集团的管控责任;对各级子企业未按规定履行内部控制体系建设职责、未执行或执行不力,以及瞒报、漏报、谎报或迟报重大风险及内部控制缺陷事件的,坚决追责问责,层层落实内部控制体系监督责任,有效防止国有资产流失。问责的主要依据是国资委颁布的《中央企业违规经营投资责任追究实施办法(试行)》(国资委令第 37 号)等有关规定。

案例 8-4 杭州天目山药业股份有限公司内部控制缺陷认定及整改情况(思政案例)[①]

(三)内部控制缺陷认定及整改情况

1. 财务报告内部控制缺陷认定及整改情况(表 8-14)

1.1 重大缺陷

报告期内公司是否存在财务报告内部控制重大缺陷

√是 □否

根据上述财务报告内部控制缺陷的认定标准,报告期内公司存在财务报告内部控制重大缺陷,数量 2 个。

① 杭州天目山药业股份有限公司:《杭州天目山药业股份有限公司 2021 年年度报告》,巨潮资讯网,http://www.cninfo.com.cn/new/disclosure/detail?orgId=gssh0600671&announcementId=1213270041&announcementTime=2022-04-30,访问日期:2022 年 4 月 30 日。

表 8-14　财务报告内部控制重大缺陷及其整改情况

财务报告内部控制重大缺陷	缺陷描述	业务领域	缺陷整改情况 / 整改计划	截至报告基准日是否完成整改	截至报告发出日是否完成整改
关联方资金占用	截至 2021 年 12 月 31 日，天目药业原控股股东浙江清风原生文化有限公司（以下简称“浙江清风”）及其附属企业、其他关联方非经营性资金占用余额共计 6 728.77 万元。虽然上述关联方资金占用事项发生在 2021 年度以前，但其产生的影响重大且持续，在未消除以前年度非经营性资金占用不利影响的情况下，相关内部控制继续失效	财务管理	对于原控股股东资金占用，公司已采取法律手段维护公司及全体股东的利益。除此之外，公司于 2021 年 4 月 9 日召开第十届董事会第二十二次会议、第十届监事会第十七次会议审议通过了《关于公司及下属子公司签订债权转让协议暨关联交易的议案》，公司及下属子公司黄山天目、黄山薄荷、银川天目山拟与永新华瑞签订“债权转让协议书”，将上述原控股股东及关联方非经营性资金占用以及违规担保涉及的已确定转让的债权 5 000 万元和有条件转让的债权 4 000 万元，共计人民币 9 000 万元转让给永新华瑞。具体情况详见公司于 2021 年 4 月 10 日在上海证券交易所网站及《中国证券报》《证券日报》披露的公告《关于公司及下属子公司债权转让暨关联交易的公告》（公告编号：临 2021-023）。根据“债权转让协议书”的约定，永新华瑞于 2021 年 4 月 26 日支付了第一笔债权转款 3 215 万元（用于偿还黄山天目出借给西双版纳长城大健康的 1 500 万元借款、黄山薄荷出借给西双版纳长城大健康的 500 万元借款、公司出借给清风原生的 460 万元借款、黄山天目为清风原生代偿的 169 万元借款、公司出借给长城影视的 255 万元借款、公司为清风原生提供担保的 331 万元借款。）截至本报告披露日，除了李某某的 331 万元未归还外，公司及下届子公司黄山天目、黄山薄荷被原控股股东及其他关联方占用的上述资金已全部偿还；永新华瑞 2021 年 9 月 15 日已支付第二债权转让款 1 785 万元（用于偿还银川天目山支付给文韬的股权转让款 585 万元，银川天目山支付给武略的股权转让款 1 200 万元）。根据“债权转让协议书”约定，若协议效之日起两年内，银川天目山未收回债权或收回金额不足 4 000 万元，永新华瑞将无条件承接该差额部分的债权，并在本协议生效之日起两年内十个工作日内，向银川天目山按该差额支付全部债权受让款	否	否

续表

财务报告内部控制重大缺陷	缺陷描述	业务领域	缺陷整改情况 / 整改计划	截至报告基准日是否完成整改	截至报告发出日是否完成整改
对子公司管理方面存在重大缺陷	①天目药业控股子公司杭州三慎泰中医门诊部有限公司(以下简称“三慎泰门诊”)、杭州三慎泰宝丰中药有限公司(以下简称“三慎泰宝丰”)合同管理方面存在重大缺陷。如:A.2021年三慎泰门诊与浦江县芳芳健康咨询服务部签订的工作室服务协议,实际结算金额为105万元,为子公司负责人审批;与浦江县华界健康咨询服务部签订的工作室服务协议,实际结算金额为100万元,为子公司负责人审批,不符合公司《合同管理制度》相关规定。B.2021年慎泰宝丰与关联方杭州天禄堂五柳巷中医门诊部有限公司签订的销售框架合同,实际结算金额为319.61万元,与关联方杭州宋杏春堂中医诊所有限公司签订的销售框架合同,实际结算金额为311.55万元,为子公司负责人审批,不符合公司《合同管理制度》《关联交易决策制度》相关规定。 ②天目药业控股子公司三慎泰门诊资金管控方面存在重大缺陷。2021年12月23日支付浦江县芳芳健康咨询服务部健康咨询服务费105万元,为子公司负责人审批;2021年12月30日,支付浦江县华界健康咨询服务部健康咨询服务费100万元,为子公司负责人审批,不符合公司《财务管理制度》相关规定	财务管理	加强公司尤其是各子公司的合同管理,严格按照公司合同管理制度的相关要求履行审批手续,重大合同必须执行合同会签流程,压实审批责任。公司已充实内部审计人员,下一步将对各子公司的合同管理进行定期检查,确保公司合法合规运营	否	否

1.2 重要缺陷

报告期内公司是否存在财务报告内部控制重要缺陷

□是 √否

1.3 一般缺陷

报告期内公司不存在财务报告内部控制一般缺陷。

1.4 经过上述整改,于内部控制评价报告基准日,公司是否存在未完成整改的财务报告内部控制重大缺陷

√是 □否

存在未完成整改的财务报告内部控制重大缺陷数量为 2 个。

1.5　经过上述整改，于内部控制评价报告基准日，公司是否存在未完成整改的财务报告内部控制重要缺陷

□是　√否

2. 非财务报告内部控制缺陷认定及整改情况（表 8-15）

2.1　重大缺陷

报告期内公司是否发现非财务报告内部控制重大缺陷

√是　□否

根据上述非财务报告内部控制缺陷的认定标准，报告期内公司发现非财务报告内部控制重大缺陷，数量 1 个。

表 8-15　非财务报告内部控制重大缺陷及其整改情况

非财务报告内部控制重大缺陷	缺陷描述	业务领域	缺陷整改情况 / 整改计划	截至报告基准日是否完成整改	截至报告发出日是否完成整改
公司印章管理存在重大缺陷	天目药业控股子公司三慎泰门诊和三慎泰宝丰无用印审批，同时存在印章与其小股东关联单位混同保管情况。天目药业印章使用管理方面存在重大缺陷	综合管理	进一步加强了公司及子公司的印章管理工作，修订、完善公司印章管理制度，规范用印的审批流程，做到"先审后用、用必登记"确定印章管理人，并签订了责任书、定期开展检查等	否	否

第四节　内部控制评价报告

一、内部控制评价报告的内容

内部控制评价报告是内部控制评价的最终体现，按编制主体、报送对象和时间，分为对内报告和对外报告。对外报告是为了满足外部信息使用者的需求，需要对外披露，在时间上具有强制性（一般采用定期的方式，即企业至少应该每年进行一次内部控制评价），披露内容和格式强调符合披露要求；对内报告主要是为了满足管理层或治理层改善管控水平的需要，不具有强制性，内容、格式和披露时间（可以定期，也可以不定期）由企业自行决定。

企业应根据《企业内部控制基本规范》及其配套指引，设计内部控制评价报告的种类、格式和内容，明确内部控制评价报告的编制程序和要求。内部控制评价报告应报经董事会或类似权力机构批准后对外披露或报送相关部门。

根据《企业内部控制评价指引》第二十一条和第二十二条的相关规定，内部控制评价报告一般包括以下内容。

1. 董事会对内部控制报告真实性的声明

董事会及全体董事对报告内容的真实性、准确性、完整性承担个别及连带责任，保证报告内容不存在任何虚假记载、误导性陈述或重大遗漏。

2. 内部控制评价工作的总体情况

明确企业内部控制评价工作的组织、领导体制、进度安排，是否聘请会计师事务所对内部控制有效性进行独立审计。

3. 内部控制评价的依据

说明企业开展内部控制评价工作所依据的法律、法规和规章制度。

4. 内部控制评价的范围

描述内部控制评价所涵盖的被评价单位：纳入评价范围的业务事项以及重点关注的高风险领域。内部控制评价的范围有所遗漏的，应说明原因及其对内部控制评价报告真实完整性产生的重大影响等。

5. 内部控制评价的程序和方法

描述内部控制评价工作遵循的基本流程以及评价过程中采用的主要方法。

6. 内部控制缺陷及其认定情况

描述适用本企业的内部控制缺陷具体认定标准，并声明与以前年度保持一致或做出的调整及相应的原因；根据内部控制缺陷认定标准，确定评价期末存在的重大缺陷、重要缺陷和一般缺陷。

7. 内部控制缺陷的整改情况及重大缺陷拟采取的整改措施

对于评价期间发现、期末已完成整改的重大缺陷，说明企业有足够的测试样本显示，与该重大缺陷相关的内部控制设计合理且运行有效。针对评价期末存在的内部控制缺陷，企业拟采取的整改措施及预期效果。

8. 内部控制有效性的结论

对于不存在重大缺陷的情形，出具评价期末内部控制有效的结论；对于存在重大缺陷的情形，不得出具内部控制有效的结论，并必须描述该重大缺陷的性质及其对实现相关控制目标的影响程度，以及可能给公司未来生产经营带来相关风险。自内部控制评价报告基准日至内部控制评价报告发出日之间发生重大缺陷的，企业须责成内部控制评价机构予以核实，并根据核查结果对评价结论进行相应的调整，说明董事会拟采取的措施。

案例 8–5　花王生态工程股份有限公司 2022 年度内部控制评价报告 [①]

花王生态工程股份有限公司全体股东：

根据《企业内部控制基本规范》及其配套指引的规定和其他内部控制监管要求（以下简称企业内部控制规范体系），结合本公司（以下简称公司）内部控制制度和评价办法，在内部控制日常监督和专项监督的基础上，我们对公司 2022 年 12 月 31 日（内部控制评价报告基准日）的内部控制有效性进行了评价。

一、重要声明

按照企业内部控制规范体系的规定，建立健全和有效实施内部控制，评价其有效性，并如实披露内部控制评价报告是公司董事会的责任。监事会对董事会建立和实施内部控制进

① 花王生态工程股份有限公司：《花王生态工程股份有限公司 2022 年度内部控制评价报告》，巨潮资讯网，http://www.cninfo.com.cn/new/disclosure/detail?&orgId=9900026537&announcementId=1216707758&announcementTime=2023-04-29，访问日期：2023 年 4 月 29 日。

行监督。经理层负责组织领导企业内部控制的日常运行。公司董事会、监事会及董事、监事、高级管理人员保证本报告内容不存在任何虚假记载、误导性陈述或重大遗漏，并对报告内容的真实性、准确性和完整性承担个别及连带法律责任。

公司内部控制的目标是合理保证经营管理合法合规、资产安全、财务报告及相关信息真实完整，提高经营效率和效果，促进实现发展战略。由于内部控制存在的固有局限性，故仅能为实现上述目标提供合理保证。此外，由于情况的变化可能导致内部控制变得不恰当，或对控制政策和程序遵循的程度降低，根据内部控制评价结果推测未来内部控制的有效性具有一定的风险。

二、内部控制评价结论

1. 公司于内部控制评价报告基准日，是否存在财务报告内部控制重大缺陷

√是　□否

2. 财务报告内部控制评价结论

□有效　√无效

根据公司财务报告内部控制重大缺陷的认定情况，于内部控制评价报告基准日，由于存在财务报告内部控制重大缺陷，董事会认为，公司未能按照企业内部控制规范体系和相关规定的要求在所有重大方面保持有效的财务报告内部控制。

3. 是否发现非财务报告内部控制重大缺陷

□是　√否

根据公司非财务报告内部控制重大缺陷认定情况，于内部控制评价报告基准日，公司未发现非财务报告内部控制重大缺陷。

4. 自内部控制评价报告基准日至内部控制评价报告发出日之间影响内部控制有效性评价结论的因素

□适用　√不适用

5. 内部控制审计意见是否与公司对财务报告内部控制有效性的评价结论一致

√是　□否

6. 内部控制审计报告对非财务报告内部控制重大缺陷的披露是否与公司内部控制评价报告披露一致

√是　□否

三、内部控制评价工作情况

（一）内部控制评价范围

公司按照风险导向原则确定纳入评价范围的主要单位、业务和事项以及高风险领域。

1. 纳入评价范围的主要单位包括：公司本部、分支机构、子公司

2. 纳入评价范围的单位占比：

指标	占比(%)
纳入评价范围单位的资产总额占公司合并财务报表资产总额之比	100
纳入评价范围单位的营业收入合计占公司合并财务报表营业收入总额之比	100

3. 纳入评价范围的主要业务和事项包括：

内部环境（组织架构、发展战略、社会责任、企业文化等）、风险评估、信息与沟通、内部监督、对下属公司的管控、采购与付款、销售与收款、资金管理、存货管理、固定资产管理、财务管理及财务报告编制管理、对外担保、研究与开发、关联交易、人事与薪酬、专项风险控制等主要业务和流程。

4. 重点关注的高风险领域主要包括：

下属公司管控、风险评估、采购与付款、资金管理、内部监督。

5. 上述纳入评价范围的单位、业务和事项以及高风险领域涵盖了公司经营管理的主要方面，是否存在重大遗漏

□是 √否

6. 是否存在法定豁免

□是 √否

7. 其他说明事项

无

（二）内部控制评价工作依据及内部控制缺陷认定标准

公司依据企业内部控制规范体系及其他内部控制监管要求，组织开展内部控制评价工作。

1. 内部控制缺陷具体认定标准是否与以前年度存在调整

□是 √否

公司董事会根据企业内部控制规范体系对重大缺陷、重要缺陷和一般缺陷的认定要求，结合公司规模、行业特征、风险偏好和风险承受度等因素，区分财务报告内部控制和非财务报告内部控制，研究确定了适用于本公司的内部控制缺陷具体认定标准，并与以前年度保持一致。

2. 财务报告内部控制缺陷认定标准

公司确定的财务报告内部控制缺陷评价的定量标准如下。

指标名称	重大缺陷定量标准	重要缺陷定量标准	一般缺陷定量标准
营业收入潜在错报的金额	错报≥营业收入的 2%	营业收入的 1% ≤错报＜营业收入的 2%	错报＜营业收入的 1%
利润总额潜在错报的金额	错报≥利润总额的 3%	利润总额的 1.5% ≤错报＜利润总额的 3%	错报＜利润总额的 1.5%
资产总额潜在错报的金额	错报≥资产总额的 1%	资产总额的 0.5% ≤错报＜资产总额的 1%	错报＜资产总额的 0.5%
所有者权益潜在错的金额	错报≥所有者权益总额的 1%	所有者权益总额的 0.5% ≤错报＜所有者权益总额的 1%	错报＜所有者权益总额的 0.5%

说明：

无。

公司确定的财务报告内部控制缺陷评价的定性标准如下：

缺陷性质	定性标准
重大缺陷	①公司经营活动严重违反国家法律法规；②发展方向严重偏离战略目标，投资方向、业务结构、商业模式等完全不能支持战略目标的实现；③严重损害整体员工的工作积极性，将引发大规模群体事件，或导致企业文化、企业凝聚力遭受严重破坏；④企业内部绝密信息泄露，严重影响企业在市场上的竞争能力，或者影响企业在管理方面的竞争能力
重要缺陷	单独缺陷或连同其他缺陷组合，其严重程度低于重大缺陷，但仍有可能导致公司偏离控制目标
一般缺陷	不构成重大缺陷或重要缺陷的其他内部控制缺陷

说明：

无。

3. 非财务报告内部控制缺陷认定标准

公司确定的非财务报告内部控制缺陷评价的定量标准如下。

指标名称	重大缺陷定量标准	重要缺陷定量标准	一般缺陷定量标准
营业收入	控制缺陷≥营业收入的2%	营业收入的1%≤控制缺陷<营业收入的2%	控制缺陷<营业收入的1%
利润总额	控制缺陷≥利润总额的3%	利润总额的1.5%≤控制缺陷<利润总额的3%	控制缺陷<利润总额的1.5%
资产总额	控制缺陷≥资产总额的1%	资产总额的0.5%≤控制缺陷<资产总额的1%	控制缺陷<资产总额的0.5%
所有者权益	控制缺陷≥所有者权益总额的1%	所有者权益总额的0.5%≤控制缺陷<所有者权益总额的1%	控制缺陷<所有者权益总额的0.5%

说明：

无。

公司确定的非财务报告内部控制缺陷评价的定性标准如下。

缺陷性质	定性标准
重大缺陷	①公司经营活动严重违反国家法律法规；②发展方向严重偏离战略目标，投资方向、业务结构、商业模式等完全不能支持战略目标的实现；③严重损害整体员工的工作积极性，将引发大规模群体事件，或导致企业文化、企业凝聚力遭受严重破坏；④企业内部绝密信息泄露，严重影响企业在市场上的竞争能力，或者影响企业在管理方面的竞争能力
重要缺陷	单独缺陷或连同其他缺陷组合，其严重程度低于重大缺陷，但仍有可能导致公司偏离控制目标
一般缺陷	不构成重大缺陷或重要缺陷的其他内部控制缺陷

说明：

无。

（三）内部控制缺陷认定及整改情况

1. 财务报告内部控制缺陷认定及整改情况

1.1 重大缺陷

报告期内公司是否存在财务报告内部控制重大缺陷

√是 □否

根据上述财务报告内部控制缺陷的认定标准，报告期内公司存在财务报告内部控制重大缺陷，数量 3 个。

财务报告内部控制重大缺陷	缺陷描述	业务领域	缺陷整改情况/整改计划	截至报告基准日是否完成整改	截至报告发出日是否完成整改
因花王股份公司在执行内控制度过程中，实际控制人凌驾于内控制度之上，各内控关键控制节点的人员未按内控制度执行，导致内控失效，出现控股股东及实际控制人资金占用情况。截至 2022 年 12 月 31 日，关联方资金占用尚未整改到位	详见注 1	财务管理	详见注 3	否	否
暂时补充流动资金的部分闲置募集资金于 2021 年 8 月 10 日到期，但公司未按规定及时归还至募集资金专户。公司与募集资金管理相关的内控制度执行存在缺陷，导致上述违规行为的发生。截至 2022 年 12 月 31 日，上述违规行为尚未整改到位，尚有 13 031.46 万元募集资金暂时补流未归还	详见注 2	综合管理	详见注 3	否	否

注 1：缺陷描述

截至 2022 年 12 月 31 日，花王股份实际控制人及控股股东对花王股份的非经营性资金占用本金及利息总额为 9 798.96 万元；经营性占用余额为应收账款 4 886.62 元、合同资产 26.42 万元及预付款项 304.58 万元。

注 2：缺陷描述

公司于 2020 年 8 月 10 日召开的第三届董事会第二十六次会议、第三届监事会第十五次会议分别审议通过《关于使用闲置资金暂时补充流动资金的议案》，同意公司使用不超过 15 000 万元（含）募集资金暂时补充流动资金，使用期限为自本次董事会、监事会审议通过之日起不超过 12 个月，到期全部归还至募集资金专户。上述闲置募集资金暂时补充流动资金于 2021 年 8 月 10 日到期，但公司未按规定及时归还至募集资金专户。

注 3：缺陷整改情况/整改计划

（1）公司控股股东花王国际建设集团有限公司已经于 2022 年 5 月 16 日正式经法院裁定进入重整程序将主要通过推进重整，如果重整成功，将有效解决对公司的资金占用问题，截至目前尚无明确方案和实质性进展。

（2）为了有效解决公司债务危机，镇江市中级人民法院于 2022 年 5 月 12 日对公司启动预重整程序，公司将积极配合公司临时管理人加快推进预重整及重整事项，通过预重整及重整来解决公司的资金占用等问题。

（3）建立健全内控体系，加强风险排查。针对内控体系薄弱环节，公司成立了审核工作组，组织各职能部门和业务部门对重大投资、对外担保、对外提供财务资助，关联交易等重大事项进行全面梳理，排查相关风险，制定和优化内控流程，持续完善公司内控体系。

（4）强化内部审计监督职能，大力加强内部审计部门的建设，完善实时内部监督流程、防范内部控制的执行风险。将公司工程管理、关联方交易、对外担保、大额资金往来以及关联方资金往来情况等事项作为重要审计内容，加强对子公司的审计监督力度。

（5）增强风险意识，强化内部控制的有效执行。积极组织参加监管部门组织的学习培训，继续组织开展对中高层管理人员及员工的法律法规培训，增强风险意识；组织公司及子公司相关人员认真学习有关法律法规和公司内部控制制度，确保内部控制制度有效执行，同时将内部控制制度的健全完备和有效执行情况作为公司各部门、控股公司的绩效考核重要指标之一。

1.2　重要缺陷

报告期内公司是否存在财务报告内部控制重要缺陷

□是　√否

1.3　一般缺陷

无

1.4　经过上述整改，于内部控制评价报告基准日，公司是否存在未完成整改的财务报告内部控制重大缺陷

√是　□否

存在未完成整改的财务报告内部控制重大缺陷数量为 2 个。

1.5　经过上述整改，于内部控制评价报告基准日，公司是否存在未完成整改的财务报告内部控制重要缺陷

□是　√否

2. 非财务报告内部控制缺陷认定及整改情况

2.1　重大缺陷

报告期内公司是否发现非财务报告内部控制重大缺陷

□是　√否

2.2　重要缺陷

报告期内公司是否发现非财务报告内部控制重要缺陷

□是　√否

2.3　一般缺陷

无

2.4　经过上述整改，于内部控制评价报告基准日，公司是否发现未完成整改的非财务报告内部控制重大缺陷

□是　√否

2.5　经过上述整改，于内部控制评价报告基准日，公司是否发现未完成整改的非财务

报告内部控制重要缺陷

□是 √否

四、其他内部控制相关重大事项说明

1. 上一年度内部控制缺陷整改情况

□适用 √不适用

2. 本年度内部控制运行情况及下一年度改进方向

√适用 □不适用

报告期内由于存在上述重大缺陷及其对实现控制目标的影响，公司未能按照《企业内部控制基本规范》和相关规定在所有重大方面保持有效的财务报告内部控制。

2023 年，针对上述发现的重大缺陷，公司将继续加大内部控制整改力度，争取尽快消除对公司的影响，具体措施如下。

（1）公司董事会和管理层已经认识到合规性和内控制度的遵循性的重要性和整体意义，在以后的经营管理中将加大对公司和子公司资金管理、关联交易、财务处理、募集资金等有效管理，理顺管理机制。

（2）公司董事会对内部控制的健全性和有效性进行认真总结分析，认真完善《防范控股股东及关联方资金占用管理制度》《关联交易内部决策制度》《募集资金管理细则》等内部控制制度，继续采取措施完善公司内部制度建设与执行，加强董监高对内控制度的学习和执行，明确权限责任，杜绝类似的问题再度发生。

（3）进一步强化内部审计及其内部控制职能，完善经营管理监督体系，提升防范和控制内部风险的能力和水平，强化内部审计在公司治理、内控有效性和企业经营合规性方面的监督作用，追踪改善 2022 年出现的内控缺陷。

公司未来将在持续完善内控制度的同时，规范内控制度的执行，强化内控监督和检查，促进公司稳定、健康发展。

3. 其他重大事项说明

□适用 √不适用

董事长（已经董事会授权）：贺伟涛

花王生态工程股份有限公司

2023 年 4 月 29

二、内部控制评价报告的披露与报送

《企业内部控制评价指引》规定，企业编制的内部控制评价报告应当报经董事会或类似权力机构批准后对外披露或报送相关部门。企业应以每年的 12 月 31 日为年度内部控制评价报告的基准日，于基准日后 4 个月内报出内部控制评价报告。对于委托注册会计师对内部控制的有效性进行审计的公司，应同时将内部控制审计报告对外披露或报送。对于自内部控制评价报告基准日至内部控制评价报告报出日发生的影响内部控制有效性的因素，内部控制评价部门应予以关注，并根据其性质和影响程度对评价结论进行相应调整。企业内部控制评价报告应按规定报送有关监管部门，对于国有控股企业，应按要求报送国有资产监督管理部门和财政部门;对于金融企业,应按规定报送银行业监督管理部门和保险监督管理部门;对于公开发行证券的企业应报送证券监督管理部门。

思考题

1. 什么是内部控制评价？为什么它对于企业的风险管理至关重要?
2. 内部控制评价包括哪些主要内容?
3. 如何对内部控制的有效性进行评估?
4. 简述内部控制评价的方法。
5. 简述内部控制缺陷的形式分类类别,并指出财务报告内部控制缺陷的认定标准。
6. 内部控制评价报告应包括哪些内容?
7. 谈谈未来的内部控制评价趋势是什么,企业应该如何应对这些趋势以保持竞争优势和可持续发展。

第九章　行政事业单位内部控制

学习目标

知识目标：了解行政事业单位内部控制的原则；理解行政事业单位内部控制与企业内部控制的主要区别；了解行政事业单位内部控制评价与监督的相关规定；了解行政事业单位内部控制报告。

技术目标：理解并掌握行政事业单位风险评估和内部控制方法；理解行政事业单位内部控制建设过程；理解并掌握行政事业单位层面和业务层面的主要风险及控制措施，并能够综合应用，将行政事业风险控制在合理的范围之内。

思政目标：剖析南川长坪村扶贫的典型案例，践行社会主义核心价值观中的"公正""法治""诚信"精神。

引例　南川长坪村扶贫监督有高招 一张发票7个签名[1]（思政案例）

一张张金额并不大的发票上，却密密麻麻地签上了经办人、村监委会主任、村"第一书记"等7个名字，经过如此"烦琐"的流程后资金才能拨付下去——这是6月11日，重庆日报记者在南川区河图镇财务办公室看到的长坪村资金拨付记录。

扶贫资金是高压线，如何管好、用好是门大学问。长坪村用扩大资金拨付知晓度的方式，让扶贫资金在"众目睽睽"之下难以被人"钻空子"——脱贫攻坚实施3年来，该村共计投入4 410万元项目资金，没有发生一起违规违纪违法现象，其做法被中组部和国务院扶贫办点名表扬。

"其实，这是个笨办法，一人两人不够，我们就增加人数，让大家都盯着这笔钱，都对这笔钱负责任，有人要打'歪主意'，总不可能瞒过7个人的眼睛吧。"河图镇党委书记陈刘伟说，长坪村是该镇唯一的市级贫困村，镇里在3年前就专门为该村设计了这套流程，加强监管。

需要签字的这7个人，分别是资金拨付经办人、村监委会主任、村"第一书记"、镇驻村组长、镇驻村领导、镇长和村主任。之所以村主任是最后一环，是因为其相当于村里的"法人"，对所有扶贫项目负责。

这样一来，该村主任解秀伦就"压力山大"，每次拿到资金拨付单或者发票，看到上面已经签了一长串名字，他就更加谨慎、小心，对项目资金的来龙去脉一审又审。

"七道关口"的做法，将一些可能发生的风险挡在了门外。重庆日报记者采访时，村监委会主任李雪芳正在接待扶贫项目业主鲁其中。鲁作为承建方，为村里代建了一个农庄，现在工程已经开工，他要求村里支付预付款。他交来的单据上，资金拨付经办人已经签字，但

---

① 颜安：《南川长坪村扶贫监督有高招 一张发票7个签名》，重庆日报客户端，https://app.cqrb.cn/economic/2018-06-11/38619.html，访问日期：2018年6月11日。

李雪芳一眼看出少了税收单,就将其打了回去。“所以,一个人的眼睛可能有疏漏,但7个人基本可以做到明察秋毫。”他说。

不过,任何项目都要7个人签字,对项目的实施进度有一定影响。刚开始,村党支部书记李秋明对此有些微词:“有时候这个要开会那个又不在,找人签字都得好几天。”但后来,陈刘伟语重心长地告诉他:“事前麻烦一点,总比事后出了问题找你们麻烦要好得多吧。”他一想也是这个理,“这其实是对我们的一种保护,以前村里穷得叮当响,大家对这块资金并不在意,但现在资金量这么大,项目这么多,村民的监督意识也强,流程还是复杂点好。”

为了配合这套流程,村里还同步设计了其他制度和环节。如立项前有社员大会提议、村委会汇总、村民大会表决等7个步骤,事中有镇相关部门工作人员、驻村干部、村支两委干部等组成的监督小组进行全程监督,事后严格验收审计。这么做,一方面是确保项目精准实施,另一方面也让有签字权的7个人全过程知晓、参与项目,签起字来更有底气。

资料显示,从2015年7月以来,长坪村实施扶贫项目12个大项31个小项,共计投入资金4 410万元,没有发生任何违纪违法违规案件,没有任何群众来信来访,所有项目均按要求推进、完成并一次性通过验收。一张发票7个签名的做法,先后被中组部和国家乡村振兴局肯定,被列入“五大发展理念”典型案例和精准扶贫精准脱贫成功案例。

启示:该案例描述了南川长坪村如何通过严格的内部控制流程,成功管理并使用了大量的扶贫资金,实现了脱贫目标。从内部控制五要素进行分析。①环境控制。让多个相关方(包括村监委会主任、村“第一书记”、镇驻村领导等)参与资金拨付的决策过程,增加了舞弊行为被发现的可能性。多人参与决策和资金拨付流程,确保了资金分配的公正性,避免了个人或少数人的偏见或利益冲突。严格遵守相关法律法规,通过制度和流程确保资金使用的合法性和合规性。这体现了社会主义核心价值观中的“公正”和“法治”精神,强调了制度的重要性和权力应在阳光下运行。②风险评估。该村庄对可能面临的风险进行了识别和评估,包括资金被挪用、滥用或浪费的风险。通过设立七道关口的资金拨付流程,长坪村成功地降低了这些风险。这体现了风险导向的内部控制设计理念。③控制活动。长坪村实施了一系列的控制活动,包括事前、事中和事后的项目管理流程,以确保资金的有效使用和项目的顺利实施。这些控制活动体现了对业务流程的细致管理和对岗位职责的明确划分。④信息与沟通。通过多人签字和多个环节的沟通协调,长坪村确保了信息的准确性和及时性。这也使得每一个参与者都能充分了解自己在资金拨付流程中的角色和责任,强化了每个参与者的责任意识,确保了资金的安全和有效使用。⑤内部监督。长坪村通过设置独立的监督机构(如村监委会)和实施定期的审计,对内部控制的有效性进行了持续监督。这种监督不仅有助于预防和发现错误,也有助于及时纠正错误。长坪村通过加强内部监督,培养了员工和村民的诚信意识,树立了良好的道德风尚。

行政事业单位是提供社会公共服务的主体,掌握着大量公共资源,其内部控制的效果关系着广大民众的切身利益。行政事业单位经常出现的“统计数据打架”“采购金额超标”“滥用职权”“贪污腐败”等问题,或多或少都与其内部控制相关。因此,建立健全行政事业单位内部控制,既对规范行政事业单位内部权力运行、防止职权滥用、提高内部管理水平、加强廉政风险防控、提高公共服务的效率和效果等具有重要作用,也有利于维护社会公共利益、提高政府公信力、促进经济和社会的健康发展。

第一节　行政事业单位内部控制概述

一、行政事业单位内部控制的概念

内部控制是保障组织权力规范有序、高效运行的重要手段，也是组织目标实现的长效保障机制。为规范行政事业单位(简称单位)内部控制建设，财政部于 2012 年 11 月发布了《行政事业单位内部控制规范(试行)》，自 2014 年 1 月 1 日起施行。财政部 2015 年印发的《关于全面推进行政事业单位内部控制建设的指导意见》要求行政事业单位全面建立、有效实施内部控制，确保内部控制覆盖单位经济和业务活动的全范围，贯穿内部权力运行的决策、执行和监督全过程，规范行政事业单位内部各层级的全体人员。

行政事业单位内部控制是指单位为实现控制目标，通过制定制度、实施措施和执行程序，对经济活动的风险进行防范和管控。行政事业单位内部控制的目标是行政事业单位建立和实施内部控制所要达到的目的，主要包括：合理保证行政事业单位经济活动合法合规、资产安全和使用有效、财务信息真实完整，有效防范舞弊和预防腐败，提高公共服务的效率和效果。

建立健全以风险管理为导向、合规管理为重点的内部控制体系，可以进一步树立和强化管理制度化、制度流程化、流程信息化的内部控制理念，准确揭示风险隐患和内部控制缺陷，通过严格落实各项规章制度，加强信息化管理，将风险管理和合规管理的要求嵌入业务流程，可以促使行政事业单位依法合规地开展各项经济活动和服务活动。

二、行政事业单位内部控制原则

各行政事业单位应在内部控制原则的指导下，根据自身实际情况建立和实施内部控制。

(一)全面性原则

全面性原则是指内部控制应当贯穿行政事业单位经济活动的整个过程，包括决策、执行和监督等环节，涉及单位经济活动的所有领域和内部权力运行的各个方面。这一原则要求实现对经济活动的全面、全程控制，并强调行政事业单位全体人员应共同参与内部控制建设工作。

(二)重要性原则

重要性原则是指在全面控制的基础上，内部控制应当重点关注行政事业单位的重要经济活动和重大风险。行政事业单位的内部控制应当根据行政事业单位的具体情况进行具体分析和应对。重大经济事项的认定标准应当根据有关规定和本单位实际情况确定，一经确定，不得随意变更。关注重要业务事项和高风险领域，并采取更为严格的控制措施，确保不存在重大缺陷。行政事业单位内部控制建设要优先关注“三重一大”事项(详见第一章)。重大经济事项的内部决策，应当由行政事业单位领导班子集体研究决定。

(三)制衡性原则

制衡性原则是指在行政事业单位内部的部门管理、职责分工、业务流程等方面应当形成相互制约和相互监督的机制。对于行政事业单位而言，其内部控制应当在组织架构、职责分工、业务流程等方面进行合理的设计和配置，以实现相互制约和相互监督的目标。同时，内部控制还应当关注行政事业单位内部的廉政风险防控，建立健全内部监督制度和机制，加强对权力的监督和制约。例如，行政事业单位可以采取公示制度、公开竞聘等措施来增强内部监督和制约的效果。

（四）适应性原则

适应性原则是指内部控制应当符合国家有关规定和单位的实际情况，并随着外部环境的变化、单位经济活动的调整和管理要求的提高，不断修订和完善。具体而言，行政事业单位的内部控制应当根据国家有关法律法规和政策的要求，制定相应的内部控制制度和措施。例如，根据《行政事业单位内部控制规范》的要求，行政事业单位应当建立健全内部控制制度和体系，规范财务管理和业务管理行为，提高公共资金使用效益和公共服务水平。

同时，行政事业单位的内部控制还应当随着外部环境的变化、单位经济活动的调整和管理要求的提高，不断修订和完善。例如，随着财政管理政策的调整和公共服务需求的变化，行政事业单位的经济活动和业务活动也会发生变化，相应的内部控制制度和措施也应当及时修订和完善，以适应新的管理要求和业务需求。

三、行政事业单位内部控制与企业内部控制的主要区别

行政事业单位内部控制和企业内部控制的原理、思路和方法基本相同，但也有以下不同之处，具体如表 9-1 所示。

表 9-1　行政事业单位内部控制与企业内部控制的主要区别

主要区别	企业内部控制	行政事业单位内部控制
内部控制建设的最终责任主体不同	董事会是企业内部控制建设的最终责任主体	单位负责人是行政事业单位内部控制建设的最终责任主体
内部控制目标不同	企业内部控制强调提高经营与管理的效率和效果，促进企业实现发展战略	行政事业单位内部控制则强调要有效防范舞弊和预防腐败，提高公共服务的效率和效果，既要重视业务，又要重视党风廉政建设
内部控制原则不同	企业内部控制建设要遵循成本效益原则，以适当的成本实现有效控制	行政事业单位的工作旨在为公众提供服务，更注重社会效益而不是经济利益，不能简单地用“投入”和“产出”进行计算分析。因此，与企业内部控制不同，行政事业单位内部控制建设不强调成本效益原则
内部控制范围不同	企业在发展过程中，为了实现经营目标，可能会设立子公司和分支机构。因此，企业的内部控制范围除了组织整体层面和业务层面之外，还包括对企业所属的子公司和各分支机构的控制	与企业相比，行政事业单位的内部控制范围可能相对较小，主要集中在组织整体层面和业务层面
内部控制监督机制不同	企业是自主经营、自负盈亏的经济主体，有强大的内部控制建设内在动力，内部监督机制较为健全，企业内部控制的监督要素主要依赖内部监督	行政事业单位资金主要来源于公共财政，外部监督机构成为推动行政事业单位内部控制建设的重要动力。因而，在内部控制建设中，行政事业单位主张内部监督与外部监督并重，更加依赖外部监督

第二节　行政事业单位的风险评估和控制方法

一、行政事业单位的风险评估

（一）建立风险评估机制

风险评估是测评风险发生的可能性及其潜在后果的过程。行政事业单位内部控制建设的主要内容就是识别和分析经济活动的风险，然后因地制宜地设置控制方法并监督执行。行政事业单位应建立风险评估机制，对经济活动存在的风险进行全面评估。行政事业单位的风险评估至少每年进行一次，外部环境、经济活动或管理要求等发生重大变化的，行政事业单位应及时对经济活动风险进行重新评估。

行政事业单位开展风险评估应成立工作小组，行政事业单位负责人担任组长。风险评估工作小组可以是跨部门的，也可以设置在内部控制职能部门或头部门，但必须密切与各业务部门的联系，充分发挥相关部门的作用。风险评估结果应形成书面报告并及时提交单位领导班子，作为完善内部控制的依据。

风险评估可分为目标设定、风险识别、风险分析和风险应对四个步骤进行。

（二）行政事业单位整体层面的风险评估

行政事业单位进行整体层面的风险评估时，应重点关注以下方面。

（1）内部控制工作的组织情况，包括是否确定内部控制职能部门或牵头部门，是否建立各部门在内部控制中的沟通协调和联动机制等。

（2）内部控制机制的建设情况，包括经济活动的决策、执行、监督是否有效分离，权责是否对等，是否建立健全议事决策、岗位责任、内部监督等机制。

（3）内部管理制度的完善情况，包括内部管理制度是否健全、执行是否有效等。

（4）内部控制关键岗位工作人员的管理情况，包括是否建立工作人员的培训、评价轮岗等机制，工作人员是否具备相应的资格和能力等。

（5）财务信息的编报情况，包括是否按国家统一会计制度对经济业务和事项进行账务处理，是否按国家统一会计制度编制财务报告等。

（6）其他情况。

（三）行政事业单位业务层面的风险评估

行政事业单位进行业务层面的风险评估时，应重点关注以下方面。

（1）预算管理情况，包括在预算编制过程中行政事业单位各部门间沟通协调是否充分，预算编制与资产配置是否相结合、与具体工作是否相对应；是否按批复的额度和开支范围执行预算，进度是否合理，是否存在无预算、超预算支出等问题；决算编报是否真实、完整、准确及时。

（2）收支管理情况，包括收入是否实现归口管理，是否按规定及时向财会部门提供收入的有关凭据，是否按规定保管和使用印章和票据等；发生支出事项时是否按规定审核各类凭据的真实性、合法性，是否存在使用虚假票据套取资金的情形。

案例 9-1　某事业单位使用虚假票据套取资金

监察部门在对某事业单位的财务账单进行检查时，发现该单位存在使用虚假票据套取资金的严重问题。具体表现如下。

1. 虚假发票报销

该事业单位的部分员工利用虚假发票进行报销，以套取资金。这些发票包括虚构的办公用品、会议费用、培训费用等，涉及金额较大。通过这种方式，部分员工非法获取了资金，严重损害了单位的公共利益。

2. 伪造签字和凭证

该单位还存在伪造签字和凭证的情况，以虚假的方式套取资金。监察部门发现，一些本应由负责人签字的报销单据上，竟然出现了伪造的签字和凭证。这些行为不仅违反了财务管理规定，也涉嫌违法犯罪。

3. 隐瞒收入和支出

该事业单位还存在隐瞒收入和支出的情况。部分员工通过私自将单位资产进行处置、出租等方式获取收益，同时将这部分资金用于私人用途，并未纳入单位财务账目中进行核算和管理。这种行为导致了单位实际收入失真，影响了财政监管和审计工作。

该事业单位使用虚假票据套取资金的行为造成了严重的后果，不仅影响了单位的正常运转和管理，也损害了公共利益和公正廉洁的形象。同时，这种行为也容易滋生腐败现象，如贪污、受贿等违法犯罪行为。为了维护公共利益和单位的健康发展，监察部门要求该事业单位立即整改，加强财务管理和监督机制建设，严肃查处涉及虚假票据的人员，并追究其法律责任。

（3）政府采购管理情况，包括是否按预算和计划组织政府采购业务，是否按规定组织政府采购活动和执行验收程序，是否按规定保存政府采购业务相关档案。

（4）资产管理情况，包括是否实现资产归口管理并明确使用责任；是否定期对资产进行清查盘点，对账实不符的情况及时进行处理；是否按规定处置资产。

（5）建设项目管理情况，包括是否按概算投资，是否严格履行审核审批程序，是否建立有效的招投标控制机制，是否存在截留、挤占、挪用、套取建设项目资金的情形，是否按规定保存建设项目相关档案并及时办理移交手续。

（6）合同管理情况，包括是否实现合同归口管理；是否明确应签订合同的经济活动范围和条件；是否有效监控合同履行情况，是否建立合同纠纷协调机制。

（7）其他情况。

二、行政事业单位的控制方法

在风险评估之后，行政事业单位应采取相应的控制方法将风险控制在可接受水平之内。行政事业单位内部控制方法一般包括，如下内容。

（一）不相容岗位相互分离

该方法要求行政事业单位合理设置内部控制关键岗位，明确划分职责权限，实施相应的分离措施，形成相互制约、相互监督的工作机制。实务中，下列不相容岗位通常要分离：

(1)授权进行某项经济业务和执行该项经济业务的岗位要分离;

(2)执行某些经济业务和审核这些经济业务的岗位要分离;

(3)执行某项经济业务和记录该项经济业务的岗位要分离;

(4)保管某些财产物资和对其进行记录的岗位要分离;

(5)保管某些财产物资和使用这些财产物资的岗位要分离;

(6)执行某项经济业务与监督该项经济业务的岗位要分离。

(二)内部授权审批控制

该方法要求行政事业单位明确各岗位办理业务和事项的权限范围、审批程序和相关责任,建立重大事项集体决策和会签制度。相关工作人员应在授权范围内行使职权、办理业务。

(三)归口管理

该方法要求根据本单位实际情况,按权责对等的原则,采取成立联合工作小组并确定牵头部门或牵头人员等方式,对有关经济活动实行统一管理。

(四)预算控制

该方法要求行政事业单位实施全面预算管理制度,明确各责任单位在预算管理中的职责权限,规范预算的编制、审定、下达和执行程序,强化对经济活动的预算约束,使预算管理贯穿于行政事业单位经济活动的全过程。

(五)财产保护控制

该方法要求行政事业单位建立财产日常管理制度和定期清查机制,采取资产记录、实物保管.定期盘点、账实核对等措施,确保资产安全完整,严格限制未经授权的人员接触和处置财产。

(六)会计控制

该方法要求建立健全本单位财会管理制度,加强会计机构建设,提高会计人员业务水平,强化会计人员岗位责任制,规范会计基础工作,加强会计档案管理,明确会计凭证、会计账簿和财务报告处理程序。

(七)单据控制

该方法要求行政事业单位根据国家有关规定和单位的经济活动业务流程,在内部管理制度中明确界定各项经济活动所涉及的表单和票据,要求相关工作人员按规定填制、审核、归档,保管单据。

(八)信息内部公开

该方法要求建立健全本单位经济活动相关信息内部公开制度,根据国家有关规定和单位的实际情况,确定信息内部公开的内容、范围、方式和程序。行政事业单位应充分利用现代信息技术加强内部控制,对信息系统建设实施归口管理,将经济活动及内部控制流程嵌入行政事业单位信息系统,减少或消除人为操纵因素,保护信息安全。

第三节　行政事业单位内部控制建设过程

行政事业单位内部控制建设既包括单位层面的控制建设，也包括业务层面的控制建设。从整个过程来看，大致可以分为四个阶段：内部控制建设准备阶段、内部控制现状评估阶段、内部控制设计和优化阶段、内部控制运行维护阶段。行政事业单位可以参照这四个阶段的具体工作内容，有序地开展行政事业单位内部控制体系建设和持续优化工作，保持内部控制的有效性。

一、内部控制建设准备

行政事业单位在开展内部控制建设前须做好相关准备工作，主要包括确定内部控制组织结构、制定内部控制建设方案、开展内部控制宣传培训三项工作。

（1）确定内部控制组织结构，主要是明确内部控制建设在组织内部的职责分工，将内部控制工作落实到具体部门和具体责任人，为行政事业单位内部控制建设和运行提供组织保障。

（2）制定内部控制建设方案，主要是明确内部控制建设的主要目标、总体思路、业务范围、工作内容、时间安排、人员组成和工作成果等，指导行政事业单位内部控制工作的具体实施。

（3）开展内部控制宣传培训，主要是通过召开内部控制建设启动会、开展内部控制理念和知识培训，以及单位内部宣传，为行政事业单位内部控制建设和实施营造良好氛围。

二、内部控制现状评估

行政事业单位在内部控制体系建设实施前，除了做好上述准备工作外，还应借助各种手段收集行政事业单位经济活动的相关信息，对行政事业单位内部控制现状进行诊断、评估，了解行政事业单位内部控制真实状况。

行政事业单位内部控制现状评估主要包括经济活动现状调研、固有风险评估和控制有效性评估三个方面。

（1）经济活动现状调研，是对行政事业单位经济活动有无建立制度流程、业务运行是否顺畅、业务数据是否存在异常、业务过程是否存在管控缺陷等方面进行调研，掌握行政事业单位经济活动运行的真实情况。

（2）固有风险评估，是对行政事业单位经济活动的风险点进行识别、分析和评价，确定行政事业单位经济活动固有的重大风险并提出应对策略，确定行政事业单位内部控制建设的重点。

（3）控制有效性评估，是对行政事业单位经济活动控制设计和运行的有效性进行评估，识别控制缺陷并提出内部控制诊断建议。

三、内部控制设计和优化

内部控制现状评估、诊断完成后，行政事业单位可以以此为基础对行政事业单位内部控制体系进行优化设计，主要包括内部控制框架搭建、内部控制机制设计、内部控制信息化等内容。

（1）内部控制框架搭建，是对行政事业单位内部控制机制的顶层设计，具体表现为行政事业单位内部控制制度、程序和措施的分级、分类描述。

（2）内部控制机制设计，是通过制定管理制度、优化业务流程和实施控制措施，对行政事业单位各项经济活动进行管控的方式方法。

（3）内部控制信息化，是通过建立行政事业单位内部控制信息系统，将行政事业单位内部控制机制嵌入信息系统，实现对经济活动的信息化控制。内部控制信息化的前提是业务活动已经信息化，或者业务与内部控制同步信息化，否则，内部控制信息系统只是一个针对“制度和流程”进行增、删、改、查的静态数据库系统。

四、内部控制运行维护

行政事业单位内部控制优化设计完成后，就进入内部控制的试运行、正式运行、日常维护、持续优化阶段。如果把内部控制放在一个较长的时间范围来看，那么，单位内部控制体系建立只是内部控制工作的起步阶段，内部控制体系的运行维护才是内部控制发挥作用的重要阶段，它是内部控制的常态。内部控制体系的运行如图 9-1 所示。在内部控制运行维护阶段，行政事业单位应当按照单位《内部控制手册》和《内部控制管理办法》运行维护内部控制体系。内部控制体系的运行维护不仅涉及每年对内部控制手册的更新维护、对内部控制体系的检查和评价，还要包括对业务流程的规范运行、对制度的严格执行，以及对制度、流程的进一步优化等工作，这些工作在运行维护阶段需要建立一种常态机制。这种机制越科学，执行越严格，行政事业单位内部控制才能越有效。

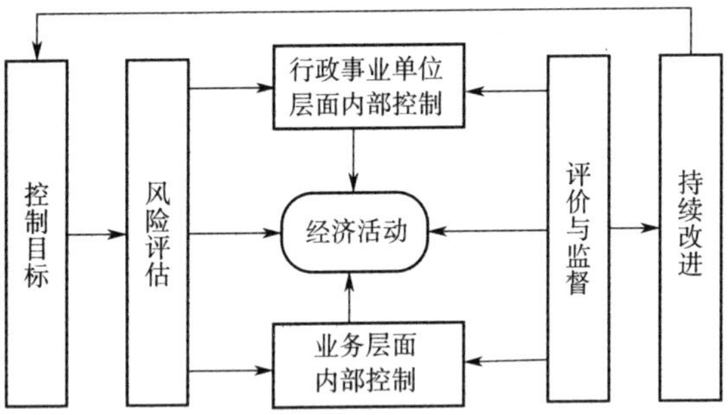

图 9-1 内部控制体系运行逻辑示意图

第四节 行政事业单位层面和业务层面内部控制建设

一、行政事业单位层面内部控制建设

行政事业单位层面的内部控制是存在于单位整体范围内，对内部控制目标的实现能够产生深远影响，对业务层面的控制及其他控制的有效实施能够产生普遍影响的控制领域。行政事业单位层面的控制为业务层面内部控制提供环境基础，应从以下几方面进行。

（一）建立内部控制的组织架构

行政事业单位应根据自身业务性质、业务范围、管理架构，按照决策、执行、监督相互分离、相互制衡的要求，科学设置内设机构、管理层级、岗位职责权限、权力运行规则，切实做到分事行权、分岗设权、分级授权，并定期轮岗。分事行权要求对经济活动的决策、执行、监督，必须明确分工、相互分离，防止职责混淆、权限交叉；分岗设权要求对涉及经济活动的相关岗位，必须依职定岗、分岗定权、权责明确，防止岗位职责不清；分级授权要求对各管理层级和各工作岗位，必须依法依规分别授权，明确授权范围、授权对象、授权期限、授权与行权责任、一般授权与特殊授权界限，防止授权不当、越权办事。

行政事业单位应单独设置内部控制职能部门或牵头部门，负责组织协调内部控制工作，同时建立起财会、基本建设、政府采购、资产管理、合同管理等部门或岗位间的沟通协调机制积极发挥相关部门或岗位在内部控制中的作用，重视行政事业单位内部审计、纪检监察机关在内部监督中的作用。

（二）科学设置内部控制关键岗位

行政事业单位应科学设置内部控制关键岗位，可以在现行政事业有编制内按内部控制要求设计工作机制，做到过程分离、岗位分离和不相容岗位分离。不相容岗位至少应包括：经济活动的决策、执行与监督，业务的申请与审核审批，审核审批与业务执行，业务执行与信息记录等。

行政事业单位应将专业胜任能力和职业道德修养作为选拔与任用员工的重要标准，并以书面形式（岗位责任书或其他相关文件）规定内部控制关键岗位的专业胜任能力和职业道德要求，明确岗位职责、岗位权力以及与其他岗位或外界的关系，并将上述书面要求落实到岗位设置和人员配置中。关键岗位工作人员必须具备相应的资格和能力，同时行政事业单位应加强关键岗位工作人员业务培训和道德教育，不断提升员工的业务水平和综合素质。

对重点领域的关键岗位，行政事业单位应通过明确轮岗范围、轮岗条件、轮岗周期、交接流程、责任追溯等要求，建立干部交流和定期轮岗制度，不具备轮岗条件的单位应采用专项审计等替代控制措施。对轮岗后发现原工作岗位存在失职或违法违纪行为的，行政事业单位应按国家有关规定追责。重点业务领域的关键岗位主要包括预算业务、收支业务、政府采购、资产管理、建设项目、合同管理及内部监督等领域的关键岗位。

案例 9-2　关键岗位人员伪造文件套取科研经费

某市一家公立科研机构 X 研究所于 2015 年成立，主要从事科技创新和研发工作。2022 年，该所负责科研项目的张某通过伪造文件，套取了国家科研经费 500 万元。

张某是 X 研究所的科研人员，负责多个科研项目的实施。然而，他一直对单位的经费管理规定不满，认为这些规定过于严格，限制了他的经费使用自由。于是，他开始策划如何通过伪造文件来套取科研经费。

张某首先伪造了一份合作协议，声称该协议是与某知名大学签署的，将 X 研究所承担的其中一个科研项目的研究成果将用于该大学的科研工作。然后，他通过修改财务报销单据和虚构实验器材购买清单等手段，将这笔科研经费的金额夸大为 500 万元。最后，他利用

X研究所的财务漏洞，将这笔经费转入自己的银行账户。

张某的行为最终被单位发现，原因是他的行为引起了其他科研人员的怀疑。他们向单位举报张某的行为，并协助单位进行调查。经过调查，单位确认了张某的违法行为，并报案至公安机关。最终，张某被检察机关提起公诉，并被判刑。

（三）建立健全议事决策机制

行政事业单位应建立健全集体研究、专家论证和技术咨询相结合的议事决策机制。行政事业单位领导班子集体决策应坚持民主集中制原则；对于业务复杂、专业性强的经济活动，特别是基本建设项目和政府采购业务，应充分听取专家意见，必要时可以组织技术咨询。行政事业单位应建立健全议事决策制度，包括确定议事成员构成、决策事项范围、投票表决规则、决策纪要撰写、流转和保存以及对决策事项的贯彻落实和监督程序等；特别应明确实行单位领导班子集体决策的“三重一大”事项范围，一般包括重要政策制定、重要人事任免、大额资金使用、大宗资产采购、基本建设项目、重大业务外包、重要资产处置、信息化建设以及预算调整等。“三重一大”事项的认定标准应根据有关规定和本单位实际情况确定，并且一经确定，不得随意变更。“三重一大”事项的内部决策，应形成书面决策纪要，如实反映议事过程及每位议事成员的意见，要求议事成员进行核实、签字，并将决策纪要及时归档保存。

行政事业单位应注重决策的具体实施，对决策执行的效率和效果进行跟踪评价，避免决策执行流于形式，失去权威性。

（四）加强内部审计，强化内部监督机制

内部监督是确保内部控制有效性的关键要素，内部审计是实施内部监督的重要主体。行政事业单位应加强内部审计工作，保证内部审计机构设置、人员配备和工作的独立性。内部审计机构对监督检查中发现的内部控制缺陷，应按行政事业单位内部审计工作程序进行报告；对监督检查中发现的内部控制重大缺陷，有权直接向有关部门报告。

在内部控制建设中，内部审计机构按本单位主要负责人或权力机构的要求，具有如下主要职责：

（1）对本单位及所属单位财政资金收支、财务收支及其有关的经济活动进行审计；

（2）对本单位及所属单位预算内、预算外资金的管理和使用情况进行审计；

（3）对本单位内设机构及所属单位领导人员的任期经济责任进行审计；

（4）对本单位及所属单位固定资产投资项目进行审计；

（5）对本单位及所属单位内部控制的健全性和有效性以及风险管理进行评审；

（6）对本单位及所属单位经济管理和效益情况进行审计；

（7）相关法规和本单位主要负责人或权力机构要求办理的其他审计事项。

（五）依法建立会计机构，配备合格会计人员

行政事业单位应依法建立会计机构，配备具有相应资格和能力的会计人员，并保障财会部门的人员编制，以便能够实施必要的不相容岗位相互分离。财会部门关键岗位应实施定期轮岗制度或采取替代控制措施，以防止财务舞弊的发生。

行政事业单位应加强会计基础工作管理，根据国家相关法规并结合单位实际情况制定和完善各项财务管理制度，如制定经费支出标准、差旅费报销管理办法、会议费报销管理办法、库存现金管理办法、采购管理办法等内部管理制度。行政事业单位应根据实际发生的业务和事项按国家统一会计制度的规定及时进行账务处理、编制财务报告，并确保财务信息真实、完整。财会部门与其他业务部门之间应建立沟通协调机制，加强信息沟通，定期开展信息核对工作，实现重要经济活动信息共享。

（六）运用现代信息技术加强内部控制

行政事业单位应积极推进信息化建设，对信息系统建设实施归口管理，在日常办公、财务管理、资产管理等领域实施信息化。行政事业单位在信息化建设的过程中，应将经济活动及其内部控制流程和措施嵌入信息系统，减少或消除人为操纵的因素，保证信息系统安全、可靠、可恢复、可审计。

二、业务层面内部控制建设

行政事业单位的业务活动主要有预算业务、收支业务、政府采购业务、资产业务、建设项目和合同管理等。行政事业单位实施业务层面内部控制的思路是：①明确该项业务活动的内部控制目标；②分析该项业务活动面临的总体风险；③设计业务流程；④识别和分析业务流程各环节、各步骤的风险点；⑤针对风险点设置控制点，针对主要风险点设置关键控制点；⑥在控制点和关键控制点采取控制措施，实施控制活动；⑦定期评价该项业务内部控制的有效性，持续优化和改进其内部控制。行政事业单位在业务层面内部控制设计时应依据上面的建设思路，及时识别出主要风险，并制定控制措施，如表 9-2 所示。

表 9-2　行政事业单位业务活动的主要风险及控制措施

业务活动	业务环节	主要风险	控制措施
预算业务控制 A	预算编制环节控制 A1	①以财会部门为主，业务部门参与度较低，可能导致预算编制不合理。 ②预算编制范围和项目不细、编制粗糙，随意性大，可能导致预算约束不够。 ③预算编制依据的相关信息不足，可能导致预算目标与单位实际情况脱节。 ④预算编制基础数据不充分，导致预算准确率不高。 ⑤预算目标及指标体系设置不完整、不科学。 ⑥预算编制程序不规范、方法选择不当、信息沟通不顺畅等，导致预算编制缺乏科学性	①采取有效措施确保预算编制的合规性。行政事业单位财会部门应正确把握预算管理相关政策，做好相关人员的培训工作，统一部署预算编制工作，确保预算编制相关人员及时、全面地掌握相关规定，从而使预算编制符合要求。 ②建立单位内部各部门之间的沟通协调机制。建立内部预算编制、预算执行、资产管理、基础建设管理、人事管理等部门或岗位的沟通协调机制，提高业务部门预算参与度充分掌握预算编制的相关信息，根据业务需要和财力编制预算，保证预算编制的准确性和科学性。 ③完善编制方法，细化预算编制，保证预算编制的科学性。编制预算应改变传统的“基数＋增长”的方法，在对当年预算执行情况进行评价的基础上，根据单位实际情况制定下一年度工作计划，在全面分析基础数据的基础上，对各项收支的规模与结构进行预计和测算，细化预算编制。重大预算项目采取立项评审方式，对预算项目的可行性、绩效等方面进行综合立项评审。 ④强化相关部门的审核责任。行政事业单位内部各业务部门提交的预算建议数及基础申报数据应经过归口管理部门和财会部门的审核。归口管理部门应根据业务计划对基础申报数据的合理性进行审核。财会部门主要对预算建议数进行合规性审核，重点关注业务部门对预算建议数的测算是否符合规定的标准，预算安排是否符合国家的政策要求等

续表

业务活动	业务环节	主要风险	控制措施
预算业务控制 A	预算审批与执行环节控制 A2	①预算指标分解不合理,可能导致内部各部门财力与事权不匹配,影响部门职责的履行和资金使用的效率。 ②缺乏严格的预算执行授权审批制度,可能导致预算执行随意。 ③预算审批权限及程序混乱,导致越权审批,使预算执行缺乏严肃性。 ④预算执行过程缺乏有效监控,导致预算执行不力,预算目标难以实现。 ⑤缺乏健全有效的预算反馈和报告体系,导致预算情况不能及时反馈和沟通	①合理进行预算指标分解和预算审批。行政事业单位财会部门收到财政部门(或上级部门)的年度预算批复后,应在本单位年度预算总额范围内,及时细化分解本年度内部预算指标。内部预算指标分解应按各部门(及各下属单位)业务计划对预算资金进行分配,对各项业务的预算金额、标准和具体支出方向进行限定。进行预算审批时,应结合实际预留机动财力。对于在预算审批时尚无法确定具体内容的业务,可先审批该类业务的预算总额,在预算执行过程中履行执行申请与审批管理。由上级单位统筹管理的预算,可一次性或分次分批下达预算指标,以保留适当的灵活性,避免频繁的预算调整。 ②强化执行申请和支付控制。预算执行一般包括直接执行、政府采购执行、依申请执行三种方式,除政府采购外,对于支出金额较大、非经常性业务,行政事业单位应先进行预算执行申请。业务部门根据已批复的预算指标提出申请,不得超出可用指标额度,必须将指标额度支出事项和执行申请一一对应,符合指标批复时的业务范围及经费支出管理办法和细则的相关规定。在资金支付环节,业务部门借款申请或报销申请按规定的审批权限和程序审批完成后。由审核岗对凭证、票据等审核无误后,出纳岗方可依据审批完成的借款申请或报销申请的资金来源和账户类型,办理具体的资金支付。 ③建立预算执行追踪问责机制。行政事业单位应建立预算执行分析机制,采取季报、实地检查、重点项目跟踪等形式,加强对部门或单位预算资金使用情况的跟踪与检查,定期通报预算执行情况,总结预算执行中出现的问题,及时采取应对措施,提高预算执行的效率
	预算决算与评价环节控制 A3	①未按规定编报决算报表,不重视决算分析工作,决算分析结果未得到有效运用单位决算与预算相互脱节,可能导致预算管理效率低下。 ②预算考核不严格、不合理、不到位,可能导致预算目标难以实现,预算管理流于形式。 ③未按规定开展预算绩效管理,评价结果未得到有效应用,可能导致预算管理缺乏监督	①强化决算管理。行政事业单位应加强决算管理,确保决算真实、完整、准确、及时;加强决算分析工作,强化决算分析结果运用;建立健全行政事业单位预算与决算相互反映、相互促进的机制。 ②提高绩效管理水平。行政事业单位应加强预算绩效管理,建立"预算编制有目标、预算执行有监控、预算完成有评价、评价结果有反馈、反馈结果有应用"的全过程预算绩效管理机制

续表

业务活动	业务环节	主要风险	控制措施
收支业务控制 B	收入业务控制 B1	①各项收入征收标准和项目超出法定范围,存在收费不规范或乱收费现象。 ②收入缺乏统一的管理和监控机制,可能导致贪污舞弊。 ③违反"收支两条线"管理规定,对应缴财政收入进行截留、挪用甚至私分,或者各项收入不入账或设立账外账,可能导致私设"小金库"。 ④业务部门和财会部门沟通不够,单位没有掌握所有收入项目的金额和时限,造成应收未收,可能导致单位利益受损。 ⑤对各类票据、印章的管控不善,可能导致票据丢失,相关人员发生错误或舞弊	①建立健全收入内部管理制度,合理设置岗位,明确相关岗位的职责权限,确保收款、会计核算等不相容岗位相互分离。 ②各项收入应由财会部门归口管理并进行会计核算,严禁设立账外账。业务部门应在涉及收入的合同或协议签订后及时将合同副本等材料提交财会部门作为账务处理依据,确保各项收入应收尽收,及时入账。财会部门应定期检查收入金额是否与合同约定相符;对应收未收项目应查明情况,明确责任主体,落实催收责任。 ③严格执行"收支两条线"管理规定。有政府非税收入收缴职能的单位,应按规定项目和标准征收政府非税收入,按规定开具财政票据,做到收缴分离、票款一致,并及时足额上缴国库或财政专户,不得以任何形式截留、挪用或私分。 ④建立健全票据管理制度。财政票据、发票等各类票据的申领、启用、核销、销毁均应履行规定手续。行政事业单位应按规定设置票据专管员,建立票据台账,做好票据的保管和序时登记工作。票据应按顺序号使用,不得拆本使用,同时应做好废旧票据管理工作。负责保管票据的人员要配置单独的保险柜等保管设备,并做到人走柜锁。行政事业单位不得违反规定转让、出借、代开、买卖财政票据、发票等,不得擅自扩大票据适用范围
	支出业务控制 B2	①支出申请、支出范围及标准不符合相关规定和要求,基本支出与项目支出之间相互挤占,可能导致单位预算失控或经费控制目标难以实现。 ②支出未按规定审批,重大支出未经领导班子集体决策,可能导致错误或舞弊。 ③支出不符合国库集中支付、政府采购、公务卡结算等相关规定,可能导致支出业务违法违规。 ④票据报销凭证虚假、不规范或不合理,可能发生以虚假发票套取资金等违法违规行为。 ⑤对各项支出缺乏定期分析与监控,重大问题缺乏应对措施,可能导致单位支出失控	①建立健全支出内部管理制度,确定单位经济活动的各项支出标准,明确支出事项的开支范围,明确支出报销流程,按规定办理支出事项。 ②合理设置岗位,明确相关岗位的职责权限,确保支出申请和内部审批、付款审批和付款执行、业务经办和会计核算等不相容岗位相互分离。 ③按支出业务类型,明确内部审批、审核、支付、核算和归档等关键岗位的职责权限。实行国库集中支付的,应严格按财政国库管理有关规定执行。 ④加强支付控制。明确报销业务流程,按规定办理资金支付手续。签发的支付凭证应进行登记。使用公务卡结算的,应按公务卡使用和管理的有关规定办理业务。 ⑤加强支出的核算和归档控制。与支出业务相关的原始材料应提交财会部门作为账务处理的依据,由财会部门相关人员根据支出凭证及时、准确地登记账簿。 ⑥加强支出业务分析控制。行政事业单位应定期编制支出业务预算执行情况分析报告,为行政事业单位领导决策提供有用的信息,以便及时发现问题并积极采取有效的应对措施

续表

业务活动	业务环节	主要风险	控制措施
收支业务控制 B	债务业务控制 B3	①未经充分论证或集体决策举借大额债务,可能导致不能按期还本付息、行政事业单位利益受损。 ②缺乏严格的债务管理制度,债务管理权限不清,可能导致行政事业单位陷入债务危机。 ③债务未按规定纳入会计核算系统,形成账外债务,可能导致行政事业单位财务风险。 ④债务对账和检查不严,长期未进行账务核对,未对债务进行清理,可能导致账实不符	①实行不相容岗位分离控制。根据国家规定可举借债务的单位应建立健全债务管理制度,明确债务管理岗位的职责权限,确保债务管理与资金收付、债务管理与会计核算债务核算与资金收付等不相容岗位相互分离。不得由一人办理债务业务的全过程。 ②对债务实施授权审批控制。行政事业单位应建立举借和偿还债务的审批程序。大额债的举借和偿还属于重大经济事项,应进行充分论证,并由单位领导班子集体研究决定。 ③加强对债务的会计控制。行政事业单位应加强债务的对账和检查控制,定期与债权人对账,做好债务的会计核算和档案保管工作
政府采购业务控制 C		①政府采购、资产管理和预算编制等部门或岗位间缺乏沟通协调,没有编制政府采购预算和计划,或者政府采购预算和计划编制不符合相关标准与单位实际情况或未按已批复的预算安排政府采购计划,可能导致采购失败或资金、资产浪费。 ②政府采购活动不规范。未按规定选择政府采购方式、发布政府采购信息,对政府采购进口产品、变更政府采购方式等事项审批手续不严,可能导致行政事业单位被提起诉讼或受到处罚、采购的产品质次价高、单位资金受损。 ③政府采购项目验收不规范,可能导致所购物品的品种、规格、数量、质量等与采购合同约定有差异,单位利益受损。 ④政府采购业务质疑投诉答复工作不到位,可能导致政府采购业务质疑投诉不能妥善解决,行政事业单位形象受损。 ⑤政府采购业务的记录控制不严格,采购业务相关资料保管不善,可能导致政府采购业务混乱、责任不清。 ⑥相关供应商或采购中介机构泄露涉密政府采购项目,可能导致行政事业单位利益受损	①加强对政府采购业务预算与计划的管理。根据行政事业单位实际需求和相关标准编制政府采购预算,按已批复的预算安排政府采购计划。 ②实施归口管理,加强对政府采购活动的管理,建立政府采购、资产管理、财会、内部审计、纪检监察等部门或岗位相互协调、相互制约的机制。 ③加强对政府采购申请的内部审核,按规定选择政府采购方式、发布政府采购信息。对政府采购进口产品、变更政府采购方式等事项应加强内部审核,严格履行审批手续。 ④加强对政府采购项目验收的管理。根据验收制度和政府采购文件的规定,由指定部门或专人对所购物品的品种、规格、数量、质量和其他相关内容进行验收,并出具验收证明。 ⑤加强对政府采购业务质疑投诉答复的管理。指定牵头部门负责、相关部门参加,按国家有关规定做好政府采购业务质疑投诉答复工作。 ⑥加强对政府采购业务的记录控制。妥善保管政府采购预算与计划、各类批复文件、招标文件、投标文件、评标文件、合同文本、验收证明等相关资料。定期对政府采购业务进行分类统计,并在内部进行通报。 ⑦加强对涉密政府采购项目的安全保密管理,与相关供应商或采购中介机构签订保密协议或在合同中设定保密条款

续表

业务活动	业务环节	主要风险	控制措施
资产业务控制 D	货币资金控制 D1	①岗位设置不合理,不相容岗位没有分离,可能出现差错和舞弊。 ②货币资金支付相关签字或盖章手续不严格,可能导致货币资金被非法套取或挪用。 ③货币资金核查不严格,日常核对工作不到位,账实不符和银行存款未达账项处理不及时,可能导致货币资金被贪污或挪用。 ④未按规定的审批权限和程序开立、变更和撤销银行账户,可能导致单位违规或利益受损	①建立健全货币资金管理岗位责任制,合理设置岗位,不得由一人办理货币资金业务的全过程,确保不相容岗位相互分离。出纳不得兼管稽核、会计档案保管以及收入、支出、债权、债务账目的登记工作。 ②严禁一人保管收付款项所需的全部印章。财务专用章应由专人保管,个人名章应由本人或其授权人员保管。负责保管印章的人员要配备单独的保管设备,并做到人走柜锁。 ③按规定应由有关负责人签字或盖章的,应严格履行签字或盖章手续。 ④加强授权审批控制,审批人应在授权范围内审批,不得越权审批。大额资金支付审批应实行集体决策。经办人应在职责范围内,按审批人的批准意见办理货币资金业务。对于审批人越权审批的货币资金业务,经办人有权拒绝办理。 ⑤加强对银行账户的管理,严格按规定的审批权限与程序开立、变更和撤销银行账户。 ⑥加强货币资金的核查控制,指定不办理货币资金业务的会计人员定期和不定期地抽查盘点库存现金,核对银行存款余额,抽查银行对账单、银行日记账及银行存款余额调节表,核对是否账实相符,账账相符。对调节不符、可能存在重大问题的未达账项应及时查明原因,按相关规定处理
	实物资产和无形资产控制 D2	①资产管理职责划分不清,未对资产实施归口管理,可能导致资产毁损、流失或被盗。 ②资产管理混乱,领用和发出未严格履行手续,没有建立资产台账和资产清查制度,可能导致资产流失、资产信息可靠性下降、账实不符等。 ③未按国有资产管理相关规定办理资产的调剂、租借、对外投资、处置等业务,可能导致资产配备超标、资源浪费、资产流失、投资遭受损失等。 ④资产疏于维护或长期闲置,可能导致资产使用年限缩短、使用效率低下。 ⑤对应投保的资产不办理投保,导致不能有效防范资产损失	①对资产实施归口管理。明确资产使用和保管责任人,落实资产使用人的管理责任。对于贵重资产、危险资产、有保密等特殊要求的资产,行政事业单位应指定专人保管、专人使用,并规定严格的接触限制条件和审批程序。 ②按国有资产管理相关规定,明确资产的调剂、租借、对外投资、处置的程序、审批权限和责任。 ③ 建立资产台账,加强实物管理。行政事业单位应定期清查盘点资产,确保账实相符。财会、资产管理、资产使用等部门或岗位应定期对账;发现不符的,应及时查明原因,并按相关规定处理。 ④建立资产信息管理系统,做好资产的统计、报告、分析工作,实现对资产的动态管理
	对外投资控制 D3	①投资可行性研究缺失或不充分,盲目投资,可能导致资产损失。 ②对外投资决策程序不当,重大投资未经集体决策,或超过单位资金实力进行投资,可能导致投资失败和财务风险。 ③对投资项目的追踪管理不到位,可能导致对外投资被侵吞或严重亏损	①合理设置岗位,明确相关岗位的职责权限,确保对外投资的可行性研究与评估对外投资决策与执行、对外投资处置的审批与执行等不相容岗位相互分离。 ②加强投资决策控制,由单位领导班子集体研究决定。 ③加强对投资项目的追踪管理,及时、全面、准确地记录投资价值变动和收益情况。 ④建立责任追究制度,对重大投资决策失误、未履行集体决策程序和不按规定执行对外投资业务的部门及人员,应追究相应的责任

续表

业务活动	业务环节	主要风险	控制措施
建设项目控制 E		①项目可行性研究不充分、审批不规范，可能导致建设项目难以实现预期目标或项目失败。 ②建设项目违规或超标，可能造成财政资金浪费。 ③项目设计方案不合理，概预算脱离实际，技术方案未能有效落实，可能导致建设项目质量存在隐患、投资失控以及项目建成后运行成本过高等问题。 ④招投标过程中的各种舞弊行为，可能导致招标工作违法违规、中标人实际难以胜任。 ⑤项目变更审核不严格、变更频繁，可能导致预算超支、投资失控、工期延误等问题。 ⑥建设项目价款结算管理不严格，价款结算不及时，项目资金不落实，使用管理混乱，可能导致工程进度延迟或中断、资金损失等。 ⑦竣工验收把关不严，可能导致工程交付使用后存在重大隐患。 ⑧虚报项目投资完成额、虚列建设成本或隐匿结余资金，未经竣工财务决算审计，可能导致竣工决算失真等。 ⑨建设项目未及时办理资产及档案移交、资产未及时入账，可能导致产生账外资产等	①建立与建设项目相关的议事决策机制。严禁任何个人单独决策或擅自改变集体决策意见。决策过程及各方面意见应形成书面文件，与相关资料一同妥善归档保管。 ② 建立与建设项目相关的审核机制。项目建议书、可行性研究报告、概预算、竣工决算报告等应由单位内部的规划、技术、财会、法律等部门相关工作人员或委托具有资质的中介机构进行审核，出具评审意见。 ③严格招标控制。依据国家有关规定组织建设项目招标工作，并接受有关部门的监督。行政事业单位应采取签订保密协议、限制接触等必要措施，确保标底编制、评标等工作在严格保密的情况下进行。保证招标活动的公平、公正、合法、合规。 ④严格把关建设项目资金使用，合理办理价款支付审核和结算手续，建设项目资金实行专款专用，严禁截留、挪用和超批复内容使用资金。财会部门应加强与承建单位的沟通，掌握建设进度，加强价款支付审核，按规定办理价款结算。实行国库集中支付的建设项目，行政事业单位应按财政国库管理制度相关规定支付资金。 ⑤加强对建设项目档案的管理。做好相关文件、材料的收集、整理、归档和保管工作。 ⑥ 严格建设项目变更审批程序。经批准的投资概算是工程投资的最高限额，如有调整，则应按国家有关规定报经批准。行政事业单位建设项目工程洽商和设计变更应按有关规定履行审批程序。 ⑦加强竣工决算控制。建设项目竣工后，行政事业单位应及时办理竣工决算，组织竣工决算审计，并根据批复的竣工决算与有关规定办理建设项目档案和资产移交等工作。建设项目已实际投入使用但未办理竣工决算的，行政事业单位应根据建设项目实际投资暂估入账，转作相关资产管理

续表

业务活动	业务环节	主要风险	控制措施
合同管理控制 F		①合同订立的范围和条件不明确,违规签订担保、投资和借贷合同,可能导致行政事业单位经济利益受损。 ②为规避国家有关规定,将需要招标或高级别领导审批的重大合同进行拆分,导致经济活动违法违规。 ③对合同对方的资格审查不严格,对方当事人不具有相应的能力和资质,可能导致合同无效或行政事业单位经济利益受损。 ④对技术性强或法律关系复杂的合同,未组织熟悉技术、法律和财会知识的人员参与谈判,对合同条款、格式审核不严格,可能使行政事业单位面临诉讼或经济利益受损。 ⑤合同的授权审批和签署权限不清晰,违规使用合同专用章,未经授权擅自以行政事业单位名义对外签订合同。 ⑥合同生效后,对合同条款未明确约定事项没有及时协议补充,可能导致合同无法正常履行。 ⑦未按合同约定履行合同,可能导致面临诉讼或行政事业单位经济利益受损。 ⑧对合同履行缺乏有效监控,未能及时发现问题或采取有效措施弥补损失,可能导致行政事业单位经济利益受损。 ⑨未按规定程序办理合同变更、解除等手续,可能导致行政事业单位经济利益受损;合同及相关资料的登记、流转和保管不善,可能导致相关资料丢失,影响合同正常履行或产生合同纠纷。 ⑩合同涉及的国家秘密或商业秘密被泄露,可能导致国家或行政事业单位利益受损;合同纠纷处理不当,可能导致行政事业单位利益、信誉和形象受损	①加强对合同订立的管理,明确合同订立的范围和条件。对于影响重大、涉及较高专业技术或法律关系复杂的合同,行政事业单位应组织财会、技术、法律等方面的人员参与谈判,必要时可聘请外部专家参与相关工作。谈判过程中的重要事项和参与谈判人员的主要意见,行政事业单位应予以记录并妥善保管。 ②对合同履行情况实施有效监控。合同履行过程中,出于对方或行政事业单位自身原因导致合同可能无法按时履行的,行政事业单位应及时采取应对措施。行政事业单位应建立合同履行监督审查制度,对合同履行过程中签订补充合同或变更、解除合同等应按国家有关规定进行审查。财会部门应根据合同履行情况办理价款结算和进行账务处理。未按合同条款履约的,财会部门应在付款之前向单位有关负责人报告。 ③加强合同登记管理。合同归口管理部门应加强合同登记管理,定期对合同进行统计、分类和归档,详细登记合同的订立、履行和变更情况。与行政事业单位经济活动相关的合同应同时提交财会部门作为账务处理的依据。 ④加强合同信息安全保密工作。未经批准,行政事业单位不得以任何形式泄露合同订立与履行过程中涉及的国家秘密、工作秘密或商业秘密。 ⑤加强对合同纠纷的管理。发生合同纠纷时,行政事业单位应在规定的时效内与对方协商谈判。合同纠纷协商一致的,双方应签订书面协议;合同纠纷经协商无法解决的,经办人员应向行政事业单位有关负责人报告,并根据合同约定选择仲裁或诉讼方式解决。

第五节　行政事业单位内部控制监督与评价

内部控制的监督与评价是确保内部控制建设不断完善并有效实施的重要环节。行政事业单位内部控制监督与评价包括内部监督、外部监督和自我评价三个层次。

一、内部监督

行政事业单位内部控制的监督与内部监督是内部控制体系中不可或缺的要素，是确保内部控制有效性的关键。内部监督是行政事业单位对其内部控制的建立与实施情况进行监督检查。行政事业单位应建立健全内部监督制度，明确各相关部门或岗位在内部监督中的职责权限，规定内部监督的程序和要求，监督检查工作有效开展评价。

（一）内部监督机构

内部监督应与内部控制的建立和实施保持相对独立，内部监督机构不能由具体组织内部控制实施和日常管理的部门承担。对于设立了独立内部审计部门或专职内部审计岗位的行政事业单位，应指定内部审计部门或岗位作为内部监督的实施主体，同时还应发挥内部纪检、监察部门在内部审计监督中的作用；没有内部审计部门或岗位，或内部审计部门出于某些原因无法有效履行内部监督职能的行政事业单位，可以成立内部监督联合工作小组履行相应的职能。

内部审计机构或实际履行内部监督职责的有关机构，应根据国家法律法规和单位领导的授权及要求，采取适当的程序和方法，对内部控制的建立与实施情况进行监督检查形成检查结论并出具书面检查报告。

（二）内部监督的内容和要求

行政事业单位应建立健全内部监督制度，负责内部监督的部门或岗位应定期或不定期地检查单位内部管理制度和机制的建立与执行情况，以及内部控制关键岗位及人员的设置情况等。行政事业单位通过日常监督和专项监督，检查内部控制实施过程中存在的突出问题、管理漏洞和薄弱环节，进一步改进和加强内部控制。同时，行政事业单位要将内部监督结果与干部考核、追责问责结合起来，并采取适当形式将内部监督结果在内部公开，促进自我监督、自我约束机制的不断完善。

行政事业单位应根据自身实际情况确定内部监督的方法、范围和频率，通常不能少于一年一次。

二、外部监督

外部监督主要由财政部门和政府审计部门承担，同时应充分发挥纪检、监察等部门的作用，构建严密的外部监督体系。

（一）财政部门的外部监督

财政部及其派出机构和县级以上地方各级人民政府财政部门应对单位内部控制的建立与实施情况进行监督检查，有针对性地提出检查意见和建议，并督促单位进行整改。

（二）审计部门的外部监督

国家审计署及其派出机构和县级以上地方各级人民政府审计机关在对行政事业单位进行审计时，应调查了解行政事业单位内部控制建立和实施的有效性，揭示内部控制相关缺陷,有针对性地提出审计处理意见和建议,并督促行政事业单位进行整改。

三、自我评价

内部控制自我评价是行政事业单位自行组织的,对行政事业单位内部控制的有效性进行评价,形成评价结论,出具评价报告的过程。

(一)内部控制自我评价的内容

行政事业单位开展内部控制自我评价的内容包括但不限于:

(1)行政事业单位组织架构中的职责分工的健全状况;

(2)各项内部控制制度及相关措施是否健全、规范,是否与单位内部的组织管理相吻合;

(3)各项业务工作中的处理与记录程序是否规范、经济,其执行是否有效;

(4)各项业务工作中的授权、批准、执行、记录、核对、报告等手续是否完备;

(5)各岗位的职权划分是否符合不相容岗位相互分离的原则,其职权履行是否得到有效控制;

(6)是否有严格的岗位责任制度和奖惩制度;

(7)关键控制点是否均有必要的控制措施,其措施是否有效执行;

(8)内部控制制度在执行中受领导层的影响程度。

(二)内部控制自我评价的程序

1. 建立内部控制自我评价机构

内部控制自我评价机构应根据单位整体控制目标,制定内部控制自我评价工作方案明确评价的目的、范围、组织、标准、方法、进度安排和费用预算等内容,报单位负责人审批。

2. 对内部控制的建立和执行情况进行调查

内部控制自我评价工作机构应通过审阅相关的规章制度、现场询问有关人员、实地观察等方法调查了解内部控制的建立和执行情况,并做出初步评价。

3. 对内部控制进行测试

内部控制自我评价范围的确定应遵循风险导向、自上而下的原则,同时确定需要评价的分支机构、重要业务单元、重点业务领域或流程环节。

4. 对内部控制进行评价

行政事业单位在内部控制自我评价中,应对内部控制缺陷进行认定和分析,包括设计缺陷和执行缺陷。设计缺陷是指缺少为实现控制目标所必需的控制或现有控制设计不适当即使正常执行也难以实现控制目标;执行缺陷是指现有控制设计完好但没有按设计意图执行,或者执行者没有获得必要授权或缺乏胜任能力以有效实施控制。行政事业单位对自我评价过程中发现的问题,应从定量和定性等方面进行衡量,判断是否构成内部控制缺陷。

内部控制自我评价要求对行政事业单位内部控制的有效性发表意见,包括设计有效性和执行有效性。设计有效性是指为实现控制目标所必需的内部控制程序都存在并且设计恰当,能够为控制目标的实现提供合理保证;执行有效性是指在内部控制设计有效的前提下,内部控制能够按设计的内部控制程序正确执行,从而为控制目标的实现提供合理保证。

5. 编写内部控制自我评价报告

行政事业单位对于自我评价结果应及时编制内部控制自我评价报告，对内部控制的有效性发表意见，指出内部控制存在的缺陷，并提出整改建议。自我评价报告应提交行政事业单位负责人，行政事业单位负责人应对拟采取的整改措施做出决定，并督促落实整改。

行政事业单位应结合年末控制缺陷的整改结果，编制年度内部控制自我评价报告，报告至少应包括下列内容：

（1）内部控制自我评价的目的和责任主体；

（2）内部控制自我评价的内容和所依据的标准；

（3）内部控制自我评价的程序和所采用的方法；

（4）内部控制缺陷的认定情况，造成重大缺陷的原因及相关责任人；

（5）内部控制缺陷的补救措施及整改建议；

（6）内部控制是否有效的结论。

第六节　行政事业单位内部控制报告

行政事业单位内部控制报告，是指行政事业单位在年度终了，结合本单位实际情况，依据《财政部关于全面推进行政事业单位内部控制建设的指导意见》（财会〔2015〕24 号）和《行政事业单位内部控制规范（试行）》（财会〔2012〕21 号），按照《行政事业单位内部控制报告管理制度（试行）》（财会〔2017〕1 号）规定编制的能够综合反映本单位内部控制建立与实施情况的总结性文件。行政事业单位内部控制报告的内容每年都有微调，但都涵盖了行政事业单位风险评估、制度建设、流程建设、内部控制监督、内部控制评价等方面的情况，它是一份关于行政事业单位内部控制的全面的年度总结性文件，须报送上级主管单位或本级财政部门。行政事业单位主要负责人对本单位内部控制报告的真实性和完整性负责。

一、行政事业单位内部控制报告编制原则

行政事业单位编制内部控制报告应遵循下列原则。

（1）全面性原则。内部控制报告应包括行政事业单位内部控制的建立与实施、覆盖行政事业单位整体层面和业务层面的各类经济活动，能够综合反映行政事业单位的内部控制建设情况。

（2）重要性原则。内部控制报告应重点关注行政事业单位重点领域和关键岗位，突出重点、兼顾一般，推动行政事业单位围绕重点开展内部控制建设，着力防范可能产生的重大风险。

（3）客观性原则。内部控制报告应立足于行政事业单位的实际情况，坚持实事求是，真实、完整地反映行政事业单位内部控制的建立与实施情况。

（4）规范性原则。行政事业单位应按财政部规定的统一报告格式及具体要求编制内部控制报告，不得自行修改或删减报告及附表格式。

二、行政事业单位内部控制报告的编制与报送

行政事业单位应当根据行政事业单位内部控制报告管理制度(试行)(财会〔2017〕1号),结合本单位内部控制建立与实施的实际情况,明确相关内设机构、管理层级及岗位的职责权限,按照规定的方法、程序和要求,有序开展内部控制报告的编制、审核、报送、分析使用等工作。内部控制报告编报工作按“分级负责、逐级汇总、单向报送”的方式,各地区、各垂直管理部门分级组织实施并以自下而上的方式逐级汇总,非垂直管理部门向同级财政部门报送,各行政事业单位按行政管理关系向上级行政主管部门单向报送。

(一)行政事业单位内部控制报告的编制与报送

年度终了,行政事业单位应根据本单位当年内部控制建设的实际情况及取得的成效以能够反映内部控制工作基本事实的相关材料为支撑,按财政部发布的统一报告格式编制内部控制报告,经本单位主要负责人审批后对外报送。行政事业单位能够反映内部控制工作基本事实的相关材料一般包括:内部控制领导机构会议纪要、内部控制制度、业务流程图、内部控制检查报告、内部控制培训会等。

各行政事业单位应结合本单位内部控制建立与实施的实际情况,明确相关内设机构、管理层级及岗位的职责权限,按规定的方法、程序和要求,有序开展内部控制报告的编制、审核、报送、分析使用等工作。

(二)部门行政事业单位内部控制报告的编制与报送

各部门应在所属行政事业单位上报的行政事业单位内部控制报告和部门本级内部控制报告的基础上,汇总形成本部门行政事业单位内部控制报告。各部门汇总的行政事业单位内部控制报告应以所属行政事业单位上报的信息为准,不得虚报、瞒报和随意调整。

各部门应在规定的时间内,向同级财政部门报送本部门行政事业单位内部控制报告。

(三)地区行政事业单位内部控制报告的编制与报送

地方各级财政部门应在下级财政部门上报的行政事业单位内部控制报告和本地区部门行政事业单位内部控制报告的基础上,汇总形成本地区行政事业单位内部控制报告地方各级财政部门汇总的本地区行政事业单位内部控制报告应以本地区部门和下级财政部门上报的信息为准,不得虚报、瞒报和随意调整。地方各级财政部门应在规定的时间内,向上级财政部门逐级报送本地区行政事业单位内部控制报告。

例 9-3　某高校内部控制报告

第一部分:单位内部控制情况总体评价

本单位内部控制总体运行情况良好。未出现重大风险事件,未出现重大决策失误,也无明显重大内部控制缺陷;内部信息化工作稳步推进。

第二部分:单位内部控制总体成果

一、单位层面内部控制情况

(一)内部控制机构组成情况

(1)单位内部控制领导小组:已建立,并正常运行。

（2）单位内部控制领导小组负责人：××（校党委书记）。

（3）其他班子成员是否在单位内部控制领导机构中任职：是，校长任内控领导小组副组长。

（4）单位内部控制工作小组：已设立，并正常运行。

（5）单位内部控制工作小组负责人：××。

（6）内部控制建设牵头部门：财务处。

（7）内部控制评价与监督部门：审计处。

（二）内部控制机构运行情况

（1）本年单位内部控制领导小组会议次数：2次。

（2）本年单位主要负责人参加会议次数：2次。

（3）本年单位内部控制领导小组会议形成决议次数：2次。

（4）本年单位"三重一大"事项通过集体议事决策机制形成决议次数：16次。

（5）本年单位内部控制工作小组会议次数：4次。

（6）本年单位开展内部控制专题培训次数：2次。

（7）本年单位内部控制风险评估覆盖情况（单位层面）：除部分信息系统外，其他全覆盖。

（8）本年单位内部控制风险评估覆盖情况（业务层面）：除工程建设业务、招生业务外，覆盖所有其他与经济活动相关的业务。

（9）单位风险清单建立情况：已建立，并建有单位风险库。

（10）内部控制体系初期建设方式：聘请咨询机构协助。

（11）内部控制体系本年建设方式：单位自建。

（12）本年单位是否开展内部控制评价：是。

（13）本年单位内部控制评价方式：聘请外部咨询机构，实施全面评价。

（14）本年单位内部控制评价结果应用：相关缺陷已全部或部分整改。

（15）本年单位内部控制评价结果运用效果：良好，得到业务部门认可，提高了公共服务的效率和效果。

（16）本年单位巡视结果应用效果：良好，基本完成整改。

（17）本年单位纪检监察结果运用效果：良好。

（18）本年单位审计结果运用效果：良好。

（三）权力运行制衡机制建立情况

（1）分事行权：已基本建立。

（2）分岗设权：是。

（3）分级授权：是。

（4）定期轮岗：未实现。

（5）专项审计：是，2019年完成了7项专项审计。

（6）职责明晰：是。

（7）决策程序：本单位已建立科学、合规的决策程序。

二、业务层面内部控制情况

（一）内部控制业务工作职责分离情况

（1）预算业务管理：职责分离情况较好。

（2）收支业务管理：职责分离情况较好。

（3）政府采购业务管理：职责分离情况较好。

（4）国有资产业务管理：部分岗位未完全分离。

（5）建设项目业务管理：部分岗位未完全分离。

（6）合同业务管理：职责分离情况较好。

（二）内部控制业务轮岗情况

（1）预算业务管理：未进行轮岗。

（2）收支业务管理：未进行轮岗。

（3）政府采购业务管理：未进行轮岗。

（4）国有资产业务管理：未进行轮岗。

（5）建设项目业务管理：未进行轮岗。

（6）合同业务管理：未进行轮岗。

（三）建立健全内部控制制度情况

（1）业务环节适用情况：良好。

（2）内部控制制度和流程图建立情况：已建立。

（3）内部控制制度和流程图本年更新必要性：有部分更新。

（4）内部控制制度和流程图更新理由：有的是为了增强控制，有的是因为外部监管政策变化。

（5）内部控制制度和流程图本年更新情况：本年度更新了 7 个制度、10 个相关流程图。

（6）制度和流程图本年是否正式发文：是。

（7）制度关键管控点。

（三）内部控制业务管理情况

（1）预算业务管理：预算项目库入库标准与动态管理未管控，预算执行分析结果应用未管控。

（2）收支业务管理：制度关键管控点管控良好。

（3）政府采购业务管理：制度关键管控点管控良好。

（4）国有资产业务管理：对外投资价值评估与收益管理不适用。

（5）建设项目业务管理：项目分包控制未管控。

（6）合同业务管理：法务介入条件未管控，合同台账复核未管控。

（7）其他业务领域管理：学生学费收入有管控制度，但暂未纳入内部控制体系。

（四）内部控制制度执行情况

内部控制执行情况如表 9-3 所示。

表 9-3 内部控制制度执行情况

评价要点	评价指标结果 / 指标值
1. 项目支出绩效目标设定比例	95%
2. 预算执行及绩效运行监控程度	100%
3. 项目支出绩效目标完成情况	95%
4. 非税收入管控情况	95%
5. 采购合同匹配情况	100%
6. 采购验收管控情况	100%
7. 资产账实相符程度	100%
8. 固定资产处置规范程度	90%
9. 项目投资计划完成情况	78%
10. 合同订立规范情况	100%
11. 合同执行规范情况	92%

三、内部控制信息化情况

(一)本年单位内部控制信息化建设阶段与投入资金规模

本单位内部控制信息化尚处于建设完善阶段，2019 年预算投资 300 万元，实际投入资金 252 万元。

(二)本年单位内部控制信息化建设方式

本年单位内部控制信息化建设采用公开招投标方式。

(三)单位内部控制信息化覆盖情况

2019 年已覆盖所有经济活动的制度和流程，已覆盖预算管理、收支管理、采购管理、资产管理。

(四)单位内部控制信息化建设情况

本年单位基于制度更新的内部控制信息化建设改造升级领域本年度主要在采购制度和合同管理相关制度的相关领域进行升级改造

(五)单位内部控制信息化模块联通情况

本单位内部控制信息系统已与预算业务模块、收支模块、采购模块、合同模块、资产管理模块联通。

(六)是否联通政府会计核算模块

已联通。

四、内部控制工作的经验、做法及取得的成效

一是提高认识，加强领导。领导要高度重视。

二是全面排查，突出重点。系统全面检查各类财务管理制度的建设情况，对存在缺陷的制度，及时予以整改，并给予执行。

三是加强监督，把内部控制机制建设工作落到实处，尤其是针对高风险权力的运行，要明确具体的监督事项、监督主体、监督责任，提高监督频率，加强监督力度强化“一岗两责”。

四是严格考评,真正把内部控制机制建设工作纳入目标考核,持续改进。

五、内部控制工作中存在的问题与遇到的困难

略。

六、对当前行政事业单位内部控制工作的意见或建议

略。

第三部分:单位内部控制存在问题和建议

略。

三、行政事业单位内部控制报告的使用

行政事业单位应加强对本单位内部控制报告的使用,通过对内部控制报告中反映的信息进行分析,及时发现内部控制建设工作中存在的问题,进一步健全制度,提高执行力完善监督措施,确保内部控制有效实施。各地区、各部门应加强对行政事业单位内部控制报告的分析,强化分析结果的反馈和使用,切实规范和改进财务管理,更好地发挥对行政事业单位内部控制建设的促进和监督作用。

四、行政事业单位内部控制报告的监督检查

各级财政部门、各部门应对所报送的内部控制报告内容的真实性、完整性和规范性进行监督检查。中央部门内部控制报告信息质量监督检查工作由财政部组织实施,各地区行政事业单位内部控制报告信息质量监督检查工作由同级财政部门按统一的工作要求分级组织实施,各部门所属行政事业单位内部控制报告信息质量监督检查由本部门组织实施。

行政事业单位应认真、如实编制内部控制报告,不得漏报、瞒报有关内部控制信息,更不得编造虚假的内部控制信息。行政事业单位负责人不得授意、指使、强令相关人员提供虚假的内部控制信息,不得对拒绝、抵制编造虚假内部控制信息的人员进行打击报复。

思考题

1. 行政事业单位内部控制的原则有哪些?
2. 行政事业单位内部控制与企业内部控制的主要区别有哪些?
3. 行政事业单位进行整体层面的风险评估应重点关注哪些方面?
4. 行政事业单位进行业务层面的风险评估应重点关注哪些方面?
5. 行政事业单位开展内部控制的方法有哪些?
6. 行政事业单位整体层面内部控制的要点包括哪些?
7. 行政事业单位预算业务的主要风险有哪些? 对应的关键控制措施有哪些?
8. 行政事业单位收支业务的主要风险有哪些? 对应的关键控制措施有哪些?
9. 行政事业单位内部控制的评价与监督包括哪三个层次? 内部控制自我评价的原则是什么?
10. 行政事业单位内部控制报告编制原则有哪些?

第十章　小企业内部控制

学习目标

知识目标：理解小企业内部控制的基本概念和原则；了解小企业内部控制评价与监督的相关规定。

技能目标：掌握小企业内部控制的建设思路，能够制定和实施有效的小企业内部控制制度。

思政目标：学习华为从小企业做到大企业的经典案例，强化学生对风险的认识和防范意识，树立自立、自控、自强的理念；透过员工为谋私欺诈企业被依法判刑的案例，培养遵纪守法、诚实守信的职业道德。

引例　我国中小微企业已超 5 200 万户

截至 2022 年末，中国中小微企业数量已超过 5 200 万户，比 2018 年末增长 51%。2022 年平均每天新设企业 2.38 万户，是 2018 年的 1.3 倍。中小企业快速发展壮大，是数量最大、最具活力的企业群体，是中国经济社会发展的生力军。贡献了全国 50% 以上的税收、60% 以上的 GDP、70% 以上的技术创新成果和 80% 以上的劳动力就业。它们是国民经济和社会发展的生力军，是扩大就业和改善民生的重要支撑，也是企业家精神的重要发源地。小企业稳，则就业稳、经济稳。

我国小企业多且发展快。国家统计局于 2019 年 12 月 18 日发布的第四次全国经济普查系列报告显示，2013 年（第三次全国经济普查年份）至 2018 年，我国中小微企业总量规模不断扩大。2018 年年末，我国中小微企业法人单位为 1 807 万家，比 2013 年年末增加 966.4 万家，增长 115%，占全部规模企业法人单位（简称全部企业）的 99.8%，比 2013 年年末提高了 0.1 个百分点。其中，中型企业为 23.9 万家，占比为 1.3%；小型企业为 239.2 万家，占比为 13.2%；微型企业为 1 543.9 万家，占比为 85.3%。小型企业和小微企业合并称作小企业，占比高达 98.5%。因此，关注小企业的生存健康状况就是重视企业中的绝大多数。

大力发展小企业是我国经济社会健康持续发展的一项长期战略性任务。小企业不仅承担着社会就业的主要责任，为国家税收提供重要来源，更是创业和创新的生力军。2014 年，《国务院关于扶持小型微型企业健康发展的意见》要求有关部门加强对小微企业的管理指导，切实扶持小微企业健康发展。2015 年，《国务院关于大力推进大众创业万众创新若干政策措施的意见》进一步明确了我国促进小微企业创新发展的政策方向。推动社会创业和鼓励小微企业发展，已成为今后一个时期深化经济体制改革、促进我国经济转型升级的战略举措。

我国小企业数量众多，且类型多样，差别显著，贯彻执行《企业内部控制基本规范》等内部控制规范存在适用性不强、实施成本高等问题，客观上需要内部控制制度建设上的规范与引导。为贯彻落实中共中央、国务院关于“稳增长、促改革、调结构、惠民生、防风险”的有关要求，引导和推动小企业加强内部控制建设，提升经营管理水平和风险防范能力，促进小企业健康可持续发展，根据《中华人民共和国会计法》《中华人民共和国公司法》等法律法规及《企业内部控制基本规范》，财政部于 2017 年 6 月制定印发了《小企业内部控制规范（试行）》（简称《小企业内控》），自 2018 年 1 月 1 日起施行。

《小企业内控》的发布，标志着我国小企业内部控制建设进入了新的阶段。这一规范不仅明确了小企业内部控制的定义、目标、原则，还对小企业内部控制建立与实施、小企业内部控制监督提出了具体要求和指导。《小企业内控》的实施，将有助于推动小企业的健康发展，促进我国经济转型升级和可持续且高质量发展。

第一节　小企业内部控制基本理论

《小企业内控》第一章总则，明确了小企业内部控制的宗旨、制定依据、适用范围以及定义、目标、原则、总体要求等内容。

一、《小企业内控》的宗旨和适用范围

《小企业内控》的宗旨是指导小企业建立和有效实施内部控制，提高经营管理水平和风险防范能力，促进小企业健康可持续发展。《小企业内控》的制定依据是《中华人民共和国会计法》《中华人民共和国公司法》等法律法规及《企业内部控制基本规范》。

《小企业内控》适用于在中华人民共和国境内依法设立的、尚不具备执行《企业内部控制基本规范》及其配套指引条件的小企业。小企业的划分标准按照《中小企业划型标准规定》执行。执行《企业内部控制基本规范》及其配套指引的企业集团，其集团内属于小企业的母公司和子公司，也应当执行《企业内部控制基本规范》及其配套指引。企业集团、母公司和子公司的定义与《企业会计准则》的规定相同。

（一）企业的划分标准

2017 年 6 月 30 日，《国民经济行业分类》（GB/T 4754—2017）正式颁布。2017 年 8 月 29 日，国家统计局印发《关于执行新国民经济行业分类国家标准的通知》（国统字〔2017〕142 号），规定从 2017 年统计年报和 2018 年定期统计报表起统一使用新分类标准。具体标准如表 10-1 所示。

表 10-1　统计上大中小微型企业划分标准

行业名称	指标名称	计量单位	大型	中型	小型	微型
农、林、牧、渔业	营业收入（Y）	万元	$Y\geqslant 20\ 000$	$500\leqslant Y<20\ 000$	$50\leqslant Y<500$	$Y<50$
工业	从业人员（X）	人	$X\geqslant 1\ 000$	$300\leqslant X<1000$	$20\leqslant X<300$	$X<20$
	营业收入（Y）	万元	$Y\geqslant 40\ 000$	$2\ 000\leqslant Y<40\ 000$	$300\leqslant Y<2\ 000$	$Y<300$

续表

行业名称	指标名称	计量单位	大型	中型	小型	微型
建筑业	营业收入(Y)	万元	Y≥80 000	6 000≤Y<80 000	300≤Y<6 000	Y<300
	资产总额(Z)	万元	Z≥80 000	5 000≤Z<80 000	300≤Z<5 000	Z<300
批发业	从业人员(X)	人	X≥200	20≤X<200	5≤X<20	X<5
	营业收入(Y)	万元	Y≥40 000	5 000≤Y<40 000	1 000≤Y<5 000	Y<1 000
零售业	从业人员(X)	人	X≥300	50≤X<300	10≤X<50	X<10
	营业收入(Y)	万元	Y≥20 000	500≤Y<20 000	100≤Y<500	Y<100
交通运输业	从业人员(X)	人	X≥1 000	300≤X<1 000	20≤X<300	X<20
	营业收入(Y)	万元	Y≥30 000	3 000≤Y<30 000	200≤Y<3 000	Y<200
仓储业	从业人员(X)	人	X≥200	100≤X<200	20≤X<100	X<20
	营业收入(Y)	万元	Y≥30 000	1 000≤Y<30 000	100≤Y<1 000	Y<100
邮政业	从业人员(X)	人	X≥1 000	300≤X<1 000	20≤X<300	X<20
	营业收入(Y)	万元	Y≥30 000	2 000≤Y<30 000	100≤Y<2 000	Y<100
住宿业	从业人员(X)	人	X≥300	100≤X<300	10≤X<100	X<10
	营业收入(Y)	万元	Y≥10 000	2 000≤Y<10 000	100≤Y<2 000	Y<100
餐饮业	从业人员(X)	人	X≥300	100≤X<300	10≤X<100	X<10
	营业收入(Y)	万元	Y≥10 000	2 000≤Y<10 000	100≤Y<2 000	Y<100
信息传输业	从业人员(X)	人	X≥2 000	100≤X<2 000	10≤X<100	X<10
	营业收入(Y)	万元	Y≥100 000	1 000≤Y<100 000	100≤Y<1 000	Y<100
软件和信息技术服务业	从业人员(X)	人	X≥300	100≤X<300	10≤X<100	X<10
	营业收入(Y)	万元	Y≥10 000	1 000≤Y<10 000	50≤Y<1 000	Y<50
房地产开发经营	营业收入(Y)	万元	Y≥200 000	1 000≤Y<200 000	100≤Y<1 000	Y<100
	资产总额(Z)	万元	Z≥10 000	5 000≤Z<10 000	2 000≤Z<5 000	Z<2 000
物业管理	从业人员(X)	人	X≥1 000	300≤X<10 000	100≤X<300	X<10
	营业收入(Y)	万元	Y≥5 000	1 000≤Y<5 000	500≤Y<1 000	Y<500
租赁和商务服务业	从业人员(X)	人	X≥300	100≤X<300	10≤X<100	X<10
	资产总额(Z)	万元	Z≥120 000	8 000≤Z<120 000	100≤Z<8 000	Z<100
其他未列明行业	从业人员(X)	人	X≥300	100≤X<300	10≤X<100	X<10

(二)小企业的划分标准

根据《中华人民共和国所得税法实施条例》,小型微利企业(即小企业)是指从事国家非限制和禁止行业,并符合下列条件的企业:①工业企业,年度应纳税所得额不超过30万元,从业人数不超过100人,资产总额不超过3 000万元;②其他企业,年度应纳税所得额不超过30万元,从业人数不超过80人,资产总额不超过1 000万元。

二、小企业内部控制的定义

《小企业内控》指出："本规范所标内部控制是指由小企业负责人及全体员工共同实施的、旨在实现控制目标的过程。"对于这个定义，可从以下几个方面进行理解。

（一）明确了小企业内部控制的责任主体

小企业内部控制的责任主体是小企业负责人及全体员工。小企业负责人通常是指小企业的法定代表人或者法律、行政法规规定代表小企业行使职权的主要负责人。《小企业内控》第七条明确指出："小企业主要负责人对本企业内部控制的建立健全和有效实施负责。"当然，小企业负责人可以指定适当的部门（岗位），具体负责组织、协调和推动内部控制的建立与实施工作，但责任由负责人承担。

《企业内部控制基本规范》将内部控制定义为："内部控制是由企业董事会、监事会、经理层和全体员工实施的、旨在实现控制目标的过程。"与《小企业内控》的定义对照，两者的主要区别在于控制主体分类的简化方面。《企业内部控制基本规范》分为四个层面——董事会、监事会、经理层和全体员工，符合《中华人民共和国公司法》的规范要求和大中型企业的治理现状；《小企业内控》分为两个层面——小企业负责人及全体员工，符合小微企业的实际状况。

（二）指明了服务于小企业控制目标的根本方向

小企业内部控制定义中具有明确的目标指向性，即旨在实现控制目标。这是控制最根本的方向。小企业内部控制的目标是合理保证小企业经营管理合法合规、资金资产安全和财务报告信息真实完整可靠（如图 10-1 所示）。

图 10-1　小企业内部控制的基本目标

在实践中，系统观察小企业的风险损失，主要集中在违法违规损失、资金资产损失和信息失真损失等方面。这些损失都会对企业的效率和效益造成损害。所以，《小企业内控》在健康可持续发展宗旨的指导下，从经营管理合法合规、资金资产安全和财务报告信息真实完整可靠三个方面明确提出了合规性目标、经营目标和报告目标，这三个目标成为小企业是否健康安全的基本标志。

小企业对上述三个方面的基本目标应当通过建立和实施内部控制措施、监督评价和保障机制等予以合理保证。这三个方面不达标，小企业将难以实现健康可持续发展。

对比《企业内部控制基本规范》第三条："内部控制的目标是合理保证企业经营管理合法合规、资产安全、财务报告及相关信息真实完整，提高经营效率和效果，促进企业实现发展战略。"《小企业内控》减少了"经营效率和效果"及"发展战略"这两项，这并不是说小企业没有对经营效率、效果和发展战略的管理要求，只是《小企业内控》使小企业的控制目标更聚焦、更务实，从而有别于《企业内部控制基本规范》的层次。小企业规模小、管理资源不足，聚焦目标更有利于执行，而不是流于形式。换个角度说，《小企业内控》的目标定得比《企业内部控制基本规范》低，也不够全面，这是照顾到小企业的现状和发展阶段的不同要求。

（三）突出了内部控制是一个动态的过程

内部控制是指控制主体为了达到一定的控制目标，运用一定的控制机制和控制手段，对控制客体施加影响的活动过程，包括事前控制（前馈性的预防控制）、事中控制（现场的检查性控制）和事后控制（反馈性控制）。内部控制需要制定制度，但不只是为了制定制度，而是为了过程控制。

内部控制是以风险评估为基础的，风险在变，目标要变，内部控制应变。所以，内部控制实质上是过程管理，只有起点，没有终点，而且需要持续优化，与时俱进。

三、小企业内部控制的特殊考虑

2012 年，财政部等五部委印发的《企业内部控制规范体系实施中相关问题解释第 2 号》中第 10 个问题指出，与大、中型企业相比，小型企业在实施内部控制时应注意以下特殊的考虑。

（1）小型企业通常是指具有业务比较单一、所有权和管理权集中、管理层级较少、部门设置简单等特征的企业。小型企业根据《企业内部控制基本规范》及配套指引实施内部控制时，在保证有效性的基础上，可结合企业特点进行适当调整。

（2）小型企业的管理层级一般较少，所有权、决策权和管理权较为集中，治理层通常密切参与公司日常经营及管理活动，使企业的控制力和执行力得到了提高，但也容易导致决策失误或舞弊风险，因此要提高董事会的集体决策能力，加强企业决策过程的控制。

（3）小型企业应明确内部控制目标，准确评估经营风险，建立健全各项制度，将决策过程和各项业务流程制度化、规范化；明确不同层级部门和人员的权限和职责，强化岗位制衡，做到适度授权和分权；重点关注与企业资金、资产、资本、财务报告等关键业务有关的风险的控制。

（4）小型企业应提高财务、会计和审计人员的素质，培养和聘用内部控制专业人才，加强对财务会计工作和财务报告的重视程度。小型企业的机构设置简单，管理资源易于整合，可以根据企业所面临的主要风险和相关控制的效果，适当简化内部控制体系建设，灵活设计、选择控制流程和控制活动，达到有效控制风险和防范舞弊的目的。

（5）基于效率的考虑，小型企业应当提高信息技术的应用，结合业务风险和信息系统风险评估，加强信息系统控制的应用，采取手工控制与自动控制相结合的方式，将风险控制在可承受度之内。

（6）小型企业应建立健全内部控制的监督机制，持续监控和定期评价内部控制的有效性，尤其要对会计信息、资金运转、资产安全、采购及销售等方面加强监控，及时发现和纠正缺陷，确保内部控制在企业不同成长阶段、不同环境下的持续有效改进。

四、小企业内部控制的原则

小企业建立与实施内部控制，应当遵循下列原则。

(一)风险导向原则

内部控制应当以防范风险为出发点，重点关注对实现内部控制目标造成重大影响的风险领域。风险导向是实施小企业内部控制的第一原则。小企业开展内部控制，应当以识别风险为出发点，以处理风险、危险或危害问题为落脚点，以内外部风险变化作为更新内部控制措施的依据，强调并凸显风险导向的重要性。

在实务中，小企业需要识别和评估可能对其内部控制目标产生负面影响的风险，并采取相应的措施来控制和降低风险。对于那些可能对内部控制目标造成重大影响的风险领域，小企业需要投入更多的资源和精力，采取更为严格的控制措施，以确保其内部控制的有效性和目标的实现。

(二)适应性原则

内部控制应当与企业发展阶段、经营规模、管理水平等相适应，并随着情况的变化及时加以调整。这个原则强调了内部控制应当与企业的实际情况相符合，并能够根据企业的变化及时进行调整和优化。对于小企业而言，其内部控制应当与企业的实际情况相结合，适应其发展阶段、经营规模和管理水平，并且随着企业的变化及时进行调整和改进。只有这样，才能确保内部控制的有效性和适应性，从而更好地实现小企业的内部控制目标。

(三)实质重于形式原则

内部控制应当注重实际效果，而不局限于特定的表现形式和实现手段。这个原则强调了内部控制的实质性和有效性，而不仅仅是其形式和表面现象。对于小企业而言，其实施内部控制的方式和手段可能相对简单和有限，但必须注重实质效果，即能否有效地实现内部控制目标。因此，小企业在设计和实施内部控制时，应当注重实际效果，关注控制措施是否能够有效地防范风险、保证财务报告的准确性、保护资产的安全性，同时应当根据企业的实际情况选择适合的内部控制形式和手段，以确保其实施效果和效率。

(四)成本效益原则

内部控制应当权衡实施成本与预期效益，以合理的成本实现有效控制。这个原则强调了在设计和实施内部控制时，需要考虑成本与效益之间的平衡关系。对于小企业而言，由于其资源有限，因此其在设计和实施内部控制时，需要充分考虑其实施成本和预期效益。只有实施内部控制所带来的预期效益大于其成本，该内部控制措施才应当实施。同时，小企业应当选择那些能够以合理成本实现有效控制的内部控制措施，以确保内部控制的有效性和效率。

五、小企业建立与实施内部控制的总体要求

小企业建立与实施内部控制应当遵循下列总体要求。

（一）树立依法经营、诚实守信的意识，制定并实施长远发展目标和战略规划，为内部控制的持续有效运行提供良好环境

小企业应当明确自身的经营理念和价值观，严格遵守相关法律法规和道德规范，树立依法经营、诚实守信的意识。这是小企业建立和实施内部控制的基础和前提。通过树立正确的经营理念和价值观，小企业能够提高自身的诚信度和公信力，为内部控制的持续有效运行提供良好的环境。

小企业应当根据自身的实际情况和市场环境，制定长远发展目标和战略规划，明确未来的发展方向和目标。通过制定长远发展目标和战略规划，小企业能够更好地规划和管理自身的业务和发展，为内部控制的持续有效运行提供有力的支持。同时，小企业应当将内部控制与长远发展目标和战略规划相结合，确保内部控制与企业的长远发展目标相一致，以更好地实现企业的战略目标。

（二）及时识别、评估与实现控制目标相关的内外部风险，并合理确定风险应对策略

小企业应当及时识别和评估内外部风险，以便更好地应对市场挑战和风险。在识别和评估风险时，小企业应当考虑各种可能的风险因素，包括市场风险、经营风险、财务风险等。同时，小企业还应当根据自身实际情况和风险偏好，合理确定风险应对策略，包括风险规避、风险降低、风险分担和风险承受等策略。通过及时识别、评估和应对风险，小企业能够更好地保障自身的稳健发展。

（三）根据风险评估结果，开展相应的控制活动，将风险控制在可承受范围之内

小企业应当根据风险评估结果，针对可能出现的风险和问题，开展相应的控制活动。这些控制活动应当包括但不限于授权审批控制、会计系统控制、财产保护控制、预算控制、运营分析控制和绩效考评控制等。通过这些控制活动的开展，小企业能够有效地将风险控制在可承受范围之内，保障企业的稳健运营。同时，小企业还应当定期对控制活动进行评估和更新，以适应市场环境和经营情况的变化。

案例 10-1　人工智能技术降低中小企业风险①

英国安格利亚鲁斯金大学官网刊文称，新冠肺炎疫情大流行给企业运营带来很多不可预知的风险，深刻影响了整个供应链体系，让很多企业难以找到合适的替代供应商。为此，该校多元化经济中心主任尼克·达凯斯（Nick Drydakis）等人调查了伦敦的 317 家中小企业，了解它们的经营状况。调查结果显示，在疫情期间，企业使用人工智能应用程序可以降低 3.1% 的运营风险。

文中提到，国际劳工组织制定了一个 60 分制的标准来定义企业的商业风险，该标准可以衡量疫情大流行对员工与工作流程的影响、对企业商业伙伴关系的威胁，以及企业利润减少的情况。研究人员表示，企业使用人工智能应用程序，如了解客户习惯、社交媒体活动和个人资料的软件，可以有效降低 1.2% 的整体企业风险，降低 2% 的企业利润风险。然而，只有 26% 的中小企业使用过这类应用程序，远低于大企业的使用率。

达凯斯认为，当前，人工智能软件的应用范围已扩展到营销、沟通、预测、定价、网络安

① 赵琪：《人工智能技术降低中小企业风险》，中国社会科学报 2022 年 3 月 9 日。

全、招聘、法律服务等多方面。在企业运营中，中小企业可以加入相关人工智能应用程序，这样就可以根据客户的习惯改善企业经营策略，提高销售目标和组织效率，并降低运营成本。人工智能技术可以帮助中小企业更好适应社会发展，快速找到企业的核心业务，提高组织效率，减轻运营风险。

（四）及时、准确地收集、传递与内部控制相关的信息，并确保其在企业内部、企业与外部之间的有效沟通

小企业应当及时、准确地收集、传递与内部控制相关的信息，包括但不限于财务信息、经营信息和管理信息等。这些信息应当在企业内部各部门之间、企业与外部各方之间进行有效沟通，以保证信息的透明度和准确性。通过及时、准确地收集、传递与内部控制相关的信息，小企业能够更好地协调各部门之间的合作，提高企业的运营效率和内部控制效果。同时，小企业还应当加强对信息沟通的监督和管理，确保信息的安全性和保密性。

（五）对内部控制的建立与实施情况进行监督检查，识别内部控制存在的问题并及时督促改进

小企业应当建立健全内部控制的监督检查机制，对内部控制的建立与实施情况进行监督检查。通过监督检查，小企业能够发现内部控制存在的问题和缺陷，并及时督促相关部门或人员进行改进和完善。同时，小企业还应当建立内部控制问题的报告和反馈机制，确保内部控制监督检查工作的有效性和及时性。通过及时发现和改进内部控制存在的问题，小企业能够提高内部控制的有效性和适应性，保障企业的稳健运营和发展。

（六）形成建立、实施、监督及改进内部控制的管理闭环，并使其持续有效运行

小企业应当建立完善的内部控制管理体系，形成建立、实施、监督及改进内部控制的管理闭环。这个管理闭环应当包括内部控制的制定、实施、监督和改进等环节，确保内部控制的有效性和适应性。同时，小企业还应当加强对内部控制的监督和管理，定期对内部控制进行评估和更新，以适应市场环境和经营情况的变化。通过形成建立、实施、监督及改进内部控制的管理闭环，小企业能够更好地协调各部门之间的合作，提高企业的运营效率和内部控制效果，实现企业的稳健发展。

第二节　小企业内部控制建立与实施

一、内部环境

小企业应当围绕控制目标，以风险为导向确定内部控制建设的领域，设计科学合理的控制活动或对现有控制活动进行梳理、完善和优化，确保内部控制体系能够持续有效运行。小企业应当明确内部控制的目标，包括遵守法律法规、保障资产安全、提供准确的财务信息等。在确定控制目标的基础上，企业可以围绕这些目标确定内部控制建设的领域。

小企业还应当建立完善的组织架构，明确各部门和岗位的职责和权限，确保内部控制的建立健全和有效实施。组织架构应当符合企业实际情况，能够支持企业业务发展和风险控制的需要。需要强调的是，小企业主要负责人对本企业内部控制的建立健全和有效实施负责。企业负责人应当明确自身在内部控制建设中的角色和责任,积极推动内部控制建设工作的开展。小企业可以指定适当的部门或岗位,具体负责组织协调和推动内部控制的建立与实施工作。这个部门或岗位应当具备相应的专业能力和经验,能够承担起内部控制建设的重任。

同时,小企业还需要营造积极的企业文化。小企业应当积极营造企业文化,强调诚信、守法、公正、透明等价值观,使员工认识到内部控制的重要性,自觉遵守企业规章制度,共同推动内部控制体系的建立与实施。

二、风险评估

不管是大中型企业,还是小型企业都会面临来自内部和外部的风险,这些风险是对企业实现某些目标有不利影响的事件发生的可能性。风险评估是企业及时识别、系统分析与实现内部控制目标相关的风险,合理确定风险应对策略的互动过程。小企业应当依据所设定的内部控制目标和内部控制建设工作规划,有针对性地选择评估对象开展风险评估。风险评估对象可以是整个企业或某个部门,也可以是某个业务领域、某个产品或某个具体事项。小企业开展风险评估既可以结合经营管理活动进行,也可以专门组织开展。小企业应当定期开展系统全面的风险评估。在发生重大变化以及需要对重大事项进行决策时,小企业可以相应增加风险评估的频率。小企业开展风险评估,可以考虑聘请外部专家提供技术支持。

小企业的风险评估可分为目标设定、风险识别、风险分析和风险应对四个步骤进行。

(一)目标设定

小企业应当围绕控制目标,以风险为导向确定内部控制建设的领域,设计科学合理的控制活动或对现有控制活动进行梳理、完善和优化,确保内部控制体系能够持续有效运行。

(二)风险识别

小企业应当恰当识别与控制目标相关的内外部风险,如合规性风险、资金资产安全风险、信息安全风险、合同风险等。

(三)风险分析

小企业应当采用适当的风险评估方法,综合考虑风险发生的可能性、风险发生后可能造成的影响程度以及可能持续的时间,对识别的风险进行分析和排序,确定重点关注和优先控制的风险。

常用的风险评估方法包括问卷调查、集体讨论、专家咨询、管理层访谈、行业标杆比较等。

(四)风险应对

小企业应当根据风险评估的结果,制定相应的风险应对策略,对相关风险进行管理。风险应对策略是对已经识别的风险进行定性分析、定量分析和风险排序后制定应对措施的整体策略。风险应对策略一般包括风险规避、风险降低、风险分担、风险接受等四种策略(详见第三章)。

上述四种策略选择时需要考虑风险偏好和风险承受度。在确定风险及其应对策略时,还需要考虑各种因素的主次关系和轻重缓急。一般可以从经济事项的金额、复杂程度和发生频率等角度进行考量，即金额大的、业务复杂的、经常出现的经济事项需要最大限度地加以防范；同时，应当结合考虑风险所导致的偏差的程度、损失承受程度以及对关键制衡点的认知程度、信息化手段的利用程度等。

案例10-2　中小企业抗风险重在强能力①

中小企业是稳定经济基本盘的重要基础，也是推动创新的主要力量，服务和培育中小企业发展始终是稳增长、稳就业、稳预期的关键。当前，中小企业需要进一步增强抗风险能力，推动自身发展。

中小企业抗风险，关键在于强能力。

一方面，企业要有内生动力。在抓好自身建设的同时，盯紧政策导向，时刻关注行业发展趋势，提高适应市场变化和需求的能力。中小企业要有忧患意识，在坚持做好主业的基础上，多关注日常经营过程中的风险点。首先，企业应重视财务管控。对于中小企业来说，现金流就是生命线，一旦外部情况发生变化，造成订单减少或供应链不稳定，现金流紧张、资金链断裂的风险就会增高。因此，中小企业要根据市场变化，时刻关注现金流的可持续性，综合利用各种资源改善现金流，避免资金链断裂。其次，企业应重视转型创新。目前，各地都在大力推进中小企业数字化转型，疫情过后，企业更加意识到业务数字化、流程在线化的重要性。近期上海推出的中小企业“工赋伙伴”计划值得借鉴，该计划通过打造数字化服务专员队伍和联合体，培育细分领域专业数字服务商，推动中小企业上平台、上云，最终帮助和支持中小企业实现数字化转型。

另一方面，外部政策要及时跟进，积极为企业创造良好营商环境，增强企业服务的主动性有效性，从企业急难愁盼问题入手，激活发展动力和创新活力。2023年年初，国务院印发《助力中小微企业稳增长调结构强能力若干措施》，各地也跟进推出了支持中小微企业发展的具体措施，其核心都是为中小企业纾困。比如，要持续加大对中小微企业的金融支持力度，引导金融机构增加对中小微企业信贷投放；落实减税降费、稳岗返还等政策，减轻企业经营压力。

同时，还要通过政策引导为中小企业创造更大的市场空间和需求。很多地方都注重营造大中小企业融通发展的生态环境，围绕大企业、大市场、大产业开展大中小企业融通工作，以大帮小、以强扶弱，构建大中小企业相互依存、相互促进的发展生态。

小企业应当将内部控制作为降低风险的主要手段，在权衡成本与效益后，采取适当的控制措施将风险控制在本企业可承受的范围内。小企业应当持续优化内部控制与风险管理机制，根据实际情况不断完善和调整相关措施，确保内部控制和风险管理工作的有效性和针对性。

小企业应当综合考虑风险发生的可能性、风险发生后可能造成的影响以及可能持续的时间，对识别的风险进行分析和排序，确定应重点关注和优先控制的风险。《小企业内部控制》要求小企业在建立与实施内部控制时重点关注下列管理领域，并应当根据自身业务活动的具体内容与繁简程度等有针对性地进行管控：①资金管理；②重要资产管理（包括核心

① 李景：《中小企业抗风险重在强能力》，《经济日报》2023年5月30日。

技术）;③债务与担保业务管理;④税费管理;⑤成本费用管理;⑥合同管理;⑦重要客户和供应商管理;⑧关键岗位人员管理;⑨信息技术管理;⑩其他需要关注的领域。

小企业应当关注的重点领域是在不断变化的,小企业应当通过风险识别与评估程序予以确认,并注意与时俱进。

三、控制活动

小企业在建立内部控制时,应当根据控制目标,按照风险评估的结果,结合自身实际情况,制定有效的内部控制措施。

《小企业内部控制规范（试行）》规定:“内部控制措施一般包括不相容岗位相分离控制、内部授权审批控制、会计控制、财产保护控制、单据控制等。”

（一）不相容岗位相分离控制

不相容岗位相分离控制要求小企业根据国家有关法律法规的要求及自身实际情况,合理设置不相容岗位,确保不相容岗位由不同的人员担任,并合理划分业务和事项的申请、内部审核审批、业务执行、信息记录、内部监督等方面的责任。

因资源限制等原因无法实现不相容岗位相分离的,小企业应当采取抽查交易文档、定期资产盘点等替代性控制措施。

（二）内部授权审批控制

内部授权审批控制要求小企业根据常规授权和特别授权的规定,明确各部门、各岗位办理业务和事项的权限范围、审批程序和相关责任。常规授权是指小企业在日常经营管理活动中按照既定的职责和程序进行的授权。特别授权是指小企业在特殊情况、特定条件下进行的授权。小企业应当严格控制特别授权。

小企业各级管理人员应当在授权范围内行使职权、办理业务。

（三）会计控制

会计控制要求小企业严格执行国家统一的会计准则制度,加强会计基础工作,明确会计凭证、会计账簿和财务会计报告的处理程序,加强会计档案管理,保证会计资料真实完整。

小企业应当根据会计业务的需要,设置会计机构;或者在有关机构中设置会计人员并指定会计主管人员;或者委托经批准设立从事会计代理记账业务的中介机构代理记账。

小企业应当选择使用符合《中华人民共和国会计法》和国家统一的会计制度规定的会计信息系统（电算化软件）。

（四）财产保护控制

财产保护控制要求小企业建立财产日常管理和定期清查制度,采取财产记录、实物保管、定期盘点、账实核对等措施,确保财产安全完整。

（五）单据控制

单据控制要求小企业明确各种业务和事项所涉及的表单和票据,并按照规定填制、审核、归档和保管各类单据。

小企业应当根据内部控制目标,综合运用上述内部控制措施,对企业面临的各类内外部风险实施有效控制。

小企业在采取内部控制措施时，应当对实施控制的责任人、频率、方式、文档记录等内容做出明确规定。

有条件的小企业可以采用内部控制手册等书面形式来明确内部控制措施。

小企业可以利用现有的管理基础，将内部控制要求与企业管理体系进行融合，提高内部控制建立与实施工作的实效性。

需要强调的是，当发生下列情形时，小企业应当评估现行的内部控制措施是否仍然适用，并对不适用的部分及时进行更新和优化：一是小企业的战略方向、业务范围、经营管理模式、股权结构发生重大变化；二是小企业面临的风险发生重大变化；三是关键岗位人员的胜任能力不足；四是其他可能对小企业产生重大影响的事项等。当以上情形发生时，小企业的负责人应当具有内部控制的敏感性，及时审视现有的内部控制制度是否完善、能否防范风险、是否需要更新内部控制版本等。

案例 10–3 华为走自立自控自强之路①（思政案例）

企业能否活下去，取决于自己，而不是别人。活下去，不是要苟且偷生，而是要健康安全。活下去并非易事，要健康地活下去则更难，因为企业每时每刻都在面对外部变幻莫测的环境、激烈的市场竞争和内部复杂的人际关系等。企业只有在不断自立、自控、自强的过程中才能活下去。

1987 年，华为技术有限公司（简称华为）创立于深圳，是一家只有 6 名员工和 21 000 元资本金的小企业，到了 2008 年，其被商业周刊评为全球十大最有影响力的企业。2018 年 7 月 31 日，华为荣获 2018 年第三十二届中国电子信息百强企业排名第一位。2019 年 8 月 22 日，全国工商联在青海西宁发布了《2019 年中国民营企业 500 强报告》，华为以 7 212 亿元的营业收入当之无愧地成为“中国民企 500 强”榜首，这已是华为蝉联“中国民企 500 强”榜首的第四年。三十多年来，华为之所以越活越强，与其主动管控、积极应对休戚相关。

一家致力于持续稳定发展的企业必然重视内部控制，任何从小到大持续发展的企业都应如此。华为从一家默默无闻的小企业一跃成为热门企业，其管理控制方针是通过建立健全管理控制系统和必要的制度，确保企业战略、政策和文化的统一性。在此基础上对各级主管充分授权，形成一种既有目标牵引和利益驱动，又有程序可依和制度保证的活跃、高效和稳定的局面。

在华为推行内部控制之初，财经工作曾被视为业务的对立面，内部控制的目的似乎会阻止业务的高效开展。在混沌和迷茫中，华为渐渐找准了自己的定位，提出“内部控制价值要体现在经营结果改善上”的管理目标，并沿着这个目标把内部控制工作揉细了、掰碎了，一个一个区域、一个一个组织逐个讲解、逐个沟通，逐个确定本领域、本组织的内部控制工作目标。有了目标，就要承诺；有了承诺，就要实现；内部控制管理在经营活动中渐渐扎了根、发了芽，一线团队也渐渐接受了内部控制概念，愿意沿着内部控制的管理要求开展工作。

为了使控制工作发挥有效的作用，华为遵循了以下基本原理。

一是组织适宜性原理。一个组织的结构设计越是明确、完整和完善，所设计的控制系统

① 李敏:《小企业内部控制——自主管控的路径与方法》，上海财经大学出版社，2021，第 29-31 页。

越是符合组织机构中的职责和职务要求,就越有助于纠正脱离计划的偏差。

二是控制关键点原理。为了进行有效的控制,需要特别注意在根据各种计划衡量工作成效时有关键意义的因素(关键点)。华为要求主管人员将注意力集中于计划执行中的一些主要影响因素,而不应随时注意计划执行情况的每一个细节。因为控制住了关键点,也就控制住了全局。

三是例外原理。主管人员应注意一些重要的例外偏差,也就是把控制的主要注意力集中在那些超出一般情况的特别好或特别坏的情况,从而实现高效率的控制。例外原理必须与控制关键点原理相结合,即应把注意力集中在关键点的例外情况上。

四是控制趋势原理。控制全局的主管人员应着重注意现状所预示的趋势,而不是现状本身。控制变化的趋势比仅仅改善现状重要得多。趋势是多种复杂因素综合作用的结果,是在一段较长的时间内逐渐形成的,并对管理工作的成效起着长期的制约作用。趋势往往容易被现象所掩盖,不易被觉察,也不易控制和扭转。不能当趋势可以明显地描绘成一条曲线,或是可以描述为某种数学模型时再进行控制,而应从现状中揭示倾向,特别是在趋势刚显露苗头时就进行控制。

五是反映计划要求原理。控制是实现计划的保证,控制的目的之一是实现计划,计划越是明确、全面、完整,所设计的控制系统越能反映计划,控制工作就越有效。每一项计划和每一种工作都各有特点,对于其控制标准的确定,控制关键点和主要参数的选择所需信息的种类和收集的方式、评定工作成效的方法等,都必须根据不同计划的特殊要求和具体情况来确定。

华为主张强化管理控制,同时认识到,偏离预算(或标准)的行动未必是错误的,单纯奖励节约开支的办法不一定是好办法。华为鼓励员工和部门主管在管理控制系统不完善的地方,在环境和条件发生变化的时候,按华为宗旨和目标的要求,主动采取积极负责的行动。经过周密策划、共同研究,在实施过程中遇到挫折应得到鼓励,发生失败不应受到指责。

华为对发展中的风险念念不忘,谨慎小心,防患于未然。1997 年,在华为创立 10 年之际,创始人任正非深有感触地说:"10 年来,我天天思考的都是失败,对成功视而不见,也没有什么荣誉感、自豪感,只有危机感。也许是这样,才存活了 10 年。"2001 年,任正非在散文《北国之春》中写道:"华为经历了十年高速发展,能不能长期持续发展? 会不会遭遇低增长,甚至是长时间的低增长? 企业的结构与管理上存在什么问题? 员工在和平时期快速晋升,能否经受得起冬天的严寒? 快速发展中的现金流会不会中断,如在江河凝固时,有涓涓细流,不致使企业处于完全停滞?……这些都是企业领导人应预先研究的。华为总会有冬天,准备好棉衣比不准备好。我们该如何应对华为的冬天?"这种"生于忧患,死于安乐"的危机意识根植于华为的企业文化中。

华为针对战略风险、运营风险、财务风险构筑起三层防护,沿着每项业务活动建立起包括行政长官、内部控制和稽查、审计三道防线,并通过 CFO 组织、账务组织和资金组织三个独立组织来落实管控工作。

慎终如始,内无妄思,外无妄动,则无败事。华为之所以倡导居安思危,是因为危中有机,机中有危,是危机感延续了华为的生命,驱动华为由小到大、不断成长,华为至今还在研究"如何活下去",并寻找"活下去"的理由和"活下去"的价值。因为增长不等于发展,更不等于可持续发展。

四、信息与沟通

小企业在实施内部控制的过程中，可以采用灵活适当的信息沟通方式，以实现小企业内部各管理层级、业务部门之间，以及与外部投资者、债权人、客户和供应商等有关方面之间的信息畅通。

内外部信息沟通方式主要包括发函、面谈、专题会议、电话等。

小企业应当通过加强人员培训等方式，提高实施内部控制的责任人的胜任能力，确保内部控制得到有效实施。

五、内部监督

小企业在监督的方式方法上可以权衡得失，考虑成本 - 效益等问题，但不能没有监督，也不能让监督形同虚设。小企业内部控制活动要有效果，就要配以一定的监督，最好能够结合自身实际情况和管理需要建立适当的内部控制监督机制，对内部控制的建立和实施情况进行日常监督和定期评价。持续有效的监督检查实质上是对内部控制现状的再评估，可以促使控制行为持之以恒，并增强内部控制的内生动力。小企业应通过履行监督检查程序跟踪内部控制缺陷整改情况，确保整改责任方及时采取整改措施。对于无法整改或无法及时整改的缺陷，小企业应评估相关人员的胜任能力以及内部控制设计的合理性，进而对内部控制活动作出相应的调整，推动小企业内部控制体系的持续完善和优化。

小企业还应当结合业务特点建立有效的问责机制，将内部控制的相关责任传达、落实到部门和员工，并将对内部控制实施的考核纳入小企业绩效考核的范围，促进内部控制的有效实施。绩效考核所采用的指标应适当，避免对员工产生过度压力而诱发舞弊和不当行为。

（一）小企业日常监督重点关注情形

对于日常监督中发现的问题，小企业应当分析其产生的原因以及影响程度，制定整改措施，及时进行整改。针对小企业目前开展内部控制的现状，在开展内部控制日常监督时，应当重点关注以下 6 种情形。

1. 因资源限制而无法实现不相容岗位相分离

小企业通常资源有限，可能无法像大型企业那样投入大量人力、物力进行内部控制建设。因此，在某些情况下，小企业可能因为资源限制而无法实现不相容岗位相分离，即无法将某些岗位的职责和权限完全分开，可能会出现职责重叠或权限不清的情况。这种情况可能会增加企业内部风险，如舞弊风险、决策风险等。因此，在开展日常监督时，小企业应该重点关注这些关键职能的分工和监督机制，确保职责明确、权限合理分配，并采取适当的措施来降低风险。

2. 业务流程发生重大变化

小企业的业务流程相对较为简单，但在某些情况下，这些业务流程可能会发生重大变化，例如，企业进行重组或合并、业务流程自动化改造完成、生产线调整等。这些变化可能会导致原有内部控制体系失效或部分失效，从而带来新的风险和挑战。因此，在开展日常监督时，小企业应当重点关注业务流程是否发生变化，以及变化是否带来新的风险点，并及时调整内部控制体系以适应新的业务需求。

3. 开展新业务、采用新技术、设立新岗位

小企业在发展过程中，可能会开展新业务、采用新技术或设立新岗位。这些变化可能会给企业带来新的机遇和挑战。例如，新业务的开展可能需要投入大量资金和人力物力资源，新技术的采用可能需要重新培训员工或调整生产流程；新岗位的设立可能需要重新制定工作职责和权限，等等。这些变化都可能给企业带来新的风险点，因此需要在日常监督中进行重点关注。

4. 关键岗位人员胜任能力不足或关键岗位出现人才流失

关键岗位人员是企业内部控制的关键因素之一。如果这些人员的胜任能力不足或出现人才流失，可能会直接影响内部控制的有效性和企业的正常运营。因此，在日常监督中，小企业应当重点检查关键岗位人员的胜任能力、职业道德和工作表现，及时发现并解决问题。同时，小企业还应该建立有效的人才管理机制，留住关键岗位人员，减少人才流失的风险。

案例 10-4 销售经理与财务经理的欺诈游戏：小企业的损失与诚信的缺失（思政案例）

李某是某小企业的销售经理，与公司的财务经理张某关系较好。2022 年初，李某的赌债越来越多，他急需一大笔钱来还债。李某知道，公司的销售提成是每季度结算一次的，而且财务经理张某对他非常信任。于是，李某与张某合谋，利用职务之便，伪造了销售记录，夸大销售金额，以获取额外的销售提成。由于张某在财务部门有很高的权限，他轻易地避开了内部控制，将伪造的销售记录加入正式的记录。就这样，两人连续三个季度共骗取公司近 15 万元的销售提成。到了年底审计时，这一欺诈行为才被发现，李某和张某随即被警方逮捕。

启示：对于小企业的日常监督，关键岗位人员的管理尤为重要。在上述案例中，李某和张某都是公司的关键岗位人员，他们分别掌握销售和财务的核心信息。由于公司对他们的过于信任，加上内部控制的日常监督存在疏漏，所以他们可以轻易地合谋欺诈公司。李某和张某的行为明显违背了诚信原则，他们的行为不仅损害了公司的经济利益，还可能影响公司的声誉和客户关系。诚信是企业文化的基石，因此企业在招聘关键岗位人员时，除了考察其专业技能和经验外，还需要对其背景和道德观念进行深入调查。另外，树立正确的职业道德观念对于关键岗位人员来说尤为重要。在案例中，如果李某和张某有正确的职业道德观念，他们就不会为了个人私利而损害公司的利益。因此，企业应该定期对员工进行职业道德培训，强调诚信、尽责和守法的重要性。

总之，加强内部控制的日常监督是防止类似欺诈事件再次发生的关键。企业应该建立严格的审批流程，对关键岗位人员的操作进行实时监控和审计。此外，企业还可以建立举报机制，鼓励员工之间互相监督，及时发现和报告可疑行为。

5. 可能违反有关法律法规

小企业在经营过程中，应当遵守相关法律法规的规定。如果企业违反了有关法律法规，可能会受到罚款、信誉损失等惩罚。因此，在日常监督中，小企业应当重点检查内部是否存在违反法律法规的情况，并及时采取措施加以纠正。

6. 其他应通过风险评估识别出存在的重大风险

除了以上五种情况外，小企业还应该通过风险评估来识别其他可能存在的重大风险。例如市场环境变化、政策法规调整等都可能给企业带来新的挑战和风险点。在日常监督中小企业应当及时发现并处理这些风险点以保证企业的稳健运营。风险评估可以帮助小企业全面了解内部控制的现状和潜在风险，并制定相应的控制措施。小企业可以根据自身的特点和行业特点，结合风险评估的方法和工具，对内部控制进行全面的评估和改进。

（二）小企业内部控制监督的注意事项

1. 小企业应当选用具备胜任能力的人员实施内部控制监督

在小企业内部控制建设中，选用具备胜任能力的人员实施内部控制监督是非常重要的。内部控制监督是小企业确保内部控制的有效性而进行的一项重要活动，需要具备专业知识和技能的人员来承担。首先，小企业应当明确内部控制监督的职责和要求，并根据自身情况选择具备胜任能力的人员来实施监督。这些人员要具备相关的专业知识和技能，例如财务、审计、法律等方面的知识，以及丰富的实践经验和判断力，以确保能够发现和解决内部控制的问题。其次，小企业可以通过内部培训、招聘或外部引进等方式来获取具备胜任能力的人员。小企业需要对这些人员经过相关的培训和考核，以确保他们具备必要的专业知识和技能，并且能够胜任内部控制监督的职责。最后，小企业应当保持内部控制监督人员的独立性和客观性。这些人员应当独立于其他部门和人员，并且能够客观地评估和监督内部控制的有效性。这样可以确保监督结果的客观性和准确性。

2. 实施内部控制的责任人开展自我检查不能替代监督

在小企业中，实施内部控制的责任人通常是企业的领导或管理层。自我检查是指责任人对自身所负责的内部控制进行评估和检查，以确保其有效性。自我检查虽然可以帮助责任人了解内部控制的有效性，但可能会存在主观偏见或利益冲突等问题，导致检查结果不够客观和准确。此外，自我检查可能无法发现一些潜在的风险和问题，因为责任人可能会忽略或隐瞒这些问题。

因此，监督机制是必不可少的。监督可以由内部或外部的独立人员或机构来进行。他们具有独立的观察和评估能力，能够客观地审查和评估内部控制的有效性，并提供建议和改进措施。监督机制可以增加内部控制的透明度和可信度。它可以发现责任人未能发现的问题，并及时采取措施加以解决。同时，监督机制还可以提供一种制衡机制，防止责任人滥用职权或违反内部控制要求。

综上所述，在小企业内部控制建设中，实施内部控制的责任人应该进行自我检查，同时还需要接受内外部监督，以确保内部控制的有效性和客观性。监督机制的存在可以弥补责任人的局限性，通过内外部的共同努力，才能建立完善、有效的内部控制体系，促进小企业的稳健运营和发展。

3. 具备条件的小企业，可以设立内部审计部门（岗位）或通过内部审计业务外包来提高内部控制监督的独立性和质量

没有监督检查，制度和措施就可能流于形式。目前，大部分小企业未设立内部审计机构或岗位，即使有，也往往形同虚设，无法保证其应有的独立性和权威性，应有的程序、测试和

评价更是流于形式，没有发挥监督应有的功能。所以，建立与健全对内部控制的监督机制是必要的。具备条件的小企业可以设立内部审计部门（岗位），它是指在小企业内部设置专门的机构或专门（或兼职）人员进行查核和监督的部门，是对能否实施以及如何实施内部牵制的监督与保障。此外，小企业还可以通过内部审计业务外包的形式提高内部控制监督的独立性和质量，或可以委托会计师事务所对内部控制的有效性进行审计。

六、内部控制评价

内部控制评价一般是对内部控制现状进行分析评估、形成评价结论、出具评价报告的过程，一般要求通过对企业层面和业务层面（包括内部控制各要素）的测试与分析，发现内部控制缺陷，督促及时改进，促进内部控制机制健全和完善。

从正面分析，一家小企业内部控制的有效性主要包括设计有效和执行有效两个方面。设计有效是指在内部控制体系的控制措施设定上做了合理的要求，即某项控制措施由拥有必要授权和专业胜任能力的人员按照规定的程序及要求执行，能够实现控制目标，则表明该项控制的设计是有效的。执行有效是指所有人员都严格按照流程和制度的要求运行相应的内部控制措施，即如果某项控制正在按照设计运行，执行人员拥有必要授权和专业胜任能力，能够实现控制目标，则表明该项控制的运行是有效的。

从反面分析，一家小企业内部控制的有效性存在缺陷，按其成因可分为设计缺陷和运行缺陷两个方面。设计缺陷是指缺少为实现控制目标所必需的控制，或现存的控制不适当、不合理以及未能满足控制目标，包括设计不全面而遗漏、设计不正确而难以执行等。运行缺陷是指设计合理及有效的内部控制在运作上没有被正确地执行，包括未按设计意图运行、不恰当执行或违规操作等。例如，物资采购申请金额已超其采购权限，却未向上级单位申请安排大宗物品采购，这里存在权限管理的规定，但未在实际操作中被妥善执行。

小企业应当重视自我评价，至少每年开展一次全面系统的内部控制评价工作，并根据自身实际需要开展不定期专项评价；也可以根据年度评价结果，结合内部控制日常监督情况，编制年度内部控制报告，并提交小企业主要负责人审阅。内部控制报告至少应当包括内部控制评价的范围、内部控制中存在的问题、整改措施、整改责任人、整改时间表及上一年度发现问题的整改落实情况等内容。

年度终了，小企业应当根据年度评价结果，结合内部控制日常监督情况，编制年度内部控制报告，提交小企业的主要负责人审阅。小企业的主要负责人应当主动参与这项工作。内部控制报告至少应当包括内部控制评价的范围、内部控制中存在的问题、整改措施、整改责任人、整改时间表及上一年度发现问题的整改落实情况等内容。内部控制评价内容应当与内部控制监督结果一起纳入绩效考核的范围，从而促进内部控制的有效实施，并形成三者之间的良性互动。

思考题

1. 小企业内部控制的原则有哪些?
2. 简述小企业建立与实施内部控制的总体要求。
3. 企业内部控制的方法有哪些?
4. 小企业内部控制监督的基本要求有哪些?

第十一章　数智化时代的内部控制

学习目标

知识目标：了解数智化对内部控制的挑战；了解人工智能技术在企业内部控制中的应用优势；知悉企业数智化应对。

技术目标：掌握数智化下内部控制体系的构建，能够识别数智化时代下的新风险，并能够采取有效的控制措施进行防控。

思政目标：领会习近平总书记关于人工智能与社会治理的重要论述，坚定“四个自信”，塑造创新思维。

引例　新一代人工智能给国家治理带来新机遇[①]（思政案例）

习近平总书记指出“要加强人工智能同社会治理的结合，开发适用于政府服务和决策的人工智能系统”“运用人工智能提高公共服务和社会治理水平”。人工智能是新一轮科技革命和产业变革的重要驱动力量。在移动互联网、大数据、超级计算、传感网、脑科学等新理论新技术的驱动下，人工智能呈现出深度学习、跨界融合、人机协同、群智开放、自主操控等特征，正在对经济社会发展、国家治理、国际格局等产生重大而深远的影响。推动新一代人工智能在我国国家治理中的深度运用，需要全面认识其给国家治理带来的机遇和挑战，主动识变应变求变，为国家治理现代化增添动力。

新一代人工智能不仅自身在快速发展，而且与其他领域紧密互动、融合创新，给我国国家治理带来广泛影响。一方面，新一代人工智能为国家治理中的上下互动、相互协调等提供重要工具。另一方面，它带来技术规范、科技伦理和社会风险等方面的问题和挑战，自身也成为新的治理对象，需及时制定规范，引导其有序发展。我们可以从信息传递、治理结构、沟通方式三个方面来把握新一代人工智能给国家治理带来的影响。

新一代人工智能提高信息传递效率。人工智能是充分挖掘数据要素价值、应用数据并产生新数据的强大工具。特别是融合了语言、文字、图片、视频等诸多信息形态的新一代人工智能技术，在大模型、大算力支持下可以实时完成数据分析、生成成果并即时发布，在以秒为单位的时间内完成面向全球的信息发布与传递，极大提高信息分析与传递效率，对提高工作效率和治理效能产生强大的推动力。高效、及时的信息传递方式对提高治理的精准性也有较大价值。比如，一些城市运行的数据大脑，基于人工智能强大的算法和技术，对100多种交通乱象进行分析，找出规律性，判断交通的堵点、乱点和事故隐患，并不断优化交通信号

灯的配时方案，有效提升道路的通行效率。在新一代人工智能的支撑下，加速信息收集、处理和传递的过程，及时获取准确数据和信息，可以作出更科学的决策，进一步优化资源配置。

① 潘教峰：《新一代人工智能给国家治理带来新机遇（观察者说）》，《人民日报》2023年11月3日。

新一代人工智能助推形成新的治理结构。当前,新一代人工智能正在深刻改变社会生产生活方式,引发治理结构变革。例如,在政府与社会关系上,凭借海量数据、超级算力和智慧功能打造出多种多样的平台或服务界面,新一代人工智能将改变政府与社会互动的方式,以智能化、一体化的政务服务平台构建起新的治理结构。以往人们办事,需要自己找对相关部门。通过智能化平台,人们只需明确自己要办什么事,便能实现与相关部门的对接。以往人们办理一件事可能需要跑几个部门,而智能化平台可以高效协调各部门,实现全时空、跨领域、跨部门的综合服务,推动治理和服务重心下移,提高行政能力与效率。在这种情况下,需要关注并深刻理解新一代人工智能对治理结构的影响,创新行政管理和服务方式,对技术发展作出及时、有效、合理的回应。比如一些城市推行的"一网统管"改革,使用数字技术感知城市运行,通过加强部门协同提升城市治理能力,构建起"一屏观天下""一网管全城"的城市数智化治理体系。面向未来,可积极探索,逐步积累经验,构建适应新一代人工智能等新技术发展趋势的治理体系,提升治理整体效能。

新一代人工智能催生新的沟通方式。当前,新一代人工智能正在科研、贸易、交通、医疗等诸多场景中改变人们沟通的方式。生成式人工智能带来人工智能通用型技术的重大突破,正引发新一轮智能化浪潮。其"活字典"、移动的"大百科全书"的特性,加上越来越接近人类水平的语言理解和生产能力,让其"答复"既有常识性,又呈现出集成创新性。生成式人工智能在商用搜索引擎和办公软件等诸多方面的应用及迭代升级,让人们看到将其引入政务服务平台的广阔前景。未来,人机界面沟通方式将极大提高数字政府的办公效率。它可以调用数字政府后台大数据进行实时分析,向决策者呈现全面、准确、客观的数据与规范性分析报告,甚至可能助力决策者实现全息的决策科学分析。引入和应用生成式人工智能,将改进决策流程并提高决策效率。"十四五"规划纲要提出:"全面推进政府运行方式、业务流程和服务模式数智化智能化""加快构建数字技术辅助政府决策机制。"新一代人工智能可以提供更多场景的人机界面、线上沟通、远程办理等政务功能,打破时间空间限制,大幅提高决策与执行效率,为构建协同高效的政府数智化履职能力体系提供有力支撑。

新一代人工智能带来的治理挑战也不容忽视。比如,数据泄露、技术滥用等问题,给国家安全和社会稳定带来挑战。数智化进程中由公众数字能力差异引发的数字鸿沟问题,也会给社会公平带来挑战。因此,要建立健全保障人工智能健康发展的法律法规、制度体系、伦理道德,促进人工智能健康发展和规范应用,努力实现规范与发展的动态平衡,把新一代人工智能带来的机遇更好转化为推进国家治理现代化的动力和效能。

在移动互联网时代,国内外的事务所相继引入了审计和财务机器人,将人工智能技术和财务与审计工作相结合。相比于人工,审计与财务机器人能够占用少量的人力资源,降低工作成本,且具备较高的工作效率和精确度,对传统的审计和财务会计行业形成了极大的冲击。

新时代的内部控制应该积极进行技术研发工作,充分利用区块链、人工智能、大数报和云平台等新技术作为支撑,打破时间和空间限制,打造服务清单式的标准化平台,由项目制转变为产品制,为客户提供高效优质的服务。

数智化对内部控制的挑战源于两方面,一方面,数智化改变了企业的管理模式,使得企业原先面临的风险发生了较大的变化;另一方面,数智化改变了内部控制,如控制活动的方式等。这些变化均对企业的内部控制体系建设带来了巨大的挑战。

第一节 数智化时代内部控制的内容

一、数智化时代内部控制的新要求和建设策略

（一）数智化时代内部控制应具有可追溯性

传统的内部控制设计思路是假定人会发生失误和舞弊，通过设计健全的内部控制来限制人的行为，包括职权限制、资产接触限制、流程签名、第三人复核确认等方式，最大限度地提高舞弊行为被发现的概率和舞弊的成本。然而，由于技术的限制，传统的内部控制往往存在被绕过或管理层权力凌驾于内部控制之上的情况，导致内部控制流于形式。在数智时代，企业内部控制需要整体重构思想，最大限度地减少人的参与，将容易发生舞弊和失误的操作交给计算机系统执行；对于必须由人管理、决策和授权的工作，可以通过技术保证可追溯性和不可抵赖性。例如，利用区块链技术开具的发票、单据等，从区块链的原理就可以保证开票人的电子签名无法篡改，从而可以通过追踪留痕来追责。这种方式相比于传统上使用印章、签名可能被伪造、模仿等方式，大幅提升了安全性，降低了员工舞弊的可能性，提高了内部控制的安全性和有效性。在资产物理安全性方面，传统上使用登记等方式进行接触监督，而数智时代的内部控制可以利用指纹识别、面部识别等方式保证企业的资产难以被挪用。在企业数据和商业机密的安全性方面，数智时代的内部控制可以通过信息权限等方式限制接触信息的范围，并且可以通过加密等方式防止数据被复制和移动。

（二）数智化时代内部控制应确保数据稳定性

在建立数智时代企业内部控制体系时，很多企业本身并不是互联网企业，而是传统的制造业企业，因此对数据安全稳定的维护经验不足。数智化时代内部控制体系的数据稳定性是确保企业运营稳定和数据安全的关键因素。在数智化时代，企业运营高度依赖于数据，数据的丢失或损坏都可能对企业的运营产生重大影响。因此，确保内部控制的数据稳定性至关重要。

（1）数据稳定性意味着数据在存储、传输和处理过程中的可靠性。在数智化时代，企业需要采用先进的数据存储技术，如分布式存储、云存储等，以确保数据的安全性和可靠性。同时，企业还需要建立完善的数据备份和恢复机制，以防止数据丢失或损坏。

（2）数据稳定性还涉及数据的完整性和一致性。在数智化时代，企业需要采用先进的数据校验和完整性控制技术，确保数据的准确性和一致性。同时，企业还需要建立完善的数据监控机制，及时发现和解决数据异常情况。

（3）数据稳定性还涉及数据的安全性和隐私保护。在数智化时代，企业需要加强对数据的加密和访问控制，确保数据的安全性和隐私保护。同时，企业还需要建立完善的数据泄露应急机制，以应对可能的数据泄露事件。

为了确保内部控制体系的数据稳定性，企业需要采取一系列措施。首先，企业需要建立完善的数据管理制度和技术标准，明确数据的存储、传输和处理规范。其次，企业需要加强

对数据安全和隐私保护的培训和教育，增强员工的数据安全意识。最后，企业需要建立完善的数据监控和应急机制，及时发现和解决数据异常情况。

（三）数智化时代内部控制应关注可迭代性

可迭代性指的是内部控制能够适应环境和业务需求的变化，进行持续的改进和优化。首先，数智化时代的企业运营环境处于不断变化之中，技术的更新换代速度很快。这就要求企业的内部控制能够及时跟上技术的变化，进行技术的革新迭代，以保证内部控制的有效性和适应性。例如，随着人工智能和大数据技术的发展，企业可以利用这些新技术对内部控制进行数据分析和智能监控，提高风险识别和预防的能力。其次，数智化时代的业务需求和模式也在不断变化，企业需要根据业务需求的变化来调整和优化内部控制。例如，随着电子商务和移动互联网的普及，企业的销售渠道和客户服务模式都发生了变化，内部控制也需要相应地进行调整，以适应新的业务模式。

为了保证内部控制的可迭代性，企业需要采取一系列措施。首先，企业需要建立一种持续改进的文化，鼓励员工提出改进意见和建议，以便及时发现和解决内部控制中存在的问题。其次，企业需要加强对新技术和新业务模式的研究和了解，及时掌握最新的技术和业务动态，为内部控制的改进提供有力的支持。此外，企业还需要建立一种灵活的内部控制架构，便于根据需要进行调整和优化。

二、数智化时代整体层面的内部控制

（一）数智化时代内部环境变化情况

在数智化时代，企业的内部环境变得更加复杂，因为智能技术的应用使得企业的组织架构、发展战略、企业文化等方面都需要进行适应性的调整。

（1）组织架构。随着数字化的发展，企业需要建立适应数字化环境的组织架构。例如，许多企业已经开始使用智能化软件，并利用流程软件来完成业务流程的固化，并遵循系统的流程去操作。此外，数字化转型产生了新的技术和系统，需要建立与之相适应的新的组织架构。

（2）发展战略。在数智化时代，企业的发展战略应更加注重创新和转型。例如，大数据、人工智能等新一代信息技术的应用，使得产品被场景替代、行业被生态覆盖，工业互联网成为驱动经济发展的新引擎。因此，企业需要把握数智时代的发展机遇，及时赋能企业内部控制的应用与决策。

（3）人力资源。数智化时代对人力资源提出了新的要求。随着数字化系统的参与，企业可以通过自动化的方式进行内部控制的评估和审计，提高效率和准确性。这就要求员工具备一定的数字化技能，以适应这一变化。

（4）社会责任。在数智化时代，企业的社会责任也发生了变化。例如，企业在进行数字化转型的过程中，需要考虑其对社会、经济和环境的影响，确保其发展符合可持续发展的要求。

（5）企业文化。随着数智化的推进，企业文化的建设也被赋予了新的含义。一个开放、包容和创新的企业文化有助于吸引和留住人才，推动企业不断创新和发展。同时，数字化模式本身具有的高效、智能、准确性高、不容易被逾越等特征,也需要企业在企业文化中加以体现。

(二)数智化时代风险评估变化情况

(1)数智化时代的信息处理速度更快,数据量更大,这使得风险评估更加依赖数据分析和人工智能技术。传统上,企业的风险管理内部控制体系往往依赖管理者的经验判断,对于风险决策、可疑交易的识别和预防能力较为有限。在数智化时代,企业可以利用大数据和人工智能技术对风险进行评估。例如,通过收集和分析历史数据、行业数据、竞争对手数据等,企业可以更加全面地了解自身业务的风险状况。同时,企业利用人工智能技术,可以对这些数据进行深度挖掘和分析,发现潜在的风险点和风险趋势,从而更加精准地进行风险评估。

(2)数智化时代的风险更加隐蔽和难以察觉。随着技术的不断发展,一些新型风险也随之出现,如网络安全风险、数据泄露风险等。这些风险往往不容易被传统的方法所发现,因此需要更加先进的技术和方法来进行风险评估。例如,应对网络安全风险。在数智化时代,网络安全风险是企业面临的重要风险之一。为了应对这种风险,企业需要采用先进的技术手段进行风险评估。例如,企业可以建立完善的网络安全防护体系,采用防火墙、入侵检测系统等技术手段来保护自身网络的安全。同时,企业还需要加强对员工的安全培训和教育,提高员工的安全意识和技能水平,以应对可能出现的网络安全事件。又如,为了应对数据泄露风险,企业需要加强对数据的保护和管理。企业可以采用加密技术对数据进行加密存储和传输,确保数据的安全性和保密性。同时,企业还需要建立完善的数据管理制度和技术标准,明确数据的存储、传输和处理规范,防止数据泄露事件的发生。

(三)数智化时代控制活动变化情况

1. 不相容职务分离

传统的不相容职务分离主要指的是不相容岗位的分离,各部门或同一部门不相容职责的相关人员在岗位上相互制约,在工作过程中互相监督,并保证相关权力的制衡。但是随着信息技术的发展,大部分业务流程均通过信息系统流转执行,不相容职务由传统的不相容岗位的分离演变为信息系统内相关权限的不相容职责的分离。由于信息系统操作日志可追溯、可审计,企业可以通过事后的监督及时发现信息系统内的非合规操作。

2. 授权审批控制

(1)审批模式的转变。传统的授权审批通常是通过纸质表单进行,而数智化时代则实现了线上审批。企业内各种办公系统、视频会议、快速扫描和文字识别技术的运用,使得审批过程不再受时间和空间的限制,企业可以随时随地进行审批操作,提高了审批的效率和灵活性。

(2)自动化和智能化。通过信息技术的运用,授权审批控制可以实现自动化和智能化。例如,通过对业务数据的深入挖掘和分析,企业可以提炼出风控规则,实现从人工控制向系统自动控制的转变。对于满足风控规则的销售订单,系统可以自动跳转生成发货通知单,由仓库组织发货;对于不满足风控规则的销售订单,则由人工介入进行处理。这种自动化的审批方式大大提高了管理效率。

(3)数智化时代授权审批控制更加注重风险控制。通过大数据技术和数据分析方法,企业可以对业务数据进行深入挖掘和分析，及时发现潜在的风险因素，并采取相应的控制措施。此外，通过自动化的审批方式，企业可以减少人为干预，降低人为因素带来的风险。

（4）数智化时代授权审批控制更加注重透明度和可追溯性。通过线上审批系统，所有审批过程都可以被记录和追踪，方便后续的审计和检查。这不仅提高了审批的透明度，也增强了内部控制的效果。

3. 预算控制

在数智化时代，预算控制已经从传统的事后分析逐步转变为业务流程前端的事前控制。借助先进的信息技术，企业可以实时收集和分析数据，对预算执行情况进行实时监控。这使得管理层能够及时发现预算偏差，并采取相应的调整措施。此外，通过大数据技术和数据分析方法，企业能够更准确地预测未来市场趋势和业务需求，从而制定更精确的预算计划。

4. 运营分析控制

数智化时代使得运营分析控制更加全面和实时。管理层可以运用生产、采购、销售、投资、融资和财务等各方面的数据，及时将财务数据和非财务数据进行整合挖掘，对企业经营情况进行实时监控和分析。运营分析控制能力较强的企业可以通过实时监控发现经营上的偏差。借助大数据技术优秀的分析能力，企业通过因素对比、趋势对比或者多元回归分析等方法，能够及时了解数据异常的原因并提出改善方法。

5. 绩效考核控制

在数智化时代，绩效考核控制也发生了变化。企业可以利用先进的信息技术，实时收集和分析员工绩效数据。这使得绩效考核更加客观和公正，减少了主观因素对考核结果的影响。同时，通过大数据技术和数据分析方法，企业能够更准确地评估员工绩效，为薪酬、晋升等决策提供更准确的数据支持。此外，数智化时代还强调了员工自我管理和自我激励的重要性，这使得绩效考核更加注重员工的个人发展和成长。

6. 会计系统控制

（1）随着机器人流程自动化技术和人工智能的发展，会计系统控制逐渐实现自动化和智能化。系统能够自动完成大量重复性的工作，如数据录入、凭证生成等，大大提高了工作效率。同时，系统还能够通过智能分析，对数据进行挖掘和利用，为决策提供更准确的数据支持。例如，机器人流程自动化技术的运用已经在一定程度上减轻了财务人员的基础核算负担，有的大型企业的财务共享中心已经实现了 98% 的账务由系统自动过账，从而保证了财务报表的准确性，也达到了较高的业财一体化水平。手工记账不便、效率低下和时间延误等问题基本不存在。有的企业可以在当月 1 日准确地出具上月报表，而在手工记账时代，当月 15 日都不一定能完成上月报表的编制工作。

（2）区块链的运用也将改变会计控制。区块链技术的应用使得会计系统控制更加实时和透明。所有交易记录都被保存在区块链上，任何有权限的人员都可以实时查看和验证交易数据，避免了人为篡改和隐瞒的可能性。这不仅提高了会计信息的可信度，也增强了内部控制的效果。由于区块链基本上是一个无法更改和销毁记录的账本，若一家企业选择将其所有交易记录逐项登记在区块链上，有业务需要的工作人员均能实时在区块链上获取该企业的相关财务信息。区块链在很大程度上减小了注册会计师对财务报表的准确性进行确认的工作量。基于区块链数据不可被篡改的特性，由不信任导致的财务报表失真问题也将基本不存在。

信息技术的发展除了改变了内部控制本身之外，也改变了企业原本固定的内部控制运行模式和现有内部控制活动的方式和重点。

网络银行、电子承兑汇票、银企直连和机器人流程自动化技术使财务管理中大量重复的工作由人工执行变为系统自动执行，直接使企业面临的很多财务相关风险消失了。在费用报销管理方面，目前大部分费用报销系统均能与各大订票平台、酒店预订系统或者互联网采购平台等建立接口。企业员工在费用报销方面不再需要收集发票、粘贴发票并且等待漫长的报销周期，能将更多的时间用于企业的价值创造过程。从企业角度来看，多笔结算和费用报销演变成了一次对账、一次入账、一次支付的流程，大大地降低了经营管理过程中的风险。

（四）数智化时代信息与沟通变化情况

（1）沟通方式的多元化。在数智化时代，人们可以选择多种沟通方式，如短信、语音通话、视频通话、电子邮件、社交媒体等。这些沟通方式各有特点，适合不同的场合和需求，使得人们可以更加灵活地进行沟通。

（2）信息处理的高效性及智能化。数智化技术使得信息传递和信息处理，更加高效、智能化。有些企业开发了供应商或者经销商使用的信息系统客户端，供应商或者经销商可以在系统内下达订单、查询库存或采购进度、发货或者进行验收管理及与发票相关的管理。一方面，信息系统的应用将本应由企业内部员工操作的流程交由外部人员执行，将员工从烦琐、非增值的流程中解放出来；另一方面，经过外部人员处理的信息的可靠性高于仅在企业内或者部门内流转的信息，信息的充分流转进一步降低了发生舞弊行为或者产生错误的风险。

（五）数智化时代内部监督变化情况

（1）监督手段的智能化。在数智化时代，内部监督手段更加智能化。通过运用大数据、人工智能等技术，企业可以实现对业务数据的实时监控和分析，及时发现潜在的风险和问题。这种智能化的监督手段可以提高监督效率和准确性，减少人为因素对监督结果的影响。

（2）监督范围的扩大化。在数智化时代，内部监督的范围也得到了扩大。传统的内部监督主要关注企业的财务、人事等方面，而数智化时代的内部监督则涉及企业的各个方面，包括业务流程、市场营销、客户服务等。这种扩大化的监督范围可以更加全面地了解企业的运营情况和风险状况。

（3）监督方式的多样化。在数智化时代，内部监督方式也变得更加多样化。除了传统的内部审计、专项检查等方式外，企业还可以利用大数据分析、风险模型等方法进行监督。这些多样化的监督方式可以更加灵活地应对各种风险和问题，提高监督的针对性和有效性。

（4）监督结果的数字化。在数智化时代，内部监督结果也实现了数字化。通过将监督结果转化为数据和信息，企业可以更加清晰地了解自身的风险状况和运营情况，为决策提供更加准确的数据支持。这种数字化的监督结果可以提高决策的准确性和效率，更好地推动企业发展。

三、数智化时代业务层面的内部控制

(一)数智化时代业务决策流程重构

在大数据、人工智能、云计算、区块链等技术的落地和协同作用下,企业可以重构采购、资产管理、销售、资金活动、研发等业务流程,实现数智技术赋能的决策系统。

1. 数智化时代采购决策流程

随着供应链逐渐全球化,供应商、合作伙伴和客户之间的界限逐渐变得模糊,形成了一个复杂且一体化的网络。在这个时代,大多数购买体验都可以通过一键完成,客户和员工更喜欢简捷、高效的流程。因此,采购部门需要承担更加广泛和深刻的战略责任,从传统的后台职能部门转变为推动企业数智化转型的核心部门。未来的采购系统将实现无缝的数智化体验,使得供应商、客户和组织能够无缝集成,并通过平台协同、大数据分析和快捷的工作模式,帮助企业在未来的市场竞争中保持领先地位。

数智化时代采购决策流程的变化主要体现在以下几个方面。

(1)数据驱动的决策。在数智化时代,数据成为决策的核心。在采购决策流程中,企业可以通过数据分析来识别供应商的质量和信誉,从而做出更明智的采购决策。同时,通过数据分析,企业可以实时了解市场动态和供应商行为,及时调整采购策略,降低风险。

(2)智能化决策支持。在数智化时代,人工智能、大数据等技术的应用为采购决策提供了更强大的支持。企业可以通过智能化决策支持系统进行数据分析、预测和优化,提高采购决策的准确性和效率。同时,智能化决策支持系统还可以帮助企业实现自动化采购流程,减少人工干预,降低成本。

(3)电子化采购平台。随着电子化采购平台的普及,采购流程变得更加高效和透明。企业可以通过电子化采购平台进行供应商管理、订单跟踪、库存管理等操作,大大提高了采购效率和准确性。同时,电子化采购平台还可以帮助企业实现供应链的可视化和控制,提高供应链的稳定性。

(4)数字化供应链管理。在数智化时代,供应链管理变得越来越重要。在采购决策流程中,企业需要与供应商建立紧密的合作关系,实现供应链的协同和优化。通过数字化供应链管理,企业可以实时了解供应商的生产情况、库存情况等信息,及时调整采购计划,降低库存成本。

2. 数智化时代资产管理决策流程

数智化时代,大数据、云计算、人工智能等技术的快速发展为资产管理决策流程带来了深刻的变革。企业需要充分利用新技术,重构资产管理决策流程,以提高资产使用效率和价值。

(1)数据采集与整合。在数智化时代,企业需要利用各种数据源(如物联网设备、传感器、社交媒体等)收集大量的实时数据。例如,对金额巨大的机器设备、交通工具、生产设备等固定资产,物联网技术可以收集设备耗用、空闲的时间,频次数据,为大型设备器具的成本分摊精确的数据,同时也为大型机器设备的利用率优化提供数据支撑。这些数据需要进行清洗、整合和存储,以便后续的分析和决策。企业可以利用大数据平台和云计算技术实现数据的高效处理和管理。

（2）数据分析与挖掘。通过对收集到的数据进行深入分析，企业可以发现潜在的价值和机会。数据分析方法包括描述性分析、预测性分析、诊断性分析和规范性分析。此外，企业还可以利用机器学习和人工智能技术进行数据挖掘，发现隐藏在数据中的规律和模式。

（3）资产评估与优化。基于数据分析的结果，企业可以对资产进行全面评估，包括资产的价值、风险、效率等方面。通过对比不同资产的性能和价值，企业可以制定优化策略，提高资产的使用效率和价值。例如，为了敏锐了解市场需求变化并及时作出应对，企业可以通过大数据分析、爬虫等方式对市场进行分析，实时调整自身的经营决策，并调控自身的存货水平，实现更低的存货成本。

（4）决策支持与执行。在数智化时代，企业可以利用数据分析和挖掘结果为决策提供有力支持。通过构建智能决策系统，企业可以实现快速、准确的决策。例如，通过数据中台等技术，数智时代赋能下的内部控制能保证企业实际上掌握的资产都能在管理者的面前可视化体现，从而使管理者精准把握未来的生产经营要点。同时，企业还需要建立有效的执行机制，确保决策能够顺利实施。

（5）监控与反馈。在资产管理决策流程中，监控和反馈是非常重要的环节。企业需要实时监控资产的使用情况，及时发现问题并进行调整。例如，实时监控，利用无人机和卫星等技术监控重要物资的安全性和存在性；利用快递机器人节省人力资本的同时降低人为损耗和失误发生的概率和可能性，利用物联网技术实现资产的线上线下联查等。同时，企业还需要收集反馈信息，对决策效果进行评估和改进。

案例11-1　数智技术对销售业务的影响[①]

驱动销售业务数智化转型的核心在于大数据、云计算、5G、物联网、人工智能等技术的应用，而随着这些技术的渗透及商业应用，对销售业务流程中的人、货、场的数智重构影响也越来越深入。

（1）销售业务中“人”的重构。

在销售环节中，“人”是一个要素，其中客户、导购、店长、经销商、品牌商、合作伙伴、投资者等都是“人”的一部分，都会受到信息技术的影响。大数据时代信息技术对人的影响主要体现在用户画像的生成上，用户画像也叫用户信息标签、客户标签。用户画像是指根据用户社会属性、生活习惯和消费行为等信息而抽象出的一个标签化的用户模型。从企业的角度看，根据客户在企业购买物品的行为，可以用一些标签把客户描绘出来，描述客户的标签就是用户画像。构建用户画像的核心工作即给客户贴标签，而标签是通过对客户信息进行分析得来的高度精练的特征标志。因此，通过信息技术影响后的客户，并非某一类人，而是基于大数据用户画像所加载着标签的人，这种信息的展现能够深度还原客户的真实状态，通过大数据对用户画像的描述，从而更细致地了解到客户群体的喜好、对货物的反馈及满意度，且能够实时地对客户做到可识别、可触达、可洞察、可服务，为企业带来更好的销售体验。

（2）销售业务中“货”的重构。

产品能够满足消费者的需求，这是传递企业品牌价值主张的落脚点。在考虑增加产品

① 田高良、李留闯、宋环环等：《数智时代的企业内部控制：关键风险点控制、流程设计与案例详解》，人民邮电出版社，2023。

时，企业应该审视产品的整体布局是否能够满足消费者的需求，通过洞察市场与消费者的新趋势，企业可以对产品组合策略进行梳理，明确需要深耕的已有类目。基于信息技术对“货”的影响，由于结合消费者数据可以对消费者进行洞察，实时反馈消费者的需求和期望，因此企业都是根据现有数据来驱动产品的销售，并可以实现小批量、多批次的柔性供应链策略，供应链可以做到库存在线、智能预测、智能补货、就近发货，一方面能避免滞销和库存积压，另一方面也能够对产品的生产制造做到柔性化、个性化、定制化，“货”的全流程也可以做到透明化。

（3）销售业务中“场”的重构。

“场”不仅是商场、门店或网店，而是消费者生活、工作等与零售商产生交集的所有场景的组合。其反映在企业端，则是围绕消费者需求的消费场，借助渠道、终端、场景、能力等方面实现更为精细化的运营，因此基于信息技术的发展，对“场”的影响在于，从原来的商场定义转为了全网、全渠道、全场景、全触点的“场”，随时随地，不受时空限制，打破了线上与线下的界限。随着信息技术的不断发展，企业应借助 5G、VR 等技术，为企业销售的发展带来新的活力。

（4）销售终端升级。

在信息技术的推动下，销售终端的服务体验也在快速地迭代升级，云端货架可以完全实现可视化制作交互触控、动画、3D 展示等内容，轻松实现与用户的展示、互动与交流。借助数据同步共享的业务中台以及数据中台，可以一改以往线上线下不同渠道之间数据割裂和效率低下的状态。因此用户的互动体验、支付体验、服务体验、导购体验都会逐步升级。互动体验升级主要体现在通过高科技互动设备，用户可以自行了解商品，选择自己喜欢的款式与型号。通过数智化的驱动，消费者的购物会更加便捷。

（二）数智时代企业业务流程自动化

数智化技术可以实现企业业务的自动化和智能化，提高业务效率和准确性。例如，引入人工智能技术，可以实现采购需求的自动识别、供应商的智能推荐等功能，从而减轻采购人员的工作负担，提高采购效果。

（1）降低成本和人力投入。通过将重复性、流程性的工作交给智能流程自动化（IPA）机器人，企业可以减少对员工的依赖，降低人力资源成本。员工可以专注于更具有创造性的工作，提高工作效率和质量。

（2）提高流程效率和准确性。IPA 技术可以高效率地执行重复的流程，减少人为错误和延误。同时，通过人工智能技术对简单的流程和工作进行判断，可以确保流程的准确性和合规性。在流程性工作中，如报销等，需要较少的员工判断和大量的重复流程。这种工作易发生舞弊，如报销人员和申请人员伪造单据、相互串通、中饱私囊或超额报销、重复报销等。IPA 技术可以减少人为干预，降低舞弊风险，并提高内部控制的效率和准确性。

（3）优化员工体验。业务流程烦琐耗时会影响员工的体验。IPA 技术可以简化流程，提高工作效率，从而优化员工体验。员工可以更快地完成工作。这样不仅可以降低员工因为重复性的工作出现疲劳从而导致失误的可能性，还能降低人力资源成本，让员工从事更具有创造性的工作。

案例 11-2 数字化助力海上油气生产 我国首个海上智能气田群建成[①]

中国海洋石油集团有限公司(中国海油)2021年4月29日对外宣布,我国首个海上智能气田群——东方气田群全面建成,标志着海上油气生产运营迈入智能化、数字化时代。

据悉,东方气田群的主要生产设施位于海南省莺歌海海域,气田群由10座海上生产平台、1座陆地处理终端和数条海底油气管线组成,年产天然气量超过57亿方,是海南省主要的民生和工业用气来源。

“建成后的智能气田群,可以远程遥控气田生产,实现‘一键配气’。这样一方面能根据不同用户需求,瞬间完成不同气质的配送,大幅提高生产效率;另一方面,在台风等恶劣极端天气情况下,能确保人员安全,同时保障民生供气的稳定。”中国海油海南分公司副总经理唐广荣表示。

唐广荣介绍,气田的智能化改造可以使气田群的配气速度较之前提升近10倍,智能巡检机器人和实时监测设备也比传统人工巡检具有更高的精细度和准确性,使气田群的安全生产更有保障。

据介绍,4月29日并网投用的智能化生产操控中心集物联网、大数据和人工智能于一体,有力推动海上油气田的业务重构,优化管理流程,提升管理效率。

“生产操控中心是整个智能气田群的中枢和‘大脑’,各个海上气田的生产状况在这里一览无余。安全上,可以监控现场高风险作业、跟踪隐患整改进度、监测各类机械设备、实现故障诊断等;生产上,可以分析处理生产数据,实现多个气田协同生产、‘一键配气’等,全方位、多角度对气田群实施管理和决策。”中国海油海南分公司东方作业公司总经理崔嵘在智能化生产操控中心向记者演示了生产系统的各项功能。

四、数智时代企业内部控制评价

与传统的内部控制体系评价类似,数智时代企业内部控制评价的目标与以往一样,但数智技术改变了内部控制评级的流程和方法。

数智化时代企业内部控制评价需要注意以下三个关键方面。

1. 数智技术内部控制体系的存在性和有效性

在数智时代,企业先要确保已建立基于数智技术的内部控制体系,并评估其存在性和有效性。这意味着企业不仅需要采用新技术,还需要在日常经营活动中有效利用这些技术,确保其与企业采购、生产、发货、开票、研发等全流程的业务协同控制。此外,企业还需要确保数智技术内部控制系统能被一线员工使用,并能掌握企业的生产经营活动信息。同时,企业需要评估该系统是否能够防止舞弊风险,确保授权与职责的对应,并在保证真实性、准确性、完整性的前提下完成自动化流程。

2. 数智技术内部控制体系是否能贯彻企业的所有重要流程

数智技术内部控制体系的优势在于可以实现全业务流程以及业务与财务的有机融合。因此,企业需要评估其全业务流程的协同内部控制效果。这包括在采购和付款循环中筛选

① 陈子薇:《数字化助力海上油气生产 我国首个海上智能气田群建成》,新华网, www.xinhuanet.com/fortune/2021-04/29/c_1127390676.htm,访问日期:2021年4月29日。

供应商、确保收货入库与数智化系统一致、自动付款等。在销售和收款循环中，需要评估数智化系统是否能及时响应订单、库存系统是否能自动处理发货事宜、财务系统是否能自动记账等。此外，企业还需要评估是否能通过数据中台、数据一体化、数据可视化系统对全维度经营活动进行监管控制。

3. 数智技术内部控制体系是否能被员工正确使用或理解

数智技术的使用对员工来说是一个新的挑战。因此，企业需要评估数智技术内部控制体系的可理解性和易用性，降低技术的使用门槛，使从管理层到一线生产员工都有意愿和能力通过数智技术内部控制体系完成企业的经营管理工作。此外，企业还需要定期组织员工对新技术进行继续教育学习，从而使数智技术内部控制体系更好地发挥作用。对于高级管理人员，还需要通过业务一体化、数据可视化了解企业各业务流程的全貌，并通过多源数据集中分析来制定、贯彻和实现企业的战略级目标。

第二节　人工智能在内部控制中的应用：优势、风险与防控

得益于大数据的发展和社会的进步，诸多新兴技术方兴未艾，其中关于人工智能的应用和发展日益受到重视，人工智能技术的智能化、自动化以及自身强大的数据分析能力，令其技术优势受到社会各界广泛关注，在企业内部控制中也有应用。但人工智能是一把双刃剑，其优势和风险并存。在企业内部控制方面，人工智能的应用也呈现出一些新的风险和挑战。企业需要认真评估和管理这些风险，并建立完善的风险管理和内部控制机制，以确保人工智能技术的安全和有效应用。本节将针对以上内容展开介绍。

一、人工智能在内部控制中的应用优势

人工智能技术在企业内部控制中的应用优势主要有以下三点。

（一）提升企业管理效能，确保评估结果的公正与客观

在企业内部管理的审计环节中，确保客观公正性是一大挑战。然而，人工智能技术通过计算机对大量数据进行分析处理，能够确保审计的准确性和科学性。由于机器不涉及人为情感，因此使用人工智能技术进行企业内部控制，可以减少因主观因素导致的控制结果偏差，从而避免考核失衡、员工心态失衡等问题。

人工智能技术在企业财务管理中的应用，能够提高财务管理的精确度。借助机器的“大脑”，人工智能技术能最大限度地确保输出结果的客观、公正和准确，因此非常适合审计、财务等对数据准确性要求极高的部门工作。

（二）减轻管理人员负担，提升工作效率

长期的审计和财务审核工作对人的体力和精力消耗巨大，加上人为因素的影响，在疲惫或状态不佳的情况下，企业管理人员的工作效率和准确性会明显下降，容易导致工作失误和结果偏差，无法为企业运营提供准确评估。

采用人工智能技术可以减轻工作人员的负担，机器的劳作能够大幅提升工作效率。此外，人工智能系统的使用和操作只需要较少的人力，节省下来的人力资源能够为企业创造更

大的价值。

（三）创造更多经济价值，降低企业成本支出

对于企业而言，尽管购买人工智能技术相关设备和软件是一笔巨大的投资，但与持续的人力成本投入相比，人工智能的优势更为明显。企业投资后可以长期使用人工智能技术，不存在加班、休假等问题，能够长时间作业。大量雇用人力需要占用更大的办公空间，对公司的运营成本是一种负担。人工智能技术能够帮助企业创造更多的经济价值，有效降低企业的生产成本和运营成本。因此，在未来发展中，企业应用人工智能技术是人员精简和企业结构调整的必然趋势。

从人工智能技术在企业内部控制中的应用来看，其主要包括如下方面。

（1）开发智能管理软件，构建统一、智能化的企业管理平台。将人工智能融入企业内部控制，要求企业建立统一的智能化管理平台，实现各部门间业务的统一协调，并逐步过渡到线上执行控制工作。这将逐步加强部门之间的联系，并建立部门间的数据共享平台。此外，可以研发并使用智能管理软件。例如，一些企业已经开发出营销专家智能系统，通过让人工智能"学习"市场上的营销专家经验，形成完善的知识体系，从而评估企业的营销和发展状况，合理推断企业未来的发展趋势，为决策者提供管理依据。同时，人工智能技术可以参与决策过程，分析处理数据并提供多个解决方案供决策者选择。企业应该重视人工智能知识库的建设，不断为专家系统、决策系统、审计系统、财务系统等人工智能系统提供理论支持。

（2）创新管理体制，实现企业内部控制管理的智能化。人工智能系统的建设应以公司为单位实施，涵盖公司的所有部门和员工基本信息。初步的人工智能系统应满足员工上下班打卡、出勤评定的基本任务，并将数据上传至数据库进行绩效评定。在输入特定算法后，企业借助人工智能开展审计、财务等公平性和准确性较强的工作。人工智能系统在逐渐成熟后，为企业的内部风险控制和战略部署提供最客观、最准确的数据支撑，以方便决策者管理公司。在企业内部控制管理中加入人工智能技术是一个循序渐进的过程。系统设计师可以根据企业内部的组织架构和评定标准进行深入把控，并对各部门的职能进行明确的划分和评定。员工完成工作后进行打卡或确认，人工智能根据其工作结果进行绩效考核。由于很多工作都是相互联系的，这要求企业的人工智能系统的子系统能形成一个闭环。例如，很多工作既需要管理层执行也需要财务执行，那么子系统中的管理系统和财务系统都需要进行运行分析，并且各部门之间的数据是可以共享的。

从人工智能对内部控制的影响来看，其影响主要集中在内部审计、财务机器人、经济政策等方面。在内部审计方面，人工智能技术的应用可以解决信息传递速度与成本之间的困难，让审计人员从枯燥烦琐的体力劳动中解放出来，将精力和时间集中在提高审计质量、提升内部控制水平之上。在财务机器人方面，财务机器人具有深度学习、精准可靠、高效低耗和快速反应等优势。它的出现将进一步简化企业的管理流程、降低管理成本等，但也给财务行业带来巨大挑战，基层会计将面临失业或转岗再就业的压力，传统财务理论将经受挑战，内部控制亦会面临新的难题。在经济决策方面，人工智能的出现可以帮助财务人员区分有用与无用信息，及时、便捷、科学地做出财务决策，这对企业的内部控制经营至关重要。

学界普遍认为，人工智能等信息技术的发展在推动企业内部控制优化的同时，也会带来诸多风险。因此,我们需要深入分析该技术在企业内部控制领域的应用以及可能隐含的风险,并探索有效的风险规避方法,以帮助企业实现可持续发展。

二、人工智能应用带来的风险

人工智能是一柄双刃剑,而且两侧的刃比其他任何技术更加锋利。人工智能应用也会给企业的风险管理带来新的挑战,具体可能面临以下六方面风险。

(一)技术风险

人工智能技术的快速发展和广泛应用可能引发新的技术风险。例如,人脸识别技术被广泛应用于公共场所的安全监控,但如果这些数据被不法分子获取,可能会对个人隐私造成严重威胁;在自动驾驶汽车领域,如果人工智能系统出现故障,可能会导致交通事故的发生。

人工智能应用引发的技术风险主要表现如下。

(1)算法逻辑具有不确定性,主客观因素的影响易导致算法设计或实施出现失误,产生与预期不符的技术偏差。

(2)算法应用具有不稳定性,一方面,同样算法在不同场景下可能出现“不适应”而导致失误,当人工智能应用模块的上下游组件发生变动或更新时,人工智能应用同样可能出现“不适应”;另一方面,算法训练所需的海量数据可能存在“噪声”而对算法产生负面影响,进而引发技术故障。

(3)技术可能存在脆弱性,人工智能 学习框架和组件可能存在安全漏洞,一旦被恶意攻击将引发系统安全问题,引发财产损失和负面影响。

(4)当人工智能系统供应商发生变动或不再提供更新、维护服务时,人工智能系统可能存在安全风险,特别是用户对该系统依赖度很高时,这种风险会被放大。

(二)法律风险

人工智能应用引发的法律风险主要表现如下。

(1)隐私和数据保护问题。随着人工智能应用的广泛使用,大量的数据被收集、存储和处理,其中可能会对个人隐私、公共利益甚至国家安全造成影响,涉及用户的隐私和数据保护问题。如果企业未能妥善保护用户数据,可能会面临法律诉讼和罚款。

(2)人工智能产品及其生成过程在知识产权和归属方面也有潜在法律风险。人工智能应用可能涉及侵犯他人的知识产权,例如专利、商标和版权。企业在使用人工智能技术时,应确保使用的算法、模型和数据不侵犯他人的知识产权。否则,企业可能会面临知识产权侵权纠纷和法律诉讼。

(3)产品责任风险。人工智能产品可能会因为设计缺陷、制造缺陷或算法错误导致人身或财产损失。在这种情况下,企业需要承担相应的产品责任。此外,如果人工智能产品被用于恶意目的或造成损害,企业也可能面临法律追究。

(4)合规性风险。企业在使用人工智能技术时,需要遵守相关的法律法规和行业标准。例如,金融行业在使用人工智能技术进行风险评估、信贷决策等时,需要遵守相关的金融监管规定。企业如果未能合规使用人工智能技术,可能会面临法律制裁。

（三）隐性错误

与传统的、以规则为导向的程序不同，人工智能模型通过自我学习提供答案，人工智能算法可以在暗中“自作主张”，很多人工智能模型的不透明性以及快速扩张能力可能将过程和错误隐藏起来。一方面，人工智能数据处理过程对绝大多数用户来说像个“黑匣子”，这就带来了模型的可解释性或透明度问题，让用户无法得知是哪些因素以及这些因素是如何作用于决策或预测的。例如，某些采用类神经网络的人工智能应用程序就包括很多类似“黑匣子”的隐藏决策层。这种人工智能算法在许多决策制定中的隐藏性甚至可能被别有用心的人滥用，这将大大增加输出结果可审计性和可溯源性的难度。另一方面，管理层可能很难向监管层证明复杂的人工智能应用程序是如何做出符合规定的正确决策的，这可能导致合规风险的发生。

（四）数据风险

人工智能应用依赖不断发展的数据采集来驱动人工智能决策，因此人工智能应用对数据数量和数据质量十分依赖，人工智能应用中最棘手的问题可能是缺少足够多的高质量数据。随着从诸如网络、社交媒体、移动设备、传感器和物联网之类来获取的非结构化数据的数量增加，大量的垃圾数据随之而来，获取、分类、链接和正确使用数据变得越来越困难。数据安全和数据质量可能成为人工智能应用的又一类风险，低质量的数据会直接影响计算结果的公允性及其决策价值。

（五）互动风险

人机互动是人工智能应用的另一个关键风险领域。仍以自动驾驶汽车为例，如果车辆驾驶员（或安全员）无法及时准确地识别和操作人机对话界面，或者由于驾驶员的注意力在其他地方而无法进行操作，那么事故和伤害是可能发生的。相反，人类判断也可能在最重要的系统结果中被证明是错误的。在美国加州车管局记录的 2014—2018 年 114 起自动驾驶车辆交通事故中，有 34 起是车上驾驶员手动驾驶事故，占比为 30%；72 起是无人驾驶事故（其中 8 起事故由自动驾驶模式下驾驶员紧急切换到手动驾驶模式所致）。

再如，在数据分析和辅助决策方面，人的不当选择和错误判断很容易损害公平性、安全性和合规性，特别是带有主观偏向或利益驱动情况的选择和判断，如果没有严格的保护，则心怀不满的员工或外部敌人可能以恶意方式破坏算法或修改人工智能应用程序。

（六）人员风险

人工智能应用面临的人员风险主要来自以下三个方面。

（1）炙手可热的人工智能领域最短缺的可能不是政策，不是市场，而是人才。无论是研究开发领域，还是应用落地领域，人工智能各个环节对人才的需求有增无减，而人才短缺已成为全球人工智能发展中的最大短板。据统计，中国人工智能人才缺口可能超过 500 万。

（2）人工智能算法被黑客攻击或别有用心之人操纵的风险。网络攻击者可通过漏洞控制人工智能算法，实现物理硬件操纵、实施舆论引导、制造虚假图像或影响、制造信息噪声等，造成安全隐患。图像、声音合成越来越逼真，由此滋生的网络诈骗已屡见不鲜。

（3）人工智能应用为企业带来的组织变革和文化冲突风险。人工智能应用会让劳动关系、组织变革、绩效激励、文化冲突、伦理关系等问题变得广泛而复杂。人工智能应用取代很多人工作后，结构性失业和文化、伦理冲突随之而来。麦肯锡全球研究院在一份研究报告中预测 2030 年全球将有近 4 亿个工作岗位被人工智能取代，其中 1 亿个发生在中国。技术发展可能使人工智能完全模拟人的情感，拥有健全的人格。机器一旦人格化可能就会对文化和伦理带来巨大挑战。

三、人工智能风险防控措施

数字化、网络化和智能化让工作变得更轻松，让生活变得更美好，但风险和挑战无处不在、无时不在。企业要用好人工智能这把双刃剑，趋利避害，可以从以下四个方面加强对人工智能风险的识别与防控。

（一）在战略上做好应用人工智能技术的顶层设计

人工智能技术在创造和维护企业价值过程中的贡献是不可否认的，人工智能技术能够使企业提升运营绩效，保持竞争优势。企业应主动张开双臂拥抱人工智能时代的到来，在战略上重视人工智能应用，做好顶层设计，投入资源研发和部署人工智能技术，引进和培育人工智能人才，促进人工智能技术的商业应用。

企业应明确人工智能应用的前提条件和运行环境，建立强力而有效的人工智能风险治理机制，完善嵌入人工智能系统的风险管理框架，能够及时识别和应对每一个人工智能应用程序在开发和持续使用阶段所产生的风险。董事会应制定网络安全战略、信息隐私与保护策略、网络预警及网络响应与恢复策略等，审批包含人工智能技术的风险管理框架。高级管理层需要通过参与目标制定和决策执行等实施人工智能风险管理策略，为企业人工智能应用保驾护航。企业还应及时向监管机构解释每个人工智能应用程序的工作原理，以及它们是如何与相关的监管条例和企业风险偏好相符合的。

企业应围绕战略目标，明确嵌入人工智能系统之后管理层风险偏好的变化，确定风险容忍度和风险可接受水平。随着人工智能技术的快速发展，企业采用人工智能解决方案的比例会不断提高，企业应定期审查风险敞口和相关控制措施，以确保它们与企业风险管理政策相一致企业需要设计一些关键性能指标和绩效指标，对人工智能算法进行频繁且连续的测试和统计分析。确保人工智能系统使用全新或被更新的数据时，其性能符合企业的预期、风险偏好和风险容忍度。企业应熟知并充分沟通人工智能技术的固有缺陷和使用风险，明晰交易流程，强化流管理。

企业在风险管理过程中必须考虑人工智能技术及其应用可能产生的各类风险，充分评估人工智能技术及其应用蕴含的复杂性、不确定性、难解释性等风险因素。企业需要明确人工智能风险归属责任和问责制度，确保每个人工智能应用程序都有明确的负责人。需要注意的是，企业使用的人工智能模型可能由外部供应商设计和提供，但企业不能因此将相应的人工智能风险管理责任推卸给外包第三方。

（二）加强技术研究，建立免疫系统

企业应在技术安全方面投入资源。

（1）依据相关法规制定人工智能应用标准，对人工智能开发和应用标准做出明确规定，

以降低合规风险。2023 年 7 月中国首部人工智能管理办法颁布，国家发展改革委、教育部、科学技术部、工信部、公安部、国家广播电视总局审议通过并发布《生成式人工智能服务管理暂行办法》（简称《办法》），《办法》旨在促进生成式人工智能健康发展和规范应用，维护国家安全和社会公共利益，保护公民、法人和其他组织的合法权益。《办法》包含了与人工智能应用有关的合规性要求。《办法》施行后，企业的合规成本势必会有所抬升，如何权衡利弊，制定健全、透明、可预期的常态化监管制度，降低企业合规经营成本，也是企业需要重点考虑的议题。

（2）建立人工智能应用的安全测试制度，设计以认知技术为核心的安全免疫系统，对算法模型进行反复检验和专家论证，以降低发生算法失误的概率。任何重要的算法都需要反复检测、审计与评估其计算结果的准确性和公允性。例如，在客户信息评价的舆情分析中，对负面舆情识别的漏报比误报要严重得多，在模型校验中，应赋予漏报率相较于误报率更大的权重。

（3）研发人工智能的技术防御和应急处置措施，提升人工智能安全防护技术和攻击防御能力，加强"技术攻防战"，通过"对抗样本攻击"和"逆向攻击"等手段，检测可能导致的算法错误和内部数据泄露风险，提前整改安全漏洞消除技术隐患，降低算法训练和使用过程中因"数据噪声"或"环境不适应性"所带来的技术故障风险。

（4）在网络安全防护上，加强技术研究，建立有效防护，抵御网络攻击。企业应对人工智能算法进行安全防护，使算法全程可测可控，不被干扰。

（三）根据数据来源及变化，不断优化人工智能模型

数据质量和数据代表性是运用人工智能模型产生算法偏差的重要原因。例如，在银行信贷风险评估中，对客户信用风险的分析不能局限于其基本面信息（如客户的财务报表）客户舆情信息也是人工智能模型分析的重点。而舆情分析涉及大量的非结构化数据，源于众多良莠不齐的新闻网站，不同新闻网站的编辑具有不同的写作风格、词语表达和主观意识。随着数据量的不断发掘，舆情监控的范围也在随之扩大，人工智能模型最初训练时的数据源和后续的数据源将有所不同，而数据源变化很可能导致数据特征迁移，并最终导致初始模型失效。针对此类风险，一个比较好的做法是对人工智能模型根据每天或一定时间窗口内的新增数据，进行模型全量数据或增量数据优化训练，确保人工智能模型适用于最新的数据源。有些新闻网站会限制第三方通过网络爬虫方式获取其舆情信息。此时，企业应严格遵守各网站的机器人协议进行数据爬取，或进行数据方面的合作，否则若处理不当则可能引发声誉和法律风险。

隐性错误可能会在短期内对企业造成重大影响（如大规模信息泄露或不当销售等）。人工智能应用的复杂性和相对不成熟性意味着相关风险可能会随着时间的推移而发展，在某些情况下可能还会非常迅速地变化。因此，企业需要定期对人工智能风险进行评估，以确定人工智能应用的相关风险是否发生变化，确认人工智能模型是否已经学习新数据并得到进化。对于人工智能模型的结果，企业应根据预定义的成功指标来评估。在评估过程中，如果发现其结果与非人工智能系统所反馈的结果存在差异，则无论其是正面差异还是负面差异，企业都应该进行人工审查或使用其他模型分析。在实际工作中，这种测试和训练过程需要具有动态性，工作量很可能远超人工智能模型最初开发阶段和初始数据集的训练过程。同样，人工智能应用范围的扩大也需要重新评估。企业应清楚地记录人工智能模型的任何变化，应定义什么属于“重大变化”，并确保这些标准在整个企业中得到一致的应用，任何重大变化都经过严格且记录在案的测试和检验。

案例 11-3　护持信息安全，隐私保护与安全防御①

科大讯飞以保护公司数据安全、信息资产、保护客户、个人的隐私数据，贯彻落实信息安全、数据安全、隐私保护相关的法律法规要求，实现“全面合规、守住底线、智能感知”为信息安全与数据安全隐私保护的总体目标。

科大讯飞结合《中华人民共和国网络安全法》《中华人民共和国数据安全法》《中华人民共和国个人信息保护法》、网络安全等级保护等法律法规，基于 SO27001 信息安全管理体系和 ISO27701 信息安全与隐私保护管理体系、安全开发流程（SDL）等最佳实践标准，按照 PDCA 的方法（计划 - 执行 - 检查 - 提升）建立了完善严格的信息安全和数据安全隐私保护体系。

体系建立以来，公司从安全组织、安全制度、技术措施、隐私保护、安全审计、事件应急、培训宣贯等多方面进行持续完善和优化，覆盖了数据安全、个人信息与隐私保护、人员安全、物理安全、供应商安全运维安全、研发安全等多个领域，如建立了以执行总裁为主任的信息安全与隐私保护委员会以及专门的信息安全管理部，用以统筹规划管理公司的信息安全数据安全与隐私保护工作，常态化地开展数据安全与隐私保护的主题培训，有力保障了公司数据以及用户个人信息的安全。2022 年度，科大讯飞达成了数据安全与隐私安全零事故的目标。

科大讯飞已通过 ISO27001 信息安全管理体系认证及 ISO27701 隐私安全体系认证。同时，公司重要信息系统均进行了网络安全等级保护备案并每年定期开展网络安全等级保护测评认证工作，取得了优良的成绩。公司高度重视企业信息安全及数据安全隐私保护，将信息安全与数据安全隐私保护管理作为公司发展的重要支撑战略之一，不断优化提升，竭力保障公司数据及用户信息的安全权益，建设更加安全的美好世界。

1. 建立专业的数据安全与隐私保护组织

科大讯飞成立了以执行总裁为主任的信息安全与隐私保护委员会以及专门的信息安全管理部，用以统筹规划管理公司的信息安全、数据安全与隐私保护工作；在公司 BG、BU 等业务部门，成立了 BG/BU 信息安全与隐私保护分委会及安全执行小组，在职能部门设立了信息安全员岗位，负责公司相关信息安全规范要求在各业务、职能部门的执行落实，保障了信息安全、数据安全与隐私保护工作的顺利推进。

2. 完善的数据安全与隐私保护管理制度

科大讯飞依据《中华人民共和国网络安全法》《中华人民共和国数据安全法》《中华人民共和国个人信息保护法》等法律法规，参照 ISO27001、ISO27701 以及等级保护、GB/T

① 科大讯飞股份有限公司：《2022 年度环境、社会及治理 (ESG) 报告暨社会责任报告》，http: //www. cninfo.com.cn/new/disclosure/det 人工智能 l?plate=szse&orgId=9900004565&stockCode=002230&announcementId=1216489519& announcementTime=2023-04-21，访问日期：2023 年 4 月 21 日。

35273 个人信息安全规范等标准，结合公司实际情况，制定了《信息安全管理制度》《保密信息安全管理规定》《个人信息保护管理规定》《个人信息生命周期管理办法》《个人信息泄露事件响应管理办法》《数据出境安全评估管理办法》《网络安全事件管理办法》《信息安全奖惩管理办法》等一系列的安全制度规范，形成了安全制度从方针、要求到流程、模板的“四级架构”，覆盖了数据安全、用户隐私安全、运维安全、研发安全、内容安全、安全管理运营等安全的各个领域，保障了信息安全、数据安全与隐私保护的“木桶”没有短板。

3. 多重的数据安全与隐私保护技术防护平台

科大讯飞在办公终端上部署了数据防泄漏系统（DLP），根据公司的数据梳理以及分类分级情况，配置了敏感数据外发检测策略，并配备专职审计员每天对公司的敏感数据外传情况进行审计，可以及时发现异常数据外传行为并进行处置，有效防范公司商密数据泄露风险。同时，公司还建设了主机入侵检测系统（HIDS）、Web 应用防火墙（WAF）、哨兵云以及安全门户、小安平台等多个安全技术平台，并建立了安全运营中心平台（SOC）统合各个安全平台，以及网络、主机相关流量和日志，实时监测公司安全动态，发现异常及时告警处置，多平台结合构建了公司的安全纵深防御体系。

4. 竭力保障用户隐私安全

为在全球范围内持续保护员工和用户个人信息和数据，科大讯飞设立了信息安全与隐私保护委员会，负责全面统筹国内和海外个人信息保护工作。委员会发布了一系列个人信息保护相关的制度规范，公司正通过“研发安全 + 上线检测 + 监督审计”的三重方式竭力保障用户个人信息安全。

（1）研发安全。通过“Privacy by design”（隐私设计）的方式，在需求分析、架构设计、安全测试等环节加入隐私协议、个人信息收集 / 存储、个人信息权限申请、个人信息投诉渠道反馈等隐私保护的相关要求，在软件研发时就开始设计保障用户隐私安全合规。

（2）线上检测。在软件研发完成需要上线时，在上线流程增加抄送节点，进行隐私合规检查：新 APP 上线必须进行隐私合规检查，新版本上线，根据版本更新内容，由业务主管及隐私合规组评审判断进行隐私合规检查，并保障在 APP/ 版本发布上线的 3 天内完成隐私合规检测，发现安全问题及时整改。

（3）监督审计。软件上线运营后，信息安全管理部会不定期地对运营的 APP 进行抽查，对于发现的隐私安全问题进行通报整改，并会实施处罚。利用监督审计的工作形式，有效保障了公司 APP 的隐私安全合规运营，发现安全问题及时整改。

5. 安全审计保障执行落实

为保障公司的安全管理制度要求能够有效执行落实，科大讯飞信息安全管理部持续对公司开展了安全审计工作，主要分为：①日常审计，对公司的数据传输违规行为、代码泄露、文档云违规行为、离职数据安全、弱口令、重大漏洞修复等日常安全工作要求，利用安全技术平台开展审计工作，发现问题及时处置；②专项审计，以部门为审计对象单位，开展专项信息安全审计工作，包含安全管理、研发安全、数据安全全生命周期、隐私合规、高危漏洞等多个方面，全面评价信息安全工作执行情况，发现问题并统筹改进。

6. 培训宣贯持续提升安全意识

科大讯飞定期开展数据安全与隐私保护的宣贯活动，针对公司全员，通过安全 GEEK

周、安全宣传月、新员工培训等各类活动，以邮件、内部门户交流社区、公众号、海报、电视、模拟钓鱼、现场培训考试等多种方式开展安全意识宣贯，提升员工安全意识，防止员工无意识的安全违规。同时，在全公司范围内开展《个人信息保护法规解读》《数据安全治理生态发展》《内容安全合规指引》等数据安全与隐私保护系列专题的公开课，用以提升公司人员的安全专业能力水平。2022年完成安全赋能培训近20场，有效保障了安全工作的运行。

信息安全管理部联合各安全、业务组织成立了专门的应急响应组，公布了事件上报方式，并制定了应急响应流程和应急预案。同时，公司在所有的用户协议中均公布了用户个人信息举授投诉频道，明确了用户举报投诉受理的联系方式。在发生个人信息、数把安全事件时，应急响应组能第一时间针对事件进行应急处置，防止事件扩大，降低事件造成的损失。

7. 建设安全实验室

实践出真知，科大讯飞建立独立的安全实验室，以攻方视角模拟外部的黑客攻击，对公司各部门、各业务及明星产品展开专项渗透，发现防御体系缺陷，以攻促防。同时安全实验室也结合公司发展方向，针对APP、IOT等前沿进行安全技术研究，储备安全能力。

此外，科大讯飞还建设了讯飞SRC平台，通过SRC进行安全漏洞、安全情报收集和品牌建设、人才储备等，和外部更多热爱安全的专家进行合作与交流，共建讯飞安全生态圈。

（四）加强培训和沟通，控制人员风险和文化冲突

由于人工智能应用的动态性和相对不成熟性，人机互动和人类干预是人工智能应用中常见的环节，为控制人机交互风险，企业应加强对操作人员的培训和督导。企业可能需要部署业务连续性计划，如设计“紧急开关”或“交还人工”的流程，以便在人工智能系统不可用或出现重大失误的情况下，能够及时终止人工智能进程，重新回到当前的已有进程或人工控制界面，或者及时启动应急预案和补救措施。对于人工智能系统在运行中遇到的偶发交易和非典型事项，企业应关注人工智能系统是否会按正确的方式处理。企业还应定期对人工智能系统进行压力测试，分析可能遇到的最坏的情形及其应对措施。企业需要确保风控、合规和内部审计等部门的员工具备足够的专业胜任能力，能够正确理解和应对人工智能应用中的每个风险点，而且他们应该有相应的权威与业务人员沟通抗衡，并在必要时采取额外的控制措施，以确保风险管理的有效进行。为了让更广泛的利益相关者参与到整个人工智能风险管理的生命周期中，企业需要培育与之相匹配的人工智能文化，及时疏导相关人员的焦虑情绪，避免道德和伦理风险。同时，企业应严格遵照相关法规与监管要求设计和使用人工智能技术，不得违规收集和使用个人信息，不得利用人工智能技术和大数据“杀熟”，不得借助人工智能技术夸大宣传，误导消费者和社会公众。

企业要用好人工智能这把双刃剑，趋利避害，既要充分利用大数据分析和人工智能技术来提升企业的风险管理水平及能力，又要注重防控由此产生的算法错误、数据质量、人机互动、黑客攻击、文化伦理、人才短缺等特殊风险。

第三节　企业数智化应对

为了应对数智化给企业带来的挑战，提高企业的经营效率，提升企业的经营效果，各企业应在信息系统升级、员工技能培养等方面采取措施，积极拥抱企业数智化变革。大型企业的实践已经证明，数智化变革将显著提升企业的经营业绩。但是对中小企业而言，由于受到成本制约和人员素质制约，其无法像大型企业一样实行全面的数智化变革。但是在竞争日益激烈的当下，中小企业若不进行任何数智化变革，最后一定会被时代所淘汰。因此，建议中小企业建立以数据治理为核心的数智化变革策略，建立相应的数据采集、分析流程，并在资金允许的前提下运用信息系统提高数据管理的效率和准确性。

除了应对数智化变革外，数据管理本身对企业的发展也有着重要的战略意义。当企业发展到一定阶段的时候，内部流程会越来越精细，产品会越来越复杂，原有的数据收集、记录、分析体系已经无法满足企业日常经营的管理的需要。企业应在快速发展过程中建立数据精细化管理体系，为日后发展打下扎实的基础。中小企业实行数智化变革具有实施成本低、实施阻力小和实施空间大等优势。

大部分企业的数据量不是很大，尤其是中小企业，从零开始的数智化变革成本将远低于未来企业发展到一定阶段，拥有了大量数据之后的数智化变革成本。企业将数据化的意识融入管理，在未来很长一段时间内进行完善，容易被员工接受，减少数智化变革的阻力。大部分企业的数据管理也在发展和完善，数据的治理、整合及搭建报表体系、分析指标体系等工作尚未起步。企业可以根据现状并结合战略目标，灵活地制定数据管理方式。

部分企业的数据管理基础较差，主要体现在以下 3 个方面。①财务数据基础差。财务数据作为企业经营管理的基本数据。对于企业来说至关重要，但是部分企业存在成本核算不清、库存数据失实、费用数据记录不完整等问题。②业务数据基础差。业务数据不完整、数值指标不完善，数据与财务口径不一致，各部门报表众多且数据相矛盾等造成企业没有真实的相关数据或数据杂乱无章。③数据利用能力弱。大部分企业因数据分散而难以进行数据整合，因技术门槛过高而难以实现数据的价值呈现。企业内的已有数据成了无人挖掘的"宝藏"。

虽然有一些企业已经意识到数智化变革的重要性，但是在实施过程中还是存在较多的难点。①缺少方法支持。如何在成本可控的前提下设计出适合企业执行的数据管理方案成了中小企业需要考虑的首要问题。②缺少人员支持。企业需要考虑如何保证员工了解数据管理的目的，培养员工数据管理的意识，并在后续的工作中主动运用数据指导自己的工作。③缺少系统支持。企业需要考虑如何运用较低的成本达成数据管理的目标。

企业数智化变革是一个系统化的工程，除了财务数据需要精细化管理之外，业务数据同样需要精细化管理。利用字段甄别、梳理和完善数据是业务数据精细化的基础工作。企业应从各类评价指标出发、识别各类条件下的驱动要素，最终根据企业自身的经营特点，建立合适的字段体系。根据性质的不同，字段可以分为基础字段、统计字段和评价字段。基础字段描述了目标对象的基础属性，包括所有业务流程中的数据，记录和反映了业务的客观事实。统计字段是将基础字段加工处理后的字段（如汇总 / 同类比较等），体现了业务经营的统计结果。评价字段是对被评价对象的衡量与评估，洞察了业务的发展状况。

字段体系建立后，企业需要将字段与流程相结合，以保证数据的真实性、完整性。在字段体系建立的基础上，企业应根据自身的经营特点将主营业务细分至每笔交易，并明确该交易的适用字段。其主要步骤：①对流程进行全面梳理，细化至操作节点；②梳理字段及各类报表对数据的需求,形成作业字段全景;③确定各流程节点产生的字段,得到流程字段全景。

一般企业的数据管理主要有 4 个阶段,包括描述、诊断、预测和指导。描述回答的是"我的企业发生了什么?"企业通常具备简单的数据分析能力,可以满足日常的管理需求,但要求数据是综合的、广泛的、实时的、精确的。诊断回答的是"为什么我的企业发生了这些事情?"企业需要透过表象不断地深入挖掘、分析,最终探寻出隐藏在数据背后的原因,并有针对性地进行改进。预测回答的是"我的企业将要发生什么?"企业需要通过大量的数据和先进的算法去模拟预测未来的企业经营结果。指导回答的是"我需要做什么?"企业需要基于对未来的预测,对现在的行为进行指导,通过数据分析来确定现在可以采取的行动、措施。

希望大中小企业都在数智化变革的道路上越走越远,并且随着历史数据的积累和持续运用,企业可以逐步使用历史数据建立算法模型对未来进行预测,真正的建立数智化时代的内部控制体系。

思考题

1. 简述数智化时代采购业务流程。
2. 简述人工智能技术在企业内部控制中的应用优势。
3. 为什么说人工智能是一柄双刃剑?
4. 探讨企业如何应对数智化。

参考文献

[1] 李慧强. 企业内部控制案例分析:全流程风险识别、防范与应对思路 [M]. 北京:人民邮电出版社,2023.

[2] 池国华,庞艳红. 内部控制学 [M].2 版. 北京:高等教育出版社,2023.

[3] 田高良,李留闯,宋环环,等. 数智时代的企业内部控制:关键风险点控制、流程设计与案例详解 [M]. 北京:人民邮电出版社,2023.

[4] 李正. 内部控制与风险管理 [M]. 北京:高等教育出版社,2023.

[5] 李延超,王一冰,安琪. 企业内部控制与风险管理: 规范详解、风险识别与案例分析 [M]. 北京:人民邮电出版社,2023.

[6] 冉湖,鲁威元,黄展雄,等. 企业内部控制与风险管理实战 [M]. 北京:中国原子能出版社,2022.

[7] 陈汉文,池国华. CEO 内部控制:基业长青的奠基石 [M].2 版. 北京:北京大学出版社,2022.

[8] 王鹰武,胡潘婷. 企业内部控制全流程操作从入门到实践 [M]. 北京:人民邮电出版社,2022.

[9] 方红星,池国华. 内部控制 [M].5 版. 大连:东北财经大学出版社,2022.

[10] 晏军,陈鸿琦. 企业内部控制 [M].2 版. 南京:南京大学出版社,2022.

[11] 仁和会计教学研发中心. 中小企业风险内控手册 [M]. 上海:立信会计出版社,2022.

[12] 沈彬荣. 手把手教你做内部控制:全流程主要风险及关键控制点 [M]. 北京:人民邮电出版社,2022.

[13] 黄佳蕾. 企业内部控制全流程实操指南:规范讲解 + 流程分解 + 操作实务 + 案例解析 [M]. 北京:人民邮电出版社,2021.

[14] 冯萌,宋志强. 企业内部控制从懂到用 [M]. 北京:机械工业出版社,2021.

[15] 徐礼礼,谢富生,胡煜中. 基于大数据的内部控制 [M]. 上海:立信会计出版社,2021.

[16] 李敏. 小企业内部控制:自主管控的路径与方法 [M]. 上海:上海财经大学出版社,2021.

[17] 李正,刘杰. 内部控制 [M]. 北京:北京大学出版社,2021.

[18] 平准. 企业内部控制基本规范详解与实务: 风险点识别 + 关键点把控 + 实操范本 + 案例详解 [M]. 北京:人民邮电出版社,2021.

[19] 王清刚. 内部控制与风险管理 [M].2 版. 北京:北京大学出版社,2020.

[20] 屠建清. 企业内部管理与风险控制实战 [M]. 北京:人民邮电出版社,2020.

[21] 张俊民. 内部控制 [M].2 版. 北京:高等教育出版社,2020.

[22] 池国华,樊子君. 内部控制学 [M].3 版. 北京:北京大学出版社,2017.

[23] 杨武岐,田亚明,付晨璐. 事业单位内部控制 [M]. 北京:中国经济出版社,2018.

[24] 财政部会计司. 企业内部控制规范讲解 2010[M]. 北京:经济科学出版社,2010.
[25] 财政部会计司. 行政事业单位内部控制规范讲座 [M]. 北京:经济科学出版社,2013.
[26] 中国注册会计师协会. 公司战略与风险管理 [M]. 北京:中国财政经济出版社,2022.
[27] 程新生. 企业内部控制 [M].4 版. 北京:高等教育出版社,2021.
[28] 池国华,朱荣. 内部控制与风险管理 [M].3 版. 北京:中国人民大学出版社,2022.
[29] 胡为民. 内部控制与企业风险管理:实务操作指南 [M].3 版. 北京:电子工业出版社,2013.
[30] 林斌,孙岩,陈莹. 中国企业反舞弊调查报告(2019)[M]. 北京:中国财政经济出版社,2020.
[31] 李晓慧,何玉润. 内部控制与风险管理:理论、实务与案例 [M].2 版. 北京:中国人民大学出版社,2016.
[32] 罗伯特·穆勒. 新版 COSO 内部控制实施指南 [M]. 秦荣生,张庆龙,韩菲,译. 北京:电子工业出版社,2019.
[33] Treadway 委员会发起组织委员会(COSO). 内部控制:整合框架(2013)[M]. 财政部会计司,译. 北京:中国财政经济出版社,2014.
[34] 李凤鸣. 内部控制设计与评价 [M]. 上海:复旦大学出版社,2015.
[35] 刘永泽,唐大鹏. 行政事业单位内部控制实务操作指南 [M].3 版. 大连:东北财经大学出版社,2016.
[36] 潘琰. 内部控制 [M].2 版. 北京:高等教育出版社,2018.
[37] 王海荣. 内控总监工作笔记:企业内部控制工作法及案例解析 [M]. 北京:人民邮电出版社,2018.
[38] 杨有红. 企业内部控制 [M]. 北京:北京大学出版社,2019.
[39] 郑石桥. 内部控制基础理论研究 [M]. 北京:中国国际广播出版社,2018.
[40] Treadway 委员会发起组织委员会(COSO). 内部控制:整合框架 [M]. 方红星,译. 大连:东北财经大学出版社,2008.
[41] COSO. 企业风险管理:整合框架 [M].2 版. 方红星,王宏,译. 大连:东北财经大学出版社,2017.
[42] 稻盛和夫. 稻盛和夫的实学:经营与会计 [M]. 曹岫云,译. 北京:东方出版社,2013.
[43] 森田直行. 阿米巴经营(实战篇)[M]. 窦少杰,译. 北京:机械工业出版社,2015.
[44] 李素鹏. 行政事业单位内部控制体系建设全流程操作指南:规范讲解 + 流程分析 + 操作实务 + 案例解析 [M]. 北京:人民邮电出版社,2020.
[45] 李素鹏. 企业风控体系建设全流程操作指南:规范讲解 + 流程分解 + 操作实务 + 案例解析 [M]. 北京:人民邮电出版社,2020.